デカルト全書簡集　第七巻（1646-1647）

デカルト全書簡集

第 七 巻
（1646-1647）

訳者
岩佐　宣明　山田　弘明
小沢　明也　曽我千亜紀
野々村　梓　武藤　整司
長谷川暁人
クレール・フォヴェルグ

知泉書館

凡　例

* 各書簡の冒頭に掲げた数字はB版の番号である。その下の（　）内の記号と数字は出典である。たとえば書簡537で（AT. IV, 351-357；AM. VII, 1-5；B. 2134-2139）とあるのは，AT版第4巻351-357ページ，AM版第7巻1-5ページ，B版2134-2139ページを，それぞれ意味する。(CM. …) は『メルセンヌ往復書簡集』によることを意味するもので，その巻数とページを示した。それ以外のものについても，そのつど出典を示した。

* 目次および本文のはじめに掲げてある見出し（たとえば［自由意志］）は原文にはない。その書簡が何を主題としているかが一目で分かるように，訳者の判断で付加したものであるが，むろん完全なものではなく大まかな目印にすぎない。

* テキストが伝聞資料などからの間接的な引用である場合は，活字のポイントを落とした。たとえばバイエからの引用である場合は，文末にBailletと表記してその出所箇所を示した。引用符つきの直接的な引用についてはこのかぎりではない。

* 本文中の「　」は，それが引用あるいは大文字表記であることを示す。また，地の文とは異なる言語（ラテン語・ギリシア語）で書かれていることをも示す。

* 本文中の［　］は訳者による補語である。

* 脚注はB版およびAM版，AT版，A版に負うところが大きいが，訳者が独自につけたものもある。

* 脚注におけるデカルトからの引用はAT版を使用するものとし，それをたとえばAT. V, 123（＝第5巻123ページ）などと表記した。

* 脚注におけるテキストの翻訳に関しては，野田又夫編『世界の名著・デカルト』（中央公論社，1967），『デカルト著作集』（全4巻，白水社，1973，1993）など，既存の訳書を使用させていただいた。参照した個別の研究書などについては脚注においてそのつど示した。

* エリザベト関連の書簡については，山田弘明訳『デカルト＝エリザベト往復書簡』（講談社，2001）を全面改訂して使用した。

はじめに

　本シリーズはデカルトの全往復書簡（原文はラテン語・フランス語，一部オランダ語）の邦訳であり，全部で8巻からなる。
　書簡についての現代の主要なテキストは三つある。

（1）*Œuvres de Descartes*, publiées par Ch. Adam & P. Tannery, 11 tomes[1]), Paris, 1897-1913, 1964-1974, 1996.（＝AT版と略記）
（2）*Descartes Correspondance,* publiée par Ch. Adam et G. Milhaud, 8 tomes, Paris, 1936-1963.（＝AM版と略記）
（3）*René Descartes, Tutte le lettere 1619-1650,* a cura di G. Belgioioso, Milano, 2005, 2009.（＝B版と略記）

　（1）はアダン・タヌリ版のデカルト全集である。全11巻のうち第1巻～5巻，および第10巻の一部が書簡に費やされている（書簡が全体のおよそ半分を占めていることに注意すべきである）。これは現存する書簡を可能なかぎり収めた標準的テキストである。その典拠として多くのテキストを網羅している。すなわち17世紀のクレルスリエによる『書簡集』(C. Clerselier éd., *Lettres de Descartes,* 3 tomes, Paris, 1657, 1659, 1667.)，それを改訂した学士院版（*L'Exemplaire Clerselier de l'Institut de France,* 1666-1667.)[2)]，バイエの『デカルト殿の生涯』（A. Baillet, *La vie de Monsieur Descartes,* Paris, 1691, Genève, 1970.），『デカルト＝ホイヘンス往復書簡集』（L. Roth ed., *Correspondence of Descartes and Constantijn Huygens, 1635-1647,* Oxford, 1926.），『メルセンヌ往復書簡集』（Mme P. Tannery & C. de

---

　1）　本来この全集は12巻からなるが，最後の巻はアダンによる伝記であり，1996年の新版でも全11巻としている。
　2）　これは現在復刻されている。*René Descartes, Lettres : Esemplare annotato dell' Institut de France (edizione di Claude Clerselier, 1666-1667)* a cura di Jean-Robert Armogathe e Giulia Belgioioso, Conte Editore Lecce, 2005.

Waard éd., *Correspondance du P. Marin Mersenne, religieux minime*, 17 tomes, Paris, 1932-1988.)，『ベークマンの日記』（C. de Waard éd., *Journal de Beeckman*, 4 tomes, La Haye, 1939-1953.）などである。ただ，初版以来100年余になり，増補を重ねてテキストが拡散して読みにくい。

（2）のアダン・ミヨー版『デカルト往復書簡集』全8巻は，AT版をもとに書簡だけ（704通）を取り出して編纂したものである。ラテン語書簡にはすべて仏訳が付され，登場人物について詳しい紹介がなされているのが特徴である。注もあって読みやすく，長く親しまれてきたテキストである。本シリーズを8分冊としたのは，この版にならっている。ただ，この版も現在ではテキスト・クリティークが必ずしも十分とは言えず，また誤植も散見される。

（3）のベルジョイオーゾ版『デカルト全書簡集1619-1650』は，全書簡735通をすべて踏まえたものである。新しい考証によりAT版にはない書簡が相当数入っていること，書簡の配列，日付，宛先が新たに吟味されていること，イタリア語対訳になっていることが特徴である。詳細な注，登場人物の紹介，索引なども整備され，現在望みうる最高レベルの書簡全集に仕上がっている[1]。

本シリーズは，テキストとして（3）のB版を採用した。書簡の番号，日付，宛先などもすべてB版に従っているが，B版にない新発見の書簡二通など[2]も採録してある。ただ，翻訳の手続きとしては，親しみやすい（2）のAM版本文を直接の対象とし，同時に（3）および（1）を比較参照する方針をとった。（2）の誤植や諸テキスト間の異同については，そのつど脚注で示した。

翻訳に際して参照した他のテキストは次の通りである（出版順）。

J. Chevalier éd., *Lettres sur la Morale*, Paris, 1935.

---

1) 現在，ユトレヒト大学のテオ・ファベイク，リヨン高等師範学校のエリック・ヤン・ボス，南フロリダ大学のロジャー・アリューによって，より完全な全書簡のテキスト校訂が進行中である。その骨子は，原資料にまで遡及してテキストや日付を精査すること，適度な歴史的註釈（背景や人物の説明）を施すこと，英訳を付すこと，である。全7巻でオックスフォード大学から出版される予定と聞いている。

2) 書簡736（メルセンヌ宛1641年5月27日），書簡737（パソール宛1645年5月26日），書簡717（クレルスリエ宛1649年11月6日）の前半部分，である。

A. Bridoux éd., *Œuvres et lettres de Descartes*, Paris, 1937, 1952.

佐藤正彰，川口　篤，渡邊一夫，河盛好蔵，市原豊太訳『デカルト書簡集　上・下』創元社，1940

M. Bense und F. Baumgart herausg., *René Descartes, Briefe 1629-1650*, Köln, 1949.

野田又夫訳『エリザベトへの手紙』弘文堂，1949（野田又夫編『世界の名著・デカルト』中央公論社，1967に再録）

G. Rodis-Lewis éd., *Correspondance avec Arnauld et Morus*, Paris, 1953.

——, *Lettres à Regius et remarques sur l'explication de l'esprit humain*, Paris, 1959.

F. Alquié éd., *Œuvres philosophiques de Descartes*, 3 tomes, Paris, 1963-1973.

S. S. de Sacy et G. Rodis-Lewis éd., *Œuvres de Descartes*, 2 tomes, Paris, 1966.

A. Kenny ed., *Descartes : Philosophical Letters*. Minneapolis, 1970.

竹田篤司訳『書簡集』（『デカルト著作集』第3巻）白水社，1973，1993

福居　純，原　亨吉，赤木昭三，塩川徹也「デカルト往復書簡の研究」（『一橋論叢』第85巻三月号，1981）

J. -M. Beyssade éd., *Correspondance avec Elisabeth*, Paris, 1989.

J. Cottingham, R. Stoothoff, D. Murdoch and A. Kenny ed., *The Philosophical Writings of Descartes*, vol. 3, Cambridge, 1991.

J. -R. Armogathe, G. Belgioioso e C. Vinti ed., *La biografia intellettuale di René Descartes attravero la* correspondance, Napoli, 1998.

山田弘明訳『デカルト＝エリザベト往復書簡』講談社，2001

E-J. Bos ed., *The Correspondence between Descartes and Henricus Regius*, Utrecht, 2002.

Th. Verbeek, E. -J. Bos, J. van de Ven ed., *The Correspondence of René Descartes : 1643*, Utrecht, 2003.

L. Chapiro ed., *Princess Elisabeth of Bohemia and René Descartes :*

The Correspondence between Princess Elisabeth of Bohemia and René Descartes, Chicago, 2007.

なお,現在ガリマール社から次の新しいデカルト全集が出ており,これも参照した。

J. -M. Beyssade et D. Kambouchner éd., *René Descartes, Œuvres complètes, III, Disours de la Méthode,* Paris, 2009.

J. -R. Armogathe éd, *René Descartes, Œuvres complètes, IX, Correspondance,* vol. 1 et 2, Paris, 2013.(=A 版と略記)

言うまでもなく17世紀の西洋思想において書簡の果たす役割は大きい。それは私的な文書でありながら,複写されて複数の人によって読まれることを意識して書かれた場合が多い。デカルトの場合,書簡においては,著作にはあまり登場しない哲学の多くの問題(心身問題,永遠真理創造説,実践的世界観,道徳論など)が立ち入って議論されており,書簡によってはじめてデカルトの思想の細部が明らかになることが多々ある。とくに,メルセンヌやエリザベトなどの親しい人に対しては胸襟を開いた率直な内容になっており,研究上きわめて貴重である。デカルトは「書簡によって哲学する」(J. -M. ベイサッド),あるいは書簡は「知性の実験室」(J. -R. アルモガット)という見方は正しい。相撲で言えば,それはデカルト哲学の稽古場とも言えようか。

デカルトの書簡の邦訳は全体の30%程度しか存在せず,とりわけ数学や物理学に関するものは割愛されている。それはアルキエ版,ブリドゥのプレイアッド版,英訳書についても同様である。本訳書の趣旨は,全書簡について研究者の永年使用に耐える翻訳を作成し,それに簡潔な歴史的・テキスト的な訳注を施すことである。現代から見て疑問であるような内容でも歴史的な意味をもっており,すべてそのまま訳出しておいた。このシリーズが基礎資料として日本の学界や社会に広く役立つことを願っている。

下記の方々はこの企画を支援し,有益な助言を惜しまれなかった。パリ第一大学カンブシュネル教授(Denis Kambouchner),サレント大学ベルジョイオーゾ教授(Giulia Belgioioso)およびアゴスティーニ教授(Igor Agostini),ユトレヒト大学ファベイク教授(Theo Verbeek),リヨ

ン高等師範学校ボス博士（Erik-Jan Bos）。本シリーズは平成22年度科学研究費補助金・基盤研究（B）による成果の一部である。記して謝する次第である。また，知泉書館の小山光夫社長は本訳業の意義を認めて刊行を快諾して下さった。心より御礼申し上げたい。

山 田　弘 明

目　次

凡　例……………………………………………………………… v
はじめに………………………………………………………… vii

537　デカルトからエリザベトへ
　　　　　　　　　エフモント・ビンネン　1646年1月…………… 3
　　　［自由意志］
538　デカルトからホイヘンスへ　　1646年1月 ………………… 8
　　　［農夫への恩赦］
539　デカルトからクレルスリエへ
　　　　　　　　　エフモント・ビンネン　1646年1月12日 ……… 11
　　　［ガッサンディの『抗弁書』］
540　デカルトから某へ　　エフモント　1646年2月…………… 12
　　　［アリストテレス『機械学』のアポリア］
541　ホイヘンスからデカルトへ　　ハーグ　1646年2月5日 …… 15
　　　［恩赦実現の見込み］
542　デカルトからクレルスリエへ
　　　　　　　　　エフモント・ビンネン　1646年2月23日 ……… 17
　　　［ガッサンディとの論争］
543　デカルトから某へ　　1646年3月初旬……………………… 18
　　　［聖体の秘蹟］
544　デカルトからクレルスリエへ
　　　　　　　　　エフモント・ビンネン　1646年3月2日 ……… 19
　　　［聖体の秘蹟］
545　デカルトからシャニュへ　　エフモント　1646年3月6日 …… 21
　　　［寒中見舞い，気象］
546　デカルトからメルセンヌへ

目次

　　　　　　　　　　　　　エフモント・ビンネン　1646年3月10日………… 24
　　　　　［パッポスの問題，振り子］
547　デカルトからメルセンヌへ　　エフモント　1646年3月10日………… 26
　　　　　［揺れの中心の求め方］
548　デカルトからホイヘンスへ　　エフモント　1646年3月11日………… 29
　　　　　［再び恩赦の上申］
549　メルセンヌからデカルトへ　　1646年3月22日……………………… 31
　　　　　［揺れの中心に関する疑義］
550　デカルトからカヴァンディシュへ
　　　　　　　　　　　　　　　　エフモント　1646年3月30日………… 38
　　　　　［揺れの中心に関する再論］
551　デカルトから某弁護士へ
　　　　　　　　　　　　　エフモント・ビンネン　1646年4月17日………… 44
　　　　　［ヴォエティウス裁判への協力要請］
552　デカルトからメルセンヌへ
　　　　　　　　　　　　　エフモント・ビンネン　1646年4月20日………… 46
　　　　　［ロベルヴァルに対する低い評価］
553　デカルトからメルセンヌへ
　　　　　　　　　　　　　エフモント・ビンネン　1646年4月20日………… 51
　　　　　［『アリスタルコス』への反論］
554　エリザベトからデカルトへ　　ハーグ　1646年4月25日……………… 56
　　　　　［情念，社会生活の規則］
555　デカルトからクレルスリエへ　1646年春…………………………… 59
　　　　　［聖体の秘蹟］
556　デカルトからエリザベトへ　　1646年5月………………………… 62
　　　　　［情念，血液の運動，驚き］
557　デカルトからエリザベトへ
　　　　　　　　　　　　　エフモント・ビンネン　1646年5月………… 67
　　　　　［無気力］
558　ロベルヴァルからカヴァンディシュを介してデカルトへ
　　　　　　　　　　　　　　　　パリ　1646年5月……………………… 69
　　　　　［揺れの中心に関する反論］

目　次　　　　　　xv

559　デカルトからピコへ　エフモント・ビンネン　1646年5月4日………　75
　　　［キルヒャーとの関係］
560　デカルトからカヴァンディシュへ
　　　　　　　　　　エフモント・ビンネン　1646年5月15日………　76
　　　［揺れの中心をめぐるメルセンヌの問いへの答弁］
561　デカルトからカヴァンディシュへ
　　　　　　　　　　エフモント・ビンネン　1646年6月15日………　79
　　　［揺れの中心に関するロベルヴァルの反論への答弁］
562　デカルトからウィレムへ
　　　　　　　　　　エフモント・ビンネン　1646年6月15日………　83
　　　［ヴォエティウスのこと］
563　デカルトからシャニュへ
　　　　　　　　　　エフモント・ビンネン　1646年6月15日………　86
　　　［自然学と道徳］
564　デカルトからクレルスリエへ
　　　　　　　　　　エフモント　1646年6月または7月……………　88
　　　［第一原理，ゼノンのパラドックス］
565　エリザベトからデカルトへ　　ハーグ　1646年7月………………　92
　　　［ドイツ行き］
566　クレルスリエからデカルトへ　パリ　1646年7月…………………　94
　　　［『哲学原理』への反論と答弁］
567　デカルトからシャルレへ　　　1646年8月……………………… 121
　　　［学院の哲学への批判文書］
568　シャニュからデカルトへ　　　ストックホルム　1646年8月25日…… 123
　　　［『情念論』，道徳］
569　デカルトからクレルスリエを介してル・コント氏へ
　　　　　　　　　　　　　　　　1646年8月29日……………… 127
　　　［ル・コントによる反論への答弁］
570　デカルトからエリザベトへ
　　　　　　　　　　　　エフモント・ビンネン　1646年9月……… 137
　　　［『君主論』］
571　デカルトからソフィー王女へ

　　　　　　　　　　　　　エフモント・ビンネン　1646年9月………… 143
　　　　　［エリザベト宛書簡の依頼］
572　ロベルヴァルのデカルトへの反論　　1646年9月……………… 144
　　　　　［揺れの中心，デカルトの反論］
573　デカルトからメルセンヌへ
　　　　　　　　　　　　　エフモント・ビンネン　1646年9月7日………… 149
　　　　　［レギウス，ゼノンのパラドックス，振り子の空気抵抗］
574　デカルトからコルヴィウスへ
　　　　　　　　　　　　　エフモント・ビンネン　1646年10月5日………… 153
　　　　　［『赤色の雨について』，レギウスの著書，望遠鏡］
575　デカルトからメルセンヌへ
　　　　　　　　　　　　　エフモント・ビンネン　1646年10月5日………… 156
　　　　　［レギウスの著書，振り子の振動］
576　エリザベトからデカルトへ　　ベルリン　1646年10月10日………… 161
　　　　　［『君主論』，奇蹟の泉］
577　デカルトからメルセンヌへ
　　　　　　　　　　　　　エフモント・ビンネン　1646年10月12日………… 166
　　　　　［ロベルヴァルに対する低い評価］
578　デカルトからエリザベトへ　1646年11月……………………………… 169
　　　　　［内的満足，ソクラテスの霊］
579　デカルトからソフィー王女へ
　　　　　　　　　　　　　エフモント・ビンネン　1646年11月………… 173
　　　　　［文通の仲介］
580　デカルトからシャニュへ
　　　　　　　　　　　　　エフモント・ビンネン　1646年11月1日………… 174
　　　　　［シャニュへの要望］
581　デカルトからロベルヴァルに反論してメルセンヌへ
　　　　　　　　　　　　　エフモント・ビンネン　1646年11月2日………… 178
　　　　　［ロベルヴァルに対する反論］
582　デカルトからメルセンヌへ
　　　　　　　　　　　　　エフモント・ビンネン　1646年11月2日………… 185
　　　　　［ロベルヴァルへの反論，視覚，ヒヨコの実験］

583 デカルトからカヴァンディシュへ
　　　　　　　　　　　　エフモント　1646年11月2日 ……… 189
　　［振り子の振動について］
584 デカルトからピコへ　エフモント・ビンネン　1646年11月2日 ……… 193
　　［かつら］
585 デカルトからクレルスリエへ
　　　　　　　　　　　エフモント・ビンネン　1646年11月9日 ……… 194
　　［仏訳『省察』を姪たちに贈る］
586 デカルトからメルセンヌへ
　　　　　　　　　　　エフモント・ビンネン　1646年11月23日 ……… 195
　　［クレルスリエの病気への助言，レギウスへの反論］
587 デカルトからニューカッスル侯へ
　　　　　　　　　　　エフモント・ビンネン　1646年11月23日 ……… 199
　　［岩石の生成，水銀の性質，動物機械論について］
588 エリザベトからデカルトへ　　ベルリン　1646年11月29日 ………… 205
　　［ソクラテスの霊，専制君主］
589 デカルトからホイヘンスへ
　　　　　　　　　　　エフモント・ビンネン　1646年11月30日 ……… 208
　　［音楽，バンニウスとの交流］
590 デカルトからエリザベトへ
　　　　　　　　　　　エフモント・ビンネン　1646年12月 ……………… 210
　　［腫れものの療法，スコラの学者たち］
591 デカルトからソフィー王女へ
　　　　　　　　　　　エフモント・ビンネン　1646年12月 ……………… 213
　　［ソフィーを天使に比す］
592 シャニュからデカルトへ
　　　　　　　　　　　　ストックホルム　1646年12月1日 ……………… 214
　　［愛をめぐって，スウェーデン女王の横顔］
593 デカルトからノエルへ
　　　　　　　　　　　エフモント・ビンネン　1646年12月14日 ……… 218
　　［忠告へのお礼，書物の話題］
594 デカルトからシャルレへ

エフモント・ビンネン 1646年12月14日 ……… 221
　　　［『哲学原理』仏訳序文］
595　デカルトからメルセンヌへ
　　　　　　　　　　　　　　　エフモント・ビンネン 1646年12月14日 ……… 223
　　　［複数の手紙，クレルスリエの病気］
596　デカルトからファン・フォレーストへ
　　　　　　　　　　　　　　　エフモント・ビンネン 1647年1月5日 ………… 225
　　　［隣人への取り計らい］
597　ホイヘンスからデカルトへ　　　ハーグ 1647年1月7日 ……………… 227
　　　［バンニウスへの反論，アンブレット］
598　デカルトからメルセンヌへ
　　　　　　　　　　　　　　　エフモント・ビンネン 1647年1月25日 ……… 229
　　　［光，ヴィエトの本，三角形の振動］
599　ファン・フォレーストからデカルトへ
　　　　　　　　　　　　　　　　　　ハーグ 1647年1月29日 ……………… 233
　　　［隣人の訴訟］
600　デカルトからシャニュへ
　　　　　　　　　　　　　　　エフモント・ビンネン 1647年2月1日 ……… 235
　　　［愛について］
601　デカルトからホイヘンスへ
　　　　　　　　　　　　　　　エフモント・ビンネン 1647年2月4日 ……… 248
　　　［アンブレット，音楽論，バンニウス］
602　エリザベトからデカルトへ　　　ベルリン 1647年2月21日 ………… 249
　　　［ベルリンの居心地，ヴァイス］
603　デカルトからエリザベトへ　　　ハーグ 1647年3月 ……………… 252
　　　［レギウスの剽窃］
604　デカルトからピコへ　エフモント・ビンネン 1647年3月1日 ……… 256
　　　［節食］
605　デカルトからメルセンヌへ
　　　　　　　　　　　　　　　エフモント・ビンネン 1647年3月15日 ……… 257
　　　［三角形の振動，ロベルヴァルの計算，鏡の反射］
606　エリザベトからデカルトへ　　　ベルリン 1647年4月11日 ………… 260

目次　　　　　　　xix

　　　　［ハーグへの帰還未定，レギウス］
607　デカルトからヘーレボールトへ
　　　　　　　　　エフモント・ビンネン　1647年4月19日……… 263
　　　　［神学討論］
608　デカルトからメルセンヌへ
　　　　　　　　　エフモント・ビンネン　1647年4月26日……… 264
　　　　［ファブリ神父の著作，鍋の粒子と水の粒子，塩の蒸留］
609　デカルトからピコへ　エフモント・ビンネン　1647年4月26日 …… 267
　　　　［デカルトの習慣，パリ旅行］
610　エリザベトからデカルトへ　　　クロッセン　1647年5月……… 268
　　　　［オランダ撤退を諫める，オーデル川，ホーヘランデの書］
611　デカルトからライデン大学評議員へ
　　　　　　　　　エフモント・ビンネン　1647年5月4日……… 272
　　　　［神学討論］
612　デカルトからライデン大学評議員へ
　　　　　　　　　エフモント・ビンネン　1647年5月4日……… 282
　　　　［神学討論］
613　デカルトからエリザベトへ　　エフモント　1647年5月10日……… 284
　　　　［ライデン事件，撤退準備］
614　シャニュからデカルトへ　　ストックホルム　1647年5月11日 …… 288
　　　　［愛について，世界の無限性，友情について］
615　デカルトからセルヴィアンへ
　　　　　　　　　エフモント・ビンネン　1647年5月12日……… 294
　　　　［フランス大使館宛の訴状］
616　デカルトからホイヘンスへ
　　　　　　　　　エフモント・ビンネン　1647年5月12日……… 297
　　　　［オレンジ大公への援助願い］
617　ブラッセからデカルトへ　　　ハーグ　1647年5月15日……… 299
　　　　［デカルトへの裁判の助言］
618　ライデン大学評議員からデカルトへ
　　　　　　　　　　　　　　　ライデン　1647年5月20日……… 301
　　　　［ライデン大学側の訴訟への対応］

	目　次
619	ウェーフェリコーフェンからデカルトへ 　　　　　　　　　　　　ライデン　1647年5月20日……… 303 ［デカルトへの援護表明］
620	デカルトからウィレムへ 　　　　　　　　　　エフモント・ビンネン　1647年5月24日……… 304 ［訴訟に向けてのお願い］
621	デカルトからライデン大学評議員へ 　　　　　　　　　　エフモント・ビンネン　1647年5月27日……… 306 ［大学評議員の処置に対する不満］
622	デカルトからウェーフェリコーフェンへ 　　　　　　　　　　エフモント・ビンネン　1647年5月27日……… 311 ［裁判への協力依頼］
623	デカルトからウィレムへ 　　　　　　　　　　エフモント・ビンネン　1647年5月27日……… 312 ［裁判への協力依頼］
624	デカルトからシャニュへ　　ハーグ　1647年6月6日……………… 316 ［世界の広大さ，愛の原因］
625	デカルトからエリザベトへ　　ハーグ　1647年6月6日………… 323 ［女王への引き合わせ，ライデン事件の和議］
626	デカルトからピコへ　　ロッテルダム　1647年6月8日………… 325 ［フランス旅行］
627	デカルトからメルセンヌへ　　パリ　1647年9月………………… 326 ［梃子］
628	シャニュからデカルトへ　　ストックホルム　1647年9月21日…… 330 ［最高善についての見解］
629	シャニュからデカルトへ　　ストックホルム　1647年11月9日…… 331 ［エフモントでの生活，最高善についての書簡要請］
630	ホイヘンスからデカルトへ　　1647年11月14日………………… 332 ［パスカルの新実験］
631	デカルトからスウェーデンのクリスティナへ 　　　　　　　　　　エフモント・ビンネン　1647年11月20日…… 334 ［最高善，自由意志］

目　次　　　　xxi

632　デカルトからシャニュへ
　　　　　　　　　エフモント・ビンネン　1647年11月20日 ……… 338
　　　［最高善についての私見］
633　デカルトからエリザベトへ
　　　　　　　　　エフモント・ビンネン　1647年11月20日 ……… 340
　　　［女王］
634　デカルトからホーヘランデへ
　　　　　　　　　エフモント・ビンネン　1647年12月 ………… 243
　　　［「掲貼文書」］
635　ブラッセからデカルトへ　　ハーグ　1647年12月4日 ………… 344
　　　［ヨーロッパ情勢，ラ・テュイエリ］
636　エリザベトからデカルトへ　　ベルリン　1647年12月5日 …… 347
　　　［仏訳『省察』，反論者］
637　デカルトからホイヘンスへ
　　　　　　　　　エフモント・ビンネン　1647年12月8日 ……… 349
　　　［ピコ，年金］
638　デカルトからメルセンヌへ
　　　　　　　　　エフモント・ビンネン　1647年12月13日 ……… 352
　　　［パスカルの真空実験］
639　デカルトからブラッセへ
　　　　　　　　　エフモント・ビンネン　1647年12月17日 ……… 355
　　　［ル・ロランの病気］
640　デカルトからホイヘンスへ
　　　　　　　　　エフモント・ビンネン　1647年12月27日 ……… 358
　　　［恩赦の再上申］

あとがき ……………………………………………………………………… 361
主要人名解説 ………………………………………………………………… 364
関連地図 ……………………………………………………………………… 368
索引（人名・地名，事項）………………………………………………… 369

デカルト全書簡集

第七巻

(1646-1647)

537

デカルトからエリザベト[1]へ

エフモント・ビンネン　1646年1月
(AT. IV, 351-357 ; AM. VII, 1-5 ; B. 2134-2139)

［自由意志］

殿下

　この世界の大部分の人がそれをよしとし，多くの強固な理由によって他の人たちに向けて申し訳の立ちうるある事柄[2]のために，殿下が健康を害されるほど不快であられたことを知り，私は驚いたことを否定できません。というのも，私の宗教［カトリック］に属しているすべての人たち（それは疑いもなくヨーロッパで大多数をなしております）は，たとえそのことに非難すべき表面的な事情や動機があったとしても，それを是認せざるをえないからです。というのは，われわれの信ずるところによれば，神は人の心を神に惹きつけるためにさまざまな手段を用いるのであって，悪しき意図をもって修道院に入ったある人が，その後きわめて神聖な生活を送るようになったことがあるからです。別の信仰に属する人たち［プロテスタント］について言えば，もし彼らがそのこと［改宗］を悪しざまに言うなら，彼らの判断を拒否すればよいのです。というのは，それについてさまざまな陣営がある他のすべての事柄がそうであるように，一方を喜ばせながら他方を不快にしないということは不可能だからです。もし彼らが，父や祖父がローマ教会を棄てなかったならば自分たちは今の宗教には属さなかったであろうと考えるなら，彼らにはその宗教を棄てた人を嘲り，無節操だとする理由はありません。

　この時代の思慮[3]に関しては，自分の一家に幸運がある人は，みんな

---

1)　本書「主要人名解説」を参照。
2)　エリザベトの弟エドゥアールがカトリックに改宗したこと。書簡530（本書簡集第六巻）を参照。
3)　書簡530末尾（本書簡集第六巻）を参照。

その幸運の周りにとどまり、それが逃げて行かないように自分たちの総力を結集するのは、たしかに当然です。しかし、幸運が逃げて行きがちな一家においては、すべての人が幸運を見いだすことができないとしても、少なくとも誰か一人でもそれに出会うように、さまざまな道を行くことに同意するのは少しも悪いことではないと思われます。そうしている間に、彼らのおのおのは、さまざまな陣営に複数の友人を擁していますから、多くの手段をもつようになると思われますので、そのためみんなが一つの陣営に参画している場合よりも、彼らをいっそう有力にしています。このたびのご決意をさせた張本人たちが、この件で殿下のご一家を害しようとしていたなどとは、およそ想像だにできません。しかし私は、私の論拠によって殿下のご心痛を止めることができるとは自負しておりません。ただ望むらくは、この手紙が殿下の元に届く以前に、時がそれを軽減させますように。私がこの問題をこれ以上詳しく論じますと、ご心痛を新たにされるのではないかと恐れます。

　それゆえ私は、自由意志について殿下が提起された難問[1]に移ります。私はそれについて隷属と自由を一つのたとえによって説明してみましょう。ここに一人の王がいるといたします。この王は決闘を禁じていますが、その王国の別々の町に住んでいる二人の貴族が喧嘩をしており、彼らがもし出会うなら互いに剣を交えることを誰も制止することができないほどともにいきり立っていることを、王は重々承知しているといたします。この王が、ある日彼らの一人に、他方の人が住んでいる町になにか使いにやらせ、そして同じ日に他方の人にも、一方の人がいる場所へ使いにやらせるといたします。王は、彼らが必ず途中で出会い、剣を交え、かくして王の禁令に背くことになろうことを十分に承知していますが、だからといって王は彼らにそれを強制しているのではありません。王がそれを承知していることや、王が彼らをこのように仕向けようとした王の意志さえも、彼らが出会うようになった場合、自由にかつ意志的に決闘することを妨げません。それは、王が何も知らず、彼らが出会ったのはなにか他の機縁による場合にそうなるのと同じです。そして彼らは禁令に背いたのですから、同様に正当に罰せられることができます。

---

1) 書簡530（本書簡集第六巻）を参照。

ところで，予知と無限な力をもつ神は，王がその臣下のある自由な行為についてなしうることを，人間のあらゆる自由な行為について，誤ることなくなすのです。神はわれわれをこの世に送り出す前に，われわれの意志のあらゆる傾向がどういうものであるかを正確に知っていたのです。けだし，それらの傾向をわれわれの内に置いたのは神自身ですし，われわれの外なる他のすべてのものを配置して，これこれのものがこれこれの時にわれわれの感覚に現われるようにしたのも，神自身なのです。それを機会に，神はわれわれが自分の自由意志によって，これこれのものに向かうことを知っていたのです。神はものがそのようにあることを欲したのですが，だからといって神は意志にそれを強制することは欲さなかったのです。さて，この王において意志の二つの程度が区別できます。一つは，その意志によって王はこれらの貴族を出会うようにしたのだから，彼らが決闘をすることを欲したということであり，もう一つは，その意志によって王は決闘を禁じたのだからそれを欲しなかったということです。それと同様に，神学者たちは神において絶対的で独立的な意志と相対的な意志とを区別します。前者によって神はすべてのものが現在そうなされている通りになされることを欲し，後者は人間の功罪に関するものですが，それによって神は人が神の法に従うことを欲します[1]。

　さらに，私が先に述べたこと（すなわち，この人生にはつねに悪よりも善の方が沢山あること）[2]と，人生のあらゆる不快さに関して殿下が私に反論されていることとを調停させるためには，二種類の善を区別しなければなりません。善の観念をわれわれの行為の規範に用いるものと見なすとき，善とは善いと呼ばれるものにおいてありえるすべての完全性のことです。無限に多くの曲線を悪にたとえるなら，善の観念はそのなかにある唯一の直線にたとえられます。哲学者たちが「善は欠陥なき原因から生じ，悪は何であれ欠陥から生じる」と言い習わしているのは，この意味においてです。しかし，私がこの人生に関してなすべき評価について申し上げたときにそうしたように，同一のものにおいてありえる

---

1) 人間の自由意志と神の摂理との調停は，すでに『哲学原理』第１部第40，41節で婉曲に試みられていた。ここではもう一歩踏み込んで，神の絶対的意志と相対的意志とを区別する方向から，両者の調停が示唆されている。

2) 書簡529，530（本書簡集第六巻）を参照。

善と悪を検討して，それをどう評価すべきかを知ろうとするとき，善とは，そこでなにか便宜を得ることができるすべてのもののことであり，そこから不都合を蒙ることがありうるものが悪と呼ばれるだけのことです。というのは，不都合さ以外にありうる他の欠陥については，決して数え上げられないからです。たとえば，ある人が仕事を提供されるとき，その人は一面ではそこから期待できる名誉や利益を善と見なし，他面では苦労，危険，時間の損失，その他こうしたものを悪と見なします。そしてその人は，これらの悪善を比較し，善が悪よりも多いか少ないかによって，その仕事を引き受けたり拒否したりするのです。ところで，この人生にはつねに悪よりも善の方が沢山あると私が申し上げたのは，このような後者の意味であります。われわれの自由意志に依存し，それを上手に使えるときには，いつでも善にすることができるものに対して，われわれの外にあって，われわれの自由意志に依存していないものは，すべてこれを軽視すべきだと私は思うからです。このやり方で，われわれは，外からやって来るすべての悪がどんなに大きいものであっても，目の前で役者がなにかとても痛ましい場面を演ずるときに，われわれの心に引き起こされる悲しみ以上に，われわれの心に深く入ってこないようにすることができます。しかしこの境地に達するまでには，きわめて哲学者であらねばならないことを私は認めます。しかしながら同時に，私の信じるところによれば，情念に強く左右されるがままの人でさえ，彼ら自身がそのことに気づいていなくとも，内心ではこの人生には悪よりも善の方が多いとつねに判断しています。というのは，彼らは大変な苦痛を感じるとき，ときとして死に救いを求めるとはいえ，それは寓話にもあるように[1)]，ただ彼らの重荷の片棒を死に担がせるためなのであり，だからといって彼らは命を失いたいわけでは決してないからです。あるいはまた，もし誰か命を失いたくて自殺する人がいるなら，それは彼らの知性の間違いによるのであって，理性的な判断によるのでもなければ，この人生では悪よりも善を選べとする意見のように，自然が彼らのうちに刻印した意見によるのでもありません。

---

　1)　イソップ（アイソポス）に由来する寓話。17世紀の詩人ラ・フォンテーヌの『寓話』（*La table*）1-16（死と木樵）において再録されることになる。

自分ひとりの利益のため以外には何もしない人たちでも，彼らが思慮を用いようとするなら，他の人と同じくらい，できるかぎり他人のためにはたらき，各人を喜ばせようとするに違いないと私は信じます[1]。そう信じる理由は，親切で人を喜ばせるに機敏であると評価されている人は，他人からもまた，決して恩義を施していない人からさえも，多くの親切を受けることがあるのが通常見受けられるからです。その人が別の気質であると思われているなら，彼は親切を受けることはないでしょう。また人を喜ばせようとする労苦は，彼らにとって知人の友情が与えてくれる便宜ほどには大きくないからです。なぜなら，人がわれわれに期待するのは，われわれが気持ちよく施すことができる親切だけに限られ，われわれも他人からそれ以上を期待しないからです。しかし，他人にとって微々たることが，われわれを大いに益したり，われわれの命に関わりさえすることがしばしばあります。人が首尾よく行いながらときとして骨折り損をしたり，逆に不首尾でありながら利益を得ることがあるのは本当です。しかしだからといって，思慮の規則を変えることにはなりません。この規則はきわめて頻繁に起こる事柄のみに関しているからです。そして，私としては，私の人生の行為のすべてにおいて最もよく遵守した格率は，ただただ大道を行き，術策を用いようとはまったく思わないことが主要な策である，と信じることでした。社会に共通の法はすべて互いに善をなす，あるいは少なくとも決して悪をなさないということを目指していますが，それはきわめてよく確立されていると思われますので，それに偽りも技巧もなく素直に従う人は誰でも，それとは別の道によって自分の利益を追い求める人よりも，はるかに幸福で確かな人生を送ります。実のところ後者の人も，他の人がそれに無知であったり，幸運の恵みを受けたりすることで，ときどき成功を収めることがありますが，彼らがそこで失敗し，身を立てたつもりが身を滅ぼすことの方がはるかにしばしば起こるのです。私は，すべての行為において遵守していると私が明言していますかの率直さと素直さとを以て，とりわけ…であると明言いたします。

---

1) 書簡530末尾（本書簡集第六巻）を参照。

538

デカルトからホイヘンス¹⁾へ

1646年1月

(AT. IV, 782-784/V, 262-265 ; AM. VII, 7-9 ; B. 2140-2143)

[農夫への恩赦]

拝啓

あなたは、ここではただ農夫たち²⁾との付き合いしかない男からの挨拶状を手を休めてお読みになるよりも、大切なきわめて多くのご職務をお持ちのことと存じますので、あなたのお邪魔立てをする何らかの機会がなければ、あえてお手紙を書こうなどとは思いません。今回生じましたその機会とは、私の近所の哀れな農夫で、不幸にも他の農夫を一人殺してしまった者の身に、あなたの慈悲を施してやっていただきたい、というお願いです。彼の両親は大公閣下のご温情にすがり何とか恩赦を得たいと考えており、彼らは私にも、あなたに一筆認めて、もしその機会があれば好意的な言葉で自分たちの嘆願を手助けしてくれるよう頼んでほしいと望んだのです。私に関して言えば、私は安全と安息を何より求める者ですから、悪人の不処罰は彼らを放埒にするとして罪が厳しく罰せられる国に住んでいることは、きわめて喜ばしいことです。とはいえ、われわれの情念の活動はすべてがつねにわれわれの支配下にあるわけではありませんから、時にはきわめて善良な人間がきわめて大きな過ちを犯すことも起こることを考えると、そうした場合には法の行使よりも慈悲の行使のほうが有益です。というのも、千の悪人が処罰されることより、一人の善良な人間が救われることのほうに価値があるからです。

---

1) 本書「主要人名解説」を参照。
2) デカルトと交流のあった近隣農夫の中には、彼から学問の手ほどきを受け、後に数学者・天文学者となってオランダ語でデカルト哲学を紹介したレンブランツ（Dirck ou Théodore Rembrantsz）のような例もある。AT. V, 265-266 を参照。

赦しを与えることが，君主がなしうる最も誉れ高い，最も威厳に満ちた行為であるのはそのためです。私があなたに願い出でおりますその農夫は，乱暴者などでは決してなく，今回の不幸以前には誰かに害をなしたことなど一度もないという評判です。彼に不利な点としてせいぜい言えるのは，彼の母親が殺された男とかつて結婚していたということだけです。しかしこれとて，彼女が夫からきわめて度を過ぎた暴力を受けていたこと，それも彼と夫婦であった何年もの間ずっとそうであったこと，それでついに彼と別れ，もはや彼を夫とは見られず，自分の迫害者や敵対者と考えるまでに至ったこと，そして彼は彼で離婚の恨みを晴らそうと，彼女に誰かその子供（その一人が問題の農夫です）の命を奪うと脅していたこと，これらを付け加えるなら，この農夫を弁護するのに大いに役立つことが分かるでしょう。そして，立ちあらわれるものすべてについて哲学するのが私の慣わしであることをあなたはご存知ですから申し上げますと，この哀れな男をその気質からはほど遠いと思われる行為に駆り立てることのできた原因を，私は探究したいと思いました。そして分かったのは，この不幸が彼に生じたとき，彼は自分の息子が病気で，その死を絶えず覚悟していたことで極度の苦悩を抱えていたこと，そしてその息子に付き添っている間に，自分たちの共通の敵によって痛めつけられている義理の兄弟を助けるために，呼びつけられたということです。したがって私は，そのような境遇で彼が我を忘れたことを，まったく不思議には思いません。というのも，大きな苦悩を抱えていたり，悲しみに絶望しているときには，何かそのきっかけがあれば，そうでないときよりもはるかに激しく怒りに駆り立てられることは確実だからです。そして通常，一方では息子の死を，また他方では兄弟の災難を見て，最も激しく心を動かされるのは，最も善良な人間です。こうした理由から，いかなる計画的な悪意もなくこのような形で犯された過ちは，きわめて弁明の余地あるものだと思われます。だからこそ彼は，主な親戚が死者の埋葬に集まったまさにその日に，彼らすべてから赦しを得たのです。さらに当地の判事たちも彼に無罪を言い渡しました。が，それがあまりに性急な計らいによるものだったので，検事はその判決に対する上訴人として振舞うことを余儀なくされたわけですが，彼は人柄を顧慮することなく厳格な法に従わねばならない法廷に再出頭しようとはあえてせず，

自分の過去の身の潔白に免じて大公閣下より恩赦が得られればと願っております。悪人に恐怖を与えるため，時にみせしめが大いに役立つことを，私はよく存じております。が，本件はそれにふさわしいとは思われません。というのも，まず張本人が不在なわけですから，彼に対してなしうることと言えばせいぜい，彼が国に戻れないようにすることくらいで，そうなると，彼よりもむしろ彼の妻や子供を罰することになります。加えてまた，この州には，さらに弁明の余地のない殺人に手を染め，身の潔白さにおいてもさらに劣っていながら，大公閣下からのいかなる赦しもなく依然としてこの地に留まっている農夫たちが，他にも大勢いることを私は知っています（今回殺された者もその一人でした）。それゆえ思うに，もしこの私の隣人をして，みせしめにするようなことが始まるなら，彼よりももっとナイフを振り回すことに手慣れた者たちは，法廷の手に落ちるのはお人好しと愚か者だけだと言い，それによって自分たちの放埒を堅持することになるでしょう。つまるところ，この哀れな男が我が子のもとに戻って来られるようあなたが何がしかご貢献になるなら，あなたは善き行いをなさるのであり，そしてまたそれはあなたに課せられた新たな責務でもあると申し上げることができるのです…

539

デカルトからクレルスリエ[1]へ

エフモント・ビンネン　1646年1月12日
AT. IV, 357-358 ; AM. VII, 6 ; B. 2142-2145)

[ガッサンディの『抗弁書』]

「それらの著作[2]のうち最初のものは，彼［デカルト］がかくも長きにわたり拒んできたガッサンディ氏の『抗弁書』[3]への答弁だった。彼が答弁を行ったのは，彼が少なからず軽視して読み，答弁を要するものを何も見いださないと見切りをつけた，ガッサンディ氏の著書に対してではない。反論に最も値する箇所として何人かの共通の友人が作ったその忠実な要約に対してである。彼はその答弁をクレルスリエ氏に送った。クレルスリエ氏は，リュイヌ公と氏自身の翻訳による『省察および反論と答弁』のフランス語版を準備していたのである[4]。送付状は1646年1月12日付となっている。友人の一人でもあるガッサンディ氏に対してクレルスリエ氏がいかに接しているかを知っていたので，彼はその手紙で予め，いくつか多少手厳しくみえる言葉づかいがあるかもしれないとクレルスリエ氏に伝えようとした[5]。「あの大部の『抗弁書』における誹謗中傷の後では」自分の反論相手にこれ以上礼儀正しくは振舞えなかった，そして彼を大目に見るつもりでなかったなら，他にもあらゆる事柄をなしえたであろうことを考慮して欲しいと，彼はクレルスリエ氏に願い出た。なかでも彼がクレルスリエ氏にとくに強く勧めたのは，名誉毀損だと不平を言う理由をガッサンディ氏に一切与えぬよう，ガッサンディ氏の名前を企画中の新版にはどこにも，また抗弁書に対抗して自分が書き送ったものの中にも，登場させぬように，ということであった。」(Baillet. II, 279-280)

---

1) 本書「主要人名解説」を参照。
2) デカルトが1645年から1646年の冬にエフモントで仕上げた二つの小著。
3) *Instantiae*, 1642 (AT. IX-1, 202-217). ガッサンディについては本書「主要人名解説」を参照。
4) 書簡490（本書簡集第六巻）を参照。
5) バイエの欄外注：1646年1月12日付クレルスリエ宛書簡。

540

デカルトから某へ

エフモント　1646年2月[1]

(AT. IV, 359-361 ; AM. VII, 11-15 ; B. 2144-2147)

［アリストテレス『機械学』のアポリア］
　私には，この問題の困難の何たるかを認識することのほうが，それを認識した上でその困難を解決することよりも，難しいと思われます。実際，車輪のうちに直線的と円環的というまったく異なる二つの運動があることは，誰でもそう考えます。一方の直線的な運動は，車輪の回転にはまったく寄与せず，ただ車輪全体をその下にある平面上の直線に沿って同時に前進させますが，このとき車輪の各部分はすべて等しい速度で運動します。他方の円環的な運動は，こうした車輪の平面上の前進には何ら寄与せず，ただ車輪の各部分をすべて車軸を中心に回転させますが，しかしこれは等しい速度でではなく，車軸からより離れた部分はより近い部分よりも速く回転するので，近い部分は自身の短い一周を終えるのに，離れた部分がより長い一周を終えるのと同じ時間を費やします。そこで，車輪の部分がすべて平面上に等しい長さの線を描きながら，しかし等しい速度で回転しない，という点にたしかに不思議はありえません。なぜならご覧のとおり，これら二つの運動は異なるもので，相互にまったく依存しないからです。それどころか，このことはまたご覧のとおりまったく必然的であり，もしそれ以外のことが起こるならそれこそ奇蹟でしょう。実際，直線的な運動は車輪のすべての部分で等しく，これに

---

　1)　クレルスリエ版には「『『二つの車輪に関する論考』（*De duobus circulis*）と題する印刷物への答弁」とだけある。この印刷物は発見されておらず著者も不明だが，アリストテレスの『機械学』第24章（Aristoteles, *Quaestiones Mechanicae*, 855a30）のアポリア——いかにして直径の異なる二つの同心円が，回転によって互いに等しい長さだけ移動するのか——が主題であることは明らか。

対して円環的な運動は車軸からの距離が等しくない部分では等しくないのですから，すべての部分が同時に等しい速度で直線運動を行う際，円環運動を行う速度は等しくないということは必然的です．では，困難はどこから生じたのでしょう？　それはおそらく，これら二つの異なる運動が一つの同じものだと見なされ，しかも通常，車輪の回転はつねに車輪の円周と等しい長さの線を平面上に描くものと信じられているからでしょう．ですがこのことは，偶然にそうなるという場合を除けば，決して厳密に真ではありえません．というのも，直線に沿った前進の原因は，荷車を引く馬の力とかその類であるのに対して，回転の原因は，車輪があまり滑らかでない平面を自分の重さで圧迫し，平面にある仕方でくっつくことであって，これらまったく異なる二つの原因が完全に等しい結果をもたらすということは，ほとんどありえないからです．

　ところが，私の判断では何でもないこの困難に対して，希薄化という例を持ち出す人がいるのは不思議に思われます．実際，広く流布した概念とはいえ，明白に理解することが私にはたしかに不可能なそうした希薄化よりも，一方が他方より速い（ここで吟味を要するのはそれだけです）二つの異なる運動を理解するほうが容易なのです．

　この冊子の 6 ページに「小さな円の各部分は下にある平面の一部分にのみ接する」と言われていますが，これは誤りです．というのも，もしこの円が自分の円周よりも二倍大きな線を平面に描くなら，この円周の各部分はそれに等しい平面の部分二つ分に接し，三倍の線なら三つ分に接し，等々になるからです．また，同一の線が次々と二つの線に共通の線分になるということにも不思議はありません．なぜならこの同一の線は，最初に一方の線に合致し，しかる後に他方の線に合致するからです．それはちょうど，私が通りを歩くとき，私の身体が，地球の中心からこの通りのあらゆる部分に向かって引くことのできるあらゆる線にとって，その共通の線分になるようなものです．

　8 ページの「いかなる比率で，より大きな，あるいはより小さな空間が残されるか？」という問いに対して私は，直線運動へと駆り立てる力が，円環運動へと駆り立て決定する力に比べてどれほど大きいか，ないし小さいか，というその比率に応じてである，と答えます．そして，直線運動と円環運動とが完全に一致することを否定します．なぜなら，完

全に一致するためには，一方の各部分と他方の各部分とが同時に，継起的にではなく，一致する必要があるからです。9ページの布片の例とてこのようなものではありません。なぜなら，ここで全体同時になされるのは各オーヌ[1]間の合致であって，各部分間の合致ではないからです。

11ページの「誰も自らが持たないものは残さない」というのは詭弁です。実際，ペンが自らの運動によって線を引くとき，ペンは自らが紙上に残す線を一つも持っていません。そしてこれに続く箇所も誤りです。

16・17ページにおける「継起的な希薄化と永続的な希薄化」の区別，同じく「本性的な運動と偶然的な運動」の区別は虚構であって，事物の真理のうちにいかなる基礎ももちません。ここから残りのすべても容易に論駁されます。

　　1646年2月

---

　　1)「オーヌ（前腕尺）」は主に布地の計測に用いられた長さの旧単位。約1.2メートル。

541

ホイヘンスからデカルトへ

ハーグ　1646年2月5日[1)]

(AT. IV, 785 ; AM. VII, 10 ; B. 2148-2149)

[恩赦実現の見込み]

拝啓

　メルセンヌ神父[2)]を介してあなたにその冊子[3)]をお借りしてから随分経ちましたが，私の身の上と，そして私が友としての義務を時間どおりに果たしうる状態にあるかどうかを，あなたは察して下さるでしょう。あなたが手紙でご隣人の一人にお望みになった処遇については，その手紙をよくよく調べた上，この手紙が今回の殺人に関して考慮される必要が生じた際，それをオランダの裁判所に提出することに決めました。お望みの処遇については形式に則り，しかるべき時に吟味されるでしょう。とはいえ実際上，きわめて差し迫った弁護でもないかぎり，われわれが法廷から有利な見解を引き出すことは決してないでしょう。法廷では，法律の文面にあるとおり，「非難の余地なき弁護による導き」のみが顧慮されるものです。私が手紙であなたを煩わせることはほとんどありません。あなたがご健康で研究に励んでおられることが分かれば私には十分であり，そして私はあなたの周りに諜報員を配して，そこからかなり信頼できる知らせを得ています。どうか十分なご好意を賜り，私が以下のような者であることを「つねに」信じて下さいますよう。

　あなたのきわめて恭順なる下僕

　敬具

　　　　　　　　　　　　　　　　　　　　　　　　C. ホイヘンス

---

1) 書簡538（本書）への返信。
2) 本書「主要人名解説」を参照。
3) ロベルヴァルの『アリスタルコス』。書簡546（本書25ページ）注1を参照。

541　ホイヘンスからデカルトへ

ハーグにて　1646年2月5日

542

デカルトからクレルスリエへ

エフモント・ビンネン　1646年2月23日
(AT. IV, 362 ; AM. VII, 16 ; B. 2148-2149)

[ガッサンディとの論争]
「クレルスリエ氏は後に再び，その許しがあればガッサンディ氏の名前がいたるところに登場することだけでなく，デカルト氏のいくつかの表現を自身の翻訳では和らげることについても承諾を得た。それらの表現は，ラテン語でならまだしも，フランス語ではガッサンディ氏を害しかねないものだった。クレルスリエ氏はこれを最後の機に，デカルト氏とガッサンディ氏の仲を再度とりもとうとしたのである。この二つめの助力は，それに相応しくデカルト氏から評価された。1646年2月23日付の書簡でデカルト氏は，自分の翻訳者，擁護者，そして仲裁者をすべて同時に引き受けてくれることについて，クレルスリエ氏に謝意を表した。」(Baillet. II, 280)

543

デカルトから某へ

1646年3月初旬

(AT. IV, 374-375 ; AM. VII, 26-27 ; B. 2150-2151)

[聖体の秘蹟]

あなたがお話になっている困難については，私の哲学から見た場合と学院の哲学から見た場合とで困難さが異なるとは思いません。実際この神秘については，主要な問題が二つあります。第一に，パンのあらゆる偶有性が，もはやそのパンが存在せず，代わりにある他の物体が存在する場所で存続することはいかにして可能か。そして第二に，いかにしてイエス・キリストの身体が，パンがそこにあったのと同じ形状の下で存在しうるか。

第一の問題には，私は偶有性の本性について異なる意見をもっていますので，学院でなされるのとは異なる仕方で答えねばなりませんでした。ですが第二の問題に関しては，私はいかなる新たな説明をも探求したいとは思いません。そして，たとえこの点について何かを発見しえたとしても，私はそれを公表しようとはしないでしょう。というのも，こうした話題については，最も共通な意見こそ最善だからです。こうして人はすべての神学者に対して，私に対すると同じく，こう問いうるでしょう。「ある物体的な実体が他の物体的な実体に変化し，しかも最初の実体のあらゆる偶有性が存続している場合，いったい何が変化したのか？」と。すべての神学者は，私と同じく，こう答えるべきです。感覚の下に入ってきたようなものは何一つ，したがって，人がそれによって諸々の実体に多様な名前を与えたようなものは何一つ，変化していない，と。というのも，人が実体に多様な名前を与えたのは，感覚の下に入ってくる多様な固有性を，それら実体のうちに認めたからであることは，確実だからです。

544

デカルトからクレルスリエへ

エフモント・ビンネン　1646年3月2日
(AT. IV, 372-373 ; AM. VII, 24-25 ; B. 2150-2153)

［聖体の秘蹟］

拝啓

あなたにお手紙を差し上げて[1]まだ一週間ですが，本日頂戴した最新の便で，あなたが私の妹[2]の手紙をわざわざ受け取ろうとして下さったことを知りましたので，改めてお礼を申し上げなければなりません。妹は以前には手紙をメルセンヌ神父に送っておりました。私は彼女には年に二，三回しか手紙を書きません。彼女の手紙があまりあなたのお邪魔立てにならなければと願う次第です。

聖体の秘蹟についてあなたがご提示になった困難に関しては[3]，私はこれに対してただ次のようにのみお答えしたいと思います。神が，ある純粋に物体的な実体を他の純粋に物体的な実体の場所に，たとえば一片の金を一切れのパンの場所に，あるいは一切れのパンを他の一切れのパンの場所に置く場合，神はただそれら物質の数的な一性のみを変化させるのです。それは神が，かつて金であった「数的に」同一の物質にパンの偶有性を受け取らせることによって，あるいはまた，かつてパンAであった「数的に」同一の物質にパンBの偶有性を受け取らせる，つまりは，パンAであった物質をパンBと同じ形状の下に置き，パンBであった物質をその形状から取り除くことによってです。とはいえ，聖体の秘蹟には何かそれ以上のことがあります。というのも，かつてパン

---

1) 書簡542（本書）。
2) 15歳年下で腹違いの妹，アンヌ・デカルト（Anne Descartes）。AT. IV, 373 の注を参照。
3) この議論の前史として，メラン宛の書簡482と書簡535（本書簡集第六巻）を参照。

が有していた形状の下に置かれるのは，ただイエス・キリストの身体をなす物質ばかりでなく，その物質に形を与えるイエス・キリストの魂もまたそうだからです。

　一週間前の便にて，認可状[1]の写しをお送りし，第五反論に関する私の意見をお伝えしました。

　私はあなたのきわめて恭順かつ従順なる下僕

デカルト

　メルセンヌ神父宛の小さな手紙[2]が一つあるだけで，その手紙はこれよりさらに短いものなので，郵便物を二つに分ける必要はないと思いました。

---

　1)　1637年5月4日にデカルトの著作活動全般に対して授与された。『省察』『哲学原理』のオリジナル版に続き，両者のフランス語訳版にもそれを掲載する必要があった。
　2)　書簡546（本書24ページ）注2を参照。AT版とAM版はこれを書簡546とみる。

545

デカルトからシャニュ[1]へ

エフモント　1646年3月6日

(AT. IV, 376-379 ; AM. VII, 28-29 ; B. 2152-2155)

［寒中見舞い，気象］

拝啓

あなたがこの国にお立ち寄りになって以来[2]，私が望むたびにあなたにお手紙を差し上げる栄誉を得ていたなら，あなたはあまりにも頻繁に私の手紙に煩わされていたことでしょう。何度もそう思わない日は一日とてないのですから。ですが，ブラッセ[3]氏に，自分は郵便物を保管するためにだけ使われようとしているのだと思われないよう，彼に手紙を書く別の機会があるのを待っていたのです。私が望んだとおりにはその機会が来ぬまま，私は明日ハーグへ発ち，あなた宛のこの手紙を彼に届けるつもりです。

この冬の厳しさは尋常でなく，あなたとお身内の皆様のご健康を度々願わずにはいられません。というのも，この国でこんなに厳しい冬は1608年以来一度もなかったと言われていますので。スウェーデンでも同じなら，あなたはそこで北国で作られる氷をすべてご覧になることでしょう。慰めと言えば，私が，かの地の人々にはフランス人よりも寒さに対する備えがあると知っていること，そしてあなたもそれを軽視されていないと確信していることです。だとするなら，あなたは大半の時間を暖炉のある部屋でお過ごしになるでしょう。想像するに，あなたはそこではご公務にそれほど絶えず忙殺されることはなく，時には哲学のことを考える余暇をお持ちになるでしょう。そこで，もしあなたが哲学につ

---

1) 本書「主要人名解説」を参照。
2) 書簡527（本書簡集第六巻）を参照。
3) 本書「主要人名解説」を参照。

いて私が書いたものを吟味して下さるなら，どうか，あなたがそこでお気づきになった誤りをお知らせ下さいますよう，切にお願い申し上げます。というのも，私にそういう間違いを告げてくれる誰にも私はまだ出会ったことがなく，また，大半の人々の判断はきわめて拙劣で，彼らの意見を気に留めるには及ばないからです。ですがあなたのご意見であれば，私はそれを神託として受け止めるでしょう。

同様に，時々暖炉部屋の外に目をやれば，あなたは多分空中に，私が書いたのとは異なる大気現象にお気づきになり，私にそれをしっかり教えて下さるでしょう。1635年に六角形の雪［の結晶］について私がなしたただ一度の観察が，それに関する論考を私が手がけた理由でした[1]。私の自然学の残りの部分のために必要となる実験がすべて思いがけなく手に入り，それを知るには目さえあれば十分というなら，私は残りの自然学をすぐにも仕上げる決心をするでしょう。しかしそうした実験を行うにはまた人手も必要で，私はそれに適した人手をまったく持ち合せていませんから，さらにこの仕事へと向かう意欲を私は完全に失っています。

ですが，このことは私がつねに何かを探求するのを妨げません。それは他でもなく「ものを知りつつ死ぬため」，そして，とりわけ私が何一つ隠し立てできない友人たちと，それについて語り合うためです。しかし私は世界が，そこにいる数少ない誠実な人々と比べて，あまりにも大きいことを嘆き，彼らが皆一つの町に集まってくれていればと思います。そうすれば，私はこの隠遁生活を喜んで切り上げ，彼らが私を仲間に迎えてくれるなら，彼らの所へ行って共に生活するでしょう。というのも，私は群衆を，そこで出会う多くの不作法や厄介さのために，避けているとはいえ，人生における最大の善は尊敬する人々との会話を楽しむことだと，常々考えているからです。あなたがおられる場所に，あなたに相応しいそうした会話が多く見いだされるかどうか，私は存じません。しかし，私はパリには時々戻りたくなりますから，お大臣方から与えられた役職があなたをパリから遠ざけていることを[2]，ほとんど嘆いていま

---

1) 『気象学』第6講（AT. VI, 298）を参照。観察は1635年2月5日に行われた。
2) スウェーデン大使に任命され，シャニュは1645年12月31日にストックホルムに到着。1646年1月6日にスウェーデン女王クリスティナに紹介される。AM. VI, 29の注3を参照。

す。請け合って申しますが，あなたがもしパリにおられるなら，あなたこそ私を強いてパリへと向かわせる主要な理由の一つなのです。というのも私は，きわめて特別なる愛着を込めて…

546

デカルトからメルセンヌ[1]へ

エフモント・ビンネン　1646年3月10日[2]

(AT. IV, 363-364 ; AM. VII, 17-18 ; B. 2156-2157)

　　［パッポスの問題，振り子］
　　神父様
　あなたに手紙を書いてまだ一週間しか経っていませんが[3]，いただいた最新の便に，ご返答を遅らせたくない二つの事柄を見つけました。
　第一は，ロベルヴァル氏が，パッポスの軌跡問題を私が解決しておらず，私が教えたのとは別の見解を自分はもっている，と述べていることです[4]。これに関してあなたに謹んでお願いがあるのですが，どうか私の代わりにこの別の見解がいかなるものか彼に尋ね，そして私がその見解をよりよく理解できるよう，それを文書に著す労をとって下さるよう彼に依頼していただきたいのです。というのも，彼が言うには，私がパリにいた時[5]，彼は私にそれを証明しようと申し出たということですから（事実，彼から何事かを聞いたとは思いますが，それが何であったかもはやまったく覚えていません），彼が私に対してこの好意を拒むはず

---

　1)　本書「主要人名解説」を参照。
　2)　本書簡546と次の書簡547の日付について，B版はAT版及びAM版と異なる見解をとっている。AT版とAM版は両書簡を3月2日付とし，本書簡546でデカルトがメルセンヌに一週間前に送ったと述べている書簡として，今は失われた2月22日付ないし23日付の書簡が存在するとみる。他方，B版はコスタベルの考証（Pierre Costabel, "Note de synthèse relative aux correspondances de Mars 1646", AT. IV, 740-741）に従って，両書簡を3月10日付とし，問題のメルセンヌ宛書簡に関しては，デカルトが3月2日付のクレルスリエ宛書簡544でこれに同梱したと述べている一通がそれに当たるとみる。
　3)　上記注2を参照。
　4)　パッポスの問題をめぐるデカルトの解決については，『幾何学』第1巻及び第2巻を参照。これに対するロベルヴァルの批判がどのようなものであったかについては，タヌリの注（AT. IV, 364-365）を参照。ロベルヴァルについては，本書「主要人名解説」を参照。
　5)　デカルトのパリ滞在の様子については，AT. IV, 127-128 et 144-146 の注を参照。

はないからです。そして彼に一層その気になってもらえるよう，埋め合わせとして，彼の『アリスタルコス』[1]のうちに私が気づいたいくつかの主要な誤りを，彼にお知らせしたいと思います。

　あなたの手紙についてご返答を遅らせたくない第二の点は，次の問題です。すなわち，どんな形の物体であれ，それがその先端の一つで空中に吊るされているとして，その物体の往復を，与えられた長さの紐に吊るされたある錘(おもり)の往復に等しくするためには，各々の物体はいかなる大きさをもつべきか，という問題です。というのも，あなたはこの問題を非常に重んじておられることと私は拝見しているからですし，一週間前には私はこれについてまったくぞんざいに書いてしまったため，あなたが私にただ一つの事例だけをお示しになったことも，私があなたに何をお伝えしたのかも，私自身覚えていない始末だからです。私はこの点について次のような一般的規則を与えます。すなわち，重さを有するすべての物体に重さの中心［重心］があるのと同じく，物体がその一点で吊るされて運動する際には，物体のうちに揺れの中心があり，そして，吊るされた点からこの揺れの中心までの距離が等しい物体は，すべて等しい時間で往復を行う，と。ただし，空気の抵抗がこの比率にもたらしうる変化を除外するかぎりにおいてです。というのも，軽い素材でできた物体や，その形が球状からかけ離れた物体の運動は，空気の抵抗によってその他の物体よりもずっと遅くなるからです。

---

　1) 『サモスのアリスタルコスによる宇宙の体系及びその部分と運動に関する論考』(*Aristarchi Samii De mundi Systemate: partibus et motibus ejusdem libellus*) は1644年にパリで出版された。ガリレイの地動説を説明しつつ，自分がそれにあからさまに賛成していると思われないよう，ロベルヴァルはこの書をある古い手記からの引用として提示した。

547

デカルトからメルセンヌへ

エフモント　1646年3月10日[1)]

(AT. IV, 366-371 ; AM. VII, 19-23 ; B. 2158-2161)

[揺れの中心の求め方]

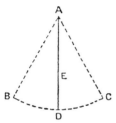

さて，この揺れの中心を見いだすために，私は以下の規則を与えます。

1．物体が，AD のように，感覚できる一つの次元しかもたないとします。私はこれを，きわめて僅かな太さしかもたないので，ただ長さだけを考慮すればよい円柱であると想定しています。この物体の揺れの中心は，それが運動によって三角形 ABC を描くとき，この物体のうちで ABC の重心を通過する場所，すなわち，点 E にあります。E は AD の底から長さ三分の一の点です。

2．物体が，三角形の形をした平面 ABC のように，感覚できる二つの次元をもつとします。辺 AB と AC は等しく，そして平面は点 A と同時に軸 FG の周りを運動するので，線 BC はこの軸とつねに平行であると想定します。このとき揺れの中心は，底辺 BC と直交する垂線 AD 上の点で，三角形が上のような仕方で運動するときに描く角錐の重心を通過する点，すなわち点 O

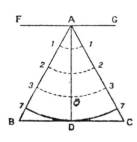

---

1)　本書簡について AT 版と AM 版は，これは前の書簡546の続き部分の，最初の下書きに当たるのではないかとの推測を示している。これに対して，コスタベル（Pierre Costabel, Note de synthèse relative aux correspondances de Mars 1646, AT. IV, 739-741）は，二つの書簡546と547を実際に一連の書簡だとみる。なお，本書簡の日付については，前書簡546（本書24ページ）注2を参照。

にあります。結果，OD は線 AD の四分の一です。注意すべきは，この角錐の底面（この底面とは円柱面の四角形の形をした部分である）が非常に狭いと想定しても非常に広いと想定しても，角錐の側面がどれも半円を超えないかぎり，重心はつねに垂線を同じ仕方で分割するということです[1]。

3．三角形の形をしたこの平面 ABC が，点 A の周りを別の向きで運動しているとします。すなわち，平面が FG に直交する軸[2]の周りを運動し，点 B と点 C が互いに追いかけ合っているとします。この場合の揺れの中心を見いだすために，私はもはや線 AD ではなく，辺 AB もしくは AC にそれを探し求め，その対角線 HK が辺 AB にも AC にも等しい凧形 HIKL を描きます。直線11,

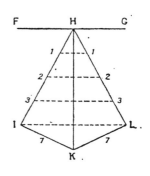

22，33，77のように，この対角線に直交させて書き込みうるすべての直線は，点 A を中心にして三角形 ABC に書き込みうる円の円周部分それぞれに等しく，これらの円周部分は11，22，33，77のように，HK と同じ割合で三角形の二辺を分割します[3]。次いで私は，この凧形が点 H と軸 FG の周りを若干（つまり，その各点が半円以下を描くように）運動して，六つの面をもった立体を描くさまを想像し，この立体の重心を探します。私は，この立体を描きつつこの立体の重心を通過する対角線 HK 上の点こそ，求められる揺れの中心であると主張します。

4．最後に，揺れの中心を求める物体が，ABCD のように，いかなる形をしたものであれ，感覚できる三つの次元をもつとしましょう。揺れの中心を求めるために，私はまず HIKLMN のような平面図形を描きます。その両半分である HIKL と HNML は等しく，同じ形をしていな

---

1) 規則 1 と規則 2 について，揺れによって描かれる図形を「三角形」や「角錐」と呼ぶのは不正確で，デカルトはこれらの語を広い意味で使っている。AM. VII, 22 の注 1 を参照。
2) クレルスリエ版では「軸 AD」となっているが，AT 版，AM 版，B 版ともにこれを誤植とする。AT. IV, 367 の注 a を参照。
3) AM 版はこの箇所についてテキストの破損を指摘し，「これらの円周部分は，対応する直線11，22，77が HK を分割するのと同じ仕方で，三角形の二辺を分割する」のように読まれるべきだとする。AM. VII, 20 の注 2 を参照。

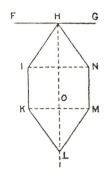 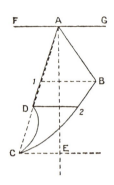

ければなりません。また対角線 HL は，ADCB が中心 A の周りを運動するときに描く最も大きな円の半径と，等しくなければなりません。すなわち HL は，もしこの物体が軸 FG の周りを運動するなら線 AE と，また，FG を直角に切る別の軸の周りを運動するなら線 AC と，等しくなければなりません。そして IN や KM のように，対角線 HL と直交させて図形 HIKLMN のうちに描きうるすべての直線同士の比率は，物体 ABCD の断面である諸々の円柱面同士の比率と，同じでなければなりません。ここで円柱面というのは，この物体がある軸の周りを運動するとき，その軸の周りに描かれる諸々の円柱によってつくられる面のことで，物体の回転半径を相当部分に分割します。たとえば，この物体が軸 FG の周りを運動するなら，線 IN と KM の比率は，この物体に書き込まれた線 1 B と D 2 によって表されるような，円柱面の部分同士の比率と同じで，しかも IN と KM は HL を，1 B と D 2 が AE を分割するのと同じ割合で分割する，ということであり，その他の場合も同様です。次いで私は，平面 HIKLMN が軸 FHG の周りを少し（つまり，その各点が半円以下をなすように）運動して立体を描くさまを想像し，この立体の重心を探します。そして私は，この立体を描きつつこの立体の重心を通過する対角線 HL 上の点，たとえば点 O は，求められる揺れの中心が与えられた物体の回転半径 AE を分割するのと同じ割合で，HL を分割する，と主張します。時間も紙幅もありませんので，これらすべてに関する理由はいっさい付け加えません[1]。

　　私はあなたのきわめて恭順かつ従順なる下僕
　　神父様
デカルト

---

1) この議論の続きはさらに書簡550（本書）で展開される。

548

デカルトからホイヘンスへ

エフモント　1646年3月11日

(AT. IV, 786-787 ; AM. VII, 30 ; B. 2162-2163)

［再び恩赦の上申］

拝啓

　前便で触れました男の件をあなたが好意的に聴いて下さったこと[1]が，本便であなたをなおも煩わせる原因となりました。というのも，お願いしましたその男の両親が切に望みますので，拒むことができなかったのです。彼らはあなたに，もし許可して下さるなら，自分たちの事件の様子を申し伝えたいとのことです。あなたが彼らにお示しになったご支援に関して，私はすでに大変感謝いたしております。同様に，もし事態が彼らの満足する結果になったとすれば，私はさらにいっそう感謝申し上げることになるでしょう。『アリスタルコス』[2]の件もありがとうございます。『原理』を出版して以来，その本が『原理』以上の何事かを私たちに教えているものと考えていましたので，私は喜んでそれを読んだのですが，そこに見いだしたのは著者を気の毒に思わせるものばかりでした[3]。今にもハーグに旅行しそうだと申し上げてからずいぶん経ちますが，気候が悪くここまで引き延ばしてきました。この気候がいつまでも続かないことを，そして，私がきわめて真実に以下のような者であると，早くお伝えに上がれることを願っております。

　　あなたのきわめて恭順かつ従順なる下僕
　　敬具

　　　　　　　　　　　　　　　　　　　　　　　　　　　デカルト

---

1) 書簡538と書簡541（本書）を参照。
2) 書簡546（本書25ページ）注1を参照。
3) 書簡552（本書47-48ページ）を参照。

エフモントより　1646年3月11日
ハーグの大公閣下の騎士にして顧問，秘書官
ゾイリヘムの領主様

549

メルセンヌからデカルトへ

1646年3月22日

(AT. IV, 732-739 ; AM. VIII, 318-324 ; B. 2162-2171)

［揺れの中心に関する疑義］

拝啓

 去る土曜，私があなたの前便を拝受したのは，それに関するお返事をあなたに書くには遅すぎる時間でした。私はそれを，あなたの『哲学原理』に関して復活祭に完成予定の反論を用意している人[1]の使用人から，ようやく夕方になって受け取ったのです。その人のことは前便でお話ししましたが，彼は友人であるシャニュ氏から毎週手紙を受け取っています。このシャニュ氏を，スウェーデン女王がいたく慕っており，彼の話を聞くのが楽しみだというので，シャニュ氏はほとんど身動きがとれません。彼から反論が送られてきたら，あなたにそれをお送りしましょう。どうぞ反論者に惜しみなく，正直にご答弁下さい。そしてもしあなたが，あなたと彼にとってそうするのが適当と判断されたなら，ピコ氏の翻訳版[2]にこれを付け加えることも可能でしょう。

 2．さて，私がお知らせした現象に関して卓越した考察をお示し下さり[3]，感謝致しております。その上でまず急いで申し上げますと，私には，あなたが間違っていないか，そして，直角より大きな角をもつ三角形ではあなたの原理が真であるとは思えない，という気がかりがあるのです。というのも，実験が示すところ，三角形を吊るす角が直角の三角

---

 1) ル・コントのこと。1646年の復活祭は4月1日だが，彼が実際にデカルトに反論を送ったのは7月。書簡566（本書）を参照。

 2) 『哲学原理』のフランス語訳版（1647）のこと。ピコについては本書「主要人名解説」を参照。

 3) 書簡547（本書）を参照。

形では,それと等時的[1]糸はその三角形と等しく,120度の三角形では糸はその1.5倍,135度の三角形では糸は三角形に対して5対2の長さなのです。

3.それゆえ,これがあなたの原理に一致するか否か,またそれはいかにしてか,お考え下さい。最終的な解決まであなたの原理を口外するつもりはありません。そしてその時が来れば,私はこれを,あなた以外の誰も価値あることをなしえなかった,最も困難な問題の一つとして紹介するでしょう。

4.とはいえ,私のテスト[試行]はその内容にあなたが厳密に従うことを強いるものではないという点に,つねにご留意下さい。というのも,ご承知のとおりそのテストは機械的なものにすぎず,目の「大まかさ」は理性の「厳密さ」によって訂正されるべきですから。

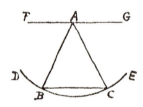

5.次にご留意いただきたいのは,円柱の周りの三角形の運動は,あなたがそうお考えのように,底辺BCがFGと平行に止まるものではない,という点です。空気が三角形の面積や平面に反応して強く抵抗しますので,そのように運動させることはほとんど不可能です。そして私はあなたが,振動はこの方向では他のどの方向よりも速くなるはずだ,と主張されていることに大変驚いています[2]。三角形の運動はそれゆえ,EからDへ,そしてDからEへ,というものだと申し上げます。すなわち,三角形ABCをEの側にある角CをもってGの方へと引っぱり,手を離してEからDへと運動させるのです。三角形はそれが木製ならば糸とほぼ同様に振動し,これを厚みのない単なる表面として考察するだけでよくなります。

6.ここで吝嗇(りんしょく)の秘訣を一つお話しましょう。木製の三角形や円錐や長方形やその他の物体を,木工職人にそれ用にたくさん作らせて出費した末に私は,先端で吊るされた三角形にせよ底辺で吊るされた三角形せよ,また円や放物型等々にせよ,すべて平らな物体のテストには,木

---

1) 「等時的(isochrone)」とは,振動の周期が等しいこと。書簡546(本書25ページ)を参照。

2) 書簡547にデカルトがこれを直接に主張した箇所は見当たらない。

や厚手のボール紙の代わりに，この紙のようなたんなる紙で十分であることを発見しました。これは大いにあなたの役に立つでしょう。なにせ描くにも切るにも，必要なのはハサミとコンパスだけですから。そして，三角形を先端で吊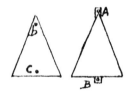
るすなら上方のbに，底辺ならcに，小さな穴を開け，何かの板や三角形と直角に交わる他の木材に，鉤状のピンを一つ打ち込むだけでいいのです。あるいは，底辺で振動を試す場合にも先端で試す場合にも，これらの穴の代わりにAやBのような小さな紙切れを，当該三角形に貼り付けるのでもかまいません。これで木製の三角形と同じ速度で振動しますから。もっとも，振動はごく少なくすぐに止まってしまいます。が，これは大した問題ではなく，等時的な糸を発見するにはそれで十分です。そしてこの糸をすべり結びで作れば，同じ糸がどんな物体に対しても使えます。テストを行う際のこれら二つの簡便さは，われわれの間だけで取っておきましょう。

　その上で，90度，120度，135度，150度，170度の角をそれぞれもつ三角形と等時的な糸の長さを見いだすのに，あなたの原理がうまくいくかどうかご確認下さい。ここで再度，角があまりに大きい三角形の場合には紙では用をなさず，そして170度の三角形では木や，または良質のボール紙のような，他の固い素材が必要になる点，ご注意願います。

　さて，私の気がかりは，あなたの原理が結果と適合しないのではないか，ということです。というのも，角 a が150度の三角形 $\beta a \gamma$ があるとしましょう。χ がその中心であり，したがってその揺れの中心でもあります。それゆえ，これと等時的な糸は，径 $a\delta$ の3分の2である $a\chi$ に等しくなるはずですが，にもかかわらず，その糸は実際には「大まかにみて」$a\delta$ の4倍です。そしてもし同じ三角形を底辺の中点 δ で吊

るすなら，糸の長さは $a\delta$ の約12倍となるでしょう。ここではあなたの原理がうまくいかないことを，あなたもたしかにお認めになることと思います。少なくとも，それをここに適応することは私には不可能です。

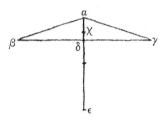

私は自分の多くの実験をカヴァンディシュ氏[1]にお伝えしました．彼はその理由を求めましたが，私はそれを彼に与えることができず，彼にはあなたにこれに関する手紙を書くようお勧めしました．その友人でイギリス人のホッブス氏は運動に関する知識が豊富ですが，この問題の解決には至っていませんので，私はあなた以外にそれをなしうる人を知りません．あなたがこの問題に関して彼を満足させ，ご自身の理由が上述の実験にまったく反しないよう配慮されて，今後これらの実験を行うのにあなたには何の代価もいらないということになれば，じつにうれしく存じます．

　この点に関してさらに申し上げますと，前にお話しました，振動について素晴らしい研究を行ったリヨンのイエズス会士[2]ですが，彼に意見を求めたところ，彼はその理由を伝えることなくこう書き送ってきました．すなわち，これは私もそう思うのですが，［球や円と］等時的な糸のそれら球や円に対する関係は，正方形の辺がその対角線に対する関係と同じではなく，彼はこのことを，目下印刷予定で，全体として運動論になるであろう自身の哲学の第二巻[3]で証明する，というのです．そして，そこでは五種類の物体の振動が示されると彼は言います．証明は保留されていますが，以下が彼の主張です．

　1° 吊るされた円柱と糸との比率は，厳密に1.5倍ではない．その比率は，半円の面積が半径の正方形に対する比率であり，すなわち，$19\frac{1}{4}$対$12\frac{1}{4}$弱である．

　2° この円柱は，ある重い物体がAからBに下降するのと同じ時間で，その振動の半分を行う．すなわち，Cにおいて運動する棒ABは，鉛の弾がAからBに垂直に落ちるのと同じ時間で，CBを走行する．

　3° 先端で吊るされ，その軸がこの円柱に等しい円錐は，この円柱よりも長い時間をかけて振動を成し遂げる．

　4° この円柱と等しい直径をもつ球は，この円柱と同じ速度で振動を行う．

---

1) 本書「主要人名解説」を参照．
2) 後にも登場するファブリ神父（P. Honoré Fabri）のこと．
3) 『自然学論考』（*Tractatus physicus*, 1646）．

以上が，彼が他の多くの事柄とともに証明したと言うすべてに関してあなたのご意見を伺うにあたり，そこに十分ご注意いただけるよう，そしてあなたがご自身の原理においてお間違えにならぬよう，お伝えしたかったことです。この点に関して人々が何事か知る以前でなければ，あなたのご考察から何か真であること以外のものが出てくることはありえないでしょう。というのも，あなたに由来するものには反論すべきただ一言さえ発見されうることを望まないほどまでに，私はあなたの名誉に執着しているからです。

　その上，三角形と等時的な糸は当該三角形の4分の3に等しいと主張されるとき，あなたはその三角形をまったく定義されていません。が，その三角形の先端がいかなる角であるのかを言うことで，これを行う必要があります。というのも，三角形の先端の角度が異なれば，それを先端で吊るそうと底辺で吊るそうと，本来的に糸にも差異が生じるからです。ここにはあなたがお考えになっていた以上に考慮すべき多くの事柄があると，あなたもお認めになることと思います。

　三角形や円などの揺れの中心を見いだすために，なぜあれほど多くの円柱を考慮する必要があるのか，私には理由が分かりません。これは事柄をきわめて困難にします。三角形の重心，底辺の長さ，そして先端の角度，これらを知れば十分ではないでしょうか？

　白状すれば，私は学者たちに，私が問題としている物体の現象に関して彼らがその理由を（彼らが自認するとおりの優秀な数学者なら，その力量を超えたことでは全然ないにもかかわらず）与えることができないので，私はあなたにその理由を与えて下さるようお願いするのだと，そして，彼らになしえなかったその後で，頼りにでき望みをかけうる人物としては，私はあなた以外に知らず，あなたならこの問題に同じだけ手こずるとは思えないと，こんなふうに申しました。そうなれば自ずと「棕櫚が御柳と異なるごとく，あなたが彼らとどれほど異なるか」が明らかに示され，とりわけ，冠羽をいっそう飾り立てて「自分は何一つ見逃さないと思っている」二匹の雄鶏[1]の鳴き声がくじかれることになるでしょう。そしてあなたに多くの人々からの信頼と好評が，あなたの最

---

1) ロベルヴァルとカヴァンディシュのことか。

近のご著書[1]以上にもたらされることになろうと思います。

　哲学と数学の誠実な教師であり，哲学と数学の全体系を収めた18巻の著書を印刷に出し始めているリヨンのファブリ神父ですが，彼は優秀な精神の持ち主であり，きっとわれわれに良いものをもたらしてくれます。二つ折り判の第一巻[2]の印刷が仕上がったとき，彼はそれを証明するでしょう。その認可状をここで得るために，彼は一週間以内にもこれを送ってくるはずです。すぐに続く第二巻[3]では運動が論じられ，すべてが証明されます。要するに，これは学問における巨人的業績であり，他のイエズス会士たちによってすでに打撃を与えられる[4]存在にさえなっています。彼はそれを，リヨンで医学博士となった彼のある教え子の名で，印刷させるものと思います[5]。

　ロベルヴァル氏が「四行ないしそれ以上の行数に及ぶ」箇所であなたが犯した証明の誤りをあなたに伝えるのを快く受け入れるとご証言下さり，と同時に，彼の『アリスタルコス』[6]の誤りを彼に指摘することをご決心下さり[7]，とてもうれしく存じます。彼がそれらの誤りを認めるとすれば，それらの誤りが適切に指摘されなければならないでしょう。フィレンツェにおけるガリレイの後継者であるトリチェリ氏[8]は，ローマで私に書いた手紙で反論すべき点を見いだすと述べながら，彼はそれをまだあえて指摘していません。請け合いますが，もしあなたがそこに反論すべき点を見いだし，人々が明晰に把握し理解できるような仕方でそれを指摘したなら，あなたは高い称賛を得るでしょう。というのも，すべての人々が，この『アリスタルコス』を，古代ギリシア人でさえ，たとえそれがサモスのアリスタルコスでもアルキメデスでも，これほど素晴らしく書くことはできなかった英雄的な[9]著作だとして，ロベルヴ

---

1) 『哲学原理』（1644）。
2) 『哲学第一巻』（*Philosophiae Tomus primus*, 1646）。
3) 本書34ページ注3の書。
4) AT版もB版もこの箇所の読み方に疑問を付している。
5) 第一巻，第二巻ともに著者名はモウスネリウス（Petrus Mousnerius）となっている。その後，同著者名でさらに『論証的形而上学』（*Metaphysica demonstrative*, 1648）が出版される。
6) 書簡546（本書25ページ）注1を参照。
7) 書簡553（本書）を参照。
8) 本書「主要人名解説」を参照。

ァル氏を讃えているからです。あなたはわれわれを強いて，この点に関するわれわれすべての眼を見開かせることになるでしょう。そして，これによりあなたは著者の感謝をも受けることになると思います。

---

9) AT 版はこの箇所の読み方に疑問を付している。

550

デカルトからカヴァンディシュへ

エフモント　1646年3月30日
（AT. IV, 380-388 ; AM. VII, 32-38 ; B. 2170-2177）

　　　［揺れの中心に関する再論］
　　拝啓
　何人かの他の人たちではあなたを満足させえなかった問いを，私に進んでご提示下さいましたこと，大変光栄に存じます。ですが私は，自分があなたをさらに満足させえないのではないかと，じつに恐れています。というのも，私の推論は，あなたがわざわざ私にお伝え下さった実験と一致しないからです。にもかかわらず，これは率直に認めますが，私の推論がどの点で不十分であるのか，私にはまだ分からないのです。そういうわけで，私はここでは自分の推論をあるがままに示して，それをあなたのご判断に委ね，そして願わくは，あなたのお教えを賜りたいと存じます。
　およそ一ヵ月前，メルセンヌ神父が私に同じ難題を提示し，私は彼にこんな回答を行いました[1]。すなわち，どんな物体にも，それに従ってその物体が空中を自由に落下する重心があるのと同じく，吊るされて運動する物体には，その物体の振動とあなたが呼ぶものの持続を規則づける，揺れの中心があり，物体がその周りを運動する軸からこの揺れの中心までの距離が等しい物体は，すべて等しい時間で振動を行う，と。とはいえしかし，空気の抵抗がこの比率にもたらしうる変化を，私ははっきりと除外しました。その上で，この空気抵抗の量は理性によって決定できないので，実験において空気抵抗を避ける配慮がなされていると想定し，もっぱらこの抵抗を感じない形だけを吟味しつつ，私はこの揺れ

　1）　書簡546及び547（本書）を参照。

の中心を幾何学の諸規則によって求めることだけに専念したのですが，これらの諸規則はこの点で不可謬だと私は考えます．私が与えたのは以下のような規則です．

たとえば，任意の不規則な物体 ABCD を考えましょう（ただし，この物体はその形が空気の抵抗を感じることがまったくないように，したがって，あまり厚みをもたぬように延長しています）．私はまず，この物体がその周りを振動すると想定される軸 FG，及び，この軸と直角に交わってこの物体の重心を通る垂線 AE を定めます．次に，すべてが線 FG を軸として

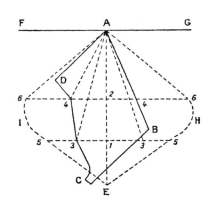

この物体を切るさまざまな大きさをした無限の円柱を想像し，平面図形 AHEI を描きます．この平面図形は垂線 AE を径とし，26 や 15 のように，この垂線に両辺から同じ仕方で直角に配されたすべての直線同士は，点 A を頂点とし，この物体のうちに見いだされる前述の円柱面の一部にその底面が等しい角錐同士と，同じ比率を有しています．たとえばこの垂線 AE 上に任意の点 1 と 2 を取りましょう．線 15 と線 26 との間にある比率は，円柱面の一部を底面 73 とする角錐 A73 と[1]，同じくこの物体とこの物体を点 4，4 で切る円柱とが共有する面をその底面とする角錐 A44 との間にある比率と同じです．最後に私は，この平面図形の重心を求め，与えられた図形 ABCD の揺れの中心は，垂線 AE 上の点で，この重心があるのと同じ点にある，と主張します．以下にその証明を付け加えましょう．

まず，重心は重さをもつ物体の真中に次のように配置されています．すなわち，物体のいかなる部分も物体が落ちていく線の中心から，その重さのせいで外れることはありえず，そうした結果は，一つの部分と対立してそれとちょうど同じだけの力を有する他の部分によって，妨げら

---

1) クレルスリエ版では図に合わせて「底面33」「角錐 A33」となっている．

れます。ここから，この重心は，落下するときはつねに，それが中心をなす物体のあらゆる他の部分が取り除かれてそれが単独で落ちる場合と，同じ線上を運動することが帰結します。同様に，吊るされた物体の揺れの中心と私が呼ぶものは，次のような点なのです。すなわち，この点に対しては，物体のあらゆる他の部分がもつ多様な揺れがじつに均等に関係しており，各部分がもちうる，この物体を実際よりも速くないし遅く運動させるような力は，ある部分と対立する他の部分によって，つねに妨げられます。ここから同様に（「定義によって」），揺れの中心は物体が吊るされている軸の周りを，この中心がその一部をなす物体の残りの部分すべてを取り除いた場合にそれが運動するのと同じ速度で，したがって，軸FGから同じ距離のところに糸で吊るされた錘がなす運動と同じ速度で，運動すべきことが帰結します。

　次に私が考察するのは，揺れの中心が重心と同じ点にあることを妨げるものは，物体がその周りを運動する軸から最も離れた部分が，より近い部分に比べていっそう揺れが大きいこと以外何もない，ということです。ここから私は次のように結論します。すなわち，揺れの中心は，重心もまたその線上にあると想定される，垂線AE上のある点になければなりません。というのも，この垂線の両側の部分で軸FGから等距離にある部分に関するかぎり，これら二つの中心の性質にはいかなる差異もないからです。しかし，揺れの中心はこの垂線上で，重心があるよりも軸からいっそう離れた点になければなりません。というのも，最も揺れが大きいのは軸から最も離れた部分だからです。

　最後に私が考察するのは，軸FGから等距離にある，言い換えれば，それ自身もFGを軸とする同じ円柱面上にあるこの物体のすべての部分は等しく揺れること，そして，これまたFGを軸とするより大きい，ないしより小さい他の円柱面上にある部分は，その円柱の半径が他の円柱の半径より大きかったり小さかったりする比率に応じて，より大きく，ないしより小さく揺れることです。その結果，第一の円柱面上にあるこの物体の部分全体が有する揺れの力と，第二の円柱面上にある同じ物体の部分全体が有する揺れの力との比率は，底面がこれらの円柱面に等しく，高さがこれらの円柱の半径に等しい二つの角錐，ないしはそれが何であれ，この種の他の立体同士の比率に，等しくなります。というのも，

揺れの力は，その差異がこれら立体の異なる高さによって表される，揺れの速度によって測られるだけでなく，底面のさまざまな大きさによって表される，揺れる物質のさまざまな量によっても測られるからです。ここから明証的に帰結するのは，上に描いた平面図形の重心と，求められる揺れの中心とは，垂線 AE 上の同じ点で落ち合うということであり，これこそ私が証明すべきことでした。

　しかしながら，あなたが私にご親切にもお伝え下さった実験は，この計算からかけ離れているように思われますので，私はここでさらに，その理由を述べるよう努めなければなりません。思うにその理由は，吟味された物体の形が空気抵抗をきわめて感じやすくさせたことに発するものです。というのも，二等辺三角形に関して私が確信しているところでは，これをその頂角で吊るして底辺とつねに平行な軸の周りを運動させたならば，頂角の大きさが20度である場合と同じくそれが60度でも90度でも120度でも，頂角から底辺に引かれた垂線と，これと振動が等時的な錘，あるいはあなたの呼び方では振り子［糸で吊り下げたもの］との間の比率は，私が以前メルセンヌ神父宛に書いたこと[1]に従って，つねにおよそ4対3であることが見いだされたでしょう。しかしこれを別の方向に運動させ，底角が交互に，しかも等しく同じ時間でということもなく，上下入れ替わるようにするなら（あなたの実験ではそうなっていたと思います），垂線と振り子との比率は4対3よりもかなり大きくなり，この比率は，これまた私がメルセンヌ神父にお伝えしたように，頂角が大きいほど大きくなるはずです。それがただ空気の抵抗によってのみ生じるということは，次の実験によって十分に証明されうると思います。

　PQ のような両側の太さが等しい棒，ないしは他の長い物体が，その真中の点 A で完全に平衡を保って吊るされているとしましょう。両端 P, Q をあらゆる傾斜で上下させるには最小

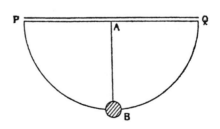

1）書簡547（本書26-27ページ）を参照。

限の力で十分であること，そしてこの力が棒を，力がそれだけで働く場合と同じ速度で上下させることを妨げるのは，ただ空気の抵抗しかないことは，誰もが認めます（というのも私がここで空気抵抗という名前で理解しているのは，他の人々が鈍重さとか静止への傾向とか呼んで全物体に本性的だと考えているものだからです．私の原理に従ってこの主題をすべて説明しようとすれば，私はこれにさらに他の名前も与えるでしょうが，これには多くの時間を要します）．そういうわけで，線 AP ないし AQ に等しいと想定された糸 AB に結ばれた錘 B は，これを棒の一方の端 P ないし Q（あるいは半円 PBQ 上の場所なら他のどこでもよいのですが，この半円は顕著な変化を生じないほど軽いと想定します）に結べば，一定の時間棒を振動させるのですから，この力が棒を以前と同じ速度で振動させることを妨げるのは，棒の運動に対して空気がなす抵抗以外にありません．しかし，実験をすれば分かるでしょうが，錘が棒と比べてあまり大きくも重くもない場合には，錘が棒を自分と一緒に動かしてつくりだす振動は，錘がただ糸だけに結ばれているときよりも，

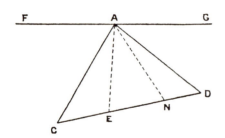

かなり遅くなるでしょう．そこでこの実験を厳密に行い，その後で，A で吊るされ，角 D が G から E に向かって下降すると，もう一方の角 C が F に向かって上昇するような三角形 ACD を考察するなら，この三角形のうちそれを運動させる力をもつ部分はほぼつねに小さく，残りの部分はすべて，棒 PQ が錘 B の振動を遅らせるのと同じ仕方で，ただ振動を遅らせることにしか役立っていないことが，明晰に見て取れるでしょう．というのも，この三角形が今ある地点において，その部分 CAE はすべて垂線 AE の向こう側にあり，棒の両側 PA と AQ 同様，その反対側にあってこれと等しい部分，すなわち EAN と均衡を保っていますが，その結果，錘 B の代わりとなって三角形を動かす部分としては DAN を残すのみです．そして角 D が E に向かって下降するのに応じて，この部分 NAD は小さくなり，他方の NAC は大きくなります．以上が計算され，私が以前メルセンヌ神父に伝えたことに付け加えられ

るなら，実験が厳密に行われるかぎり，これがあらゆる実験と一致することを私はまったく疑いません。

しかし，実験を取り違えずに行い，計算において他のいかなる付加も差引も行わずに済ませるためには，多くのことを守らねばなりません。まず，振り子の長さとしては，運動の始点であるAから錘Bの揺れの中心まで，これのみを数えますが，この揺れの中心は重心と目立っては異なりません。次に，三角形を作る薄板の厚みがどの部分でもきわめて均等であるよう，また，三角形を吊るす角の先端が，三角形がその周りを運動する軸ときちんと結ばれるよう，配慮が必要です。

とはいえ，実験に依存する事柄を，予め試しもせずにこうしてあえて決めつけているというので，私の無謀さをあなたが非難されはしないか，私はじつに恐れます。ですがどうか，ここで何の留保もなく自分の意見を書くよう私を駆り立てたのは，あなたにつき従おうとする私の熱情であることを，そして同様にまた，私が何の留保もなく以下のような者であることを，信じて下さいますよう。

あなたのきわめて恭順かつ従順なる下僕

敬具

　　　　　　　　　　　　　　　　　　　　　　　　　デカルト

エフモントより　1646年3月30日
パリ
カヴァンディシュ様

551

デカルトから某弁護士[1]へ

エフモント・ビンネン　1646年4月17日
（AT. IV, 389-390 ; AM. VII, 39-40 ; B. 2178-2179）

［ヴォエティウス裁判への協力要請］

拝啓

あなたはある訴訟を担当されていますが，その訴訟ではしばしば私に関する言及がなされており[2]，私が知りたいと思う出来事がそこでは少なからず生じえます。ですから，自分に関係する好結果や特殊な事情を把握するために，私があなたにお手紙を差し上げることをどうかお許し下さい。あなたが従事しておられる弁護士というご職業，そして私の訴訟の公正さから，私を依頼人の一人として受け入れることを，あなたはお拒みにならないであろうと確信致します。またそれ以前に，私はあなたのご親切ぶりを存じ上げておりますし，かつては数学を介してあなたのご子息とも友情を育みました。数学に関する彼の知識は完全で，もしご存命なら彼は数学ですべての人を凌駕しえたでしょう。これらのことは，私に恩恵を施すこの機会があなたにとってご不快にはならないものと約束してくれます。とはいえ，もしあなたはヴォエティウス[3]氏の反感をすでに買っているという確信が私になければ，あなたがそれによって彼の反感を買うのではという恐れから，あなたにこの機会をとらえて下さるようあえてお願いすることはなかったでしょう。もっとも，あなたは彼が訴えている相手を弁護しているのですから，反感を買うことはご覚悟の上でしょうが。彼はなすことすべてがじつに乱暴で，あなたの

1）ユトレヒトの弁護士で名前は不明。
2）おそらくユトレヒトのヴォエティウス訴訟のこと。書簡522と523（本書簡集第六巻），及び書簡562（本書84-85ページ）を参照。
3）本書「主要人名解説」を参照。

町で人々が彼のほしいままにさせている権力が長続きするとは思えません。しかしながら，私があなたに負う恩義は永遠です。
　私はあなたのきわめて恭順かつ忠実なる下僕
　敬具

　　　　　　　　　　　　　　　　　　　　　　　　　　　デカルト

エフモント・ビンネンより　1646年4月7/17日[1]
私にお書き下さった手紙は以下に届きます
アルクマール
孤児院長
アダム・スピュッカー氏宛て

---

1)　1582年グレゴリオ暦採用による日付の調整により10日間の誤差が生じた。ここに見るように，旧暦（ユリウス暦）と新暦（グレゴリオ暦）とはしばしば併記された。

552

デカルトからメルセンヌへ

エフモント・ビンネン　1646年4月20日
(AT. IV, 391-396 ; AM. VII, 41-44 ; B. 2178-2183)

［ロベルヴァルに対する低い評価］

神父様

あなたが提起されている困難に関して，カヴァンディシュ氏に手紙[1])を書いてから，ほぼ三週間が経ちます。彼がその手紙をあなたに見せていることを，私はまったく疑っていません。というのも私はその手紙の中で，同じ主題について以前あなたに書いた手紙[2])のことに言及しているからです。ですから他はさておき，ここではただ，大きな鈍角をもつ三角形や底辺で吊るされた三角形の振動と，私が三角形一般に対して行った振動の計算との間にある大きな差異は，私が空気の抵抗と呼んだ原因にのみ由来することだけを述べましょう。この原因は，たしか前にそう言ったと思いますが[3])，鈍角三角形におけるほうが他の三角形におけるよりはるかに重大なのです。ところで私が思うに，この抵抗の量はただ実験によってしか決定できません。そういうわけで私はもっぱら，感じられる抵抗を最小限にするために，一つの角で吊るされた三角形で，三角形の底辺と，三角形がその周りを運動する軸とがつねに平行なもののみを，考察してきたのです。というのも私は，他の人が実験するであろうことを先に説明しようと試みるほど，自惚れてはいないからです。しかし，実験を吟味する際に用いうる主なこつは，多様な原因になるべく依存せず，その真の理由を見いだすのが最も容易な実験を選ぶことに

---

　1)　書簡550（本書）。
　2)　書簡546（本書）。
　3)　書簡546の紛失箇所においてか。現存する部分に空気抵抗を受けやすい物体の例として挙げられているのは，軽い物体と球形でない物体のみ。本書25ページを参照。

あると思います。

　ここであなたに，私が『アリスタルコス』[1]において気づいた誤りのいくつかをお知らせします。そして，私はその著者の学識と精神との凡庸さに関して多くの証拠をもっていますので，彼がパリで若干の評判を得ていることにはあまり感心できないと，内々に申し上げます。というのも結局のところ，じつに簡単なので他の誰でも探求する気になれば彼同様に発見しえたであろう，あのルーレットに関する発見[2]以外，私は彼のやり方には，ただ彼の無能さの証明に役立つものしか見なかったからです。たとえば，まず，私に反対してフェルマ氏の規則を擁護するために彼が書いたことですが[3]，そこには多くの理不尽な点があります[4]。また，私の『幾何学』のうちに彼は書き落としと誤りを見つけたと思っていますが[5]，しかしそのどちらにおいても彼は間違っていました。さらに，彼が自身で発見できなかったと認めた三つの問いの解を私が彼に送ったときですが[6]，ある些細な計算を行おうと何ページも書物を引っかき回したにもかかわらず，彼はド・ボーヌ氏[7]の助けなくしてはこれらの解を理解することさえできませんでした。この計算を私はそこで故意に省略したのですが，彼はそれをやり遂げることができなかったのです。ド・ボーヌ氏がわれわれ全員に提起したその問いを，彼が決して解けなかったことは付け加えません。その問いは相当に難しく，私以外に誰かその答えをド・ボーヌ氏に送った[8]とは聞いておりません。とはいえ私は彼のものとしては『アリスタルコス』しか見たことがなく，そこでは明らかに偽である事柄が「機械学，幾何学，光学の諸原理のうちで最も知られたものとして」想定されているのですから，私が彼について

　1）　書簡546（本書25ページ）注1を参照。
　2）　サイクロイドの求積に関する発見。書簡163（本書簡集第二巻213-214ページ）を参照。
　3）　書簡162（本書簡集第二巻204-212ページ）を参照。フェルマについては本書「主要人名解説」を参照。
　4）　書簡166（本書簡集第二巻231-240ページ）を参照。
　5）　書簡162（本書簡集第二巻211-212ページ）を参照。これに対するデカルトの答弁については書簡168（本書簡集第二巻257-259ページ）を参照。
　6）　書簡185（本書簡集第三巻）を参照。
　7）　本書「主要人名解説」を参照。
　8）　書簡203（本書簡集第三巻）を参照。

判断できることはただ，彼は自分を実際よりよほど賢いと思っていること，そして，彼が若干の評判を得ているのは，それに値する何ものかを自身の精神から生み出すことによってではなく，むしろ有能なふりをして他人を貶める(おとし)ことによってである，ということだけです。

彼の著書に関してあなたにお送りした反論に答えるために，彼が許可を求める必要はありません。私が望まないとしても，それは彼の権利ですから。それはちょうど，彼が私の『幾何学』のうちに非難すべき点として見いだしたことを目にしたなら，私にもそれに関する自分の意見を述べる権利があるのと同じことです。ですがこれまでに私の知るかぎり，この著書には私が変更を望む点も，私が論じた事柄の順序や真理に背いたと思う点も含まれていません。ただし，私はこの著書で，それをより明晰にするためには役立ちうるであろう多くの事柄を省略しましたが，これは故意にそうしたのであって，順序や真理に背いたつもりはありません。

その上，あなたのこれまでの手紙の何通かから，人々が私の『幾何学』についてあなたに軽蔑をもって語っていることに気づきましたから，私はここでもう一度申し上げておきます。ロベルヴァル氏であれ，彼より学識のない他の誰であれ，そこに含まれるすべてを習得することは一生かけてもできるとは思えない，したがって，この著書を後世にとって推奨に値するものとするためには，これを書き直す必要も何かをさらに付け加える必要もない，と。私が以前にその書き直しを提案したのは，もっぱら読者のためにそれを明確化するためでした。しかし彼らの大部分がじつに悪意に満ちているのを見るにつけ，私は完全にうんざりしています。

最近ライデンにいたとき，ボナヴェントゥラ・カヴ（ァリエリ）の著書[1]を見ました。ですが短時間で命題を走り読みしただけです。というのも，あなたがパリで会ったことがあり，現在は御尊父の後任としてライデンで教授を務めている若い方のスホーテン[2]が，私にこう請け合ったからです。カヴァリエリはただ他の人々によってすでに証明された事

---

1) 『ある新方法で推進される不可分割者による連続体の幾何学』(Bonaventura Cavaliero, *Geometria indivisibilius continuorum nova quadam ratione promota*, 1635)。

2) 本書「主要人名解説」を参照。

柄を新しい手段で証明しただけで，しかもこの新しい手段とは，異なる二つの曲線三角形は，両者において同じ方向に引いた直線がすべて等しいなら，ともに等しいとする，私がルーレットの証明を行うために用いた手段の一つ[1]にすぎない，と。あなたが何通かの手紙で教えて下さったように，これがロベルヴァルの精神を最初に開いたカギだとしても，彼の精神はいまだ多くの手立てに対して閉ざされたままにちがいありません。実際，私はさらに重要な千のカギを心得ており，そしてその少なからずが私の『幾何学』にはありますが，しかし彼はそれらを容易には発見しないでしょう。というのも，カヴァリエリの本のように分厚い本で一々が説明されていなければ，彼はそれらに気づかないからです。

ご反論[2]の労をおとり下さったル・コント氏のご好意を私が重くみており，そのご反論を受け取ればすぐさま答弁するよう努めるということを，ル・コント氏は何ら疑っておられないはずです。以前お会いしたとき，彼は軍の臨時財務長官で，ル・ヴァスール[3]氏の良き友人であり，シャニュ[4]氏の友人でもありました。その後も同じかどうか私は知りません。

ピコ[5]氏にお会いになったら，私はお手紙は受け取ったものの，運動に関する自分の法則を明確化するためにこの論文に取り組んでまる一年，少しの時間もまだ見つけることができず，彼の翻訳の続きをお送りできていない，とお伝え下さい。私は本を書く仕事にはじつにうんざりで，それを考えるだけでも私には苦痛であるほどです。とはいえ，彼のご依頼どおり，二週間以内には忘れず手紙を送ります。私は熱烈なる彼の下僕であり，同様にまた以下のような者です。

---

1) 書簡176（本書簡集第二巻）を参照。そこでは問題の手段が，「二つの図形が同じ底辺と同じ高さをもっている場合，そして一方の図形の中に書き込まれているその底辺に平行なすべての直線が，もう一方の図形の中に同様の間隔で書き込まれているすべての直線に等しい場合，これら二つの図形は互いに同じ面積をもつ」とより詳しく説明されている（同344ページ）。なお，本書簡中に「異なる二つの曲線三角形 triangles curvilignes」とあるのは，その際に図を用いて比較される，半円とこれと同面積の合成図形の二つを念頭に置いたものと思われる（同344ページ図を参照）。

2) 書簡566（本書）を参照。ル・コントについては本書「主要人名解説」を参照。
3) 書簡272（本書簡集第四巻），及び本書「主要人名解説」を参照。
4) 本書「主要人名解説」を参照。
5) 本書「主要人名解説」を参照。

あなたのきわめて恭順かつ従順なる下僕
神父様

デカルト

553

デカルトからメルセンヌへ

エフモント・ビンネン　1646年4月20日
(AT. IV, 397-403 ; AM. VII, 45-54 ; B. 2184-2191)

[『アリスタルコス』への反論]

　健全な真理を以ってしては著者が気に入ると思う何事も言えない著書に関して判断を下そうとするのは，私としては非常に不本意です。この点で私は，非難することを何一つ発見できず，それを捏造さえできなかった場合にやっと沈黙する他の多くの人々とは，大いに異なります。そのために私は，あなたが私の意見をお求めになったあの虚構の[1]『アリスタルコス』について，この目的のために二つの別々のルートでお送りいただいた二部をずっと以前に落手していたにもかかわらず，自分が気づいた点を今まで書かずにきたのです。しかしながら，あなたから再度の促しがあり，またその著者が，九年前に私が幾何学について書いたことに欠陥を発見した，と述べていることをあなたから知らされましたので，彼が欠陥だと考えていることを公表するよう彼を誘うために，ここで少し彼の著書について私が思うところを表明せざるをえません[2]。

　ある事柄を説明するためにある他の事柄を取り上げるとき，取り上げられる事柄はつねに他方よりもより蓋然的で，明証的で，単純で，どんな仕方においてであれ，より知られたものでなければなりません。でなければ，何も光の下にもたらすことはできません。誰かが一々の事柄を説明しようとして，等しく知られていない同じだけ多くの他の事柄や，そればかりかさらに多くのさらに信じがたい事柄を仮定し，しかもこのように仮定した事柄からは得たい結論は出てこない，というなら，彼は

---

　1)　ロベルヴァルの『アリスタルコス』はフィクションという体裁で書かれている。書簡546（本書25ページ）注1を参照。
　2)　書簡546（本書24-25ページ）を参照。

自分が何か卓越したことを成し遂げたかのように装うべきではたしかにありません。

この著書全体にわたり私が気づいたのは、もっぱら宇宙の体系に関することが三点、他にこれには特別関わらないことが三点で、著者はそれらの原因を説明しようと努めています。第一は、太陽、地球、そして宇宙の他のより際立った部分は、互いに一定の位置を保つ、という点、第二は、それらが円をなして運動する、という点、第三は、それらの運動はしかし完全に円をなすわけではなく、不規則なものを含む、という点です。この最後の点は、月の傾き、遠地点と近地点、そして春分点歳差について彼が骨を折って論じたすべてに関係しています。

他の三点は、潮の干満、彼が大気現象と見なす彗星の生成、そして彗星の見かけの尾、に関するものです。天空の物質は流体であるとか、すべての惑星は太陽の周りを運動するとか、地球も惑星の一つであるとか、この本に含まれる残りのすべてはコペルニクスやケプラーからの引用で、どんな理由によっても説明されることなく、たんに真で疑いえないこととして想定されています。

さて、第一の、宇宙の部分が保つ位置に関する点ですが、これを説明するために彼は次のような想定を行います。すなわち、「1°太陽は強大な熱をつくり、宇宙を構成する物質は流動的で液状で透過性をもつ透明な物質で、それはより大きな熱ではより希薄に、より小さな熱ではより濃密にされうる。2°より希薄な液体に混ぜ込まれたより濃密な物体はそこに留まることができず、この液体がもしさまざまな濃密さをもつなら、この液体のより濃密な部分へと運ばれる。3°宇宙の全物質とその各部分には、その全物質が連続した一つの物体に集合しようとする性質が内在し、この連続した物体のすべての部分は絶え間なく、互いに互いの方へと運ばれ、相互に引き寄せられ、固くくっつき合おうとする。4°加えて最後に、土、水、空気の各部分にもすべて同様の性質が内在し、これによってその各部分は互いに互いの方へ運ばれ、相互に引き寄せられる」。それゆえ、これら各部分は（また同様の仕方で、何らかの惑星を構成したり、それを取り巻いたりする他のすべての部分も）、これを当のその惑星の他の部分に結合する力と、これを宇宙の残りの部分すべてに結合する力との、二つの力を有することになる、と。しかし実

際これらの想定は，その想定によって彼が説明しようとする，宇宙の部分が保つ位置というただ一つのことよりも，すべてはるかに理解しがたいものです。

　というのもまず，太陽とその他の星が現にあるような位置を互いにもっていることは経験によって知られますが，太陽が熱をつくり出すとか，宇宙を構成する物質は流動的で液状だとか，多くの物体が熱によって希薄化されうるとか，これらのことはそれほど経験によっては知られないからです。そして，太陽がいかに熱をつくり出し，その熱からいかに希薄化が帰結するのかを理解するよりも，太陽とその他の星が初めからこの位置をもっていて，後にこれを変更する理由がないというこのことだけから，それらによって同じ位置が今もなお維持されていることがいかに帰結するのかを理解するほうが，はるかに容易です。われわれは実際，すべての物体が初めから互いに何らかの位置をもっていたことは必然的だと見ており，そして，この位置よりもむしろ他の位置をもっていたとする明白な理由はありませんから，なぜこの位置をもったのかと尋ねるべきでもないのです。

　これに対して，太陽が熱をつくり出さねばならなかったこと，熱とは何か，流動的で液状で透過性をもち透明であるとはどういうことか，希薄化とは何か，希薄化はいかにして熱から帰結するか，等々をわれわれは同じようには見ません。むしろ，氷をほどよく熱するとより濃密な水に変わるのが見られるように，経験は，ある種の物体が熱によって希薄化されるのではなく濃密化されることすら教えます。

　しかし，彼が続いて想定すること，すなわち，より希薄な液体に混ぜ込まれたより濃密な物体はそこに留まることができず，この液体のより濃密な部分へと運ばれる，ということはさらにいっそう不合理です。なぜならこれを理解するためには，各々の物体が，あるいは，隣接する部分より濃密であったり，希薄であったりしうる宇宙の物質のいかなる部分であれ，それ自身のうちに運動の原理をもっている，つまり，自身に固有の魂によって生命を与えられている，と想像する必要があるからです。というのも通常，魂は運動の原理だと言われていますから。

　最後に，最も不合理なのは，宇宙の物質の各部分には互いに互いのほうへ運ばれ相互に引き寄せられる性質が内在し，同じく地球の物質の各

部分にも地球の他の部分に対して同様の性質が内在するが，これは最初の性質を妨げない，と彼が付け加えていることです。なぜならこれを理解するためには，物質の各部分が生命を，しかも互いに妨げ合わない複数の異なる魂によって，与えられている，と想定するだけにとどまらず，さらにこれらの魂は認識を有し完全に神的で，いかなる仲介者もなしに遠く離れた場所で起きていることを認識し，そこで自身の力を行使しうるほどだ，と想定する必要があるからです。

　実際，彼は次のような力を想定しています。たとえばSが太陽，Tが地球，aa が地球をとり囲む空気，dd が天空のより濃密な部分，rr がそのより希薄な部分だとすれば，地球の各部分は dd に向かい，反対に，周囲にある空気の部分はすべて rr に向かいます（とはいえ，空気の全部分を地球に結合させるもう一つの力により，両者が相互に引き離されることはなく，それゆえ共に dd と rr の間に保たれたままになります）。しかし，いかなる理由で地球の各部分は，周囲の空気がすべてそちらに向かっている rr よりも，自らはむしろ dd に向かうべきだと予感しう

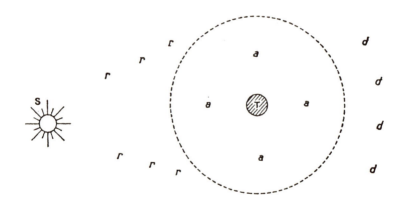

るのでしょうか？　そして，完全に神的な認識と能力を備えているのでなければ，いかなる力によってそれらは，dd に向かう物質を逆に自らのほうへ引き寄せうるのでしょうか？

　もしこのように，どんな力であれ各物体のうちに想像することが許されるなら，これを仮定して何であれ所与の結果がきわめて明証的に帰結するようなことを考え出すのは，たしかに難しくありません。ところが，

にもかかわらず，著者が想定するこれらすべてをもってしても，彼が欲することを推論するのに十分ではないのです。それはすなわち，宇宙の物質は集合して完全な球体をなし，その中心には太陽があって，宇宙の物質を不均等な仕方で希薄化する，すなわち，自らに近いものを離れた場所にあるものよりもいっそう大きく希薄化する，ということです。

というのも，そこからは反対に，物質のより濃密な部分はすべて中心に集まり，これに対してより希薄な部分は周辺に集まる，と結論すべきだからです。したがって，彼が後でそう想定するように，太陽という物体がある程度は固いとすれば，宇宙の形はアーチ状で太陽はそのアーチの頂点にあるはずです。たとえば，O が宇宙の中心で，物質の最も濃密な部分がそこに集まって 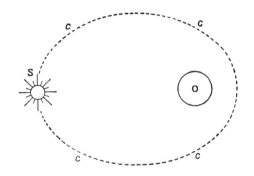 いたとすると，この中心と宇宙の周辺 *cc* との間にはどの方向においても同じ量の物質がありますが，にもかかわらず，この周辺は太陽がある方向において他よりも中心からより遠ざかっており，というのも，太陽は隣接する物質をすべてより希薄にし，より大きな空間を占めさせるからです。

続くこの著書の残りすべての内容もこれ以上の出来栄えではありません。このことは，もしそれに骨を折る甲斐があるなら，簡単に証明してみせます。ですが，私がここで取り上げたのはほとんどこの著書の最初の四ページに関してにすぎませんから，もし残りも同じように吟味することを企てるなら，そんなに多くのことを私が書くことも，あなたが読むことも，退屈になってしまうでしょう。ですから今回はもうこれ以上，私が次のような者であること以外，付け加えません。

　あなたのもの

デカルト

エフモント　1646年4月20日

554

エリザベトからデカルトへ

ハーグ　1646年4月25日

(AT. IV. 404-406 ; AM. VII. 55-57 ; B. 2190-2193)

[情念, 社会生活の規則]

デカルト様

私の弟フィリップがヴェネチア共和国と結んだ協定[1]のおかげで, あなたが出発されてからというもの, あなたが私に残された用事よりも快さの点ではるかに劣る用事をさせられる羽目になりました。それは私の知識を越えた事柄に関しており, 私はただ, それに関わっている短気な若者を補佐するために呼ばれたのです。そのため, あなたの『情念論』[2]のなかで, 愚かな私にとって難しい点があれば提起してよろしいというお許しを今日まで生かすことができませんでした。もっともそれはわずかな数でしかありません。なぜなら, 情念に与えられた順序, 定義, 区別, および結局この書の道徳的な部分のすべては, この主題についてこれまで人が語ってきたことのすべてを凌駕していることを, 人は無感動にでもならないかぎり理解しないはずがないからです。

しかし自然学的な部分は, 無知な者にはそれほど明瞭ではありませんので, 五つの原始的情念[3]の原因になる血液のさまざまな運動を, いかにして知ることができるのかが分かりません。それらの情念は決して単

---

1) ヴェネチアとポーランドのトルコに対する戦争に関するものであった。フィリップ (Philippe) はハンブルクで兵を挙げ, オランダ経由でヴェネチアに送ろうとする計画を立てていた。しかしその計画を果たす機会は与えられなかった。彼は血気にはやる若者であったようで, このあとフランスの貴族をハーグで殺害し, 自らも若くして戦に倒れることになる。

2) 『情念論』の最初の草稿がエリザベトに届けられたのは1646年3月7日と推定されている。

3) 原始的情念 (passion primitive) としてデカルト自身は, 驚き, 愛, 憎しみ, 欲望, 喜び, 悲しみの六つを数えている。

独のものではないからです。たとえば，愛はつねに欲望と喜び，あるいは欲望と悲しみを伴い，愛が強くなるにしたがって他の情念も増大します。反対に…［原文欠］。ですから，血液の運動の本性を発見するのに役立つ，脈の鼓動，食物の消化その他の身体的変化の相違を，いかにして見分けることが可能なのでしょうか。またこれらの情念のそれぞれにおいて，あなたが念頭に置いている情念は，すべての体質において同じではありません。私の体質としては，悲しみがつねに私に食欲をもたらすようになります。たとえその悲しみがどんな憎しみとも混ざり合っておらず，ただある友人の死からやってくるときにでもそうなのです。

あなたが，これらの情念の外的表徴をお話しになるとき，喜びを伴った驚きは，肺をさまざまに揺すぶって膨張させ，笑いを引き起こすと言っておられます。これについて付言していただきたいのは，驚き（あなたの記述によれば，それは脳に関してのみ作用すると思われます）が，いかにしてかくも素早く心臓の出入口を開き[1]，笑いという結果を生むのかということです。

あなたが，ため息の原因として念頭においているこれらの情念は，必ずしもその原因とは思われません。なぜならそれらの情念は，習慣や，胃袋の充満［満腹］によっても引き起こされるからです。

しかし，あなたが情念について述べられたすべてを理解することは，過度の情念に対してあなたが処方される救治策を実行することに比べれば，まだ難しくはありません。というのも，この人生で不意に起こりうる数え切れない出来事のすべてを，いかにして予測するのでしょうか。また（健康や生存手段のように）必然的に人間の自己保存を目指し，しかも人間の意志には依存しないものをわれわれが熱烈に欲求することを，いかにして止めるのでしょうか。真理の認識については，その欲求はきわめて当然であり，そうした欲求はすべての人において生まれつきであるほどです。しかし，われわれを動かすことがつねである善悪の正しい価値を知るためには，無限の認識をもたねばなりません。なぜなら知るべきことは一人の人間の想像を絶するほど多くあるからであり，それを想像するためには，この世にあるすべてのものを完全に認識しておかね

---

1) 『情念論』第126節を参照。

ばならないことになるからです。
　あなたは，すでに私生活に関する主要な格率を述べておられますので，さらに社会生活に関するあなたの格率¹⁾も知ることができるなら，私は満足することでしょう。もっとも社会生活では，われわれはほとんど理性的でない人に依存しておりますので，私はそれに関しては理性よりも経験を使った方がうまく行く，とこれまでつねに感じて参りましたが。
　私はあなたにお便りを認（したた）めている間，しばしば中断させられましたので，下書きをお送りせざるをえません。また，私の手紙をその人宛てに出すようあなたが望まれたご友人の名²⁾を失念いたしましたので，アルクマールの配達人を利用せざるをえません。そのため，その名が分かるまでは，あなたのご論文をお返しすることはあえていたしません。これほど高い価値があり，私に大きな満足を与えてくれたご著作が，酔漢の手に渡るかもしれない危険を冒すことができませんので。
　あなたに仕えるきわめて親愛なる友
　　　　　　　　　　　　　　　　　　　　　　　　　　　エリザベト
　デカルト様
　4月15／25日

　1）　私生活の格率については書簡514, 519, 521（本書簡集第六巻）を参照。社会生活の格率については，マキアヴェリの『君主論』を二人で読むことになる。書簡570（本書）を参照。
　2）　アダム・スピュッカー（Adam Spücker）。書簡551末尾（本書45ページ）を参照。

555

デカルトからクレルスリエへ

1646年春[1)]

(AT. IV, 742-744 ; B. 2194-2197)

［聖体の秘蹟］

A.——（クレルスリエからヴィオゲへ，1654年5月22日）

「さて以下は，デカルト氏がアルノー氏への答弁[2)]でパンの表面について語るとき何を意味していたのか，それを理解する際の困難に関して，私がかつてデカルト氏から受け取った説明です。彼が言うには，表面という語で概念されるのは，パンの各部分とその周囲にある物体との中間であり，それは様態的な存在者以外のいかなる存在者でもないということです。しかし私は前もって，あなたが彼の答弁をお読みになったことがあると仮定します。でないと，彼の考えを理解するのに苦労なさるでしょう。」

B.——（デカルトからクレルスリエへ）

聖体の秘蹟を論じるにあたり——と彼は私に述べています——私が表面について語る際には，…［中略］…。たとえば，われわれはセーヌ川[3)]について，それはもはや同じ水ではなく，そしておそらくその水の周囲にある地面も同じ部分はもはやいっさい存在しないにもかかわらず，それは十年前と同じ川だと言うことができます。

C.——また同じく，蠟燭（ろうそく）の炎とその周囲にある空気は瞬間ごとに変化することが真であるにもかかわらず，両者を分かつ表面は，別の空気と別

---

1) クレルスリエがヴィオゲ神父に宛てた1654年5月22日付書簡の一節。A～Fの段落分けはAT版による。コスタベルの考証では，このうちデカルトの筆になるのはB～Eだが，C～Eにはクレルスリエの手が加わっている可能性がある。AT. IV, 744-747の注を参照。

2) 「第四答弁」AT. VII, 250-251. アルノーについては本書「主要人名解説」を参照。

3) 段落Bは書簡482（本書簡集第六巻，AT. IV, 163, l. 24-165, l. 6）からのほぼそのままの抜粋だが，この一箇所のみ元の書簡では「セーヌ川」ではなく「ロワール川」となっている。

の炎の間にあったかつての表面と，つねに同じに止まります。というのも，消えゆく炎の次に続く炎と，かつてその消えゆく炎の周囲にあった空気の次に，厳密にそれと交代でやっていくる空気とは，形状の類似性をいっさい変えることなく前と同じ配置と運動をもち，加えて同じ感覚を引き起こすからです。

D.──ここから分かるのは，表面が同じに止まるなら，パンの偶有性もまた，偶有性が奇蹟によってそれ単独で存続するということなしに，すべて同じままに見えるはずだということです。そしてさらに，これらパンの偶有性のうちに，私は二つの種類を区別します。第一の種類は，それらが関係づけられる物体のうちに，それらが知覚されるような仕方では何ら存在せず，たんにわれわれのうちにある感覚にすぎないもので，たとえば色，音，香り，その他あらゆる感覚的特性に関する感覚です。これらはたんにわれわれのうちにあるだけで，われわれがそれらを経験するようなものとしてはパンのうちに決して存在しなかったものなので，これらが聖体の秘蹟においていかに止まるのかを理解するのに，それほど苦労はありません。というのもこれらは，真にそこに止まっているもの（すなわち中間にあるその表面）がわれわれのうちに引き起こす結果にすぎず，パンのうちにこれらと類似したいかなる実在的なものをも前提しないからです。前もってパンのうちにあり，そして聖別の後，つまりパンが我らが主の身体に変わった後でさえ，同じままに止まる，もう一種類の偶有性は，大きさ，位置，形，中間にあるその表面などですが，これらはそのパンがパンである様態ないし仕方にすぎず，そのパンと実在的に異なる何ものかではまったくありません。ですから，我らが主イエス・キリストの身体がパンと厳密にとって代わるという以上，これらの様態にはいかなる変化も生じることなく，それらは同じままであるように見え，そして同じ結果を生み出す，つまり，われわれのうちに同じ感覚を引き起こすことは，容易に理解されます。

　ここでご注意いただきたいのは，パンという種に関して言われたこれらのことが，同様にブドウ酒という種に関しても理解されるべきことです。

E.──以上が，偶有性に関する最初の困難に満足にお答えするために，私が書くことのすべてです。私がここにおいて自分の主題から少し外れ

ていること，また，私は何よりもまず，あなたがこの神秘の根本について提起された困難に対して，満足にお答えするよう試みることもできたということ，このことはよく存じております。しかし，偶有性に関する困難は最も頻繁な論争の主題で，それらは精神を他よりいっそう引きつけ，最初に提示される慣わしですから，私は二つを両方同時に扱おうとしたのです。それはたんに私にできる範囲でこの題材を説明するためではなく，偶有性に関する困難の解明が他方の困難の説明に役立ちうるからです。

F．―さて，あなたの困難に入りますと…

556

デカルトからエリザベトへ

1646年5月

（AT. IV, 407-412 ; AM. VII, 58-62 ; B. 2196-2201）

［情念，血液の運動，驚き］

殿下

　私が誇り［名誉感］を情念のうちに数えたこと[1]は正しかったことを，経験によって知りました。というのも，私が情念について書いた小著について殿下が好意的な判断をして下さっているのを拝見して，私は誇りのあまり感動を禁じえないからです。そして殿下がそこにいくつかの欠陥をもご指摘になっているのを，決して意外とはいたしません。なぜなら，それは私がこれまで一度も研究したことのない主題であり[2]，その最初のデッサンを私は描いたのみで，殿下ほど明敏でない人の目を引くのに必要な色づけも装飾も施していませんので，そこには数多くの欠陥があろうことを私は少しも疑っていなかったからです。

　また私は，それぞれの情念に伴う血液の運動がどのようなものかを判別するのに用いた自然学の諸原理のすべてを，そこに盛り込んだわけではありません。なぜなら，それらの原理を十分に詳述するには，人体のすべての部分の形成を説明しなければならないからです。それはきわめて難しいことなので，あえてまだ企てておりません。ただ，この小著で私が想定いたしました諸原理の真理性について，私自身少しは満足しております。それらの原理の主要なものは以下のようなものです。肝臓や

　　1）　『情念論』第204節。
　　2）　情念についての関心は『思索私記』や『音楽提要』など初期の著作においてすでに見える。しかし研究課題としては，それはデカルトの哲学プログラムに入っていなかった未開拓の分野であった。デカルトはエリザベトに導かれて，いわば五十の手習いを始めたことになる。

脾臓の役目は，静脈のなかにある血液よりも純化されていない予備の血液をつねに貯蔵することであること。また心臓のなかにある火は，胃から直接やってくる食物の汁によってか，あるいはそれがない場合には（静脈中にある他の血液はあまりに早く膨張するので）この予備の血液によって，つねに絶やさない必要があること。われわれの魂と身体との間には，次のような結合関係があること。すなわち，われわれが生まれたときから身体のある運動に伴う思考は，いまもなおその運動を伴い，したがって同じ運動が何か外的な原因によって身体のなかで再び引き起こされると，魂のなかにも同じ思考を引き起こし，反対に，われわれが同じ思考を持つと，それは同じ［身体の］運動を生むこと。結局，われわれの身体という機械のつくりは，喜び，あるいは愛，あるいは他のそれに似たものの思考が少しでもあれば，それだけで動物精気——それは情念に伴うと私が言った血液のさまざまな運動を引き起こすのに必要である——を，神経を介して全筋肉のなかに送るのに十分であるようになっていること。以上が主要な原理です。情念は決して単独ではありませんので，それぞれの情念に属している血液の運動を区別することが困難であったことは本当です。しかしそれにもかかわらず，情念は同じものがいつも一緒になっているわけではないので，情念がそれに伴うものを変えたとき，身体のなかにどういう運動の変化が起こるのかに私は注意するようにしてきました。たとえば，もし愛がいつも喜びと結合しているとするなら，それらが心臓の周りに感じさせている熱と膨張とを，二つ［愛と喜び］のうちのどちらに帰すればよいのか分かりません。しかし，愛はまた時として悲しみと結合しますが，その時この熱はまだ感じても膨張は感じませんので，私は，熱は愛に属し膨張は喜びに属すると判断しました。そして，欲望はほとんどいつも愛とともにあるとはいえ，いつも同じ程度に一緒にあるわけではありません。というのは，たとえ大いに愛していても，いかなる希望もなければ，欲望はほとんど生じないからです。そしてその時には，欲望がもっと大きかったならあるはずの敏速さや迅速さがないでしょうから，それ［敏速さと迅速さ］が生まれて来るのは欲望からであって，愛からではないと判断することができます。

　悲しみが多くの人において食欲を奪うことは十分あると思います。し

かし,私においてはつねにそれが食欲を増進することを経験しておりますので[1],私はその例に則ったわけです。私の考えでは,そこで生じてくる相違は,ある人においては,十分な食べ物を与えられなかったことが人生のはじめにおいて経験した悲しみの最初の原因であり,他の人においてその原因は,与えられた食べ物が彼らに有害であったということから来ていると思います。そして後者においては,食欲を奪う精気の運動はそれ以来,悲しみの情念と結合したままなのです。その他の情念に伴う運動も,すべての人においてまったく同一ではないことが分かりますが,それも同様な原因に帰すことができるでしょう。

　驚きについて言えば,その起源はたしかに脳のなかにあり,そして血液の性質がしばしば喜びや悲しみを引き起こすことができるように,それだけが驚きを引き起こすわけではありません。とはいえしかし,驚きの情念は,脳に与える印象という手段によって,他のあらゆる情念と同様に,あるいはある意味ではそれ以上に,身体に作用します。というのは,この情念が含みもつ不意打ちは,最も迅速な運動を引き起こすからです。人は手足を動かそうと考えるのとほぼ同時に,それを動かすことができます。なぜなら,脳のなかに形成されるこの運動の観念が,精気をこの目的に役立つ筋肉のなかに送り出すからです。それと同じように,精神を不意打ちするある愉快なものの観念もまた,精気を心臓の出入口を開ける神経のなかに送り込みます。ここで驚きが行っていることは,次のことに他なりません。すなわち,不意を打たれることによって驚きは喜びを引き起こす運動の力を増大させ,心臓の出入口が突然広げられるので,大静脈を通って心臓に入ってきた血液は,こんどは動脈性静脈を通って心臓から出て行き,肺を素早くいっぱいにする,ということです。

　情念に伴うのをつねとする同じ外的表徴は,たしかに他の原因によっても時として生じることがあります。たとえば,赤面はつねに恥じらいから来るわけではなく,火の熱や人が運動をすることからも来ることがあります。そして痙笑(けいしょう)と称されるものは,顔面神経の痙攣(けいれん)に他なりません。そしてまた,ときどき人は習慣的にまたは病気のために,ため息

---

1) 『情念論』第200節。

をつくことがありますが，しかしそのことは，悲しみや欲望からそれが引き起こされているとき，ため息がそれらの情念の外的表徴であることを妨げるものではありません。ため息が時として胃袋の充満［満腹］によっても起こるというのは，かつて聞いたことも気づいたこともありません。しかし，そうしたことが起こるのは，食物の汁がより速く心臓を通り，胃がそのためにより早く空になるよう，自然がそう促している運動のせいであると私は思います。というのも，ため息は肺を動かして，そこに含まれている血液が動脈性静脈によってより早く心臓の左側に下るようにし，かくして，食物の汁から合成され，胃に発して肝臓や心臓を通って肺に達する新鮮な血液が，肺で容易に受け取られるようにするからです。

　過度の情念に対する救治策については，それは実践するのが難しいことを私は大いに認めます。またそれは，身体に起こる不調を防ぐには十分でなく，ただ魂を混乱させず自由な判断を保持させるためだけに十分であることも認めます。この点について私は，それぞれのものの真理性を正確に知っていることも，不意に起こってくる出来事のすべてを一つ一つ予見していることも必要であるとは思いません。それは疑いもなく不可能なことでしょう。むしろ，実際に起こってくるものよりもさらに困ったことを一般に想像しておき，それに耐える準備をしておくことで十分です。私は，人生に必要なものを欲することで人が過ちを犯しているとは思いません。欲望が規制されるべきなのは，悪しきもの，もしくは余計なものについてのみです。というのは，善にしか向かわない欲望は，それが大きければ大きいほど，ますますよいものであると思われるからです。私は，何らかの無気力を無理からぬ情念[1]と見なして，自分の欠陥を大目に見ようとしました。しかし私は，そこに多くの成果を期待できないにもかかわらず，ある意味で自分の義務と信じることをつねに熱心に行おうとする人たちの勤勉さの方を，はるかに高く評価いたします。

　私はきわめて隠遁した生活を送っており，つねに世事の処理からはきわめて遠ざかっておりますので，もし私がここで，社会生活で守るべき

---

1)　『情念論』第119-121節。それは次の書簡557で全面的に訂正される。

格率などを書こうと企てますと，それはハンニバルの目前で大将たるものの義務を教えようとしたかの哲学者[1]に劣らず，無礼になるでしょう。そして，殿下が提出されている格率が，すべての格率のうちで最良のものであることを私は少しも疑いません。つまり社会生活の点においては，人は理性よりも経験にしたがって身を処する方がよいのです。なぜなら，なにをなすべきかをただ考えるだけで未来になにをなすかが判断できるほどの完全に理性的な——すべての人がそうあるべきであるような——人間が相手であることは稀であるからです。そして，しばしば最良の忠告は最も幸いなものではありません。それゆえ，われわれは危険を冒し，運命の力に身を委ねざるをえないのです。願わくは，その運命が，私が…であるのと同じく，殿下のお望みに恭順であることを。

---

1) ペリパトス学派の哲学者フォルミオ（Phormio）は，名将ハンニバルを前にして指揮官のたるものの務めと軍事全般について饒舌に語り「耄碌した老人」と評された，とキケロが伝えている（Cicero, *De Oratore*. II. xviii. 75）。この話は17世紀のベーコンも採用している（F. Bacon, *The Advancement of Learning*. II. 21. 7）。

557

デカルトからエリザベトへ

エフモント・ビンネン　1646年5月

(AT. IV, 414-415 ; AM. VII, 64-65 ; B. 2202-2203)

［無気力］

殿下

　この手紙を，私の親友であり私自身と同じほど信を置いているベクラン氏[1]に託するのを機会に，私が『情念論』のなかで犯したいそう顕著な間違いを，ここで非礼を顧みず告白することにいたします。それは，何らかの無気力を，私の怠慢を大目に見るために，魂の無理からぬ感情のうちに数えた点です。無気力は，われわれが判断によって了承したものを実行に移すことを時として妨げます[2]。この点について最も気がとがめておりますのは，無気力が実用の役に立つとは思えない主題において，私がその実用性を否認していないことを示すものとして，殿下が特にその箇所に着目されたことを私が思い出したことです。重要な事柄を企てる前に，時間をかけてそれを熟考するのはまったく正しいことを私も十分認めます。しかしひとたびことが始まり，その主要な点に人が同意しているときに，猶予を求めて諸条件について議論をすることは何の利益もないと思います。というのは，それにもかかわらず，もしことが成功を収めたとしても，この方法で得られるかもしれない小さな利益を全部よせ集めても，その益は，そうした猶予がふつう引き起こす嫌悪感から生じうる害には及ばないのです。そして，もしことが成功しなければ，それは計画に欠陥があったことを世に知らしめることにしか役立た

---

　1) ベクラン（De Beclin）はデカルトの親しい友人。エリザベト宛書簡はこの人が配達していた。

　2) 『情念論』第170節の「不決断」がその例である。「無気力」に関しては同書第119-121節にその記述がある。

ないのです。さらに，企画された事柄がきわめて良い場合には，その企画が悪い場合よりも，その遂行を延期しているあいだに，それが駄目になることがはるかに多くあります。それゆえ私は，ことがすでに始められた場合，決断と迅速とがきわめて必要な徳であると確信しております。また，自分が知らないことについて危惧する必要はありません。というのは，人がそれを知る以前に最も懸念していた事柄が，望んでいたものよりもよりよくなるということがしばしばあるからです。かくしてこの場合，最善は神の摂理を信じ，摂理の導きのままに身を任せることです。はなはだ稚拙な説明ではありますが，殿下には私の考えを十分よくご理解いただき，また極度の熱意が私にこうしたことを書かせたことをお許し下さるよう，私は確信しております。というのも私は，私にできるかぎり…だからです。

558

ロベルヴァルからカヴァンディシュを介してデカルトへ

パリ　1646年5月

(AT. IV, 420-428 ; AM. VII, 69-75 ; B. 2204-2213)

［揺れの中心に関する反論］

　デカルト氏と私は、彼が揺れの中心と呼び、われわれがここで打撃の中心と名づける点に関する定義については、一致しています。が、彼の結論は私のものと完全に異なっており、私にはしかし自分の結論に関する絶対的な証明があります。したがって、彼の推論には何か誤りがあるわけです。それをここで、私はあなたにお見せしたいと思います。

　選びうる多くの形の中から、私はそのために扇形に切った直円柱を取り上げ、この形において彼の誤りを示したいと思います。これをきわめて明晰にお示しすることで、あなたは他の形のすべての立体図形において、また運動の軸が平面上にはなく平面に対して垂直や斜めであったりするすべての平面図形においてさえ、同じ誤りが生じることを容易に認識されるでしょう。私が思うに、デカルト氏はじつに真理の愛好者ですから、私の理由を考察する労をとれば、自分の誤りを認めないということはないでしょう。

　さて、扇形に切った直円柱 ABCDEFGH を仮定し、円柱の軸でも扇の揺れの軸でもあるものを直線 AB とします。この扇を取り囲むのは、軸 AB を共通の辺とする二つの長方形 AD と AF、円柱の両底面から切り取られた二つの扇形 ACGE と BDHF、そしてこれらの長方形と扇形によって切り取られた円柱の表面部 CGEFHD です。軸 AB を点 I で二等分し、この点を通って円柱の底面と平行な平面を描くと、この平面は扇形に切った円柱を切断し、その断面は ILNM のように、前述の ACGE 及び BDHF と等しく、かつ平行な扇形になります。この扇形 ILNM は半径 IL と IM、及び弧 LNM からなりますが、弧 LNM は点 N

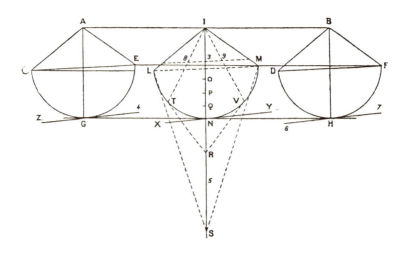

で二等分され，この点 N に向かって引かれた半径 IN は，N の方向に必要なだけ外に引き延ばされます．また，地平線に対して線 IN は垂直，AB は水平であることも理解されます．さらに，IP は IN の四分の三だとしましょう．弧 LNM の弦 LM を引き，半径 IN の三分の二が同じ半径の一部である IO に対して，弧 LNM が弦 LM に対するのと同じになるようにします．われわれはこの点 O が，扇形に切った円柱 AH にとっても扇形 ILNM にとっても，重心であることを証明しました．その反対に，(半径 IN の四分の三である) IP が IN の一部である IQ に対して，弦 LM が弧 LNM に対するのと同じになるようにします．われわれはまたこの点 Q が，扇形に切った円柱 AH にとっても扇形 ILNM にとっても，打撃の中心，ないしは，揺れの中心であることも証明しました．

ところがデカルト氏の推論に従うと，この打撃の中心ないし揺れの中心は，扇形に切った円柱 AH にとっても扇形 ILNM にとっても，線 IN の四分の三に位置する点 P になければならず，これは大小どんな扇でも，半円柱や半円でさえ，そうなのです．これはわれわれの推論とは正反対で，その推論によれば，真の中心 Q はつねに P よりも I から遠く，これは扇が半円柱や半円以上にならないまでも，それに近づけば近づくほど，より遠くなります．こうして弧が弦より四分の一だけ大きいと，扇の打撃の中心は N になり，さらに大きくなると，中心は N を超えて扇の外に出るに到ります．

しかしわれわれの証明はここで示すには長すぎます。そこで先に提案したとおり、デカルト氏の誤りのほうを見ていきましょう。そのために、点LとMから、弧LMNに接し、半径INの延長上の点Sで交わる直線LSとMSを引きます。角ILSとIMSはしたがって直角です。同様にして、弧LNM上に点Nから互いに等距離にある他の二つの点TとVをとり、同じ半径INの延長上の点Rで交差する接線TRとVRを引きます。半径ITとIVを引くと、

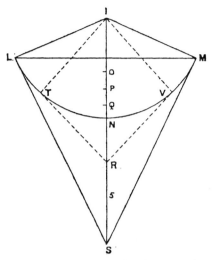

扇形に切った円柱から取り出された扇の平面LNM

角ITRとIVRはしたがって再び、直角です。このことは、点Nから互いに等距離にある二点なら、どれについても同様です。最後に、線ABとINを通る平面ABHGを描くと、この平面は扇AHを二つの等しい扇形に切断し、そしてその辺AGとBHが扇形ACGEとBDHFをともに二等分する長方形ABHGをつくります。そして点GとNとHから、弧CEとLMとDFに接する直線を引くと、その接線はZG4とXNYと6H7であり、それらは半径AGとINとBHにそれぞれ直角に交わります。

さて、デカルト氏はNXをNYと等しくおきます。次いで、半径ないし垂線IN上に点3のような任意の他の点をとると、軸ABの周囲にこの点を通る扇形の面がもう一つ理解されます。線NXが、これと平行なもう一つの線3-8に対して、Iを頂点とし円柱面CGHFと等しい底面をもつ角錐が、扇AHに含まれる、Iを頂点とし点3を通る円柱面と等しい底面をもつ角錐に対してあるのと同じにするように、そして、点8のようにして見いだされうる他の無限の点についても同様にするように、彼は要求します。これらすべての点から、半径INを挟み、これによって二等分されるある平面図形が描かれますが、デカルト氏が主張

するには，この平面図形の重心が扇 AH の，またこの構成規則が適応されるあらゆる他の物体の，揺れの中心です。さて，問題の角錐は一方が他方に対して，NI の二乗が I 3 の二乗に対するのと同じようにあることは明らかです。それゆえ，線 XN も線 8 - 3 に対して，一方の角錐が他方に対するのと同じように，すなわち NI の二乗が I 3 の二乗に対するのと同じようにありますから，描かれた平面図形（この場合には鋭い放物線状の三線形ですが）の重心は点 P にあり，これがまた彼によれば，扇 AH の揺れの中心でもあります。

彼の推論は次のとおりです。AB を軸とするある一つの円柱面のすべての部分は等しく揺れ，同じく AB を軸とするより大きなあるいはより小さな他の円柱面の部分は，軸 AB からの距離の大小に比例してより大きくあるいはより小さく揺れる。それゆえ，この物体の部分で第一の円柱面の内にある部分がすべて併せて有する揺れの力と，同じ物体の部分で第二の円柱面の内にある部分がすべて併せて有する揺れの力との間の比率は，これら二つの円柱面に等しい底面を有し，両者の半径に等しい高さを有する，二つの角錐の間にある比率と同じである。ここから，上記平面図形の重心と求められる揺れの中心とは，垂線 IN 上の同じ点で落ち合うことが明証的に帰結する（と彼は言います）。

この推論の誤りは，揺れる物体の部分の揺れだけを彼が考慮して，それら各部分の揺れの方向を忘れている点です。この方向は，たとえ軸 AB の周囲にある同一円柱面上の点だとしても，鉛直面 AH からの距離が不均等なすべての点によって，変化し異なります。というのも，たとえば点 L の方向は，この揺れる点が L から S に向かおうと反対に逆方向に向かおうと，接線 LS です。同様に，点 M の方向は接線 MS，点 T の方向は TR，点 V の方向は VR，等々になります。こうして，たとえこれらすべての点の揺れは等しくても，しかしそれらの揺れの方向が異なることによって，次の二点においてこの揺れの効果は変わるのです。第一に，これらの点は垂線 IN を，R や S といった異なる点によって押したり引いたりします。第二に，これらの点が揺れる方向と垂線 IN がなす角はそれぞれ異なります。要するに，円柱面 CGHF 上に存するすべての点の中で，点 N によって垂線 IN 上にその作用を及ぼすのは線 GH 上の点だけで，その他の点はすべて外から，N と S の間にある点に

よって作用を及ぼすのです。ゆえにこれらの点すべての揺れの中心，つまり，この円柱面の揺れの中心もまた，NとSの間にあるのであって，デカルト氏の推論を正しいものとするために必要なごとくに，点Nにあるのではありません。実際この揺れの中心を得るためには，弧LMが弦LMに対してあるのと同じに，半径INに対してI5をとり，点5を求められる中心だとしなければなりません。同じことを，ABを軸とし扇AHに含まれる円柱面で，CGHFより小さな他のすべての円柱面に対して行うと，デカルト氏の結論とまったく異なる結論に到るでしょう。

IN以外のすべての線においても，それが平面ILNM上で点Iから引かれたものであるかぎり，打撃の中心を定めることができ，それらの中心がすべて一つの場所にあるということ，これについては触れずにおきます。

さらに，上記のように打撃の中心ないし揺れの中心を定めても，物体の振幅には揺れの中心同様に重心も何がしか寄与する以上，揺れの中心が物体の振動あるいは振幅のために要求される尺度や距離であるとは思われないということ，これについても触れずにおきます。実際，たんに揺れしかなければ，運動は軸の周りを同一方向に連続するでしょうから，右から左へそして左から右へという振幅の相互性が生じるのは，この重心が原因なのです。

とはいえ，実験はこれまでのところ，揺れの中心に関する私の結論と，かなり近似的に合致しています。ここから私は，揺れの中心は重心よりも，物体の振幅により多く寄与する，と結論づけました。

ロベルヴァル氏により1646年に求められた，固定された点Aの周りを円状に回る直線ABの打撃の中心[1]

点A，G，F，E，B等々によって無際限に分割された線ABがあるとする。これら各点の揺れの力を考えると，それらの力は互いに対して，

---

1) 以下の断片はクレルスリエによる挿入で，その成立については不明。AT. IV, 812の注を参照。

それらの揺れ，すなわち，それらの速度ないし経路が互いに対するのと同じように，言い換えれば，弧 BCD, ELH, FMI 等々が互いに対するのと同じようにあることは確実である。

これは言い換えれば，AB, AE, AF といった，不動の点 A から各弧までの距離ないし半径同士の関係であり，さらには，BD, EH, FI といった弦同士の関係であり，さらにはまた，三角形 ABD の線分同士の関係でもある。

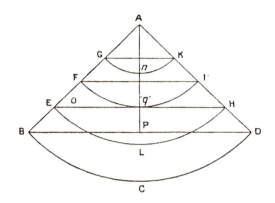

さて，上述の線 BD, EH, FI 等々が互いに対してあるのと同じように，それらの重さの力は（機械学の基本により，これらの力を類似の方向への力とみるならば）互いに対してある。したがって，線 AB 上の点 B, E, F 等々の揺れの力は互いに対して，線 BD, EH, FI 等々の重さの力が互いに対するのと同じようにある。

それゆえ，点 B, E, F 等々をすべて合わせたもの（すなわち線 AB 全体）の揺れの力の中心は，両端の点 A と B の間に，線 BD, EH, FI 等々をすべて合わせたもの（すなわち三角形 ABD）の重心が，一番端の線 BD と点 A の間にあるのと同じように，ある。これはルカ・ヴァレリオが彼の論考『重心論』[1] で証明したとおりである。

さて，三角形 ABD の重心は AP を，AQ が PQ の二倍になるような点 Q で分割する。したがって同様に，直線 AB の揺れの中心 O は AB を，AO が BO の二倍になるような点 O で分割する。こうして直線 AB の揺れの中心は発見されるが，これがなさるべきことであった…。

---

1) イタリア人数学者ルカ・ヴァレリオ（Luca Valerio, 1553-1618）の『立体重心論三巻』(*De centro gravitatis solidorum libri tres*, 1604)。

559

デカルトからピコへ

エフモント・ビンネン　1646年5月4日[1)]
(AT. IV, 413 ; AM. VII, 63 ; B. 2212-2213)

[キルヒャーとの関係]
「しかし，デカルト氏は後になって知ったのだが[2)]，キルヒャー[3)]は他の人々を代表して語っていたのではまったくなかった。そしてデカルト氏は，人々がこの神父の研究と資質を彼に伝える仕方から，キルヒャー氏は，自分の著作［を読むこと］に要求されると彼が思うような，多くの注意を要する事柄の吟味に適した精神をあまりもってはいない，と判断した。キルヒャー神父はほどなくデカルト氏に対する意見を変えたが，彼はメルセンヌ神父を介して，デカルト氏との交友を求めていたのである。デカルト氏は彼から賛辞と尊敬に加え，彼が磁石の本性と効果に関して書いたものも受け取り，これに対して死後の遺稿中に発見される若干の所見を記した[4)]。」(Baillet. II, 284)

---

1)　1646年の4月末から8月末までメルセンヌはパリを離れている。その四ヵ月間，デカルトのパリの書簡相手はピコとクレルスリエであった。AT. IV, 412-413 の注を参照。
2)　バイエの欄外注：1646年5月4日付ピコ宛書簡。
3)　キルヒャー (Athanasius Kircher, 1601-1680) はドイツ生まれのイエズス会士。
4)　キルヒャーの『磁石あるいは磁気の術』(*Magnes sive de arte magnetica*, 1641) をデカルトは読んでいた。書簡381（本書簡集第五巻218-219ページ）を参照。

560

デカルトからカヴァンディシュへ

エフモント・ビンネン　1646年5月15日
(AT. IV, 416-419 ; AM. VII, 66-68 ; B. 2212-2215)

［揺れの中心をめぐるメルセンヌの問いへの答弁］
拝啓
　メルセンヌ神父の依頼でわざわざお送り下さった問いについては，私は彼宛の手紙[1]や，光栄にもあなたにお送りした手紙[2]の中で，すでに全部お答えしたものと思っております。というのもまず，頂角が20度しかない三角形と25度しかない三角形とでは，二つを私が提案したような仕方で吊るそうと彼の仕方で吊るそうと，振動の時間が同じだと彼が言われることに対しては，実験によって感覚できるような差異はたしかにありえないとしても，しかしおそらく何らかの差異はあり，頂角が大きくなるに応じてこの差異はだんだん感覚できるようになる，とお答えするしかありません。
　次に彼は，自分の仕方で吊るした三角形の振動は，私の規則によりどれくらい［の周期で］持続するものと決定されるのか，とお尋ねですが，すでに以前にお答えしたとおり，私が普遍的な規則を与えた仕方以外で振動をさらに遅らせるものはすべて，私が「空気の抵抗」と名づけたものに由来しますが，この抵抗の量は実験による以外決定できないと思います。この実験がどんなふうに行われうるか，これも以前の手紙でお示ししたはずです。
　彼はまた，三角形を私が提案した仕方で底辺から吊るした場合の振動も，決定するようお望みです。これにお答えするのは簡単で，このよう

---

1)　書簡546および547（本書）。
2)　書簡550（本書）。

に吊るされた三角形はすべて，これと等時的な振り子の二倍の垂線を有します。たとえば[1]，CDが軸ABの周りを運動する三角形の垂線でEDとECが等しいなら，等時的な振り子の長さはCEだと私は主張します。これは私が与えた規則からの明晰な帰結です。というのも，こ

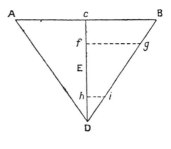

の垂線に中点Eから等距離にある点fとhを任意にとり，次に底辺と平行にfgとhiを引くと，直角Cfgと直角Chiはつねに等しくなります[2]。それゆえ，この三角形の揺れの中心を得るために，私の規則に従い，重心を探すべき図形は四角形であり，その重心は点Eにあります。

　最後に，先端で吊るすのであれ底面で吊るすのであれ，角錐や円錐の揺れの中心を見いだすために必要なことを私が述べた，と彼が付け加えるとき，彼は自ら私が書き送った規則を覚えていないことを証言しています。というのも，この規則は他でもなく，あらゆる種類の物体において，それゆえ角錐や円錐においてもですが，揺れの中心を見いだすために必要なことを含んでいるからです[3]。角錐や円錐の場合，これは幾何学によってごく簡単に計算できます。そういうわけで，私はこれをロベルヴァル氏にお任せし，あなたが私に期待させる彼からの教えを待つことにします。あなたから私にもたらされるもので，私が尊重しないもの

---

1) 図はクレルスリエによる挿入。AT. IV, 417の注を参照。

2) ここで「等しくなる」とは，双方の「揺れの力」が等しくなるということ。CfとhDの長さをa，fEとEhの長さをbとすると，CfとChの長さの比は$a:(a+2b)$，逆にfgとhiの長さの比は$(a+2b):a$で，$Cf \times fg = Ch \times hi$という関係がつねに成り立つ。「揺れの力」については書簡550（本書40-41ページ）を参照。

3) クレルスリエ版の欄外には削除された文面として以下が記載されている。「すなわち，角錐や円錐が先端で吊るされている場合，その高さと振り子の長さの比は，私の規則に従えば，5対4となるはずです。この規則は，「軸と交わる角」と呼ばれる角が際立った鋭角をなすべての円錐や角錐において，それらは空気抵抗を感じることがありませんから，真であることが見いだされるでしょう。しかし，この角がそれほど鋭角でなかったり，また底面で吊るされている円錐や角錐の場合，それらは空気抵抗を感じることがつねにありえますから，同様にはいきません。それらの揺れの中心がどこにあるかを私がここでいっさい付け加えないのはそのためですが，それを見つけることはしかしごく簡単です。それゆえ私は，それらの揺れの中心を念入りに探すことはロベルヴァル氏に任せ，自分は彼の教えを待つべきだと思うのです。私は…。」

はありません。
　私はあなたのきわめて恭順かつ従順なる下僕
　敬具

　　　　　　　　　　　　　　　　　　　　　　　　　　　　　デカルト

　　エフモントより　　1646年5月15日
　　パリ
　　カヴァンディシュ様

561

デカルトからカヴァンディシュへ

エフモント・ビンネン　1646年6月15日
（AT. IV, 429-435 ; AM. VII, 76-79 ; B. 2216-2221）

[揺れの中心に関するロベルヴァルの反論への答弁]
拝啓
　ロベルヴァル氏の反論[1]をお送り下さったご好意に，謹んで感謝申し上げます。この世に自分の誤りについて教えと忠告を受ける以上に私が望むことはありませんから，私を非難する意図をもった人々の書いたものを読むことは，つねに私の喜びです。また，彼に対する答弁は時間が十分あるときに書けばよいとお許し下さったことにも，感謝申し上げます。ですが，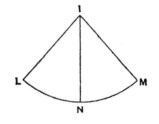
多くの時間を傾けるほどの話題を彼が私に与えたとは，私は思っておりません。実際，彼が書いたものを多少長くしているのは彼の図に関する説明だけで，彼がもし扇形に切った円柱の代わりに扇形ILNMだけを持ち出していれば，彼は自分の論拠の力を少しも減じることなく，図の説明を三分の二に節約し，しかも話をより明晰により容易にしえたことでしょう。
　彼の第一の反論は，私の推論は，そこから私が引き出した結論が，彼が自分の推論から引き出した結論と異なっているがゆえに，誤っているはずだ，というものです。彼はそうだと述べてはいませんが，自分の推論を私がきわめて確実なものと受け取ることを欲しています。これは私から見れば，彼が私に対して，私自身の論拠よりも，彼の権威に従うよ

---

1) 書簡558（本書）。

う主張している，ということ以外何も証明するものではありません。

彼の第二のそして最後の反論はこうです。すなわち，「揺れる物体の部分の揺れだけを私が考慮して，それら各部分の揺れの方向を忘れて」おり，この方向は「第一に，それら各部分は垂線INを異なる点によって押したり引いたりし，第二に，それらの揺れる方向と垂線がなす角は各々異なる，という二点において」考慮されるべきである，とこのように彼は言います。

この反論に対して私は容易に，こうしたさまざまな方向が一つの垂線に関係することをここで考慮すべきだということを否定し，彼がこのことを証明するために，こうした垂線を考慮すべきだと前提しつつ，持ち出す二つの論拠には何の力もなく，前提された垂線とともに無効にされる，と答えます。というのも，たしかに振動が生じている空間内の垂線，すなわち，動体が吊るされている点から地球の中心に向かって引かれる線や，同様にまた動体が揺れていないときには，その同じ点から動体の重心がある点に向かって引かれる動体の垂線は，振動の大きさや，あるいは動体の部分のうち互いに釣り合っている部分が釣り合っていない部分の運動に及ぼす障害，等々を吟味する際には，考慮されるべきです。しかしながら，動体の揺れに関するかぎり，それが周りを回る軸から等距離にあるこの動体の全部分は同じ速度で運動し，したがってその揺れも等しい以上，ここには他よりも特に考慮すべき垂線は存在しないのです。ロベルヴァル氏自身「IN以外のすべての線においても，打撃の中心を一つ定めることができる[1]」と述べており，私はこの点で彼に同意しますが，このとき彼も以上の真理をすでに認めているように思われます。その理由は，問題の平面において点Ｉから等距離にあるすべての点は互いに等しく揺れ，それらすべての中心が存する場所は一つの円の円周であるということです。ですから，もし彼が，同じ円柱面上のさまざまな点の揺れを測定するための証明だと自身主張するものにおいて，それに対しては揺れが不均等になるような何らかの垂線を特定し，これらの点をそれに関係づけていたとすれば，彼は自分が間違っていたことを真理の愛好者として認めるべきです。私がさらに気づくのは，動体の重

---

1) 書簡558（本書73ページ）。

心が，揺れの中心がなすのとは異なる何がしかの貢献を，その動体の振動の程度に対してなすと考える点においても，彼は間違っているということです。というのも，重心という語は，自由に運動する物体か，あるいはまったく運動しない物体に対するもので，結びつけられた軸の周りを運動する物体については，それらは位置に関しても運動に関してもいかなる重心ももたず，ただ揺れの中心のみをもつからです。それゆえ彼は，「右から左へそして左から右へという振幅の相互性が生じるのは，この重心が原因なのです」[1]と述べる代わりに，この場合には空想にすぎない重心については語らず，たんに動体の重さないし重力がその原因であると述べるべきでした。そして，彼がここでは触れないと述べていることには，私に反する点は何もありません。というのも，揺れの中心に関して私が与え，そして私と一致していると彼が述べている定義により，軸の周りを運動する物体で揺れの中心と軸までの距離が等しいものはすべて，等しい時間で振動を行うからです。

さて，願わくばあなたに，次の二つの推論のうち私はいずれをより信ずべきか，ご判断いただきたく存じます。私自身の推論でしょうか。これは私にはきわめて真できわめて明晰だと思われ，そしてロベルヴァル氏によって吟味されましたが，彼のほうが間違っていると私がきわめて明晰に見てとる点以外，彼は何も難癖を発見できませんでした。それとも彼の推論でしょうか。私はこれをまったく読んだことがありませんが，しかし彼が明言したわずかなことから，私は二つのじつに顕著な誤りに気づきます。一つめは，同じ円柱面にある動体のさまざまな部分の揺れが違った仕方で関係づけられるような，ある垂線を彼が想像していることです。しかし，それらの部分は等しい速度で運動し，揺れを構成するのはただ速度だけなのですから，揺れはすべてにおいて等しいのです。二つめは，揺れの中心へと変化したためにそれがもはや存在しないところに，彼が重心を想像していることです。

光学に関して[2]光栄にもご提示下さった困難については[3]，私はこう

---

1) 書簡558（本書73ページ）。
2) 以下の最終段落をクレルスリエは書簡562（本書）に接合しているが，学士院版はド・ラ・イールの写本に拠り，これが本書簡の一部であると欄外注を付している。

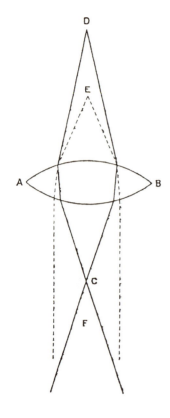

お答えします。すなわち、光線が対象から来て目に入るとき、視覚を判明にするためには、光線は「発散」するか、少なくとも平行であるはずで、「収斂」することはまったくないということ、これはたしかにそのとおりです。それゆえ、凸レンズABによって点Dから来た光線が「収斂」し、点Cに集まる場合、点Cに置かれた目は点Dに置かれた対象を判明に見ることができません。しかしながら、点Dからの光線を点Cに集めるこの同じレンズにより、たとえば点Eのようなより近い点からの光線は平行になるか、あるいは発散するという場合、それらの光線は点Cに置かれた目に、光線がすべて同一の点から来る場合と厳密に同じにではないにせよ、まったく感覚できないほど微小な差異でもって、入ってきます。ですから、点Eに置かれた対象は目Cによって十分判明に見られうるのであり、さらには点Dに置かれた対象でも、点Fに置かれた目によっては見ることが可能なのです。したがって、対象をたとえばEのほうへレンズ寄りに近づけるか、目をレンズからさらに少し遠ざけるかすれば、対象が各点から目に送る光線はほぼ平行になるか、あるいは、「発散」さえするでしょう。たしかに、それらの光線は厳密に同一の点から来るのではありませんが、ほぼ同一の点から来ることになりますので、視覚が十分に判明であることを妨げないのです。

　　私はあなたのきわめて恭順かつ従順なる下僕
　　敬具

デカルト

---

3) 書簡364（本書簡集第五巻172-173ページ）を参照。

562

デカルトからウィレム[1]へ

エフモント・ビンネン　1646年6月15日

(AT. IV, 435-438 ; AM. VII, 80-81 ; B. 2220-2223)

［ヴォエティウスのこと］

拝啓

　お送り下さったお手紙と，そして，お届け下さったお知らせに関して，謹んで感謝申し上げます。ペル[2]氏もアムステルダムからたった今お手紙を下さり，大公閣下の命によりブレダ[3]で哲学と数学を教えるようにと，あなたの手紙によって招致されたとのことです。自分がかつて兵士であった町で，人々がこのように学問を花咲かせようと望んでいることを知り，喜んでおります。

　スホーテン教授がゾイリヘム氏[4]の著書を私に送ってきてからしばらく経ちます。それは氏が探求していた数学上の工夫に関するものでした。彼は計算を完全には見いだしていませんでしたが（誰も発見したことのない事柄を探求したのですから不思議はありません），将来この学問における秀英となるであろうと確信させるような手段を構じていました。私はこの学問分野において何事かを知っている人を，ほとんど見たこと

---

1)　本書「主要人名解説」を参照。

2)　イングランドの数学者ジョン・ペル (John Pell, 1611-1685)。写本に記されたイニシャルを手がかりにクレルスリエはこれをポロ (Pollot) だと読み，バイエもそれに従うが，クリスチャン・ホイヘンス（下記注4を参照）によってその誤りが指摘された。AT. IV, 438 の注を参照。

3)　オレンジ公により1646年にブレダに創設された学院。デカルトの友人コンスタンティン・ホイヘンスもこの学院の運営に関わった。

4)　コンスタンティン・ホイヘンスの二番目の息子，クリスチャン・ホイヘンス (Christian Huygens, 1629-1695) のこと。数学者，物理学者。デカルト説に与してニュートンに対抗し，光の波動説を唱えた。ライデンで学んだ後，ブレダでスホーテンの指導を受ける。デカルトに送られた著書は発見されていない。

がありません。

　ヴォエティウスに関しては，私はもはやその人物のことをいっさい考えません。彼が公正でないことはじつに明らかであり，彼自身の書いたものによってきわめて明白に露呈しましたので，善良な人で彼の友になろうとしたり，彼が言ったり書いたりすることを何でも尊重しようとする人は，今後はいなくなると思います。たとえ人々が，それにもかかわらず，彼を彼自身そう自任するように[1]「ベルギウム諸教会の栄光と名誉」にしようとしたり，彼のことを，彼の崇拝者の何人かがそう主張するように，洗礼者聖ヨハネが全キリスト教徒の教会に必要であったよりもなお一層あなた方の教会にとって必要であると評価したり，またそれがゆえに，聖ヨハネがユダヤ人たちを「まむしの子ら」と呼んだというので[2]，彼の好きなように誰でも罵ってよいという権限を与えようとしたり，等々のことがあったとしても，それで気分を害するのは私ではありません。というのも彼が訴えている相手は，私など比較にならぬほど大きな力をもつ他の人々だと，分かっているからです。彼が参事会員たち[3]への反論を印刷させていたとはまったく知りませんでした。がしかし，スホーキウスは彼自身の立場を擁護するにもよほど冷淡と見えますので，彼らの弁護にそれほど適任だとは思いません。さらに，私にたった今届いた知らせが本当かどうかも，私には分かりません。が，それによれば，彼は自分の主張を正当化できず，ユトレヒトで敗訴したとのことです[4]。

　ともかく，ここで私が勝手ながら次のように申し上げることをお許し下さい。私がヴォエティウスへの反論を書いたとき，正しい決着のつけ方は，彼もまた書物によって私に答えるということであって，彼が実際にしたように，市参事の助けを当てにするということではありませんでした。しかし，彼が州政府の議員の一人に反論を書いたとなれば，正しい決着のつけ方は，彼に対して訴訟を起こすということであって，ぐず

　1）　書簡523（本書簡集第六巻）を参照。
　2）　『ルカによる福音書』3章7節を参照。
　3）　学士院版は「ユトレヒトの新教カルヴァン派，既婚の在俗参事会員たち」と注している。書簡478（本書簡集第六巻）を参照。
　4）　書簡551（本書）を参照。

ぐずと書物をつくって彼に反論するということではありません。正当な権力をもつ人々のあまりの慎ましさと，それを横取りしたい人々のあまりの図々しさが，つねに共和国を混乱させ壊滅させるのです。
　私はあなたのきわめて恭順かつ従順なる下僕
　敬具

デカルト

　エフモントより　1646年6月15日

563

デカルトからシャニュへ

エフモント・ビンネン　1646年6月15日
（AT. IV, 440-442 ; AM. VII, 82-83 ; B. 2222-2225）

［自然学と道徳］

拝啓

お送り下さったお手紙[1]により，ここからスウェーデンまでは数週間も便りを待たねばならぬほど遠くはなく，それゆえ私は幸運にも時々あなたと手紙で会話し，ご準備中の研究成果に与ることができると知り，とても喜んでおります。というのも，あなたが私の『原理』を読み直し，吟味する労をおとり下さるからには，あなたは必ずや，私にとってそれを知ることがきわめて重要で，しかも他の人々からはそれほど適切に指摘されることを望むべくもない，多くの曖昧さと誤りをそこに見つけて下さるであろうと，私は確信しているからです。ただ一つ心配なのは，あなたがこの読書にすぐうんざりなさるのではないかということです。というのも，私が書いたことはじつに迂遠な仕方でしか，あなたがご自身の主要な研究として選ばれた道徳へとは導かないからです。

その理由は，われわれがいかに生きるべきかを知るための最も確実な手段は，それに先立って，われわれがいかなるものか，われわれが生きるこの世界がいかなるものか，そしてこの世界の創造主，ないしわれわれが住むこの家の主人がいかなるものかを，まずは認識することだとするあなたのご判断に，私が全面的には賛成しないからではありません。そうではなく，私は自分が書いたことがすべて真であるなどと決して主張も約束もしないという理由に加え，私の『原理』で私が述べようとし

---

1) 失われた1646年5月5日付の書簡で，書簡545（本書）への返信。AT. IV, 670 の注を参照。

た天空や地球に関する一般的な概念と，私がこれまでまったく論じたことのない人間の本性に関する特殊な認識との間には，じつに大きな隔たりがあるからです。とはいえ，私があなたをご自身の意図から逸脱させたいのだと思われないために打ち明ければ，私が得ようと努めた自然学の概念はそのまま，私が道徳においていくつかの基礎を打ち立てるのに大いに役立ったのです。そして私はこの点において，私がはるかに多くの時間を用いた医学に関する他の多くの点においてよりも，容易に満足するに到りました。私はこうして，生を維持する手段を見いだす代わりに，他のもう一つのより容易でかつより確実な手段，すなわち，死を恐れない手段を見いだしたのです[1]。しかしだからといって私は，自分の知恵をすべて他人の教えから引き出し，思慮と人間の権威にのみ依存する基礎によってその知恵を支えている人々が大抵そうであるようには，陰気になったりはいたしません。

さらに申し上げますと，庭園の植物を育て，そこから自分の自然学研究を続けるための何らかの経験を期待する一方で，私はまた時々立ち止まり，道徳に関する特殊な問題を考えています。私はこうしてこの冬，『魂の情念の本性に関する論考』[2]という小論を書き上げました。とはいえ，これを世に出すつもりはありませんが。今のところ私は，自分の著書を読んでくれる人がこの世にいかに少ないかを見て嫌になり，そのために怠慢に陥るということにならないかぎり，さらにある他の事柄についても書くつもりでいます。しかし私はあなたにお仕えすることに関しては，決して怠慢になることはありません。なぜなら，私は心から熱烈に…

---

1) 書簡215（本書簡集第三巻）を参照。
2) 『情念論』のこと。書簡554（本書56ページ）を参照。

564

デカルトからクレルスリエへ

エフモント　1646年6月または7月

（AT. IV, 443-447 ; AM. VII, 84-87 ; B. 2226-2229）

[第一原理，ゼノンのパラドックス]

拝啓

　まもなくパリに行けるという望みから，そこでお会いする栄誉を得たいと思っていた人たちに手紙を書こうという気持ちが薄れています。こうして，あなたがお送り下さった手紙を受け取ってから，すでにしばらく経ってしまいました。とはいえ，「第一原理」と見なされるべき事柄に関してご提示下さった問いについて，あなたがその答えを得たいと気をもんでおられるとは，私は考えたことがありません。というのも，あなたはすでにその問いに対して，私がなしうるよりも上手にお答えになっているからです。

　私はただ次のことだけ付け加えます。すなわち，「原理」という語はさまざまな意味で理解されるということ。そして，きわめて明晰でかつきわめて一般的であるがゆえに，後に認識されるすべての存在者，すべての「有」エンチアの存在を証明するのに原理として役立ちうる「ある共通概念」を探求することと，その存在が他のいかなるものの存在にもましてわれわれによりよく認識されるので，これら他のものを認識するのに「原理」として役立ちうる「ある存在者」を探求することとは，別のことである，ということです。

　最初の意味において，「同じものが同時にありかつないことは不可能である」ということは原理だと言えます。これは，事物の存在を本来の意味で認識するためではなく，事物の存在を認識しているとき，その認識の真理性を次のような推論によって，すなわち「同じものが同時にありかつないことは不可能である。ところで，私はこれこれの事物が存在

することを認識している。ゆえに，私はこの事物が存在しないことは不可能だと認識している」という推論によって，確認するためにのみ，一般的に役立ちうるだけです。これにはごくわずかの重要性しかなく，これによってわれわれの知識が増すこともまったくありません。

　他方の意味においては，第一原理は「われわれの魂が存在する」ということです。というのも，これ以上にその存在がわれわれによりよく知られるものは他にないからです。

　さらに付け加えるなら，他のすべての命題がそれに還元され，それによって証明されうる，といったことは第一原理に要求されるべき条件ではありません。それが多くの命題を発見するのに役立ちうること，そして，それが依存し，それよりも早く発見されうるような他の命題が一つもないこと，それで十分です。実際，すべての事柄がそれに還元されうるような原理というものが，世界に一つもないということはありうることです。他のすべての命題を「同じものが同時にありかつないことは不可能である」という命題に還元するやり方は，余分で何の役にも立ちません。これに対して，「自分自身の存在の考察によって」まずは「神の存在」を，次いであらゆる被造物の存在を確信し始めることには，きわめて大きな有用性があります。

　メルセンヌ神父の知らせによれば，ル・コント氏が私の哲学に対して反論の労をお取り下さったとのことです[1]。ですが，私はまだそれを見ていません。私がそれを心待ちにしており，そして，わざわざ反論をお書き下さるご好意を重く受け止めていると，彼にしかとお伝え下さい[2]。

　ゼノンのアキレス[3]ですが，次のことに注目すればその解決は難しくありません。すなわち，ある量の1/10にこの1/10の1/10，すなわち1/100を加え，さらにこの1/100にそのまた1/10，すなわち最初の量の1/1000を加える，という具合に無限に加えていくと，これら各々の1/10の合計は，それらが現実に無限だと想定されているにもかかわら

---

　1) 書簡552（本書49ページ）を参照。
　2) ル・コントの反論はクレルスリエを介して1646年7月にデカルトに届けられた。メルセンヌは1646年の4月末から8月末までパリを離れている。書簡566（本書94ページ）および書簡559（本書75ページ）注1を参照。
　3) 古代ギリシアの哲学者エレアのゼノンが提唱した「アキレスと亀のパラドックス」。

ず，ある有限の量，すなわち最初の量の 1 ／ 9 にしかならないということで，このことは容易に証明できます。というのもたとえば，線 AB から A の側にある 1 ／ 10 の部分 AC を取り除き，同時に反対側からその八倍の部分 BD を取り除くと，両者の間には AC と等しい CD だけが残ります。次に再び，CD から A の側の 1 ／ 10 の部分 CE と，反対側の八倍の部分 DF を取り除くと，両者の間には CD の 1 ／ 10 に等しい EF だけが残ります。こうして，A の側からは前に取り除いた分の 1 ／ 10 を，反対側からはその八倍を，という具合に無際限に取り除き続けると，最後に取り除かれた二つの線の間にはつねに，これら二つの線がそこから取り除かれた線全体の 1 ／ 10 の部分が残り，この 1 ／ 10 からさらに再び同じ仕方で別の二つの線が取り除かれうることが見いだされるでしょう。しかし，この作業が現実に無限の回数行われるとすると，最後に取り除かれた線の間にはもはや何も残らず，両側からまさしく，AG は AB 全体の 1 ／ 9 で，したがって BG は AG の八倍だと想定されるような，点 G に到達するでしょう。なぜなら，B の側から取り除かれた線は，A の側から取り除かれた線のつねに八倍である以上，B の側から取り除かれた線すべてを「加算したもの」，すなわち，全体として線 BG を構成するそれらの合計もまた，A の側から取り除かれた線すべてを加算したものである AG の八倍になるはずだからです。したがって，AC にその 1 ／ 10 である CE を，さらにこの 1 ／ 10 の 1 ／ 10 を，という具合に無限に加え続けると，これらの線は全体としてただ線 AG を構成するのであって，これは私が証明しようと試みたとおり，AB 全体の 1 ／ 9 です。

　さて，以上を知った上で，もし誰かが，十倍速く進むウマの十区間先にいるカメは，このウマに決して追い越されない，なぜならウマが十区間進む間にカメはもう一区進み，ウマが一区間進む間にカメはさらに 1 ／ 10 区間進み，と無限に続くから，と主張するなら，こう答えるべきです。すなわち，たしかにウマは，この区間，その 1 ／ 10 ，1 ／ 100 ，1 ／ 1000 等々と進む間にはカメを追い越さないが，しかしここからウマがカメを決して追い越さないことは帰結しないのであって，なぜならこれ

ら1/10，1/100，1/1000等々は全体で1/9区間しかなさず，ウマはこの1/9区間の終わりのところで，カメを追い越し始めるのである，と。想像によって無限の部分に分割されるというので，この1/9区間を無限の量と想像してしまうところに，ひっかけがあるわけです。私は無限に…です。

565

エリザベトからデカルトへ

ハーグ 1646年7月

(AT. IV, 448-449 ; AM. VII, 140-142 ; B. 2230-2231)

[ドイツ行き]

デカルト様

あなたの旅は今月の3日/13日まで中止になっておりますので，あなたが快適な一人暮らしをやめて私とお会い下さると約束なさったことを，私がここを発つことで六，七ヵ月の間それが望めなくなる前に，私はあなたに再提示する必要があります。その期間は，私の母である女王陛下[1]や兄上[2]の休暇よりもはるかに長いものですが，われわれの家にいる友人たちの意見によって，私の不在がそのように取り決められたのです[3]。しかし，お手紙によってあなたのご省察から利益を蒙る恩恵を私に与え続けて下さるであろうという確信がもしなければ，その期間は私にとってさらに長すぎるものになるでしょう。なぜなら，そうしたご支援なしには，私がつき会うことのできる人の器と北の寒さは，自然から与えられ，その使い方をあなたの方法によって教えられたこの小さな常識の光明を消してしまうであろうからです。ドイツではたっぷりと暇と静けさとがあるので，方法の勉強ができるだろうと人は約束してくれます。私がそこに持参するもので，あなたのご著書ほど大きな宝物はなく，そこから大きな満足を引き出せるものと熱望しております。「情念について」のご著書を携えて行くことをお許し下さいますよう。もっとも，

---

1) ボヘミア女王を兼ねていたので，そう呼ばれる。
2) カール・ルトウィッヒ。三年後にプファルツ選帝侯に返り咲く。
3) エリザベトは殺人事件を起こした弟とともに，ベルリンの叔母（ブランデンブルグ選帝侯夫人）の元に身を移すよう強いられた。書簡516（本書簡集第六巻）を参照。滞在は六，七ヵ月ではなく二年間に及んだと考えられる。

1646年7月（ハーグ）

その書によって最近わが家の不幸[1]が引き起こした情念を鎮めることは不可能でしたが。あなたの格率も私の理屈もその治療を施すことができませんでしたので，あなたご自身がここにいて治療をして下さることが必要でした。私の旅の準備と弟フィリップの事件，それに加えて私の叔母を喜ばせるために気に入られるようにしようとの心遣いのために，あなたのご訪問の有益さについて，あなたに負っている感謝の念を今日までお返しすることができませんでした。それをいまお受け下さるようお願いいたします。

　　あなたに仕える，きわめて親愛なる友

エリザベト

　デカルト様

　私はこの手紙を，配達人を介して送ることを余儀なくされています。この期に及んでは，安全よりも迅速さの方が，私にはより必要だからです。

---

1) 弟フィリップによる殺人事件。

566

クレルスリエからデカルトへ

パリ　1646年7月

(AT. IV, 453-471 ; AM. VII, 88-137 ; B. 2232-2265)[1]

[『哲学原理』への反論と答弁]

拝啓,

　先日のお手紙[2]のなかで私は以下のことをお知らせしました。あなたのご指示にしたがって,ル・コント氏[3]にあなたの『哲学原理』を一冊お渡ししたこと。この見事で新しい学説がわれわれに多くの対話と驚嘆の機会を与えたこと。私は氏と幾度も会話を交わしたのですが,そのなかで氏があなたのご本のさまざまな点についてしばしば難点を提示されたこと。この難点を私はたいへん重要なものであると思いましたし,紙に記録しておくに値するものでしたから,私は氏にそれをお願いするばかりか催促さえしたこと。最後に,それら難点を「反論」というかたちで氏の手で執筆する許しをいただいたこと,です。あなたは氏の反論をぜひともご覧になりたいと私に打ち明けて下さいました。ですから,あなたのご興味を満足させるために,それをこの定期便でお送りいたします。私はそこに明晰かつ適切な答弁も添えておきました。この答弁は,私の友人でもある,あなたのご友人のひとり[4]に,氏の反論を見せたところ,快くその労をとってくれたものです。

---

　1) この書簡に関してアルモガット版 (A版) は,参考として『哲学原理』の図版を適宜掲載している (A. II, 877, 886, 887, 889, 891, 896, 901)。ただ,これらは書簡の原本にはないものである。われわれはそれぞれの個所について,注でAT版にある図のページを指示しておいた。
　2) この書簡は失われたが,書簡564 (本書) がそれへの返信をなしていると考えられる。
　3) 本書「主要人名解説」を参照。
　4) クロード・ピコ (Claude Picot, 1601-1668) のこと。

I. ル・コント氏の反論[1],『原理』第3部第54項
「ところでそれが増大したのは…」

　デカルト氏がお示しになった諸原理とそれらの運動に同意することによって，第一元素の物質があのように最初に増大したのだとすると，その物質は，つねに間断のない第二元素の小球の運動によって，いまもまだ止むことなく増大し続けなければならないと私には思われます。この第二元素の小球は，いまでも相互に衝突し合い，相互に削り合っているのですから，それはかつてそうであったように，徐々に縮小することになり，その結果として，つねに第一元素を増大させるはずなのです。このようにして，太陽や恒星といった物体は間断なく増大し続けなければならないということになりますが，それは自明なことではありません。

いとも聡明なピコ氏による答弁

　いとも聡明な氏は，日毎に新しい第一元素が生成されるということを見事にご指摘になっておられます。しかしながら，第4部第2項の「しかし，有溝粒子が…互いに付着し合って，その結果第三元素の物質に変化した際に[2]」云々という言葉にも同じようにお気づきになるべきでした。そうすれば，天体がそのために同じように増大するわけではないことがご理解いただけたでしょう。

ル・コント氏による再抗論

　ご答弁はたいへん納得のいくものです。と申しますのは，第一元素から第三元素が生成され，また場合によっては，第一元素と第三元素の物質が第二元素の物質に変化することがあるのですから，デカルト氏がお書きになっているように，第三元素と同じく，第一元素が第二元素に変化することによって第二元素が新たに補充されるからです。また，140ページの［第3部］第100項において氏は，第三元素は際限なく増大することはできないとも言っておられます。

　1）　以下の反論はデカルトの求めによるもので，メルセンヌあるいはクレルスリエ宛てに提出された。
　2）　『哲学原理』第4部第2項，井上庄七・小林道夫編，朝日出版社，1988年，p. 194。

II. 『原理』第3部第83項および以下
「そして実際，まず第一に…」

　ここでは，天の小球が渦の真ん中よりも——われわれの渦で言えば土星の周辺よりも——外周部においてより迅速に円環運動をするということが証明されておらず，小球のすべてが遠ざかろうと努めるとすると，重く大きな小球は，小さな他の小球よりも上方へ至るということが示されているにすぎません。そうすると，小球のあるものが他のものよりも迅速に，渦の境界に向かって運動し，その際に円環運動ではなく，直線運動あるいは，ほぼ直線運動をするということが起こりえます。もしそれら小球の円環運動は中心から遠ざかろうとするそれらの運動の努力によって加速されると言われるのであれば，その法則はなぜ渦の全体に一般的に妥当しないのでしょうか。また，たとえば土星の周辺のように，ある一定の距離における［速度の］変化の理由や，そこでの遅さの理由をお尋ねします。

　そこで，思うに，数千年にわたる運動によって，より重く堅い小球は他のものよりも上方にあるというふうに天の小球が調整され，しかもそのために，天の小球はもはや順序を変える必要はなく（偶然によって生じる場合は別として），ただ渦全体の円環運動に従うだけでよかったのではないでしょうか。

　次のページの図[1]で引かれている例は，第二元素の小球とは何の共通点もありません。と申しますのは，小球が順序を変える場合に，小球は狭い道から広い道に移動するからです。つまり，［小球が順序を変える場合とは］小球が中心から遠ざかり，外周部に向かう場合なのですから。この図においては，まったく反対のことが表現されています。

答　弁

　この項で著者が示そうとしているのは，たとえ彼が想定するように小球の大きさが等しいとしても，それらの一方が他方よりも速く運動するのはどのようにしてかということであり，それを彼は正しく証明しています。また，土星の天球を越えたところで，より上方にある小球がより下方にある小球よりも速く運動するということも疑いを容れません。それは，上方にある小球は，同じ時間で下方にあるものよりも多くの空間を通過するからです。しか

1）　AT. VIII-1, 138 の図。

し，いとも聡明なる氏は他のものよりも堅固な小球は，より上方に至るのでなければならないと誤って推論されています。というのは，著者の意図は，それら小球がより濃密であるがために，そのぶん渦の中心から遠ざかるということではなく，より多く揺り動かされている小球だけが中心から遠ざかるということだからです。そしてこれは，小球が下方にある他の小球に，大きさで劣るということではなく，速度でまさる場合に生じることなのです。

再抗論

しかし，小球は，より大きな堅固さをもつからというのでなければ，他のものよりも多く揺り動かされることはできません。さもないと，その揺動は偶有的なものになり，したがって取るに足りないものになるでしょう。

ところで，この二番目の反論の主要な難点は，十分はっきりと提示されていませんでしたが，以下のことの理由が明らかではないということにあります。すなわち，たとえば太陽の周囲を円環状に運動する物質は，太陽そのものから一定の境界まで，たとえば土星までは徐々に緩慢にされるはずであり，この境界を越えるとこの物質に新たな速度がもたらされ，その結果，太陽の渦の末端まで円環状に運動しながら徐々に加速されうるということです。

というのは，デカルト氏は，すべての物質の粒子が分かたれて，それ自身の中心の周りをそれぞれ別個に運動していること，およびこれら莫大な量の粒子が，たとえば恒星の中心のように，一定の間隔をおいて位置している諸点の周りを回転していることを仮定なさったからです。そして，これら二つの仮定によって，あらゆる現象を包括的に説明すると請け合っておられるからです。

実際，この節と続く数節で氏が証明しようとしているのは，天の物質は中心と外周部に向かって，真ん中もしくは一定の境界のあたりよりも迅速に運動するということです。この命題について，デカルト氏はその根拠を与えるべく努めるよりはむしろ，それをまだ仮定として要請するべきであったと思います。と申しますのは，どんな自然法則あるいは運動法則によっても，またどんな経験によっても，そのことは確証されえないからであり，またそのように組み立てられた運動についての洞察と創意は，自身の仮説に従って，彗星の現象，惑星自身の規則的運行と，氏がそれらを位置づけるところの場所とを説明するために案出されたもののように思われるからです。

そこでお尋ねいたしますが，なぜある渦の中心から外周部まで，円環状の運動は徐々に，すなわち一定の規則的な比率でもって，一様に加速されたり，

減速されたりしないのでしょうか。もしくは，なぜ渦の全物質は同じ時間で自らの回転をし遂げないのでしょうか。そして，中心から一定の距離における［速度の］多様性と遅さの理由とはどういうものでしょうか。

　第3部第84項に対しては次のように言われることができます。太陽の物質がきわめて迅速に運動し，近隣にある天の小球を自らとともに運ぶとしても，これらの小球はそれを取り囲むエーテルと混ざり合っており，このエーテルは，どこかで氏がおっしゃっているように，第一元素と第三元素の揺動をきわめてわずかしか受け入れないところの有溝粒子［細片］，空気，黒点，他の微小部分から構成されているのですら，太陽の天球のあたりと，そこから遠く離れて，そのような障害物が何の影響ももたないようなところとで，これらの小球が同じ速度で運動するはずがありません。

III. 『原理』第3部第95項
「そしてここから…」

　私には，反対に，［第3部］第84項で言われているように，太陽の物質は両極でよりも赤道のあたりで急速な運動を受け取るのですから，太陽の黒点は赤道の方ではなく，むしろ両極の方に現れなければならないように思われます。というのは，赤道における円環運動の速度は，太陽という物体全体に共通するどんな運動にもまさるからです。しかし，運動がより激しいところでは，自然法則と運動法則に従って，連続的な衝撃もまたより強いものになります。したがって，赤道上に生じた黒点は赤道から遠ざかり，両極の方へ追いやられなければならないでしょう。また，第一元素の物質，第二元素の小球，太陽という物体に隣接するエーテルもまた，両極ではなく赤道あたりでのほうが，いっそう速い運動によって運ばれるということも申し添えておきましょう。

　他方で，黒点のあるものが両極のあたりで生じうるとしても，赤道上のきわめて迅速な運動のせいで，それらが両極から遠ざかることは決してないでしょう。その運動は黒点が赤道の側に接近しないようにし，両極から遠ざかるのを妨げるからです。

　このようにして，太陽および他の星は赤道の側ではなく両極のあたりで黒点に覆われることになるはずです。しかし，太陽の黒点においては反対のことが見られます。

　このことはまた，ここで挙げられている例からも確かめられます。と申し

ますのは，沸騰した液体のなかで，沸きたっているところから水泡が放出され，液体がそれほど運動しておらず沸騰もしていないところに，水泡が押しやられるのをわれわれは見るからです。それと同じように，赤道において煮えたぎっている太陽の物質は，それほど動かされておらず，沸騰もしていない側へと水泡と黒点を押しやるのでなければなりません。

答　弁

　いとも聡明な氏がなぜ両極が黒点物質によって覆われるとお考えになるのか分かりません。黒点を構成し，他の渦の赤道を直線運動によって運ばれる微粒子は，それらが太陽のところまで到達し，両極から太陽の物体のうちに入るときに十分に揺り動かされているので，両極においてとどまるのではなく，その揺動を失う前に一定の距離を進むからです。微粒子は太陽の物質と混ざり合うことがなければ，おそらくこの揺動を失うことはないでしょう。太陽の物質は，それがより多く揺り動かされ，運動に適している場合に微粒子を外周部に向かって，すなわち両極ではなく赤道のほうへ追い出します。なぜなら，太陽のうちに同じように入ってくる新たな物質が黒点を赤道へと追いやるからです。これが第96項を通して確証されていることです。赤道における運動がより迅速であるということは関係がありません。というのは，黒点の物質は，黒点が外表面にある場合に，それが内部にある場合ほど太陽の物質の揺動を妨げないということは明白だからです。それゆえ，太陽のなかに新しく入った物質は，それほど純化されておらず，運動にも適していないために，より上方へとすぐさま押し返されることになります。

再抗論

読者のご判断にお任せします。

　第3部第95項への反論についてのクレルスリエ氏による所見
　著者と反論者は，太陽の黒点物質が赤道とその近隣の部分に向けて，この部分［の運動が］がより速いがゆえに放出されるということについては一致しております。ですが，反論者はそこから，その黒点は，赤道と近隣の部分の運動が急速であるために，両極の方へ流れ出し，すなわち追いやられ，押されなければならないと主張します。このことは著者の考えに反しています。
　たしかに，黒点物質が内側から外側へ追い出された後に，重い物体が地上に付着するように，太陽という物体に付着するとしたら，この物質がただち

に赤道から両極へと流入するということは疑いを容れません。これは，二人によって引き合いに出されている水泡の経験が証明しているとおりです。しかし，著者の見解によれば，この物質は一度［太陽という物体から］追い出されると，自由なエーテルによって運ばれ——ただし太陽の近くにおいて——，エーテルとともに旋回し，この運動に従うのです。ですから，この物質が両極の方へと集められなければならないとする理由もないのです。

ところで，両極のあたりでこの物質の集積が黒点をつくるということがなぜ起こらないかについては，著者の弁護人がそれを正しく示しておられます。

IV．『原理』第3部第108項
「さてこのようにして…」

有溝粒子が大気よりむしろ黒点を通るというのは自然の秩序に反するものです。と申しますのは，どんな物体でも不透明であり，そのために他の物体の運動に抵抗する物体のなかよりも，それほど不透明ではない物体のなかを通過するほうが容易だからです。第3部第106項でデカルト氏が言われていることによれば，有溝粒子は渦の末端から到来し，A[1]からdの上部にあるxまでの通路を自らに形成します。そうすると，有溝粒子がまた，この同じxから反対側の極であるBまで自らに通路を形成することを何が妨げるのでしょうか？　というのは，有溝粒子は，エーテル，第二元素の小球，および第一元素の物質をどれも同じ容易さで通過することができるからです。また，その道を続けていくためには，有溝粒子は自らの溝と，通常の運動の仕方とを変えるということも必要ではなく，しかも有溝粒子がAから星に到来するときに形成する通り道は，星からBまでにこれから通過する残りの道とまったく等しいものであるからです。

［第3部］第113項において与えられている解答も役に立ちません。すなわち，その解答とは，有溝粒子にとって黒点を通過するほうが黒点の周囲にあるエーテルを通過するよりも容易である，なぜなら，エーテルは第二元素の小球の運動に従い，同じ位置を保たないからである，というものです。と申しますのは，第二元素の小球とエーテルはAからfに向かうのとまったく同じ運動によって，星の部分dからBまで運動するからです。

---

1)　AT. VIII-1, 155 の図。以下この図が話題になっている。

たとえこの解答が妥当なものであるとしても，有溝粒子は第108項で示されている小さな渦を構成するのではなく，むしろ渦の一方の極の末端から他方の極の末端へと移動しなくてはならないはずです。というのは，両極のあたりでは最初の二つの元素［すなわち，第一元素と第二元素］とエーテルは同じように，わずかの運動をするのですが，他方で赤道のあたりではそうではなく，いっそう迅速に運動するからです。かくして，有溝粒子が反対の極への運動を継続するということは，それがエーテルと第二元素の小球によって赤道のほうへ向きを変えることよりも容易であるということになりましょう。赤道においては，運動が極とはまったく違っており，また第二元素の小球とエーテルが，急速な運動のためにたえず位置を変えるのです。

次に，第106項によれば，有溝粒子は天のある地点だけからではなく，天の全領域から，ただひとつの星へではなく，QとHに含まれる空間全体を目指して通過するのですから，これら有溝粒子はどのようにして，上述したような小さな渦を形成するために，引き返すことができるのでしょうか。なぜなら，それらの有溝粒子は，自身が以前に進入した極Aからやってくる有溝粒子とぶつかり，それらによって，また反対の極Bからやってくる別の有溝粒子によっても同じように，もとに戻るのを妨げられるからです。このことを調停するのはきわめて困難でありましょう。

答　弁

それどころか，［有溝粒子が大気ではなくむしろ黒点を通るということは］自然の秩序に一致しています。というのは，黒点のうちには大気のうちよりも，有溝粒子が通過しうるような多くの通路が見いだされるからです。大気が黒点よりも容易に光を伝達するということは重要ではありません。なぜなら，大気は光を生じさせる作用に通路を与えることができますが，有溝粒子には与えることはできないからです。有溝粒子は第一元素のうちに数え入れられますが，著者がどこかで示しているように[1]，それほど微細ではないのですから。さらに，Aからxに到来する粒子はBまで移動することができないのですが，この理由は明白です。というのは，有溝粒子がそこを通過しうるすべての間隙が，近隣の渦から到来しBからAへと向かう第一元素の微粒子によって満たされており，それら微粒子はまたAに向かおうとするその力によって有溝粒子を押し返すからです。この力が［有溝粒子よりも］いっそう

---

[1] 『哲学原理』第3部第108項を参照。

強いがゆえに，有溝粒子をそれらが入ってきた極のほうへ後退するように強いるとしても驚くには足りません。さらに，たとえエーテルと小球が赤道の周りで，より速く運動するとしても，いとも聡明なる氏は，それゆえ，有溝粒子がまっすぐ反対の極へ移動するはずだというふうに結論すべきではなく，むしろただ，粒子が黒点を通過するよりも，エーテルとそれら小球のうちを通過するほうがより困難であると結論すべきなのです。これは真であって，このことから著者は，そうした粒子の大部分が，ひとつの極から地球のなかに入ったとすると，地球の内側にある皮膜を通ってその極へ戻るということを論証したのです。

再抗論

　運動するものは何であれ，それ自身においてある限り，著者が掲げておいでの運動法則[1]によって，直線に沿って運動します。そうすると，この難点において考察しておくべきなのは，有溝粒子がひとつの極から他の極へとまっすぐ運動を継続することが妨げられるのはどういう理由によるのか，ということです。

　[それについて] 次のような答弁が与えられています。たとえば，dとBの間にあるすべての間隙は第一元素の微粒子，もしお望みであれば，有溝粒子によってもまた満たされていて，この微粒子はより強い力でBから星Iに到来し，この星の部分gdeから出てきた有溝粒子がそれらを取り囲むエーテルxxを通ってもとに戻るようにし，反対の極であるBへとまっすぐ行かせはしない，という答弁です。

　この答弁に対して，以下のように申し上げます。すなわち，有溝粒子と無数にある第一元素の他の微粒子は，天の領域Aから，CとHの間に含まれる全空間へと向かうために，その回帰を妨げるはずであること，そして，その回帰を説明するために持ち出されることはどれも，反対の立場を裏づけるためによりもっともらしい仕方で言われるということです。なぜなら，第一に，天の小球によって占められていない間隙のすべては，両極でも星の他の部分でも，微粒子と第一元素の有溝部分によって満たされているからです。第二に，極のAの部分から到来する有溝粒子，そしてまた第一元素の他の微粒子は，粒子うちのあるもの――それは，極のその部分から到来し星Iの中を通過しきって，再びfから星の内部に入るために戻ってくる――よりも強い力

---

1)『哲学原理』第2部第37項。

でQと星,あるいはHと星で挟まれる空間に向かうからなのです。要するに,Aから来て星Iを通過し,周囲の大気を通ってdからfに戻り始めてしまうと,このような回帰のせいで,まっすぐな道から逸れなければもちえたはずの運動力をもつことができない,ということなのです。そして,このことが原因で,AからHもしくはQに到来し,真っすぐな道をそのように妨げられることのなかった有溝粒子と微粒子は,星に入り,そして星の部分dから出て,fに戻るものよりも大きな力をもって,少なくともHとQまでは行き着くのです。これもまた,この本の最初のところに掲げられていた運動法則からして明白です。と申しますのは,そうした有溝粒子は,近隣の渦からeHないしgQにまっすぐに進み,その途上で星にぶつからない有溝粒子よりも,星を通過しているときに自らの運動の始点からより隔たっており,引き返してeHないしgQに面しているときにはより多くの通り道をつくることになるからです。もし引き返す有溝粒子が,どちらの有溝粒子もそこから進むところの極から有溝粒子がまっすぐ到来するのに役立つ穴とは異なる他の穴を掘削したと言われるとしても,すべての有溝粒子は,一方の極から反対の極までまっすぐ到来するためにも,それをなしうるのです。

最後に,著者によって提示された見解を確証する別の根拠があるとしても,同じようにこの再抗論をも支持するものでありえます。

クレルスリエ氏による『原理』第3部第108項への反対論

告白いたしますと,よく吟味した上で,私にはAから到来し星Iを通り抜けた有溝粒子が,半球gfeのうちに戻るためにどのような力によって押されるのかが理解できません。

ですが,同じ第108項における著者の言葉がより注意深く読まれるならば,著者は,それらすべての有溝粒子がある一定の推進力によって戻ると主張しているのではなく,方向も定まらず,法則性ももたないようなある運動を示しているにすぎないということが明らかとなるでしょう。この運動によって,ある有溝粒子はエーテルによって微粒子に分解されるのですし,他のものは天に運ばれますし(これが,隣接する赤道の諸部分において見いだされた粒子です),最後に,他のものは,ほとんど偶然に半球gfeへと落下し,黒点の同じ通路を通って星のなかに入るのです。

ところが,回帰する道を不可能にし,さらにはあの方向も定まらず法則性ももたないような運動さえも排除するかに見えてしまうところにこの反論の強みがあります。さもなければ,おそらくわれわれは,黒点のまわりに広が

っている大気がそれほど急速に運動していないこと，有溝粒子にとって大気のほうが天よりも通過しやすいということ，Bから戻ってくる有溝粒子がたえず妨げられるほどに，Aから到来する粒子が凝集してはいないということを言わなければならないでしょう。著者がどのようにお答えになるのか，お聞きできたらうれしく思います。

V. 第3部第119項

　惑星ないし彗星に変化する恒星の運動と場所について難点があります。なんとなれば，星が他の渦によって連れ去られるときに，この星は連れ去ろうとする渦の外周部にとどまり，それ以上先へは進むはずがないでしょうから。と申しますのも，渦の末端にある天の物質は他の場所よりも速い速度で運動しているので，渦に入ってきた物体を［もとの渦の］一定の境界まで遠ざけなければならないからです。

　なるほどたしかに，この星はもともともっていた運動によって，あるいは以前に刻印された運動によって一定の境界まで押されると言われるかもしれません。しかし，それはしばらくすると［星を］連れ去る渦の外周部まで押し返され，隣接する他の渦によってその場所で妨げられるために，この外周部をさらに越えて遠ざかることはできないのです。その理由は，何らかの中心の周りを運動する，大きくて重い物体は，軽い物体よりもその運動の中心からいっそう遠ざかるということが自然の法則だからです。そうであるならば，われわれが見ているのは惑星では決してなく，つねに彗星でなければなりません。さもなくば，彗星と同じようにして，渦——最初に惑星がそれによって連れ去られた——の同じ末端にすべての惑星があるということになってしまうでしょう。

　それゆえ，惑星は他の渦に侵入するはずがありません。そして，どういうわけか侵入した場合でも，惑星はその渦の物質がそれほど活発ではない場所へ，われわれの渦［太陽系］で言えば土星のほうへ投げ出されるはずです。それはちょうど，流れる水がそれとはまったく性質を異にする物体——物体の堅固さ，大きさ，形がどのようなものであっても——を自らの潮流に引き入れ，その後でそれほど流れがきつくない場所に物体を放り出すようなものです。

　続くいくつかの項[1]において提示されている解答は十分なものではありません。すなわち，その解答とは，たとえば星の物質が金の糸や箔のように延ば

されているとして，この星は自らに刻印された運動を保持するのに，そのような第二元素の小球よりも適していないことがありうる，というものです。

なぜならば，先立つ箇所*1)で述べられていることによれば，星は受け取った光を反射するがゆえに堅固であるということ，星が円形であること，恒星は，光を反射する堅固な物体である多くの黒点によって——こう言ってよければ——層ができるのでなければ，自らの渦を失うことができないということ，は確かであるからです。したがって，星は重くて，堅固であり，きわめて大きいものだということになります。それらの星において重さ，堅固さ，延長［表面積］がより大きい，あるいはより小さいということだけが，自らが含まれる渦の末端までそれらがより遅く，あるいはより速く押されることの原因でありえます。しかし，それらの星がいつか最終的に渦の末端にまで到達することができないというわけではありません。第一元素と第二元素の物質が，両者の力が結合することで，そうした星を途切れることなく少しずつ押しやるからです。というのも，多くの間隙によって隔てられて成り立つ，惑星どうしの均衡状態とは想像不可能なものであるからです。もしそのような例が自然のうちにあるのであれば見てみたいと存じます。

というのは，われわれは第121項で引かれている例においてまさしく次のことを見てとるからなのです。すなわち，金や鉛の塊が，木でできた軽い小球よりも少ない揺動しかもちえない形をとることができるということ，しかしながら，この重さの，あるいは形の不均等さは，この塊と木［でできた小球］が空気中を落下して同じ境界，すなわち地上に到達する（より遅くあるいはより速く到達するのかは重要ではありません）のを妨げるものではないこと，等々です。

流れる水においてもこのことを見ることができます。すなわち，水の中を漂う物体は，おそらくそれらの形が衝撃を多くあるいは少なく受け取ることができるのに応じて，より速くあるいはより遅く，水路の端にいつも運ばれていくのです。同じように，われわれの渦の中を漂う星は，それらの形と堅固さがどのようなものであれ，最後にはわれわれの渦の末端まで運ばれるのでなければなりません。この末端を越えてはもはや押されることはありません。すなわち，先に申し上げたように，他の渦によって［そこに］とどめられるのです。そして，渦の中に物質がそれほど動かされていない場所があれば，

---

1) 『哲学原理』第3部第121項以下を参照。
*1) 『哲学原理』第3部第110項と第118項。

これらの星はこの場所へ追いやられ，そこにとどまるでしょう。

　さらに，他の惑星がどのようなものであるかはともかく，われわれの住む地球が円形であり，きわめて濃密で，堅固で大きいということ，先立つ箇所で述べられている[1]自然法則と運動法則によれば，地球は太陽の渦の外周部まで押されるのでなければならないということ，そして地球はそこまで到達するか，少なくとも，運動がより緩慢になる土星の天球まで到達するまでは静止しえないこと，これらのことは明らかです。

　最後に，われわれの地球がかつて星であり，黒点によって覆われ，太陽によって運ばれることで，現に地球がある境界まで太陽に近づいたのだとすると，すでに述べられたことより，地球は太陽から日々遠ざからねばならないように思われます。なんとなれば，［他の星によって］運ばれる星がより多くの堅固さをもっているならば，それを運ぶ星からそれだけ多く遠ざかることになるからです。しかるに，われわれの地球がかつてよりも堅固になっていなければならないということは，以下のところから明白です。というのは，地球の中心に含まれている第一元素の物質は多くの黒点によって徐々に覆われ，しかもこの中心においては，黒点のせいでこれらの物質は新たな物質に容易に更新されることができないからなのです。これらの黒点は，かつて全体を覆う前にそうであったほど自由に第一元素の粒子に通路を与えないからです。さらに，住民たちが踏み固めることによって，地球は絶えずより堅固になります。磁石の方位が人間によって変化するとデカルト氏によって言われているのと同じ仕方で[2]，このこともまた言われることができますが，しかし大多数の天文学者[3]たちは反対のことを主張しています。すなわち，地球はすでにもっと太陽に近づいており，いまも近づいていると主張しているのです。

答　弁

　いとも聡明なる氏は透明な物体と重さについて，著者が述べていることに十分な注意を払っておいでではないように思われます。なんとなれば，他の渦によって運ばれた星は，この渦の外周部にある小球が，より多く揺り動かされているがゆえに，星よりも軽いとすると，どのようにして渦の外周部で

---

　1)　『哲学原理』第2部第37-54項。
　2)　『哲学原理』第4部第169項。
　3)　ラテン語では Astrologus である。直訳するなら，「占星術者」であるが，ここでは「天文学者」と同じ意味で使われている（AM. VII, 113 参照）。

均衡を保ち，とどまることができるのでしょうか。この星がいったんそのように均衡状態におかれてしまえば，この星が中心から遠ざかったり，中心に近づいたりする理由が私には分かりません。ところで，星は光を反射するがゆえに，天の粒子よりも堅固であると氏が付け加えておいでのことについて，氏はある物体は透明であるにもかかわらず不透明な物体よりもずっと運動に適しているということ——これは［『哲学原理』第3部］第121，122，123項で論証されています——に気づいておられません。そして，川において藁くずや運動にそれほど適していない他の物体が岸のほうへ押されるのをわれわれが見るということから，だから星が渦の外周部のほうへ追いやられるのではなく，むしろ中心のほうへ追いやられると結論すべきでした。その理由は，水の粒子は藁くずよりも揺り動かされているがために，それだけ大きな力によって直線運動を続けようとし，かくて藁くずを流れから逸らせて岸のほうへ追いやるからです。ところで，もし［第3部］第160項[1)]をお読みになれば，惑星が中心に到達せずに，むしろ，どうして均衡状態を保ち一定の距離のところでとどまるのか，そしてそれの論証をご覧いただけるでしょう。

　ところで，われわれの住む地球の形成に注意していただければ，地球がそれほど堅固ではないことがお分かりいただけたでしょう。はるかに堅固な他の物体をわれわれは容易に考えつくことができますし，それが自然の中にありうるということに疑う余地はありません。時間の経過とともに，惑星が渦の中心からより遠ざかるか，中心に近づくといったことが起こりうるかどうかは，ここで議論すべきことではありません。人間たちが地球を圧迫することによってそれをより堅固にしうると付け加えられていることについては，もし氏が人間たちの力と地球の周りを流れている天の物質の力とに注意するならば，それをお信じにはならないでしょう。たしかに，著者は『哲学原理』第4部第3項の終わりで氏と同じことを示唆しているように見えます。しかし，I[2)]のあたりの内側にある物質が，そのように濃密にならないようにしている他の諸原因がなければならないのです。もっともこの諸原因のすべてを知ることはできないのではありますが。そういうわけで，われわれは地球が現に維持している距離で均衡状態を保っているということを知っていますから，このことが生じるのは間違いなく，地球がその周りを流れる天の小球と何らかの釣り合いを保っているからということに疑いはありません。また，

---

1) 実際には『哲学原理』第3部第140項。
2) AT. VIII-1, 204 の図。

中心のあたりにある第一元素の物質が更新されないということは事実ではありません。なんとなれば，新たな物質は，太陽においてのように純化されるわけではありませんが，いつも有溝粒子とともに，地軸を通って入ってくるからです。

VI. 第3部第120項の図[1)]に対して

このページの図で描かれている彗星の運動について，最終的にこの彗星はどうなるのか，と問う人がいるかもしれません。彗星がつねに，永続的に渦から渦へと移り，無秩序な運動をするということは理性に一致するとは思われません。他方で，彗星の堅固さ，形，大きさは，それの惑星となりうるほど十分に近接した星の端まで落下することに適していません。そうであれば，最終的にこの彗星はどうなるのでしょうか。たえずさまざまな渦を通過して運動をするのでしょうか，あるいは他の渦よりもむしろ，あるひとつの渦にとどまり続けるのでしょうか。というのも，彗星の堅固さ，すべての渦の同じ物質，その物質の同じような運動について述べられていることによれば，彗星が惑星になるために，他の渦よりもむしろ，この渦において彗星に場所が与えられるということはありえないからです。なぜなら，他のところで述べられているように，渦の間には，小ささと大きさを除くと，どんな不均等さもないからです。

答　弁

氏は彗星の運動について難点を見いだしておいでですが，それは氏がその運動を無秩序であるとお考えになっているからです。しかしながら，彗星の運動は規則的であり秩序だったものであり，かくして，もしすべての渦の配置を人間知性によって把握することができうるならば，月の蝕と同じように，彗星もまた予測されることができます。

VII. 第3部第149項

もし地球を取りかこむ天の物質によって月が運ばれ，また月は地球より体積が小さいためにより速い運動をもちうるとするならば，なぜA[2)]のところ

---

1) AT. VIII-1, 169 の図。

に存在する月が地球まで自らの回転を続け，そして地球に衝突しないのか，また月がCに到達する場合に，なぜそれ以上に，すなわちZのほうへ進むことで，地球から遠ざかってはならないのか，これらの理由が明らかではありません。なぜなら，地球と月よりも速く運動し（219ページの最後のところで言われているように*1)），また月をZのほうへ運ぶ天の物質の運動に逆らって，月そのものが反対側へ向かいうる，すなわちCからDを通ってAへ向かうということは，どうあっても考えることができないからです。というのは，月は対立する二つの運動によって，同時に反対の方向に動かされることになるからです。この対立する運動は，太陽と星が運動していると言うために天文学者によって考え出され，地球に運動を帰す他の天文学者によって正当にも拒否された運動とまったく同類のものです。

次に，第153項では，天の物質はB*2)とDの間にあるときよりも，CとAの間にあるときのほうが遅く運ばれると言われていますが，しかし，これは先に述べられたあらゆる渦に共通の法則と矛盾するように私には思われます*3)。と申しますのは，物質がSに，すなわち太陽もしくは他の星により近ければ，それだけ物質はより迅速に運ばれるからです。そして，この法則に従えば，Dのあたりにある物質は，AとCのところにある物質よりも迅速に運ばれ，この後者はBのところにある別の物質よりも速く運ばれなければなりません。というのは，運動の速度は太陽から土星まで減少するからです。また，もし月と地球が，太陽の渦の天の物質によって全方向から取り囲まれて運動する場合には，この困難はより大きなものになるでしょう。もっとも，デカルト氏の考えでは，それら二つがそのような仕方で動かされ，取り囲まれているのか，それとも，太陽の渦によって引っ張られる前にそうであったように，いまもなお天の物質に取り巻かれているのか，私には十分に明らかではないのです。実際，月と地球はいまだに，それらが太陽の渦によって引っ張られる前にもっていた天の物質に，それほどまでに取り巻かれているのでしょうか？

答　弁

月が，地球の近くにあるときに，地球に接触するほど近くに到来すること

---

2)　AT. VIII-1, 197 の図。
*1)　『哲学原理』第3部第84項および第148項を参照。
*2)　AT. VIII-1, 199 の図。
*3)　『哲学原理』第4部第49項。

を妨げる原因は天の物質です。天の物質は，月がAに近づくときに，月が地球から遠ざかり，そして個別の渦を形成するに足る程度の揺動を月に与えるのです。しかし，月がCにあるときに，Zのほうへさらに遠ざかることがないことの理由は，その渦において天の物質はより多く揺り動かされているために，月は渦の外よりも中においてより容易に運動することにあります。また，だからといって，月が天の物質の運動に逆らって運ばれるということは真ではありません。それどころか，月はその運動に従うのですし，同時に地球と，［地球を中心とする］渦全体と一緒に，天の物質によって，赤道上を一年の周期で運ばれてゆくのです。ところで，天の物質がBとDの間にあるときよりも，CとAの間にあるときのほうがより遅く運ばれるということは，まったくもって理性に一致しておりますし，川の水流において経験することができます。川の水は河床が小さければ，それだけ水が速く流れます。天の物質は太陽に接近すればするほど，より速く旋回するのですが，だからといって，それ以上，直線に沿って進むわけではありません。というのは，この［太陽により近い］物質の小球が速度においてまさっている以上に，この物質の小球よりも上方にある小球のほうが大きさにおいてまさっているからです。

VIII. 第4部第9項

すでに述べられたことに従えば[1]，物体M[2]は少なくとも大気AとBを越えたところまで，中心Iから遠ざかるはずです。また，経験はわれわれに，天の諸物体はわずかの衝力によって大気中を容易に通過するということを教えてもいます。もし物体Mが地球あるいはより堅固なある物体，ABが大気であるとすると，Iのところに含まれている第一元素の物質の運動によって，少なくとも地球の諸部分が大気を越えたところに引き離されることを，妨げるものが何かあるでしょうか。このことは次のことからも確かめられます。前の箇所で述べられていることに従えば[3]，地球という物体は一挙に全体が生成されたのではなく，諸部分によって少しずつ生成されたことになります。その部分がどのように構成されたにせよ，またそれらがほとんど運動に適していなかったにせよ，しかし，現にあるような実際の地球を完成するために，それらのうちのいくつかが最初に堅固なものとして形成され，そのあとで他

---

1) 『哲学原理』第3部第60項および第85項を参照。
2) AT. VIII-1, 207 の図。
3) 『哲学原理』第4部第1項-第14項を参照。

の部分が次々に形成されねばならなかったはずです。そして，このことは，I のところに存在していた第一元素がその急速な運動によって，大気や天のあちこちに散らばるのでなければ，起こりえなかったでしょう。

というのは，たとえ，地球がその生成の始まりにおいては，ちょうど柔らかい羊毛でできた球のような状態であったと言われるとしても，そのために地球が，少なくとも近くの大気中を動かされたり追い立てられたりすることができないなどとは，想像できないからです。なんとなれば，大気はつねに地球ほど堅固ではないので，地球は大気を越えたところに自身の場所を求めなければならず，この箇所で描かれている場所，つまり星Iの中心のすぐそばに位置したはずがないからです。

第22項で言われているように，地球がその中心に含まれている第一元素の物質によってではなく，地球を取り囲む天の物質によって動かされるということは重要ではありません。なぜなら，ここでの困難においては，地球はその生成の始まりにおいて考察されており，まだ他の渦によって吸収されていないものと見なされているからです。すなわち，それは，地球がそれ自身の渦の物質によって動かされており，かつまた黒点に覆われはじめ，まさにわれわれの太陽の渦のうちに移ろうとしていたときのことなのです。

答　弁

太陽のほうへ落下しようとしている地球において，ある距離を隔てたところに散在し，エーテルを構成していた黒点は，他の渦の力によって圧迫され，それゆえ，それら黒点は多くの皮層を産み出したのです。これら皮層は，相互に結び合わされて枝状になった部分から構成されている場合には連続的なものであり，なめらかな形状の諸部分から構成されている場合には，皮層の物質はところどころで流動的でありえます。しかるに，なめらかな諸部分と，一緒になって結びあっている諸部分とがIから，AとBのほうへ遠ざからないことの理由は，AとBのあたりにある諸部分がそれらよりも多く揺り動かされているということにあります。なぜなら，Mのところにある諸部分はより厚みがあるとはいえ，しかし，それらは，自らのもっている揺動を，より微細な諸部分から受け取るよりも容易に，それらに伝えることができるために，より微細なものはたえず運動することになり，他方で，厚みのあるものは中心へと追いやられるにちがいないからです。このことはまた，経験［実験］によっても確かめられます。と申しますのは，投射体から高所に投げられた鉄球は，自らの下にある大気よりも多くの揺動をもっていますが，この揺

動を大気の諸部分に少しずつ伝え，他方でそれらからは何ら揺動を受け取らないがゆえに，最終的に鉄球は第一元素から得た揺動のすべてをそれらに移してしまい，大気の諸部分と天の物質とによって中心，すなわち地球のほうへ押されてしまうからです。

IX. 第 4 部第50項の図[1]について

　第一元素と第二元素の物質は，大気がそうであるように，より厚みのある物体が去ったあらゆる場所を容易に満たします。そして，この法則によれば，月がBのところにあるとき，月が，大気と他の最初の二つの元素とを，そこを元素が流れることのできる天のほうではなく，むしろ地球のほうへ圧迫することはないでしょう。これら二つの微細な元素および大気にとっては，月の上側に昇ってそこで運動することのほうが，遠くから厚みのある地球に衝撃を与えて，それを中心から逸らせ，海水を圧迫することよりも容易であるのです。

　そして，注意深い人には，たとえ月が地球に一里の距離まで近づいたとしても，大気と天の物質が，月が去った場所を引き継ぎ，月の上側を流れるということの他に，それが原因となって新たな何かが地上に現れるとは思われないでしょう。

　また，大気と天の物質が月によって地球のほうへ押されるということが容認されるにしても，それらは，しかし，海水と地球とに，そこで言われているような激しい運動を引き起こすよりはむしろ，地球の側面C, A, 7, 5のほうへ逸れなければならないでしょう。というのは，大気は，海水や地球よりも容易に場所を譲るからです。

　もし地球と月の小さな渦が堅固な壁に囲まれており，また天の物質が自らの周囲に開かれた自由な通路をもたないならば，さらに月もしくは他の同様な物体がこの小さな渦のうちに新たに入るならば，おそらくこのようにして，天の物質はあのような［激しい］運動を海と陸に刻印することもできるでしょう。ですが，天の物質と大気は，どこにあっても，自由に流れ，出たり入ったりします。しかも，月は諸事物からなる自然のうちのどこかにつねに自らの場所を占めているのですから，海や陸に対抗してまで天の物質と大気にあのような運動を刻印しうるということにはいかなる道理もないのです。そ

---

1) AT. VIII-1, 235 の図。

れに私は，大気と天の物質とが月と地球の間で圧迫されることがなぜ必要なのかも理解できないのです。と申しますのは，大気と天の物質のある部分が月の上側に昇り，そこを流れるためには，月が通常よりも地球に接近すれば，それで十分だからです。

　もし私が，流れる水で満たされた，たとえば四オーヌの幅をもつ水路のうちに，二つの木製の小球を，相互に二オーヌの隔たりがあるようにして，向い合わせに置くとするならば，二オーヌが容れうる量だけ，水はこれら小球の間を流れるでしょう。実際，もし二つの小球が，あるいはそれらのうちのひとつが近づけられ，一オーヌだけしか相互に隔たっていないとすると，小球の間を流れていた水のある部分が，今度は岸に向かって流れるのでないとすれば，その場合に何が起こるのでしょうか？　と申しますのは，いかなるものも新たに水路に入り込まないのですから，水にも小球にも何ら新しい運動が生じないからです。また，もし流れる水がどこにあっても等しい仕方で揺り動かされ，流れるのならば，件の小球もまた，互いに等しく隔ったまま流れます。

答　弁

　いとも聡明なる氏がもし重さ［重力］の本性に注意なさっていたら，あたかも堅固な壁に取り巻かれているかのように，地球があらゆる方向から同じ仕方で天の物質によって取り巻かれていることがご理解いただけたでしょう。なぜなら，この渦のうちにある諸部分は，何らかの原因がなければ，ばらばらになりえないというほど，均衡状態を保っているからです。ところが，いとも聡明なる氏は，この点について，何も考慮なさっておりません。しかしながら，なぜ月の現前によって地球がその中心をたえず変えるのかについては，同じ項において証明されています。その項で，著者は次のように言います。「この渦における地球の場所は，天の物質の［力の］均衡によってのみ決定される」[1]と。同様に，そのうちを天の物質が流れる空間がより狭くなるとき，この物質はより速くそこを流れる[2]，ということもまた証明されております。ところで，天の物質が［速く運動する］それだけより強く大気と海水の表面を圧迫するということを氏はお認めになっていないのですが，氏がそれを否定するのは正しくありません。なぜなら，圧迫されている場所にある流

---

1) 『哲学原理』第4部第49項を参照。
2) 『哲学原理』第4部第49項を参照。

動的な物体は，それほど圧迫されていない場所に向かって流れるということを経験が証示しているからです。

X. 第4部第50項

大部分の沿岸部において海水は，規則的に運動するのでもなく，その運動を説明するのに容易な方法で運動するわけでもないのです。なぜなら，多くの海では，潮［の干満］がないからですし，あるところでは海は四時間かけて満ち，八時間かけて引き，また別のところでは，七時間かけて満ち，五時間かけて引くのですから。ヌーヴェル・フランス[1]においては，この一帯を航海する多くの船乗りたちが私に証言してくれたところによれば，とりわけ陸地の周辺において，海はどんな既知の法則もなしに運動するらしいのです。というのは，潮は八時間ひとつの方向に流れ，その後で二時間だけ逆の方向に流れることもあれば，一日のうちに三回ないし四回，潮が変化することもあるからです。ただし，セント・ローレンス川や他の川では，潮はそれよりは規則的であるようです。

XI. 第4部第51項

至点［夏至と冬至］においては，至点と分点［春分と秋分］の間よりも潮はより大きくなります。しかし，ここで挙げられている理由に従えば，至点に向かってますます小さくなるはずです。そして，至点から分点に向かって，たえずより大きくなるはずです。ところが，このことは経験に反しています。というのは，至点のときの潮は，至点と分点の中間のときの潮よりも大きいからです。

第50項への答弁

潮の干満には多種多様なものがありえます。たとえ，どれだけ多くの潮の流れが報告されようとも，真であり，かつまたすでに説明されていることによって，その理由を与えることができないものはないでしょう。とはいえ，どんな話であっても，それが経験に熟達し，かつ事柄を注意深く吟味する人々によってなされたものでなければ，信頼を寄せるべきではありません。

---

1) 北アメリカにおけるフランスの植民地（1534-1763）。ケベック，ルイジアナなど。

1646年7月（パリ）

第51項への答弁

私は船乗りや他の観察者たちからつねに，潮は分点において［至点よりも］大きいと聞いておりましたので，いとも聡明なる氏によってなぜ反対のことが主張されているのか分からないのです。

XII. 第4部第53項

航海の観察からすると，大気と海水が地球の大部分において西に向かって運ばれるということは明らかです。けれども，先に言われたことから，大気と天の物質に認められたすべての運動をまとめることが許されるならば，反対のことが生じなければならないでしょう。

というのは，多くの箇所で，地球は，それを取り囲み，その孔(あな)のなかに入り込む天の物質によって一日の運動［自転］を行う[1]，と言われているからです。また，第4部第22項と第49項では，この天の物質が，自らとともに運ぶところの月と地球よりもいくらか速く運動すると言われております。同じ第49項では，より狭い空間［を通過する］のために，地球を取り囲む天の物質にさらに速度が加えられているのです。かくて，地球を取り巻く天の物質の全運動は東へ向かうのです。そうであれば，これらの運動に逆らって，同じ物質，大気，海水はいかにして，事実そうであるように，西に，つまり反対の方向に運ばれうるのでしょうか。さらに，この箇所で述べられている西へと向かう海水と大気のこの運動は，海洋の往復運動と何ら異ならないのですから，六時間と十二分の間に，地球の四分の一の空間を進み，その後で反対の方向へ戻らなければならないでしょう。ところが，実際はそのようなことは起こりません。それゆえ，注意して図を考慮する人ならば判るように，たとえば，EにいるFの方へ行くとして[2]，同じ人間がFにいてGの方へ行くときとは違う仕方で大気［空気］が吹きつけてくるのを感じるでしょう。なぜなら，FからGの方へ行く場合には，空間G7はF6よりも広いがゆえに，デカルト氏の言う隆起を起こす原因がなくなるからです。

---

1) 『哲学原理』第3部第151項を参照。また，第4部第22項も参照。
2) AT. VIII-1, 236の図。

答 弁

 天の物質が地球に自身の軸のまわりを回転させるというのは真でありますが，しかし，このことは，月によって大気と海水がいつも西に向けて隆起することを妨げるわけではありません。そして，いとも聡明なる氏は，さまざまな運動のうちには矛盾対立があるとお考えであるという点においてしばしば誤っておいでですから，お気づきになっていただきたいのは次のことです。すなわち，運動は運動に対立するのではなく，むしろ，ひとつの方向への決定が，反対の方向への決定に対立するということです。

 以下の点で，その運動は潮の往復とは違います。すなわち，月が西から東へ向かう場合に，月が海水を東の部分から，より西の部分に向かって連続的な流れによって押すということです。また，どうしてそれが連続的であってはならないのか分かりません。というのは，隣接した諸物体が流動的である場合に，そのひとつが押されるたびに，隣接する物体を押し，このようにして次々に押すというのが，それら諸物体の本性だからです。

XIII. 第4部第155項の図[1]について

 ここでは，有溝粒子が最初に入ってくるときよりも，それらが戻ってくるときに多くの力が認められています。というのは，この磁石が長い方，つまり両極に沿って二つの部分に分離される以前には，第一元素の有溝粒子はそれらが進入する方向に磁石を向けていたのですが，今度は反対にそれらが戻る方向に［逆向きに］磁石を向けるからです。もっともこのこと［磁石を逆向きにすること］の理由が与えられていないのですが。それゆえ，この有溝粒子は二つの性質［力］をもっており，二つの方向のそれぞれに準備されているように思われるのです。というのは，反対のことが現れ，自由に吊り下げられたこの切片が（分離される以前と）同じ方向を維持するならば，これら有溝粒子が，いつもとまったく同じ通路を通ることによって，相変わらず，その全体から分かたれないとした場合と同じ仕方で，この磁石の切片を方向づけると言われうるからです。

 さらには，磁石，それに触れている鉄，この図で示されている切片とが重ね合わせられているときに，それらに生じることは，それらを相互に別の仕方で配置するならば生じないでしょう。というのは，二つのコンパスを同じ

---

 1) AT. VIII-1, 295 の上図。

平面上で近づけると，それらの針はいつもと同じ方向，すなわち北を指しますが，しかし一方を他方のちょうど真上に置くと，どちらがより強力に自らの［通常の］方向である北を保つのかが両者のあいだで争われるからです。というのは，どちらか一方，おそらくより力の弱いコンパスは南を，つまり以前であればそのコンパスにとって反対であった極を向くように強いられるからです。われわれがすべて［の磁石の力］を有溝粒子の運動に帰すとしたら，どのようにしてこうした多様性を一貫させるのでしょうか。

答 弁

　どのような新しい力も有溝粒子に帰されてはおりません。大きいほうの切片 AB から出てくる有溝粒子は南方系である［南極から入って北極から出る］ので，上にある［切片］ab を回転させ，有溝粒子が a から入って b から出ていくような状態にするはずです。なんとなれば，A は南極であり，B を通って下の切片から出てきた南方系の有溝粒子はそこから入るのですが，b は北極であり北方系の有溝粒子だけを受け入れるのに適しているために，そうした有溝粒子が b から上の切片に入ることができないからなのです。上にある切片は糸で吊るされていますから，有溝粒子が a の側から進むことができるように，それらによって容易に向きを変えるのです。ところで，同じ平面にあるコンパスが二つとも以前と同じように北を指すのは，それらが十分に離れていること，そしてその［磁］力が伝達されるのは，ある一定の領域の内部だけであることから生じるのです。なぜなら，一方の針の北極側から出てくる南方系の有溝粒子は，南極側から他方の針に入り，北極側から出るのでなければならないからです。

XIV．第4部第163項

　しっかり鍛えられ，焼き入れされて磨かれた滑らかな鉄は，それが金槌と水で十分錬鉄されていない場合に比べて，有溝粒子に簡単には通路を与えません。なぜなら，有溝粒子が物体だからです。実際，金槌，焼き入れ，研磨［という工程］は移動のための孔を閉ざしてしまい，有溝粒子が通ることをいっそう難しくするはずでしょう。したがって，それほど鍛えられていない鉄は，よく鍛えられた鉄よりも容易に磁力をもつことになりますが，しかしこのことは経験に一致しません。それゆえ，粗悪な鉄がより完全な鉄あるいは鋼鉄ほど容易に磁力を受け取らないことの理由は，有溝粒子に求めるべきで

はありません。

答　弁

　たとえ鋼鉄が［磨かれて］滑らかであるとしても，いつもそれは，実際に入るよりも多くの——空気中には豊富に有溝粒子があるというわけではないので——有溝粒子が入ることのできるだけの通路をもっているために，金槌や研磨はそれら有溝粒子の傾向を妨げないのです。と申しますのは，粗悪な鉄に通常あるよりも多くの通路が残されているからです。そして，残されている通路は，著者によって挙げられている諸理由によって，より完全なものなのです。

XV．第4部第174項

　次のような実験をしてみることができます。鉄製の独楽[1]が西向きに旋回させられているとします。そのように動かされたまま磁石によって引き寄せられ，この磁石に一点で接触し吊り下げられると，この独楽はそれだけ長く旋回します。次に，さらに東向きに回転する別の独楽が最初のものに一点で接触するならば，反対方向に回る二つの独楽はきわめて多くの回転運動を行うようになるのです［とそういう実験をしてみることができます］。しかしながら，どのようにして有溝粒子は両方の独楽を通過することができるのでしょうか。と申しますのは，一方の独楽は，他方の独楽とは異なる，反対向きの運動のために，有溝粒子の通過に抵抗することになるからです。なんとなれば，一方の独楽の運動が［有溝粒子に］一致するならば，必然的に他方の独楽は反対向きになるのですから。具体例を使えば明らかになります。すなわち，ネジが，溝——ネジを受け入れるのに適した仕方で削られた溝——のついた穴［ナット］を通過するのに一致した仕方で回転させられており，またこの穴もそのように掘られることで，たとえば西向きに運動しているとして，このようにして孔がネジの進入を助けているのだとすると，この孔が反対向きに，つまり西向きに運動する場合には，考えれば自明であるように，ネジの進入を妨げるということは疑いがありません。小さな圧搾機でもこのことを実験してみることができます。と申しますのは，圧搾機に空けられた穴に

　1）　ラテン語では rotula である。木片でできた円盤の真ん中に軸があり，それを指で回転させて遊ぶための玩具。

ネジを通すことができるのは，この穴が動かないようにしてあるか，あるいは穴の運動がネジの進入を助ける場合だけであるからです。なんとなれば，反対方向の運動はその進入を妨げるのですから。

そうだとすると，固定してある磁石に吊るされた独楽は，二つがともに有溝粒子に通路を与えることはできないことになります。それゆえ，独楽が［磁石に］引き寄せられることと，長い間吊るされた状態にあることの理由が，他に求められなければなりません。しかも，同じことは，あるときは東向きに，あるときは西向きに旋回する一個の独楽についても反論となるのです。と申しますのも，二つのうち一方の場合に，独楽は他の場合ほど容易に旋回しないことになってしまうからです。しかしながら，これは経験に反しております。

とはいえ，私はメルセンヌ神父様のご忍耐にあまりにもつけ込んでしまい，このわずかのことを書くことで神父様を，もううんざりさせていることにいまさらながら気づいております。しかし，ぜひとも知っておいていただきたいのは，私がこのすべてを書きましたのは，あなたのご要望に応えようするためであったこと，そしてご期待に添うものではなかったとしても，わたしは十分な満足をあなたに対して感じているのです。そして学説の新しさと，貪欲で平凡な精神とが，多くの箇所で驚嘆すべき著者のご意見を理解するのを妨げたとしても，あなたは驚かれることはないと思います。私のような粗野な読み手にもご容赦下さいますように。

答　弁

聡明なる氏がここで持ち出しておいでの実験を私は見たことがありません。違ったやり方で動かされ，ひとつは東向きに，もうひとつは西向きに回転するとしても，有溝粒子はどちらからも同じように入ります。なぜなら，有溝粒子はたえず一方の方向と反対の方向に回転しているからです。ただひとつ反論されうるとしたら，それら粒子の直線運動は小さな輪を不動にするはずである，というものですが，著者はこの項において正しくそれを解決しています。

他に聡明なる氏を困惑させることがあれば，お示し下さいますように。私にできるかぎり，氏にご満足いただけるよう努めるでしょう。と申しますのは，ここまで氏によって反論されたことのうち（私がお答えしたことに注意して下さるなら），そこに解決が含まれているのを間違いなく見いだすでしょうから。

ここで，最後のところでネジが云々と氏が反論なさっていることは，氏が次のことにお気づきになっていながゆえに生じるものです。すなわち，旋回している鉄製の独楽のなかにある通路は，静止しているものとして考察されねばならないということです。というのも，一方は他方の観点からは運動していないのですから。そこで，あるひとつの部屋のなかに無数の圧搾機があるとして，それらの溝が縦横無尽に回転し引かれていると，さらに部屋の全体があらゆる方向に運動しているとしてみましょう。そうすると，ネジは相変わらずそれを受け入れるのに適した通路のなかに進入するでしょうが，それはすべての圧搾機が部屋全体の運動の他には運動しないという条件においてなのです。

567

デカルトからシャルレ[1]へ

1646年8月[2]

(AT. III, 269-271 ; AM. VII, 138-139 ; B. 2264-2267)

[学院の哲学への批判文書]

　あなたは、役に立たない人物からの手紙をお読みになるよりも、ずっと価値のあるたいへん多くのお仕事を抱えていることを私は存じており、どれだけ真剣にあなたをお慕いしているかを申し上げることより他にお手紙を書く理由がないときには、私からのお手紙によってあなたにご迷惑をおかけすることが憚られるほどです。しかし、あなたの教団［イエズス会］の多くの神父様方が私の著作を不当に評価していると私に信じ込ませようとする幾人かの人物が当地におり、そのために私の友人のひとり［おそらくデカルト自身］が論文を著そうとしているのです。彼はその論文のなかで、あなた方の学院で教えられている哲学と、私が公刊した哲学との比較を多岐にわたって行うつもりでいるのですが、それは学院の哲学においてよくないと彼に思われる点を示すことによって、公刊された哲学において彼がそれだけより優れていると判断する点を示すためなのです。したがって、あなたにこのことを事前にお知らせして、どのようにすべきかを私にお命じになるまでは、この計画に同意してはならないと考えたのです。若い頃の教育によって神父様方から受けた学恩、たえず神父様方を慕い、不快な声よりは友情に満ちた声を好むという私のきわめて個人的な性向は、私が巻き込まれたのとは別のある話題で筆をとるようにと、その友人を説得するのに十分強い動機になるでしょう。もっとも、私に対してなされた損害によって、さらには、隠れた

---

1)　本書「主要人名解説」を参照。
2)　ATでは、この書簡の日付を1640年12月と推定する。AT, III, 269.

敵よりも公然たる敵のほうが——とりわけ，名誉だけが問題であるがゆえに，争いが表舞台に出たら，正当な主張をもつ者がそれだけ有利になるような場合には——はるかによい，と教える処世訓によって，いわば強いられて私がそれとは反対の側に傾かなければですが。とはいえ，あなたへのしかるべき敬意と，いつも私に示して下さるご厚意は他の何ものにもまして私に力をもっておりますので，この件についてあなたのご意見を心待ちにしている次第です。そして，こうすることで，私は自らが以下の者であることをお示しすることより他に何も望んではおりません。私は…

568

シャニュからデカルトへ

ストックホルム　1646年8月25日

（AT. IV, 473-474/X, 601-604 ; AM. VII, 143-145 ; B. 2266-2269）

［『情念論』，道徳］
拝啓
　あなたの6月15日のお手紙[1]を拝読して私は恐縮いたしました。私が約束を守る人間であったならば，あなたのお手紙は，私が『原理』をかなり読み進めているのを見いだしたことでしょう。しかしながら，私はまだご本をほとんど開いていないのです。怠惰が説き勧める意見によれば，私の仕事は，ひとりの人間のすべてを費やすべき読書において十分に満足のいくだけの時間をまったく残してはくれないからなのです。実際に，私は自分の時間の主人ではなく，宮廷への出仕，さまざまな厄介事のために，その最良の部分を使い果たしてしまうのです。しかし，これからやって来る季節は夜が長いですから，私は自らにいくらかの時間を与えることができるのではないかと期待しているのです。ただし，そのときになっても，厄介事から逃れる術（すべ）を見いだすことがないとなれば，この仕事に関わっている間はそれを断念し，フランスの片田舎で休息と自由のうちに生活するようになるまで，私自身の教育を先延ばしすることになりましょう。
　ところが，そのように自責の念にかられ恥じ入っていたのですが，あなたのお手紙を拝読して，私の恥ずかしい思いは，驚嘆すべき仕方で私を慰める他のものによって，申し分なく報われました。あなたが見いだされた，道徳のいくつかの原理を自然学の認識によって確立する途が，私にもいつか役立ちうるなどと申しません。というのも，私はあなたの

---

1)　書簡563（本書）。

後を追うほどに自分が優れているとは思っておりませんから。しかし，一方で，この主題について堅固で確実なものを得ることが不可能ではないと知ってうれしく思っております。これまで書物の中には私を満足させるようないかなるものも見いださなかったので，私はそれを得ることは疑わしいと思っていたのです。また他方で，学院の教えや妬みによって偏見に囚われた人々がそれに相応しいかどうかを気にかけるのではなく，真なる知恵を研究する人たちがそこから引き出す計り知れない利益をお考えになるならば，あなたが慈愛の心に導かれていつかそれ［道徳の諸原理を確立するための途］を公衆の手にお渡しになるということまで期待しているのです。もし神が私の人生を，その一部をあなたのお傍で過ごすことが出来るように設えて下さっていたなら，公衆がそれを手にする前であっても，あなたはそのうちのいくらかを私に教示することを拒否なさらないと私は期待するでしょう。しかし，いまの私の状況では，あなたにそれをお願いするわけにもまいりません。また，私には，こうした事柄が断片的に，また手紙によって説明されるのが適当であるとも思われません。包み隠さず申し上げますが，私は人間にかかわるすべてのもので，こうした認識を何よりも評価しており，さらに丸一年の省察によって確固たる基礎がひとつでも見いだされると分かれば，それを得るために——それをひけらかすためではなく，私の個人的な用途に，すなわち生を導くために——他のすべての仕事を投げうつことも辞さないでありましょう。

　以上のこととは別に，お手紙のなかで，あなたがアムステルダムでお示しになったような嫌悪[1]に変化が認められましたので，うれしく思いました。あなたは魂の諸情念について何がしかのことをお書きになっておられますから，もはやわれわれに対して怒りをお感じになることはなく，さらにより多くの利益をわれわれに必ずもたらして下さるでしょう。それというのも，これまでまったく隠された謎である，魂そのものの本性と身体との結合とについて大きな進展がなければ，魂の最もありふれた働きでも正確に認識されることができないと私が判断するとき，

---

[1] デカルトは書物を作ることが嫌いだと表明していた。書簡552（本書49ページ）を参照。

私は自らが正しく推論しているはずだと信じているからです。さらに，あなたが付け加えておられることから察しますに，他のこともまた快くお書き下さることでしょう。

　もしあなたの著作を読もうとする人たち——つまり私が正しく理解するところでは，自分が教育されることを望む人たち——が世にいるならば，もはやわれわれが克服すべき理由はこれだけなのですから，われわれにずっと反対していることもできなくなるでしょう。あなたは弟子をその人数によって評価したり，悪意をもつ弟子を嫌悪するからといって，善良な弟子にまで善をなすことを拒もうとはされないでしょう。私は，「情念についての小論」を与えるように，あなたに懇願するであろうきわめて誠実な多くの人々がいることを知っております。私もこうした人たちの輪に加わっており，とりわけ私自身のために，この善をなして下さるようお願いいたします。もっとも，この善を共同で，また私のきわめて凡庸な理解力に釣り合うだけわずかしか享受できないとしても，あたかも個別に私の教育のためにしていただいたかのように，あなたに恩義を感じることでしょう。

　ためらわずにあなたのご意見へと移ります。それは，生を軽視する——それを私は生を失うことを恐れないという意味に解します——ための秘訣は，寿命を数年のあいだ保つための秘訣よりも比類のないほど偉大である，というご意見です。しかし，その秘訣を見いだすのは偶然の運を見いだすよりもはるかに困難だと思います。偶然の運は，われわれに寿命を保つための多くの治療法を与えてくれますが，それは，その秘訣——それはわれわれの最期についての道徳的認識にまったく存します——を獲得するためには何も与えることはできません。ところで，私はセネカからも，同じ類のホラ吹きからもこの秘訣の理解において学ぶところがありませんでしたから，［この秘訣について］わずかでも説明して下さったなら，格別なご厚意に感謝いたします。

　確信をもって申し上げるのですが，私のことをそれほどよく知らない人からするならば，四十年も長い間，親しく友情を結んでいればこそ，あるいは性向において似たところがあればこそ，私はこうして率直に語ることができるのだろうと思うことでしょう。後者［性向の相似］について正直に申し上げれば，あなたのお考えと私のそれとの間にはきわめ

て大きな隔たりがあり，あなたに従うにはあまりにも弱い人間であると自分自身のことを感じてもいるのです。それゆえ，あなたが私を似たものであるという理由で敬愛して下さるなどと考えることは間違っているのです。前者［友情］については，私があなたを心から敬愛し，尊敬していることを隠しだてすることはできません。それは，長い間あなたのご好意に与るという長所がたとえ私になくとも，その場合と同じ熱意と揺るがぬ思いをもって，また，私がそれを渇望しているように，あなたとともに生活するために必要なただひとつの恩恵を時間が与えてくれることを期待するほどです。また，私が以下のように申し上げるとき，心から信じていただくためにも。

　あなたのきわめて恭順かつ従順なる下僕
　敬具

シャニュ

569

デカルトからクレルスリエを介してル・コント氏へ

1646年8月29日[1]

(AT. IV, 475-485 ; AM. VII, 146-162 ; B. 2270-2281)

[ル・コントによる反論への答弁]

ル・コント氏による
反論および再抗論への
著者による短い答弁

　第一の反論は省くことにいたします。というのは，氏はピコ氏によってすでに十分納得したとおっしゃっているからです[2]。

　第二の反論[3]によって，私は第83項において自分の考えを十分に説明していなかったことが分かりました。というのは，その箇所で，「より重く大きな小球はより小さな他の小球よりも上方に至る」ということを示すつもりはなかったからです。実際に私は，それら小球のうちに重さを何ら想定せず，また堅固さについてどのような相違も想定しなかったからです。そうではなく，私は小球が始めに堅固さ，大きさ，運動においてまったく等しく，その後になって，少なくとも運動において不均等さが見いだされないほどであるとは想像できないということを証明しようと努めただけなのです。私はこの不均等さを，多くの小球が，ある場合にはより広い通路を，ある場合にはより狭い通路を同時に通過せねばならないということ，そして第3部第83項に付されている図[4]から明ら

---

　1) この書簡に関してアルモガット版（A版）は，参考として『哲学原理』の図版を適宜掲載している（A. II, 906, 907）。ただ，これらは書簡の原本にはないものである。
　2) 書簡566（本書95ページ）。
　3) 書簡566（本書96ページ）。
　4) AT. VIII-1, 138 の図。

かなように，広い通路を同じ速度で通過する小球が，狭い通路に及ぶときに，一方が他方よりも先に進み，そうして，より速く運動し始めるということから証明しました。そこで，小球が通過する通路が狭かったり，広かったりすることを証明するために，私は二つの根拠を付け加えました。一つめの根拠は，周囲にある渦が等しくないというものです。二つめの根拠は，小球が存在する渦の場所が，近隣にある渦のそれぞれの中心に面したところでは，他の部分に面したところでよりも狭くなっていなければならないというものです。そういうわけで，第3部116項の図[1]において，渦 AEIO のなかで円環状に動いている小球が通過する空間は，それら［周囲にある］渦が等しくないがために，SとFよりもSとNの間のほうが狭いということが分かります。同じように，SからFへと引かれうる直線上のほうが，SとEの間よりも狭いことも分かります。そこで私は，ある小球がひとたび他の小球よりも迅速に運動し始めるということだけから（たとえ，それ以外は等しいと想定されるにしても），すでに与えられた運動法則によって，次のことは自明であると考えました。すなわち，その速度を除去するような原因がない限り，それら小球がその後も同じ速度を保つということ，したがって，円 HQ よりも上方，すなわち中心からより遠い場所を占めなければならないということです。

　私は一方が直線的で，他方が円環的であるからといって，運動と運動の間にいかなる相違も設けておりません——ル・コント氏はそれを設けているようですが。また，彼が再抗論[2]のなかでお認めになっている偶有的な揺動と偶有的でない揺動の相違も設けておりません。というのは，偶有的であれ，結局どのような原因によって物体が揺り動かされるにしても，この物体は，その揺動を除去する他の原因がない限り，その後も自らの揺動を決して失うはずがないからです。そして，それへと揺動を決定する原因が与えられるならば，直線運動の場合とまったく同じように，この揺動は物体に円環運動を行わせます。そこで，各々の渦の円環状の形と，それを取り囲む他の渦とが，それぞれの渦に含まれる小球の

---

1) AT. VIII-1, 165 の図。
2) 書簡566（本書97ページ）。

運動を円環状になるように決定する原因なのです。ところで，各々の渦の中心からより隔たった小球が，下方にある小球よりも迅速に一定の境界まで運動することを証明する根拠がまた，より下方にある小球がより緩慢に運動することを証明してもいます。この境界から渦の中心までは，反対のことが生じますが，この理由については後ほどご説明いたします。

　もっとも，私は天の物質における運動のさまざまな相違が，惑星や彗星の現象を説明するのに役立つということ，またそうした相違を細心の注意を払って考察せざるをえなかったことを否定いたしません。しかし，このことは，それらの［惑星と彗星の］真理が，私の最初の仮定から機械学の法則に従って正しく証明されると私が考えることの妨げにはなりません。

　第84項に対して付け加えられていることについて[1]，私は，太陽を取り囲む黒点とエーテルの物質は，たしかにきわめてわずかの揺動しかもちえないとお答えいたします。つまり，もし周囲にある他の物体が逆らうならば，それら物質は自らのうちに受け入れた運動を長く維持することができないのですが，それにもかかわらず，その物質は，第二元素の小球よりも容易に，太陽の物質の運動に従うことができるのです。それはちょうど，われわれが，藁，木の葉，羽が風によって石よりも容易に持ち上げられるのを見る場合と同様です。この石は，しかし，藁よりもより大きな揺動をもつことができます。

第95項への反論について[2]

　沸騰した液体では，水泡は煮えたぎっているところから，運動がより少ない部分に向かって追い出される，とたしかに正しく反論されています。しかし，そのことから，以下のように見事に答弁が与えられています。すなわち，天においては太陽においてよりも運動が少ないがゆえに，黒点の物質は太陽から天へと追いやられます。もっとも，それは極ではなくむしろ天の赤道の方へ追いやられるのですが。というのは，新たな

---

1) 書簡566（本書98ページ）。
2) 書簡566（本書98-99ページ）。

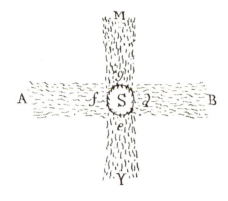

物質がたえず極を通って太陽の方へ流れていて、この物質が黒点を赤道の方へ押しやるからなのです［と、このような答弁です］。これについては、おそらく、以下の例によっていっそう明らかとなるでしょう。次のように考えてみましょう。すなわち、ひとつはAからSに向かって流れ、もうひとつはBからSに向かって流れる二つの川があるとして、Sで合流し、そこで等しい力をもつそれら川の水が、大きな穴 *defg* を穿ち、その穴で一緒に、混ざり合って、円状に旋回し、それからMとYの方へ流れるのだと考えてみましょう。次に、二つの川の水が、空間 *defg* で相互にぶつかることによって、多くの泡が生じると想定してみます。そうすると、この泡がAの方にも、Bの方にも、すなわち極の方に向うことはありえず、しばらくの間、Sの水面上で回転し、そこからMとYの方へ、すなわち、赤道の方へ流れるはずだということを、われわれは容易に理解するでしょう。

第108項について[1]

ある物体が不透明であるからといって、その物体を他の物体が通過できなくなるわけではなく、物体の密度、すなわち堅さのみがそれを妨げるのです。ただし、この物体のうちに、その他の物体を受け入れるのに十分なほど大きな通路がある場合には、その限りではありません。そういうわけで、有溝粒子は、どれだけ密であっても黒点の通路を、周囲にある大気のなかよりも容易に通過するのです。というのは、大気の緒粒子の密度は、それのみが黒点の通路に見いだされる第一元素の物質の緒粒子の密度よりも大きいからです。

---

1) 書簡566（本書100-101ページ）。

再抗論で提示されていることは，先に挙げた二つの川の例によって容易に解決されることができます．というのは，AからSに向かう川の水が，もうひとつの川の水とは別の色であるとして，Aから来る水の粒子が点Sを越えて，Sからdまでのようにわずかな距離をさらに進み，dから，gとeを通って，fへ戻り，このようにして小さな渦を作るのを視覚によって捉えることができるでしょうから．同様に，BからSに向かうもう一方の水の粒子が，fまでは進むが，さらにそれを越えてAのほうまでは進まないということも見ることができるでしょう．これは，私が有溝粒子について述べたことに他なりません．

第119項について[1)]

ここで与えられている答弁に付け加えるべきことは，われわれの住む地球の表面は，およそ二，三里だけしか，高さ，すなわち厚みをもたない，ということを除いて何も思い付きません．この厚みは，もしそれが地球の内側の空洞——その直径は二千里以上もあります——と比較されるならば，きわめて微々たるものです．ところで，鉛や金，あるいは他のどんなに重い物質であれ，その厚みが空洞の直径と2対2000の比になるような空洞をもつ球体を作るとすると，この球体は同じ物質でできた堅固な小球に比べるときわめて軽いものになるでしょう．さて，ここで，地球の空洞のうちに黒点に類似した何かが生じるのかどうかですが，私は，その空洞について論じた第4部第3項において，それを決定しませんでした．というのは，賛否どちらの理由も提出されうるからです．最後に，地球の上を歩く人間たちが地球をより堅固にするということは，私には本当のようには思われません．というのは，運動は濃密化よりはむしろ希薄化の原因だからです．また，肉，木，その他の任意の物体において，それらが腐敗し，そこで動物が発生する場合に，だからといってそれら物体がより濃密になるわけではなく，むしろより希薄になるのをわれわれは知っています．

---

1) 書簡566（本書104-106ページ）．

第120項の図について[1]

ここでもまた付け加えるべきことは次のことだけです。すなわち，世界のうちにあるすべては可変的であるがゆえに，彗星，惑星，そして恒星そのものが破壊されるまで，惑星は同じひとつの渦の中心の周りを旋回するということと，彗星がさまざまな渦を通過することによってきわめて巨大な軌道を描くということを理解するのは，等しく容易であるように思われるということです。

第149項について[2]

月は天の物質の運動に逆らって運ばれるのではなく，たとえその運動の速度のすべてを獲得しないとしても，それにまったく従います。そして，これが，月が A[3] から T へと向かうことがないことの理由です。というのは，渦 ABCD に含まれている地球とすべての天の物質が中心 T のまわりを旋回するとき，この天の物質によって運ばれる月もまた同じ中心 T のまわりを旋回しなければならず，T の方へ運ばれるのではないからです。さらに，月が C に至るとき，Z の方へ移るのではなく，D へと戻されなければなりません。というのも，月を取り巻いている天の物質がそれを D へと引っぱるからです。

また，太陽のまわりを旋回する天の物質は，それが太陽に近ければ近いほど，より迅速に運ばれると言われておりますが，そこから，小さな渦 ABCD のうちに含まれる天の物質の部分は，それが B のあたりにあるときよりも D のあたりにあるときに太陽の周りをより迅速に運ばれねばならない，ということが帰結するわけではありません。なぜなら，小さな渦 ABCD に含まれる天の物質のすべてが一致して T を中心とする他の運動を行い，太陽に近づいたり，遠ざかったりするときに，太陽から受ける加速に対して，天の物質が相互に切り離されているかのよう

---

1) 書簡566（本書108ページ）。
2) 書簡566（本書108-109ページ）。
3) AT. VIII-1, 199 の図。

にではなく，一年の周期で中心Sのまわりを旋回するひとつの物体を構成しているかのように見られるべきだからなのです。

また，地球と月が太陽のまわりを旋回する前にそれに包まれていたのと同じ天の物質にいまも包まれているという具合に，われわれが想定するのかどうかは重要ではありません。ただ，現に地球と月がそこに含まれている物質が，KとLのあたりにある物質と大きく異なっているということはありえない，ということをわれわれが知っておきさえすればよいのです。なぜなら，この物質は流動的ですから，もしその粒子がより微細であれば，それだけ粒子はSへと接近し，もしより厚ければ，それだけSから遠ざかり，そして他の粒子がその場所を引き継ぐでしょうから。

第4部第9項の図[1]について[2]

重さについて述べられたことからして，なぜ物体Mが中心Iから，それ以上遠ざかるはずがないのか，ということが容易に理解されることでしょう。というのは，私が否定しているのはその渦Mのあらゆる部分が中心Iから遠ざかろうと努めるということではなく，それらの部分が，そこへ向かって遠ざかるようなある場所を見いだしうるということだからです。というのも，周囲にある他のすべての物質もまた中心Iから遠ざかろうと努め，そして遠ざかるために，物体Mよりも大きな力をもつからです。

第4部第50項の図[3]について[4]

ここでは，渦ABCDの物質は，堅固な壁のうちに閉じ込められているとした場合に劣らず，その渦の境界のうちにとどめ置かれている，と正しく答弁されています。

---

1) AT. VIII-1, 207 の図。
2) 書簡566（本書110-111ページ）。
3) AT. VIII-1, 235 の図。
4) 書簡566（本書112-113ページ）。

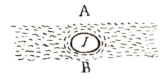

流れる水で満たされた水路について，どのような物質であれ，この物質からできた堅い物体Ｉがそこに置かれるとして，この物体が運動していないか，あるいは同じことですが，ちょうど月が天の物質よりも緩慢に旋回するのと同じように，水よりも緩やかに運動するならば，この小球の現前によって，水は他の場所よりもＡとＢにおいて水路の壁面を強く押すことになります。そして，それゆえ，ちょうど地球が自らの中心から逸れるのと同じだけ容易にこれらの壁面が曲げられうるならば，［これらの壁面は］ＡとＢにおいて幾分か曲げられ，水路は広くなるでしょう。この壁面はＡでもＢでもそれ以上曲がることはおそらくありませんが，しかし，私の書いたことに反するような何かがそこから結論されるとは思いません。

第4部第51項について[1]

岸，湾，風の相違が，潮のすべての多様さを説明するための十分な理由を与えます。しかし，私は分点［春分と秋分］と至点［夏至と冬至］の間におけるよりも，至点においてのほうが，潮がより大きいということを，かつて聞いた覚えも，読んだ覚えもないのです。誰によってこのことが観察されたのかを教えていただければ大変うれしく思います。とはいえ，潮を大きくしたり，小さくしたりするために，きわめて多くの原因が協働しうるのですから，そのことが，おそらくある場所では真であると分かっても私は驚かないでしょう。

第4部第53項について[2]

地球，天の物質，海水，空気による西から東に向かう，われわれが吟味したところのあらゆる諸運動は，海水と空気の西から東へ向かう別の

---

1) 書簡566（本書114ページ）。
2) 書簡566（本書115ページ）。

運動——これもまたわれわれが吟味し，月の連続的な圧力によって生じる——を妨げるわけではありません。この運動は前者の諸運動よりもはるかに緩慢な運動ですが，われわれはそれを容易に感覚によって捉えます。というのは，われわれは前者の諸運動によって動かされており，後者の運動によってではないからです。これはわれわれが舟の上に座っているときに，舟のなかで船首から船尾に向かってきわめてゆっくり進むカメの運動に，舟自身の反対向きの運動よりも，たとえ舟の運動がはるかに迅速なものであっても，よりよく気づくのと同じ理由によります。

第4部第155項の図[1]について[2]

われわれは有溝粒子が戻るときに，すなわち，十分強力な磁石の一方の切片から他方の切片を通って戻るときに，それらが最初に進むときよりも，すなわち，地球の極から磁石のほうへ向かうときよりも大きな力を認めます。その理由は，われわれが，第166項に挙げられている理由から，地球をきわめて微弱な磁石であると考えており，いまお話している磁石はそれよりもはるかに強力であると想定しているからなのです。さらに，有溝粒子が，地球のまわりの他の場所よりも多くこの磁石のまわりに集められ，そのためにこれら有溝粒子はより大きな力をもつと考えているからです。『水圏学』から得られたフルニエ神父の実験[3]については，ピコ氏が十分お答えになっていると思います。

第4部第163項について[4]

「しっかり鍛えられ，焼き入れされた，磨かれて滑らかな…鉄」。ここには多くのことが一緒に結びつけられていますが，それらは区別されるべきだと私には思われます。というのも「焼き入れされ」堅固になった

---

1) AT. VIII-1, 295 の上図。
2) 書簡566（本書116-117ページ）。
3) フルニエ神父（Georges Fournier, 1595-1652）による『水圏学』（*Hidrographie contenant la theorie et la pratique de toutes les conpanies de la navigation*, Paris, Michel Soly, 1643, p. 922.）。
4) 書簡566（本書117-118ページ）。

鉄は，そのように堅固にされていないものよりも容易に有溝粒子に通路を与えるからです。というのは，この鉄は，私がある箇所で説明したように[1]，よりいっそう秩序だったいくつもの出入口をもつからです。ところが「滑らかな」鉄は有溝粒子を受け入れるのに，滑らかでないものよりも容易であるとか，困難であるなどということはありません。しかし，「滑らかな」鉄では，有溝粒子はより定まった仕方で一方の極から出て，他方の極から戻ってくるために，滑らかで軸に沿って細長く，一様な形をもつ鉄あるいは磁石には，ざらついていたり，その形が一様でないものよりも大きな磁力が現れることになります。しかるに，金槌によって「錬鉄され」，圧縮された鉄については，この鉄が，そのようにしっかり鍛えられていないものよりも容易に有溝粒子を受け入れるということが，かつて観察されたことがあったとは思えません。実際に，もし焼き入れされた後に，そのまますぐに金槌で打たれるならば，幾人かの鍛冶屋が私に証言してくれたように，鉄は焼き入れによって得られた堅さのすべてを失います。したがって，この鉄が有溝粒子を受け入れるのにそれほど適していないということは確かでしょう。

---

[1] 『哲学原理』第3部第143項-第144項。

570

デカルトからエリザベトへ

エフモント・ビンネン　1646年9月

(AT. IV, 486-493 ; AM. VII, 163-168 ; B. 2280-2287)

[『君主論』]

殿下

　殿下が私の意見を述べるようにご下命になったその書物[1]を読みました。私はそこに，きわめてすぐれていると思われる多くの格率を見いだしました。たとえば，とりわけ第19章と第20章にあるもので，「君主はつねに臣下の憎悪と侮蔑とを避けねばならない」，「民衆の愛は砦にもまさる」がそうです。しかしまた，私が賛成できない他の格率もまた多くあります。著者に最も欠けているのは，正当な道によって国を獲得した君主と，非合法的な手段で国を奪った君主とを十分区別せず，後者にしか適当しない格率を一般にすべての君主に与えた点にあると思います。というのは，たとえば家を建てる際に，土台があまりしっかりしていなくて，高くて厚い壁を支えることができないときには，壁を薄く低くせざるをえないのと同様に，数々の犯罪によって身を立てはじめた君主たちは，通常その犯罪を犯し続けざるをえず，もし有徳になろうとすれば身を維持できなくなるからです。

　彼が次のように言うことができたのは，そうした君主についてのみです。すなわち，第3章で「君主は多くの人から憎まれざるをえない」，「君主にとっては悪を多くなす方が，少なくなすよりも，しばしばより利益になる。なぜなら，些細な侮辱は人に復讐の念を与えるのに十分で

---

1) マキアヴェリ『君主論』（*Il Principe*, 1532）のこと。書簡554（本書58ページ）で，社会生活の格率をデカルトに求めて得られなかったエリザベトは，この書についての意見を求めることで，それに代えようとしたと考えられる。『君主論』はこの時代，スピノザによっても重視されていたことを想起すべきであろう。

あるが，大きな侮辱はその力を取り去るからである」と言っています。第15章では「君主がもし善人であろうとしても，いたるところに大多数の悪人がいるのであるから，そのなかで身を滅さずにいることは不可能である」と言い，そして第19章では「人は善い行為によっても，悪い行為によってと同じく憎まれる」と言っています。

　こうした基礎の上に，以下のような，きわめて暴君的な格率が立てられています。たとえば，「ずっと君主であり続けるためには，国中をすべて破壊すべし」，「迅速かつ一挙になされさえするなら，残虐のかぎりを尽くしてもよい」，「善人らしく見えるように努めるのはよいが，本当に善人であってはならない」，「約束を守るのは，それが有益である間だけでよい」，「いつわれ，裏切れ，要するに支配するためにはあらゆる人間性を捨て，どんな動物にもまさって残忍であれ」と。

　しかし結局，それを受け取る側の人たちを最終的に安心させないような格率を書物の中で与えようと企てることは，書物の題材としてはきわめて劣悪です。というのも，彼自身が告白しているように「復讐するために自分の命をおろそかにしようする誰からも，君主は身を守ることはできない」からです。それとは逆に，よい君主を育てるためには，彼が新参者として国に入ったとしても，以上のものとは正反対の格率を彼に提示し，身を立てるために彼が使った手段は正しいものだった，としておくべきと思われます。実際，君主が自らのとる手段を正しいと見なすとき，それらの手段はほとんどすべて正しいと思います。というのは，君主間の正義には個人間の正義とは別の限定があり，彼らが衝突した場合，神が力を与えた側に権利も与えられているように思われるからです。しかしどんなに正しい行為でも，それを行う本人が不正だと考えれば不正なものになってしまいます。

　また，臣下，友人または盟友，敵，を区別しなければなりません。というのは，敵に関しては，そこから自分や自分の臣下のためになにか利益が引き出すことができさえするなら，何をしてもほとんど許されます。この場合，キツネとライオンを組み合わせ，策略と力を結合すること[1]に，私は反対するものではありません。それどころか私は，敵という名

1）『君主論』第18章。

の下に，友人ないし盟友でないすべての人を含めています。なぜなら，それが利益であるときには敵に戦争をしかける権利があり，敵が疑わしく恐るべきものになり始めている場合には用心する必要があるからです。しかし一種のだまし打ちは除きます。これはまったく反社会なもので，行使することが許されるとは決して思われません。もっとも，われわれの著者はそれをさまざまな箇所で称賛しており，実際においては，あまりにもよくあることなのですが。だまし打ちとは，滅ぼしたいと思う相手をより巧みに不意打ちできるように，その友人であるかのように装うことです。友情とはきわめて神聖なものであり，そのように濫用されるべきではありません。ある人を裏切ろうとして愛しているように装うことができた人は，その後その人が本当に愛したいと思う人たちから，まったく信用されず憎まれて当然であります。

　盟友に関しては，君主たるものは，それがたとえ損になる場合でも，彼らとの約束をきちんと守るべきであります。なぜなら，それが損になるということは，約束したことを必ず実行するという評判が君主にとって有益であることに比べれば，さほど大きくはないからであり，そうした評判は，自分に何か損になることが起こる場合にしか得られないからです。しかし，まったく身を滅ぼしてしまった場合においても，国際公法[1]が君主にその約束を免除してくれます。君主はまた，約束をする前に自分の約束がつねに履行できるよう，大いに慎重であらねばなりません。そして君主が隣国の大部分と友好関係を結ぶのはよいことではありますが，しかし私の信じるところでは，緊密な同盟を結ぶのは力において劣る国々とだけにすることが最善です。なぜなら，こちらがどんなに誠実であろうとしても，相手から同じことを期待してはならず，むしろ，相手の利益になる場合にはいつでも，欺かれかねないことを覚悟すべきだからです。力の強い国がそう欲するときには，いつでも利益を見いだすことができますが，力の弱い国はそうではないからです[2]。

　臣下については，大貴族と民衆の二種類があります。大貴族という名

---

　　1)　原文の le droit des gens は本来，人間の権利，国民の権利という意味だが，グロティウスの『戦争と平和の法』(1625) はすでに出ているので，「国際公法」と踏み込んで訳しておく。

　　2)　国際政治について，デカルトのポリシーが表明された稀な例である。

の下に，私は，君主に反対して徒党を組むことができる人たちをすべて含めます。君主は，彼らの忠誠をきわめて確かなものにしておく必要があります。あるいは，そうでないならば，すべての政治家が一致しているように，君主たるものあらゆる配慮を尽くして彼らの勢力を挫かなければならず，彼らに国を混乱させる傾向があるかぎり，彼らをもっぱら敵と見なさねばなりません。しかしそれ以外の臣下については，とりわけ彼らの憎悪と侮蔑とを避けねばなりません。君主が以下のことを行えばつねにできるものと思います。すなわち，君主が臣下たちの仕方で（つまり，彼らが馴染んでいる法律にしたがって）正義を守り，刑罰が厳しすぎることも，赦しが寛大すぎることもないこと。そして，すべてを大臣に任せるのではなく，大臣には，はなはだいまわしい刑の宣告の役だけを任せ，それ以外のすべてについては，君主自らが配慮する任にあると表明すること。さらに君主は，その威厳をしっかり保ち，民衆から当然受けるべきと思われている名誉と尊敬とを決して失わないこと。しかし，それ以上を決して要求せず，公衆の前ではきわめて謹厳に振る舞い，あるいはすべての人から承認されえるような行為だけを示し，私的な楽しみは控え目にして，人の迷惑にならないようにすること。結局，君主は不変で一貫していなければなりませんが，ただ自分自身のなかで作り上げた最初の計画においてまで，そうであれと言うのではありません。なぜなら，彼はすべてに目を行き届かせることはできないので，決心するに先だって，忠告を求めたり，多くの人たちの議論を聞いたりすることが必要だからです。しかし，決心したと表明してしまった事柄については，それが自分に損害を及ぼすものあっても，一貫していなければなりません。というのは，その損害を蒙ることは，軽挙とか変節という評判の比ではないからです。

したがって私は，「この世はきわめて腐敗しているので，人がつねに善人であろうとするなら，必ず身を滅ぼすことになる。そして君主は，その身を保つために必要とあらば悪人になる術を学ばねばならない」という第15章の格率を認めません。善人ということで彼が意味しているのが，安息日にはあえて戦いを休み，彼の民衆が改宗でもしなければ，彼の良心は安心できないといった，迷信的で単純な人間でもないかぎりは，それはおそらくは認められません。しかし善人とは，真なる理性が命じ

るすべてを行う人と考えれば，つねに善人であることに努めることが最善であることは確かです。

　また第19章にある「人は善行によっても，悪行によってと同じく憎まれる」ということも，羨望が憎しみの一種でもないかぎり，私は信じません。しかしそれは著者の意味するところではありません。そして君主が羨望の的になるのは，普通，彼の臣下の大多数からではなく，ただ大貴族から，あるいは隣国の君主からのみ妬まれるのです。彼らに対して羨望を与えている君主の徳が，同じく彼らに恐れを与えているのです。それゆえ，この種の憎悪を避けるために，善をなすことを決して怠ってはなりません。君主の害になりえるのは，ただ君主が不正であるとか尊大であるとか，民衆によって判断されるところから来る憎悪だけです。というのは，死刑を宣告された人でも，自分がそれに値するものだったと思うときには，裁判官を憎まないのが通例であるからです。そして，人は受けるいわれのない禍でも，それを与えている君主が，そうすることをある仕方で強いられており，君主もそれに不快を感じているにちがいないと信じるときには，忍耐強くそれを我慢するのです。なぜなら，君主が個人の利益よりも公衆の利益を優先させることは正しいと見なすからです。ただ一つ困難なことは，なにが正しいかについての判断を異にする二つの党派をともに満足させねばならない場合です。たとえばローマの皇帝が，市民と軍人をともに満足させる必要があった場合がそうです。そうした場合，双方に何かあるものを共に認めてやるのが合理的であり，理性にあまり耳を傾けたことがない人を，いっぺんに理性的にさせようと企てるべきではありません。むしろ，公の書物，あるいは説教師の言葉，あるいはそうした他の手段で，少しずつ彼らにものを分からせるよう努力すべきです。というのは要するに，民衆は正しいと納得できるものはすべてこれを我慢しますが，不正だと思い込むものはすべてこれに怒りを覚えるからです。そして君主の尊大さ，すなわちその資格がないと彼らに思われる，ある種の権威や権利や名誉の纂奪が憎悪の的になるのは，もっぱら彼らがそれを一種の不正と見なすからなのです。

　さらに，著者は序文で「鉛筆で山々の姿をデッサンしようとするとき，それをよりよく眺めるためには平野に身を置かなければならないように，君主の責務をよく知るためには，私人の身分でなければならない」と言

っていますが，私はこの意見に与するものでもありません．というのは，鉛筆は遠くから見えるものしか表現しませんが，しかし君主の行動の主たる動機には，しばしばきわめて特別な事情がありますので，自分が君主になってみなければ，あるいはきわめて長い間その機密に参与したものでなければ，それを想像することはできないからです

　それゆえこの件において，もし殿下に何かをお教えすることができると私が思ったりするなら，笑いものに値するでしょう．したがって，それが私の意図ではなく，ただこの手紙が殿下に，旅の途上でお持ちになると思われる気晴しとはまた違った，ある種の気晴しになることが意図でございます．私はその旅の恙（つつが）なきをお祈りしております．殿下が以下のことを教える格率を実行しようとご決心されるならば，その旅は，疑いもなく恙ないことでしょう．すなわちそれは，各人の幸福は自分自身に属する［自分次第である］こと，また自らを運命の支配の外に置き，たとえ運命が与えうる利益を保持する機会を失うことがなくても，それでも運命がそれを拒否するとき，だからと言って不幸とは思わないこと，そしてこの世のあらゆる事柄においては，その理由には多くの賛否両論があるので，目の前に起こっている事柄を是認するのに役立つ理由を，主として考慮するよう留意すること，という格率です．最も避け難いと思いますのは身体の病です．神が殿下をそこからお守り下さるようお祈りいたします．私はできるかぎりの献身をもって…

571

デカルトからソフィー王女へ[1]

エフモント・ビンネン　1646年9月

(AT. IV, 496 ; AM. VII, 169 ; B. 2288-2289)

［エリザベト宛書簡の依頼］

殿下

　私はあなたの姉上のエリザベト王女殿下に対して恩義のある者の一人です。彼女は，ご自分宛に手紙を書くよう私にご下命されたとき，殿下の宛名にすることをお望みでした。というのも，私は，彼女がいかにあなたを寵愛しておられるかを承知しておりますので，私の書状がまったく一通だけ届けられた場合よりも，あなたのお手紙と一緒に受け取られた方が，彼女に対していくらかご迷惑でなくなり，より大きな喜びとなることと期待するからです。また，それは私が…であることを，手紙によってあなたに保証することができる機会を与えてくれるからです。

---

　1)　これは書簡570に付されたいわば送り状である。当時16歳のソフィーは書簡の仲介をしていた。彼女については本書「主要人名解説」を参照。

572

ロベルヴァルのデカルトへの反論

1646 年 9 月

(AT. IV, 502-508 ; AM. VII, 174-178 ; B. 2288-2295)

［揺れの中心，デカルトへの反論］
　デカルト氏に対して反論すべきであると思われるのは以下の四点です。
　第一に，白状いたしますが，彼のために書いた文書[1]において私は誤っておりました。しかし，その誤りがどこにあったかご存知でしょうか？　それはデカルト氏が真理の愛好者であると私が信じていたという点にあるのです。反対に，いまでは，真理は彼の諸見解に合致せず，それと同時に，あたかも彼が真理を打ち負かすことができるかのごとく，また真理が彼の見解に与するように，真理にその見解を変えさせることができるかのごとく，彼は真理の敵対者となり，真理と格闘しているということを私は存じています。私にはこのことの理由が，彼が非の打ちどころのない人間だと思われようとして，あからさまに前言を翻すとしたら，それは彼の思惑を反故にすることになり，そしておそらくまた，羞恥の種にもなるであろうと彼が信じているということ以外に思い付きません。しかし，真理に抗うというのは，刺(とげ)に逆らうことに他なりません。また，前言を翻したくないあまり，それどころか，不利な立場を意地でも守ろうとするあまり，彼は自らに矛盾することをおっしゃっており，それに気づいておられません。私が思うに，それは彼がご自身の最初のお手紙の写しをお持ちでないか，あるいはそのお手紙の内容をご記憶ではないからでしょう。なぜなら，彼の二番目のお手紙[2]において，軸の周りを自由に揺らされているある物体の相互的な振動について，地

---

1) 書簡558（本書）。
2) 書簡561（本書80-81ページ）。

球の中心へと引かれた垂線のようなある垂線に関係づけられたこの物体の諸点の各々の方向は，この垂線上で揺れの中心もしくは打撃の中心を求めるために考慮しなければならない，ということを否定なさっているからです。しかし，最初のお手紙[1]では，この中心は垂線上にあると彼は請け合っておられたのです。そうすると，機械学の諸規則によって，中心の決定は揺らされている物体の各点の揺れの力にのみ依存するのではなく，諸々の点の方向にも依存するのですから，中心を決定する力と方向がともに，そこに中心があり，それの周りに等しく——つまり，右側の諸部分は左側にあるものと等しい揺れをもち，前側の諸部分は後ろ側にあるものに等しい揺れをもつ，等々のように——力が拡がるところの垂線に関係づけられなければならないということが帰結します。

このように，彼の二つのお手紙の間には明らかな矛盾があります。

第二に，私のその同じ文書について，どうか次のことにご注意下さい。デカルト氏が中心を垂線上に想定しており，それゆえ，揺らされる各点の力と方向とをこの垂線に関係づけざるをえなかったことが分かったので，彼が可動的な諸点の方向を考慮するのを忘れているがために，彼の推論には誤りがあると明らかにすることだけが私の意図でした（その文書のなかであからさまな言葉で二度も断っておいたように[2]）。そのために彼の方法はあらゆる物体一般に，およびほとんどすべての平面について，揺れの中心，ないし打撃の中心を実際よりも高い場所に，つまり軸により近い場所に指定することになったのです。円柱ないし円の扇形の中心の場所がこの垂線上にあり，他の場所にはないと申し上げましたが，私はその証明を彼に提出するつもりも，また彼が私を不当に非難したのと同じように[3]，反論と称して自らの権威を押し通すつもりもありません。

私の主張——彼の主張とは反対のものです——を証明することによって，彼の推論にどこか誤りがあると分かったのですが，私は自分の証明を提示せずに，この誤りを別の仕方によって明らかにすることで満足しました。私の証明は，申し上げましたように[4]，きわめて長いものです

---

1) 書簡550（本書39ページ）。
2) 書簡558（本書69ページおよび71ページ）。
3) 書簡561（本書79-80ページ）。
4) 書簡558（本書71ページ）。

し，彼がその証明もしくは私の権威を信頼するなどとはまったく期待しておりませんでしたから。

　第三に，彼は前述の垂線上でのみ打撃の中心を考察し，この中心によって彼は振り子［の長さ］を決めようとするのですが，私は打撃の中心がこの垂線とは別の多くの線上に指定されうるということ，そしてこれら中心のすべてがひとつの軌跡上にあるということを示すにとどめました。それについて，デカルト氏はこれが真理であると認め，この軌跡とは円周であるとお答えになっています[1]。今でしたら，もっと多くのことを申し上げたでしょう。というのも，これら中心のすべてと（個別的にではなく），この場合に物体の重心がそれに寄与するところの効果を加えた全体が，求める振り子の長さを決定すると主張するからです。さらに，デカルト氏が，与えられた軌跡を円周あるいは円の弧であると言われるとき，彼は再び誤っていると主張いたします。最後に，私がその文書のなかで用いた扇形について，彼の方法ではこうした中心は見いだされないこと，そしてすべては，このような場合にかならず考慮しなければならない運動する諸点の方向を，彼が考慮していないことにその原因があると主張いたします。

　最後に，第四に，彼の主張どおりに，揺れの中心もしくは打撃の中心が垂線上に見いだされたとしても，だからといってその中心が，諸物体の振動あるいは振幅のために要求される尺度や距離であるようには思われないと述べました[2]。揺れの中心と同じく，重心もまたこの振幅に何がしか寄与するのです。というのは，この重心は右から左へ，そして左から右へという振幅の相互性の原因であるからですし，仮に揺れだけがあるとすると，運動は軸の周りで同じ方向に続くことになるでしょうから。これについてデカルト氏は次のように述べています[3]。動体の重力あるいは重さこそが，右から左へという相互性の原因であって，重心が原因なのではない，と。そして，重心はこの場合には空想のものにすぎず，もはやまったく存在しないか，あるいは揺れの中心と変わらなくなる，と。ここで，私には，彼が自らの意志で盲目になり，彼に反対する

---

1) 書簡561（本書80ページ）。
2) 書簡558（本書73ページ）。
3) 書簡561（本書80-81ページ）。

光明と判明さから故意に逃げ回り，かくて機械学を尊重することなく，ご自分を暗闇と混乱のうちへ投げ入れておいでのように見受けられます。彼は機械学の諸原理に明らかに背いているのです。これら諸原理によって機械学がわれわれに命じているところによれば，同じ一つの物体が二つの異なった力能によって運ばれるとき，この力能はそれぞれ個別的な中心をもつということ，そして，個別的な中心に関係づけられた力能のそれぞれがもつ力と方向とをはっきり区別して考察しなければならないということです。それは，そのように関係づけられたさまざまな力と方向によって，これら力能から複合されたもの［合力］における力，方向，中心を求めるためです。このことは，相互の比によって，全体の重心を求めるために，物体が自由であれ，何らかの軸上で揺れているのであれ，同じ一つの物体を構成する諸部分の個別的な中心と重さをそれぞれはっきり区別して考察するのと同様です。この全体の中心は，大抵の場合に個別的な中心とはまったく別物ですが，しかしながら，これら個別的な中心が空想のものになるわけではありませんし，また全体の中心と変わらなくなるのでもありません。

　ところで，この場合，物体の重さは一つの力能であり，同じ物体の揺れは，重さをその原因とするにせよ，また別の力能です。力能はそれぞれ自らの個別的な力，方向，中心をもっており，それらは異なる力能から複合されたもの［合力］の中心を検討するために役立ちます。この中心は，同じ軸の周りを揺れる物体がとるさまざまな位置に応じて変化することは言うまでもありません。そうした変化によって，この中心は同じ物体のうちにひとつの軌跡を描き出すのです。この軌跡上にある諸点は異なった仕方で運動の軸から隔たっているのですから，これら異なった距離が振動の相互的な運動の速度に変化をもたらすことに疑いえません。それゆえ，等しい持続の振動を行う振り子の長さを決定するためには，この軌跡とこの変化とを知らなければならないでしょう。

　デカルト氏の推論はいま申し上げたことからあまりにも遠ざかっているので，軸の周りで揺らされ，かつこの軸の長さ［縦方向］に沿ってほとんど厚みをもたない扇形，あるいはむしろ扇形に切った円柱のように，ごくわずかの空気に触れる物体においてすら，実験がたえず彼の結論に背くとしても驚くには足りません。

私の文書が長すぎるとの非難については，そうした非難を行うために用いた多くの言葉によって，彼のお手紙も同様に長すぎるとお答えする他ありません。このような非難はたいてい，演説をするための話題が他にないときに，どこかの弁士によって何かにつけて，いわれなく行われるにすぎないものです。

　結局のところ，この件について，理性と経験は私に味方しているのです。仮にデカルト氏がどちらにも譲ろうとしないとなれば，彼から期待すべきことについては皆さまのご判断にお任せします。なんとなれば，氏は人間的認識の二つの道具を軽んじ，自らの考え――氏はそれらを真であると自認しており，他の人々にもそのように認めさせようとしているのです――にだけ従っておられるのですから。

　デカルト氏は『アリスタルコス』に対して，それほどうまく反論しておられません。また，彼が出版した『幾何学』にある「三線および四線の」軌跡問題[1]については，同じ主題についてアポロニウスがエウクレイデスに対してなしたのと同じ批判をすることができます。しかし，これら二つは，メルセンヌ神父様がお尋ねの件ですし，それぞれについて，まもなく神父様にご満足いただけるのではないかと存じます。

ロベルヴァル

---

1) 『幾何学』（AT. VI, 377）。

573

デカルトからメルセンヌへ

エフモント・ビンネン　1646年9月7日
(AT. IV, 497-501 ; AM. VII, 170-173 ; B. 2294-2299)

［レギウス，ゼノンのパラドックス，振り子の空気抵抗］
神父様

　無事，パリ[1]にお戻りになったとうかがって安堵いたしました。旅行には不便がつきものですし，食べるものが何度も変わるというのは健康によくないからです。以前にトネシャラント[2]からのお手紙を一通受け取りましたが，お返事を差し上げずにおりました。というのも，お手紙をどちらにお送りすればよいか存じませんでしたから。

　誰があなたに，ジョンソン[3]という名の人物（あなたがお書きになっているように，この人はエリザベト王女の教師だったのではなく，ボヘミア王妃の公使であった人物で，いまは，少し前にオレンジ大公がブレダに創設した高名な学院の教授です）が，私の諸原理に従った哲学を印刷させたと語ったのかは存じません。というのも，彼にそのような意図があったとは信じられないからです。むしろ，それはレギウス[4]です。彼はユトレヒト大学の教授で，彼のおかげで私は一度ならずヴォエティウスとのいさかいに巻き込まれたのです。彼がいま一冊の本を印刷させていると人伝に聞きました。どのような内容かは知りませんが，この本

---

　1) 書簡559の注1（本書75ページ）を参照。
　2) フランス南西部シャラント＝マリティーム県にある都市。メルセンヌは1646年6月7日にトネシャラントに滞在していた（*Novarum Observationum*, tomus III, p. 212）。
　3) サミュエル・ジョンソン（1603-1661）のこと。1638年から1644年までプファルツ選帝侯妃，ボヘミヤ王妃であったエリザベス・スチュアート（1596-1662）の説教師であり，1647年から1653年までブレダにある駐屯地の説教師であった人物。したがって，ジョンソンについてのデカルトの記述は誤りである。
　4) 本書「主要人名解説」を参照。

はまもなく刊行されるでしょう。彼には印刷しないようにと，できるだけ忠告したのですが[1]。それも，自分のためにではなく，彼のためにそうしたのです。なぜなら，彼の形而上学が正統とされる学説に反するのではないかと，また，そこに彼を責める口実を見つけてほくそ笑む，多くの敵を彼の町につくってしまうのではないかと恐れるからです。

　ノエル神父[2]の小著をすでにすでにお送り下さったそうですが，まだ受け取っておりません。しかし，私は自分のことが語られている本，とりわけファブリ神父[3]の新しい哲学[4]をぜひとも読みたいと存じます。というのも，うかがえば彼の哲学は私の哲学よりも好評のようですし，それは私の哲学に反対しているそうですから。それを読みましたら，私の所感をあなたにかならずお知らせし，そうするのがふさわしければ，印刷させましょう。しかし，まずはシャルレ神父のご近況をお知らせ下さいませんか。一，二週間前にお手紙[5]を差し上げたのです。また，教団の神父方が拙著についてどのような言葉で評しておられるか，実際のところを教えていただけないでしょうか。

　ロベルヴァル氏については，私の『幾何学』に反対する論証とやらを私に送るのに彼が難色を示していることをあなたはご存じですから，どうかこれ以上，彼を唆すのはお止めになって下さい。なぜなら，彼が述べることといえば，私が彼の思い違いに帰すことができるようなものばかりであって，しかも，まったく取るに足りないものにすぎないということを私はよく分かっているからです。しかし，おそらく，彼は私に『アリスタルコス』のなかで私の気づいた誤りの残りのすべてを見せるようにと催促してくることでしょう。と申しますのも，先日，あなたにお送りしたのは，最初の５，６ページで気づいたものだけでしたから。それが彼の気に障るということを承知しておりますし，誰の感情も害せずに済むならば言うことがありません。ただ，たとえそうした書き物に時間を使わざるをえないとしても，ロベルヴァルただひとりに対してよ

---

1) 書簡506および書簡507（本書簡集第六巻）を参照。
2) 本書「主要人名解説」を参照。
3) 書簡549（本書36ページ）を参照。
4) 1646年にリヨンで出版された『普遍哲学』(*Philosophia Universa per Propositiones digesta, in breve Compendium redacta cum suis momentis rationum*) を指す。
5) おそらく書簡567（本書）。

りも，ファブリ神父の本を吟味し，教団全体に対して自分を擁護することに使うことを私は好みます。ロベルヴァルの悪意は，それが何の力ももたないということで，十分に報いを受けていると思います。

　ゼノンの議論について[1]，クレルスリエ氏に何を申し上げたのか，もはや覚えておりません。しかし，ウマがカメに追いつく時間はきわめて容易に算出されることができます。なぜなら，ウマはカメの十倍の速さで進むこと，そして一里の1/10に，この1/10の1/10を，そのまた1/10という具合に無限に1/10ずつ加えてゆくとすると，たとえその数が無限であっても，1/10の総体はちょうど［一里の］1/9になるがゆえに，走り始めたときに両者を隔てていた距離の1/9を10回分走り終わるときに，ウマはカメに追いつくはずだからです。たとえば，

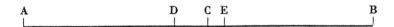

ADが一里，DBもまた一里で，DCが一里の1/10，DEが一里の1/9であるとし，次にBに向かって地点Aからウマが，地点Dからカメが走り始めるとします。カメが地点Cに着くときに，ウマは地点Dまでしか着かないでしょう。ADはDCの十倍だからです。ところが，カメが地点Eに着くときに，ウマも同じ地点Eに着き，そこでカメに追いつくでしょう。同じように，AEはDEの十倍だからです。

　三角形の振動については，私が空気抵抗ということで理解することに気づいて下さっていないように思います。この主題について，カヴァンディッシュ氏にお送りした最初のお手紙のなかで相当に詳しく説明しておいたのですが。と申しますのも，私は運動する物体の形に依存する抵抗のことだけを考えているわけではないからです。この抵抗が，あなたもご指摘になっているとおり，私のやり方で三角形が吊るされた場合に，あなたのやり方よりも大きくなることは認めます。ところが，私の考えているのは，主として次のような抵抗なのです。ある物体が空気中に釣り合った状態で吊られるとして，空気が完全に流動的ではないせいで，物体をきわめて素早く動かすのに，それをただ緩やかに動かす場合より

---

1) 書簡564（本書89-91ページ）を参照。

もより大きな力で押さねばならないということから生じる抵抗です。そこで，私のやり方で吊される場合には，それら三角形の部分のうち釣り合っているものはほとんどないのですが，あなたのやり方で吊るされる場合には，その時間の大部分において，およそすべての部分が釣り合っているのです。

　もっとも，この主題に関するあなたの実験が精密なものとなるには，一定の目標を目指す必要があるでしょう。たとえば，私のやり方で吊るされたあらゆる三角形，ないしは他の物体について，私が決定したことが真か偽かを吟味して下さるならば，他の物体の形よりも，平らな物体の形に対するわずかな空気抵抗を除けば，そこにいかなる不足も見いだされないはずであると確信しております。

　クレルスリエ氏には何もお手紙を書いておりません。というのは，つい最近，ル・コント氏への私の答弁[1]を彼に送ったばかりだからです。また，ピコ氏のお手紙をたったいま受け取りましたが，彼についても同様です。なぜなら，氏は私に五，六週間のあいだパリを離れるとお知らせ下さっているからです。パリにお戻りになる頃，氏にかならずお手紙をお送りいたしましょう。私はますます以下の者です。

　　あなたのきわめて恭順，きわめて忠実かつ従順なる下僕
　　神父様

　　　　　　　　　　　　　　　　　　　　　　　　　　デカルト

　　エフモントより　1646年9月7日
　　パリ
　　ロワイヤル広場近隣　ミニモ会修道院　修道士
　　メルセンヌ神父様

---

1) 書簡569（本書）。

574

デカルトからコルヴィウス[1]へ

エフモント・ビンネン　1646年10月5日

(AT. IV, 516-519 ; AM. VII, 184-186 ; B. 2300-2303)

［『赤色の雨について』，レギウスの著書，望遠鏡］

拝啓

『赤色の雨について』[2]という本をご親切にもお送り下さり，謹んでお礼申し上げます。この本に含まれている観察は見事なものです。数学に精通しておられ，たいへん優れた精神をお持ちであるウェンデリヌス氏の手になるものですから，この観察が真であるということを私はいささかも疑っておりません。また，私には，彼がそれについて与えている理由に反対して言うべきことも見当たりません。というのは，めったに経験することのない事象においては，提示された結果を産み出しうるような原因を想像するだけで十分だからです。たとえ，この結果が他の原因によってもまた産み出されることができ，真の原因が知られていないとしてもそうなのです。ですから，何らかの臭気が地上のさまざまなところから，とりわけ硫酸塩のあるところから生じ，それが雲のなかで雨水と混ざり合い，赤く染めるということは容易に信じられるところです。しかし，たしかに真の原因を見いだしたと請け合うためには，いかにして硫酸塩がバラ色の染料を作り出すのかよりも，いかにして硫酸塩から生じる何らかの臭気ないし気体が，瀝青から生じる気体と結合し，次いで雨水の気体と混ざり合うことでそれを赤く染めるのかを，実験によって見せなければならないでしょう。そして，硫酸塩と瀝青の同じ鉱山が，

---

1) 本書「主要人名解説」を参照。
2) G. Wendelinus. *De causis naturalibus pluviae purpureae bruxellensis virorum judicia.* Bruxelles. 1646. ウェンデリヌス（Godfried Wendelinus, 1580-1667）は，フランドルのカトリック司祭で，数学者であり天文学者でもあった。

ブリュッセルに近い場所にずっとあったにもかかわらず，今回のこの一度を除いて，赤い雨が降ったという記録がなかったことの理由も併わせて言わねばなりません。

　ボローニャの石[1]のことは，ずいぶん前に噂で耳にしたことがありますが，それを実際に見たことはありません。ですから，私がその理由を申し上げるとしたら，それは軽はずみなことでありましょう。

　ル・ロア氏の本[2]には，形而上学については，私の見解に真っ向から反するものばかりが含まれています。自然学については，私からの借用であると思われないことはほとんど何も見つからなかったのですが，よく理解していないがためにあのような仕方で書くのであれば，私は，彼が書いている多くのことを偽であると見なします。とりわけ，たとえば，筋肉の運動について彼が二度ほど繰り返していることがそうなのです。私が想像するに，彼はそれを，私がまだ公刊もしていない論文から抜き出したのでしょう。彼はおそらく，その論文の不完全で，挿絵もない写ししかもっていないのですから，その論文をよく理解していないとしても当然のことでしょう[3]。

　お送り下さった印刷物の著者[4]ですが，私が『屈折光学』のなかでその理論を提出したことのいくつかを，彼が実際に試そうとしていたと知って，私は彼を非難するわけにはいかなくなりました。『屈折光学』で，私の主たる意図は望遠鏡の説明にあったのですが，第7・第8講の初めのところで，視力の欠陥を補強する眼鏡についても，ついでながら述べておいたのです。そこで，近くよりも遠くのほうが見えやすい老人たちのためにも，近くしか見えなくなった老人たちのためにも，眼鏡は，眼に面する側がくぼんでいて，凹状になっていなければならず，反対の側は隆起して丸みを帯びていなければならないこと，それらの形は望遠鏡の形ほど正確である必要はないと述べたのでした[5]。その眼鏡職人は，このことを試そうとしたのでしょう。それがうまくいったのかどうかを

---

1)　燐光を発する石。書簡319（本書簡集第五巻11ページ）を参照。
2)　『自然学の基礎』（*Fundamenta physices*）。書簡575（本書157-158ページ）を参照。
3)　書簡603（本書253-254ページ）を参照。
4)　眼鏡職人ジャック・ブルジョア（Jacques Bourgeois）。書簡575（本書158-159ページ）を参照。
5)　『屈折光学』（AT. VI, 150-151 et 197-198）。

私は察することができません。と申しますのは，私はその眼鏡が普通の眼鏡よりも研磨がきわめて困難であると思っていたので，その眼鏡を実地に試してみたことがなく，他の誰かがそれをしたということも知りませんでしたから。しかし，私がこの印刷物についてあまりよい印象をもっていないのは，この印刷物が山師のでたらめな話にすぎないからです。彼は，自分のしゃべることを自分でも理解していないこと，そして彼が粗悪品を売りさばくことに汲々としていることを明かしております。なぜなら，その眼鏡が，もし彼が自負するほど出来が良いのなら，そうまでして眼鏡を買うように仕向けることもないはずですし，それゆえ，功績を公にするために，かような知的な努力も必要なかったでしょうから。
　私はあなたのきわめて恭順かつ忠実なる下僕
　敬具

　　　　　　　　　　　　　　　　　　　　　　　　　　デカルト

575

デカルトからメルセンヌへ

エフモント・ビンネン　1646年10月5日
(AT. IV, 508-513 ; AM. VII, 179-183 ; B. 2302-2307)

［レギウスの著書，振り子の振動］
神父様
　9月15日付の最近のお手紙をお書きになってほどなく，前回のお手紙への私のお返事[1]を受け取られたことと思います。しかし，私のお手紙は土曜日になってやっとアルクマールを発つので，風向きが悪ければ月曜日までにライデンに着かず，パリの配達人の手に渡るのに間に合わないことがあります。同じように，あなたのお手紙がライデンに着くのは土曜日ですので，私がお手紙を拝受するのは次の土曜日となり，そこからさらに一週間後でなければお返事を出すことができないのです。
　前回のお手紙のなかで，ロベルヴァル氏が彼の反論を私に送ることに難色を示しているのだから，それを受け取らずにすむことになればたいへんうれしい，とすでにあなたにお伝えしました。なぜなら，それを受け取ることは，私の時間を失わせることにしかならないからですし，また私は彼の手になるもののすべてをまったく評価していないのですから。私が非難した[2]のは彼の前提にすぎず，彼がそこから導いた帰結ではない，と言うのは馬鹿げています。なぜなら，私があなたにお手紙で書いたことをお読み下さるなら，私が前提にも帰結にも重大な欠陥を指摘していることがお分かりいただけるはずだからです。私は彼の本の最初の四，五ページについて述べただけですが，もし彼の本のすべてを検討したならば，私は彼の欠陥をもっと指摘することできたでしょう。しかし，

---

1) 書簡573（本書）。
2) 書簡553（本書）を参照。

彼は，打ち負かされた後でも，何の痛手も負っていないと言ってのけるような見栄っ張りの輩なのです。

　彼が等時的な振り子に与えている説明について，あたかも私がそれを見たものとして，私の意見をお尋ねです。しかし，確言いたしますが，まだその説明をまったく目にしていないのです。彼は用心して，カヴァンディシュ氏が以前に私に送る労をおとりになった彼の文書のなかに[1]，その説明を入れなかったのです。私がその弱点を明るみに出すのではないかと，彼は危ぶんだのです。

　彼が打撃の中心を見いだすために与えている規則——これをあなたは最近のお手紙の最後で書いておられます——については，私は何も分かりません。なぜなら，彼がこの規則を基礎づけるために用いた諸根拠をあなたはお知らせ下さっておらず，彼が以前私に対してそうしたのと同じく，彼の証明が私のものに合致しないということから，彼の証明は何の価値もないと推論しうるからです。また，彼の手になる文書を読みましたが，彼は，私の手紙から学んだいくつかのことを堂々と，まるで自分の頭から引き出したかのごとくに，そこで再三再四にわたって述べており，かくて彼は自らを私の筆によって飾っているにすぎない，ということにも気づいております。なぜなら，彼の文書のうちに，彼の手になるもので，私には的外れと思われないような何ものも見いだすことがなかったからです。それゆえ，これからは［この件について］書くのをより控えるつもりでいます。それというのも，不利益を被ってまで，敵を教育することがないようにするためです。

　数日前，一冊の本を読みました。この本のために，私は今後，自分の考えを表明するのに，これまでよりもずっと不自由にならざるをえないでしょう。それは，ユトレヒト大学教授レギウスの著書で，『自然学の基礎』という題名のものです[2]。この本のなかには，私が『哲学原理』，『屈折光学』，『気象学』において述べたことが繰り返されており，彼がかつて私個人から知りえたことのすべてだけでなく，間接的に聞き知ったことのすべてが，私が彼に伝わるのを望まなかったようなことまで[3]

---

1) 書簡558（本書）。
2) レギウス（本書「主要人名解説」参照）の著書。1646年（8月10日付）にアムステルダムで刊行された。
3) 「人間論」の草稿を指すものと推定される。書簡586（本書196-197ページ）参照。

詰め込まれています。しかも，彼はこれらすべてをきわめて混乱した仕方で脈絡を無視して述べ，またそこに根拠をほとんど添えないために，彼の本が役立つとすれば，これらの見解が馬鹿げたものであると判断され，二つの仕方で私に非難の矛先を向けるきっかけになるということ以外にはありません。と申しますのも，［一つには］彼が以前，私との友誼をおおっぴらに公言し，彼が私の見解に盲目的に追従していたことを知っている人たちは，彼の誤りのすべてについて私が責めを負うべきであると考えるでしょうから。そして［他の一つには］，私がこれまで出版しなかった事柄については，いつか私がそれらを出版しようと思っても，彼の書いたことにそれらがいくらか類似しているのを見て，私がそれらを彼から借り受けたのだと言われるでしょうから。さらにまずいのは，自然学については，私の意見に沿うと彼が考えるところのすべてをそのままなぞっているのに対して（もっとも，数箇所で彼はまったく間違っています），形而上学についてはまったく反対のことをしているという点です。形而上学について語られている四，五箇所で，私が『省察』のなかで書いたことに全面的に反する立場をとっているのです。ここで，以上のことをあなたにお知らせしましたのは，この本を入手なさっているならば，それに対する私の判断をご承知いただき，彼が私の意に反して，私の承諾を得ずにそれを出版したこと，そして，それを著した人物を私は友人とは見なさないということをあなたにご承知いただくためです。また，もしまだ入手なさっていないのであれば，その本にかかるお金を節約していただくためです[1]。

　同じく数日前，2ページほどの印刷物を目にしました。それはジャック・ブルジョワという，国王御用達の鏡および眼鏡職人であり，パリにあるサン・ジャック・ド・ロピタル教会[2]の向かいに店を構える人物の手になるものです。この印刷物によって，このJ.ブルジョワが，私が眼鏡について『屈折光学』の第7・第9講の初めのところで書いたことに従って，片方が凹状で，もう片方が凸状になっており，鼻にのせて使うための一般向けの眼鏡を作成したということを知りました。私は『屈

---

1) AT. VI, 513-515 の注を参照。
2) パリのサン＝ドニ通りにあったサン＝ジャック巡礼者施療院のこと。

『折光学』のその箇所で、眼鏡の形はそれほど正確である必要はない、なぜなら、われわれは眼がどのような形をしているのかを正確には知らないからであるし、眼は柔軟性を欠いているわけではないから、と注意しておきました。あなたがそれをお調べになる機会があるときに、この眼鏡が通常のものよりもうまくいっているのかどうかをお知らせいただければうれしく存じます。

あなたのやり方で吊るされた三角形の振動についてお尋ねですが、それは実験によってのみ決定されうるとすでにお答えしたかと思います。その理由を、この主題についてカヴァンディシュ氏にお送りした最初のお手紙[1]のなかでご説明したつもりです。そこで、もしこの推論の真理を実験によって判断しようとするなら、その機会は十分にあると思います。なんとなれば、物体の振動の確実な規則を見いだすために、私は平らな物体

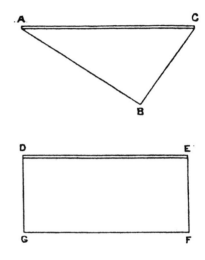

が吊るされるべき仕方をまず始めに決めておき、さらに、たとえばABCのような、底面で吊られたすべての三角形は等時的な振り子に対して2対1、DEFGのようなすべての長方形は3対2、頂点で吊られたすべての三角形は4対3の比率になっていると言っておいたからです。なぜならば、このように吊られたすべての物体について以上のことが一般的に真であるということ、反対に、別の仕方で吊るされた場合には、振り子に対する比率は、物体の形に応じて異なるのでなければならないということが見いだされるならば、この問題において、私が何がしかのことを見つけたかどうかを判断するために、これ以上望みうるものを私は知らないからです。

トリチェリ氏がご希望になっている私との手紙のやり取りにつきまし

---

1) 書簡550（本書41ページ）。

ては，それをお断りするなど思ってもみないことです。私は有能な方々とお知り合いになるという栄誉をつねに願っておりますし，私にできるすべての点で，そうした方々の友誼を受けるのにふさわしくなりたいと思っているのです。

　カルカヴィ氏[1]が『幾何学』に関する著作をいくつか私に送って下さるとのこと，氏に感謝いたします。しかし，あなたには申し上げるのですが，私は目下，数学についての思索からかなり遠ざかっていますし，それははるか昔のことのように思い出されるといった始末です。いっそのことロベルヴァル氏が私は数学をとっくに忘れてしまったと，人々を説得してくれたらと思います。

　ピコ氏はまだ田舎にいらっしゃるのではないかと思います[2]。彼がお戻りになると聞けば，彼にきっとお手紙を差し上げましょう。
　　私はあなたのきわめて恭順かつ熱意のある下僕
　　神父様
　　　　　　　　　　　　　　　　　　　　　　　　　デカルト
　　エフモントより　1646年10月5日

　このお手紙にもう二通のお手紙を同封します。郵送料がその分高くなることはないと思いますから。クレルスリエ氏に書かなければならないのは，次のことだけです。8月10日付のお手紙[3]をありがたく思っていること，そして，私が彼のきわめて恭順なる下僕であるということです。

---

1) 本書「主要人名解説」を参照。
2) 書簡573（本書152ページ）。
3) この書簡は散逸。

576

エリザベトからデカルトへ

ベルリン　1646年10月10日

(AT. IV, 519-524 ; AM. VII, 187-191 ; B. 2308-2313)

[『君主論』奇蹟の泉]

デカルト様

　あなたのお手紙が与えてくれる気晴しが，旅の途上の気晴しとはまた違う[1]と考えておられるのは，その通りです。なぜなら，それはより大きく，より永続的な満足を私に与えてくれているからです。たしかに，旅の気晴らしにおいては，近親者たちの友愛や情愛が与えてくれるあらゆる満足があったにせよ，それはいつ変わるかも知れないものと思っています。これに対して，あなたのお手紙が私に教えてくれる真理は，つねに私の人生の充足に役立つであろうとの印象を私の精神に残しております。

　私は，あなたのご意見を伺うために検討の労をとっていただいたあの書物を，陸路持ってこなかったことを何度も悔やんでいます。海路ハンブルクへ送った荷物の方が，われわれよりも早くここに着くとばかり信じ込んでいましたが，われわれが着いたのは去る9月7日/17日であるのに，それはまだ着かないのです。ですから，この著者の格率を私が思い起こすのは，六年間見もしなかった書物についての，きわめてあやふやな記憶に基づくものでしかありません。しかし，私はその時いくらかの格率を是認した記憶があります。それは，その格率自身がよいからではなく，私の知っている多くの無分別な野心家たちが使っている格率よりも害になるところが少ないからです。彼らのねらいは，ただものを混乱させ，その他のことは運命に任せるだけですが，この著者の格率はす

---

1) 書簡570末尾（本書142ページ）に対応している。

べてものを確立することを目指しているのです。

　また私が思いますには，国政の何たるかを教えるにあたって，彼は少なくとも民衆の意見からすれば，君主が新参の王位簒奪者であるという最も治めにくい国家を例に出しています。その場合，自分の動機は正しかったと彼自身が考えることは，彼の良心の安息には役立っても彼の政務の安息には役立たないでしょう。そこでは，法律が彼の権威に対立し，大貴族たちはその裏をかき，民衆はそれを呪っています。そして，国家がそのような状態に置かれるとき，大きな暴力は小さな暴力よりも害になることが少ないのです。なぜなら，小さな暴力は大きな暴力と同様に傷跡を残し，長期にわたる戦争のたねになります。しかし，大きな暴力は戦争を企てうる大貴族たちから度胸と手段とを奪います。同様にして，暴力が迅速にかつ一挙になされるときには，それは人を怒らせるよりも驚かすのであり，民衆にとっては，内乱によってもたらされる悲惨な状態がうち続くよりは，まだしも我慢のできるものです[1]。

　また彼はそこで，彼が完璧な政治家と見なす法王アレクサンデルの甥[2]を例にとって，君主は，ある大臣を使って残虐のかぎりを尽くし，しかる後にその大臣が民衆の憎悪の犠牲になりうるようにしなければならないと付言，あるいはむしろ教えているように思われます。君主にとっては，自分に服したかもしれない人間を滅ぼすのは不当に見えるにせよ，全民衆の死刑執行人の役を買って出ようとするほどの野蛮で非道の人間は，どう考えてもよりよい待遇には少しも値しないと思います。私ならば，そのような命令に従おうとする大臣や，その命令を下さざるをえない君主の身分よりも，オランダの最も貧しい農民の身分の方を好みます。

　同じ著者が同盟国について語るとき，同様に彼は，あらんかぎりの邪悪な同盟国を想定し，それが有益である間しか約束を守らない同盟国に対しては，国全体を滅ぼすべきである，あるいは約束を破るべきであるとするほど，極端な場合のことを想定しています。

---

　1) エリザベトが冷徹な政治感覚を持っていたことを示す言であろう。
　2) 甥ではなく遊女に産ませた実子チェザーレ・ボルジア（ヴァレンティーノ公）である。純潔である法王に子供があるはずはないということで甥とされていた。『君主論』第7章参照。

しかし彼が，ごくわずかの場合にしか実行すべきでない格率を，一般化したことで間違っているとするなら，彼はこの点で罪を犯したことになりますが，同じことをしたほとんどすべての法王や古代の哲学者も同罪になってしまいます。それは，まず逆説を述べ，次にそれを彼らの学生たちに説明することができる楽しみから来ていると思います。ここで，著者が，つねに善人であろうとするなら人は身を滅ぼすと言うとき，彼が意味しているのは，善人であるために従わねばならないのは迷信の法ではなく，自分がして欲しかったと思うことを誰についてもなすべきだというかの共通の法であるということです。実際，君主がこの法を，自分の臣下の誰か一人について守りうることはほとんど一度もないでしょう。公共の利益が要求するときにはいつでも，臣下を失わねばならないからです。そして，徳はもっぱら正しい理性に従うことにあると言った人はあなた以前にはなく，むしろ徳はもっと特殊な，何らかの法ないし規則とされていましたので，徳がうまく定義されていなかったことに驚いてはなりません。

あなたがその序文でお気づきの規則は，私も間違いだと思います。なぜなら彼は，その規則が示すすべてにおいて，あなたのような明察な人を誰一人として知らなかったからです。その結果，あなたがそれについて書いておられることが示していますように，私的に生き，世事の喧騒から退いている人でも，やはり君主に国の治め方を教えることができるでしょう。

［『君主論』の］表題しか持っていない私としましては，あなたのお手紙の末尾にある規則[1]を，私の役に立てるよう勉強するだけです。そして，いま目の前にあるものを，できるかぎり最も快いものにするよう努力いたします。ここでは私がさほど困難に出会うことはまったくありません。なにしろ私が子供のときから大事にされた家[2]におりますし，そこではみんなが一緒になって私を可愛がってくれるからです。おかげで私はときどきもっと有益な仕事に背を向けることになるとはいえ，近親

---

1) 書簡570末尾（本書142ページ）にある，目前にあるものを認めるという格率。
2) 幼い日々を過ごしたブランデンブルク選帝侯の家である。祖母ルイーゼ・ユリアナは今は亡く，叔母エリザベト・シャルロッテがエリザベトを迎えた。その息子の選帝侯フリードリヒ・ウィルヘルムはエリザベトの従兄弟にあたる。

者から愛されている喜びがありますので，こうした不都合を我慢することは容易です。このために私は，われわれの旅が上首尾であったこと，それが何の不都合もなく，先に申し上げたように迅速に終わったことの次第を，またハーグでお話し下さった奇蹟の泉[1]のことを，もっと早くご報告する暇(いとま)がなかったのです。

　私は，その泉から一里ほどのところにあるシェーニンゲン[2]に行っただけですが，そこでわれわれは泉からやって来たこの家の家族全員と会いました。選帝侯様は私を連れて泉を見物するご意向でしたが，しかしわれわれの連れの残りの人たちは別の楽しみの方に決めていましたので，私は彼らに反対することはあえてせず，味の違うさまざまな源泉の水を見たり味わったりすることで満足いたしました。しかし，主に利用されているのは二つだけです。一方は透明で，塩からく，よく効く下剤になります。他方は少し白味がかっており，ミルクの混じった水のような味がし，それは鎮静剤になると言われています。それらの水がもたらす奇蹟的な治癒の数々を人は語っていますが，しかし私は信用の置ける人からそれを聞くことができませんでした。たしかにズバリそう言われているように，この地は貧しい人であふれており[3]，彼らは，生まれつき目や耳や足が不自由であったり，くる病であったりしたのが，この水に入って治ったと喧伝しています。しかし，彼らは日雇い人であり，奇蹟をとても信じ易い国にたまたまいるのですから，それが理性的な人を説得できるはずだとは思いません。私のいとこである選帝侯様の全宮廷をさがしても，その泉で治ったのはその重臣ただお一人だけです。その方は右目の下を怪我していたのですが，この目の上を皮膚の一部が覆うようになったために，右側の視力を失っておりました。ところが，目をこの

　1）　マグデブルクの西にあるホルンハウゼン（Hornhausen）の鉱泉。書簡588（本書）参照。1646年，突然20箇所から鉱泉が湧き出し，塩分を含んだ泉として当時ヨーロッパで有名であったという。しかし1719年，やはり突然に涸れてしまった。デカルトからその話を聞き，エリザベトも立ち寄ったものと思われる（ハーグから陸路ベルリンへ行くには，マグデブルクを通るのが普通のルートである）。なお，デカルトはスパの泉の水質検査をして以来，鉱泉に化学的関心があった。それゆえエリザベト以下，やや詳しく報告している。しかし彼女自身は，その効能について常に懐疑的である。
　2）　シェーニンゲン（Cheuningen, Schöningen）はマグデブルクの東にある町。
　3）　エリザベトの観察眼が，三十年戦争によって疲弊した町の様子を捉えている。

泉の塩水につけるとその皮膚がとり払われ，いまでは左目を閉じても人を識別できるほどになっています。それに加えて，この方は丈夫な体質であるうえにひどく節食をしている人なので，たっぷりと下剤をかけても，他の人に対するほどには彼に害を与えることはなかったのです。

あなたがお送り下さった暗号[1]を吟味しました。たいへん結構ですが，一つの意味を全部書くには長すぎると思います。わずかの言葉しか書かなくとも，手紙の量の多さによってその言葉は分かるものです。むしろアルファベットによる言葉の鍵を作り，そのあとで文字を示す数字と言葉を示す数字との間の何らかの区別を記せばよいでしょう。

ここではお手紙を書く暇がごくわずかしかありませんので，このような下書きをお送りせざるをえません。その筆使いの違いによって何回私が中断させられたかがお分かりいただけるでしょう。しかし，不在中の友人たち，とくに，愛することをやめられず，理性的であることもやめられないあなたのような方[2]を忘れるという，私の気質とはまるでかけ離れた悪癖が私にあるとあなたに思われる節を与えるくらいなら，私のすべての欠陥をあなたの前でさらけだしていたいと思います。その方に対しては，私は生涯次のようなものです。

　あなたに仕える，きわめて親愛なる友

エリザベト

デカルト様
　ベルリンより　　9月30日

---

1)　エリザベトがしばしば心配していた手紙の機密保持のために，デカルトが提案した暗号。当時の郵便事情を示している。その暗号がどういうものかは分からないが，エリザベトの提案はライプニッツの「思想のアルファベット」を想わせる。

2)　デカルトに対するエリザベトの心情があらわになっている。

577

デカルトからメルセンヌへ

エフモント・ビンネン　1646年10月12日
(AT. IV, 526-528 ; AM. VII, 192-193 ; B. 2312-2315)

[ロベルヴァルに対する低い評価]
神父様

　光栄にもあなたにお手紙を差し上げて[1]からまださほど時間が経っておりませんが，それからまたお手紙をいただき，そのなかであなたはロベルヴァルの文書を私に送るといって脅かしていらっしゃいます。ですから，お手紙をもう一度書かなければならないと考えたのは，あなたに次のことを申し上げるためです。すなわち，私は彼から来るすべてのものをほとんど取るに足りないものと考えていること，それは郵送料に値するとは思えないということ，彼が書いたものは決して私に送らないよう謹んでお願い申し上げること，です。私には，くだらないことを見たいと思うほどの好奇心はまったくありません。彼が幾何学において私より千倍も物知りであると言ったところで無駄です。彼がこれまでにしたのとは別の証明を提示しない限りは，私は彼をいままでよりも高く評価するつもりはありません。さらに，パリ滞在中に[2]，パッポス問題について彼が私に語ったことといえば，何ら幾何学に関するものではなく，ただ文法に関するものでしかなかったということを知るべきでしょう。というのも，私が著者の意味するところをきちんと理解していなかったと言うために，彼は何かしら曖昧な表現を使い，コンマの位置を移動させたからです。そのとき，私はそれをあまりにも愚劣なことで，何の価値もないことだと判断し，彼が語ったことをまったく記憶にとどめなか

---

1) 書簡575（本書）。
2) 書簡546冒頭（本書24ページ）。

ったほどですし，いまでもそのすべてを思い出すことができないほどです。けれども，彼のほうで，その問題ついて再び取り上げるべきことが何かあるならば，ぜひともそうするように彼に依頼すべきであるとあなたはお考えでしょうか？　確言いたしますが，まったく反対に，彼に沈黙を守るように頼むことのほうが無理でありますし，彼はその結構な文書を私に送るのに二年と躊躇するということもないでありましょう。いずれにせよ，彼と彼のような他の人々の手になるものは，どうか決して何も私にお送り下さらぬよう重ねてお願い申し上げます。彼のような人々というのは，素直に真理を探究するのではなく，人に異を唱えることによって名声を得ようと努める人々という意味です。最後に，もう今後は，友人たちからのもので，彼らの近況を教えてくれ，またそれによって私が彼らの役に立つことができるというようなお手紙の他には，いかなるものも読むことができないとはっきり申し上げておきます。また同じく，友人たちへのお手紙の他にはもう何も書くつもりはありません。その主題は，「もしあなたが健康であれば，大変結構なことです[1]」云々でありましょう。私は自分の個人的な教育のためでなければ，もはやどのような学問にもかかわってはおりません。私の著作に反対して何か言うべきことがあると自負するようなすべての人々については，それを私個人のところへ送るのではなく，それを印刷に付すべく彼らにお勧め下さいますようお願い申し上げます。彼らが私に反対して，好きなように本を執筆するにしても，彼らよりも聡明な人々から，それらの本がきわめて優れていると知らされない限り，私は読むことさえしないでありましょう。ましてや，何か価値のあるものをかつて何も見いだすことのなかったロベルヴァルのような人物からのものと分かる草稿など，読むはずがありません。とはいえ，

　　私はあなたのきわめて恭順で，きわめて熱心かつ従順なる下僕
　　神父様

　　　　　　　　　　　　　　　　　　　　　　　　　　デカルト

　　エフモントより　1646年10月12日

---

1) この言葉はアポロウスの『円錐曲線論』の序文にあったものと考えられる。

つい最近ダンケルク[1]の降伏を知りました。あなたがお送り下さった，ル・クレヴィの私の甥[2]への返信を，このお手紙に同封します。

---

1) ダンケルクはこの年10月7日フランス軍により奪還された。
2) デカルトの義兄ピエール・ロジェの息子，フランソワ・ロジェ。

578

デカルトからエリザベトへ

1646年11月

（AT. IV, 528-532 ; AM. VII, 194-197 ; B. 2316-2319）

［内的満足，ソクラテスの霊］

殿下

　ご旅行が上首尾であり，恙(つつが)なくお着きになった旨をお手紙によって知らせしようとお思し召し下さり，たいへんありがとうございました。そちらでは，殿下はご近親の方々から大いに尊敬され，可愛がられておられるので，この世で当然望むことが許されるだけの幸福を得ておられると思われます。というのも，人間に関する事柄の条件を知るなら，いくら想像しても何の不満の理由も見つからないほどの恩恵を運命の女神に期待することは，あまりにもしつこすぎるというものだからです。気分を害するものが現前になく，身体の具合を悪くするいかなる不調も身体中にないときには，精神は真の理性に従うかぎり容易に満足することができます。しかも，そのためには精神が［時間的に］遠く隔たっていることを忘れたり，なおざりにする必要もありません。精神を不快にする恐れのあるものには，いかなる情念も抱かぬように努力することで十分です。このことは慈愛と決して矛盾いたしません。なぜなら，ある病気に対して情念ぬきで吟味している方が，病気のために苦しんでいる場合よりもよりよい治療法を見いだせることがしばしばあるからです。しかし，身体が健康でかつ快いものが現にあることで，精神は悲しみに関与するすべての情念を精神から追放し，喜びに参与する情念を迎え入れるのを大いに補助するように，同様にこんどは精神が喜びに満たされているときには，それは，身体の調子をいっそうよくし，現前のものがいっそう快く見えるようにするのに，大いに役立ちます。

　それどころか，さらに私は，内的な喜び[1])には運命を自分により有利

にする何か秘密の力があるとまで，あえて信じています。こうしたことは脆弱な精神を持つ人を何らかの迷信に導く恐れがありますので，彼らに向けて書くつもりはありません。しかし，殿下に対して私が気掛かりなことはただ，私があまりにもものを信じやすくなったことをご覧になってお笑いになることだけです。しかしながら，私のこの意見を確証するために，私には無数の経験と，それに加えてソクラテスの権威*1)とがあります。経験というのは，私がしばしば次のことに気がついていたことです。すなわち，私が上機嫌で，内心いやだと思うこともなく行った事柄は首尾よく運ぶのが通例であり，そして偶然の運だけに支配されている賭け事において，喜びの理由を持っている場合の方が，悲しみの理由を持っているときよりも運命がより有利にはたらいたことをいつも感じさえした，ということです。そして一般にソクラテスの霊と言われているものは，おそらく次のようなことに他ならなかったのです。すなわちソクラテスは，彼の内面の傾向に従うのを常としており，彼になにか密かな喜びの気分があるときには彼が企てた出来事は首尾よく行き，逆に彼が悲しいときには不首尾に終わると考えた，ということです。もっとも，彼が実際にそうしたと言われていることまで信じるなら，それは確かに迷信でしょう。というのもプラトンはソクラテスが彼の霊が家から出るよう勧めないかぎり，家のなかにずっと留まっていたとさえ報告しているからです*2)。しかし人生の重大な行為に関して，それがはなはだ決めかねるものであって，賢慮の徳もどうすればよいのかを教えることができない場合，自らの霊の勧めに従うことはまったく正当であり，また，われわれがことを企てるのに，いやいやするのではなく，通常喜びを伴う自由な気持ちで当たれば，われわれは必ず成功するという固い確信をもつことは有益であると思われます。

　それゆえ，ここで私があえてお勧めしますことは，殿下は目の前に現れるものが満足のみを与えてくれる場所におられるのですから，殿下は

---

1) 『情念論』第147節を参照。
*1) プラトン『エウチュデモス』277D-282E では，知恵とよき運命との一致が説かれている。
*2) プラトン『ソクラテスの弁明』31D。デカルトは，今は失われた「ソクラテスの神について」と題する論文で霊（ダイモン）を論じたという。

どうかご自身の満足にも貢献され，自ら満足なさるようお努めになることです。それは，殿下が目の前にあるものにのみ心を留め，郵便馬車の出発時間以外の用事をけっして考えないようにすれば，容易にお出来になると思います。そして殿下のご蔵書が，殿下が期待するほど早くお手元に届かなかったことは幸いであったと思います。というのは，それらの書物を読むことは心を陽気に保つよりも，悲しみをもたらすのに適しているからです。とくにこの君主博士［マキャヴェリ］の書物は，君主が身を維持することの難しさと，数々の残酷さと裏切りの勧めを示すのみであるので，それを読むことは各人に君主の身分を羨ましがらせるよりも，哀れに思わせるのです。

　殿下は，著者の欠陥と私の欠陥とを見事に指摘されました。というのは，一般的な格率を立てて，ほとんど許しがたい特定の行為を正当化したのは，たしかに著者の意図がチェザーレ・ボルジアの称賛にあったためだからです。私はその後，ティトゥス・リウィウスに関する彼の論[1]を読みましたが，そこでは何も悪い所は認められませんでした。敵を徹底的に根絶やしにするか，あるいは友人にするかして，その中間の道を決してとらないという彼の主要な格率は，疑いもなくつねに最も確かなものでしょう。しかし，こちらに何も恐れる理由がないときには，その格率はあまり高潔なものとは言えません。

　また殿下は，奇蹟の泉の秘密について，その効能を吹聴する多くの貧者がいるが，おそらく彼らはそこから収益を期する者に雇われていると，きわめて見事に指摘されています。というのは，万病に効く薬なるものはないことは確かであるにせよ，しかし多くの人がその薬を使ってきたので，それでよくなった人はそれがよく効くと言いますが，［そうではない］他の者については語られることがないからです。それはともかく，一方の鉱泉に含まれている下剤の特効と，他方の鉱泉にみられる白色，甘さ，鎮静の効能からすれば，それらはアンチモンあるいは水銀の鉱床を通ってきていると判断されます。それらは二つとも，とくに水銀は有害な薬物です。それゆえそれを飲料とすることは，誰にもお勧めしたく

---

[1] *Discorsi sopra la prima decade de Tito Livio*（『ティトゥス・リウィウスの初篇10章にもとづく論考』）。邦訳では『ローマ史論』と題されることがある。

ありません。スパの鉱泉の硫酸塩と鉄分は,はるかにその恐れが少ないものです。硫酸塩と鉄分はいずれも,脾臓を小さくしてメランコリーをとり払うので[1],私はそれらを評価しています。

　こう申し上げますのも,殿下のお許しをいただき,私が冒頭で申し上げたことで以ってこの手紙を終え,とくに精神の満足と喜びを殿下が得られるよう私は念じているからです。この二つは,他のすべての善から期待される果実であるだけでなく,善を獲得するための恩恵を増大させる手段でもあります。そして,私が殿下の何かお役に立てることに関して貢献できることはといえば,ただそう念じることだけではありますが,しかしそれにもかかわらず,この世の他の誰よりもより完全に私が…であるとあえて確言いたします。

---

1) 当時の医学では,脾臓から黒但汁が出てメランコリー(憂鬱症)になると考えられていた。脾臓が小さくなれば黒但汁の量も少なくなるので,メランコリーはなくなることになる。

579

デカルトからソフィー王女へ[1]

エフモント・ビンネン　1646年11月

(AT. IV, 533 ; AM. VII, 198 ; B. 2320-2321)

［文通の仲介］

殿下

　光栄にもベルリンから拝受したお手紙は，私が殿下に大なる恩義を負っていることを私に知らしめるものです。私が書いたり拝受したりするお手紙は，たいそう品位のある方のお手を介していることを考慮いたしますと，あなたの姉上殿下は天使を仲介役として使い，天使よりもはるかに劣る人間たちの服従を受け入れ，彼らに命令を知らせるのを常とする，至上の神を模しているかと思われます。私の属している宗教は天使の援用を禁じておりませんので，殿下にそのことに感謝を申し上げ，私が極力献身する者であることをここで証言することを，どうかお許し下さるようお願い申し上げます。

---

1)　これは書簡578に付された送り状である。

580

デカルトからシャニュへ

エフモント・ビンネン　1646年11月1日

(AT. IV, 534-538 ; AM. VII, 199-202 ; B. 2320-2325)

［シャニュへの要望］

拝啓

　もし私があなたのご学識をまったく並はずれて尊敬しているのではなく，また私が学ぶことに対する極度の望みを持っていなかったとしたら，私は私がしたようなしつこさでもってあなたに私の書いたものを吟味していただくことを促しはしなかったでしょう。私はそんなことをほとんど人に頼む習慣がなく，その上私は書いたものを美しい装いも人々の目を惹きつけることができる飾りもなく公刊してきました。それは外面のみにこだわる人々がそれらを見ないように，そしてただ注意深くそれらを吟味する労をとって下さる良き精神を持つ幾人かの人々にだけ読んでいただき，私が彼らから何らかの教えを引き出すことができるようにするためです。しかし，あなたはまだ私にそのようなご厚意を与えて下さってはいませんが，他の事柄について多くの恩義を施すことを惜しまれませんでした。さらにとりわけ，さるよい筋より，あなたは幾人もの方に私について好意的にお話しして下さったとうかがいました。さらにクレ（ルスリエ）氏が書いて下さいました手紙[1]では，あなたはあなたがいらっしゃる国の女王陛下[2]に私のフランス語版『省察』[3]を献呈なさるために，それが届くのをお待ちになっているとのことです。私は決してそうした身分の方々が私の名を知ることを望むほど大それた野心を持っていませんでした。それどころか，もし私がサルほどに賢明——未

---

1) 書簡575末尾（本書160ページ）参照。この書簡は失われている。
2) シャニュはクリスティナ女王付きのフランス弁理公使であった。
3) フランス語版『省察』出版は1647年。書簡585（本書）参照。

開人たちは自らをそう思っていると言われます——でさえあったならば，私は決して物書きとして誰からも名を知られることはなかったでしょう．なぜなら彼らは，サルたちはそうしようと思えば話すことができるが，自分たちが働かされることがないように話すことを控えているのだ，と思い込んでいるそうだからです．さて私は書くことを控えるこの同じ思慮を持っておりませんでしたので，もし私が沈黙する知恵を持っていたなら有したはずの十分な余暇や休息がもはやありません．しかし，過ちが既に犯されてしまった以上，私の書いたものを猜疑の目で眺め，そこに私を害する方法がありはしないかとあらゆる方面から探す無数の学院の人々に私は知られていますので，より立派で，かつその力も徳も私を保護できるような人々からも知られることを望む理由が大いにあるのです．

　そして私はその女王陛下の高い評判は何度も伺っていますので，私はこれまでしばしば私に誰か高貴な方々との知遇を与えようと望む人々について不満を言ってきましたが，あなたが女王陛下に私のことを話して下さったことには感謝せずにはいられません．私はここでラ・テュイエリ氏[1]に彼がスウェーデンからお帰りになった後で会いました．彼はその女王陛下の数々の美点について好意的に[2]語られましたので，女王であるという身分は私にはその最も小さいものの一つとして見えました．しかし，そのようなお話は，私が自分の『哲学原理』をある王女[3]に捧げたとき，高貴な家柄の人々は，性別を問わず，他の人々を博識や徳においてはるかに凌駕しうるために年齢をさほど必要としないということを経験で知っていなかったならば，半分も信じられなかったでしょう．とはいえ，私が非常に恐れているのは，私が公にした著作物が女王陛下にわざわざ読んでいただくのに値せず，それゆえあなたがそれらをお勧めになったことを彼女がお喜びにならないのではないかということです．

　おそらく，もし私がその書物の中で道徳について扱っていたとしたら，

---

1) 本書「主要人名解説」を参照．
2) シャニュが1648年2月1日に国務卿ド・ブリエンヌに送ったクリスティナ女王の人物描写を見よ．AT. X, 606-609 および AT. IV, 538-542 を参照．
3) エリザベト女王のこと．

より彼女の意にかなうものでありえると望む余地もありますが，それは私があえて書いてはならないものです。学院の教授陣は，その本を見ても罪のない自然学の法則ばかりなので私に対して非常に激昂しており，そしてそこに私を中傷するための口実が何も見つけられず怒っています。そういうわけでもし私がその後で道徳について扱っていれば，彼らは私に束の間の休息も与えないでしょう。なぜならブルダン[1)]とかいう神父は，私が懐疑論者を論駁したということで私が懐疑論者であると非難するのに十分な理由があると信じ，またある聖職者[2)]は私が神の存在を証明しようと努めたこと以外には他の理由を何も引き合いに出さずに，私が無神論者であると説こうと試みました。ですから，もしも私が人の望みあるいは恐れたりすることのできる物事全部の真価はどれほどか，死後の魂の状態はいかなるものか，私たちはどこまで生を愛するべきか，そして生を失うことを恐れるいかなる理由も持たないためには私たちはどうあるべきなのか，等々を吟味し始めたら，彼らは何を言ってくるか分かりません。私がどんなに宗教に一致した意見や，国家の利益に役立つ意見を持ったとしても無駄であり，彼らは私に，私がいずれにも反する意見を持っているのだと信じ込ませようとするでしょう。それで私は，私が今後できる最もよいことは，本を作ることを控えることだと信じています。そして

> 「皆に知られすぎ，
> 己自身に知られることなく死ぬ者に
> 死は重くのしかかる[3)]」

を私のモットーとしてもはや自分を教育するためだけに研究をし，私の思想を，私が個人的に話すことができる人々にのみ伝えることにしたので，もしそうしたお話があなたと共にできるなら，私は自らがこの上な

---

1) Pierre Bourdin（1595-1653）はイエズス会士。ラフレーシュ学院を経て，パリのクレルモン学院の教授。1639年からデカルトの『屈折光学』を攻撃。『省察』に対しても「第七反論」を書いた。
2) ヴォエティウスのこと。
3) セネカの悲劇『ティエステス』（*Thyeste*）v. 400 の一節。

1646年11月1日（エフモント・ビンネン）

く幸福であると保証いたします。しかし，私がいつかあなたがいらっしゃる場所へ伺うことも，あなたがこちらに隠棲されることもないでしょうから，私が望みうるすべてのことは，おそらく数年後に，フランスへお帰りの際にあなたが私の隠れ家に数日間留まって下さり，そこで私とあなたが胸襟を開いてお話をする手段を得ることです。人は少しの時間で多くを語ることができますし，もし友情が徳に基づいている場合には，固い友情を結ぶには長い訪問は必要ではないと私は考えます。あなたにはじめてお会いする光栄にあずかったその最初のときから，私は完全にあなたのものですし，その時から私はあえてあなたのご厚意を確信いたしております。同様に，もし私が自分のすべての人生をあなたとともに過ごしたとしても，私は今以上にあなたに忠実であることはできないと，あなたにも信じていただければと思います。

　なお，私が情念を研究したことから，あなたはもはや私がいかなる情念も抱いてはならないと結論付けていらっしゃるようです。しかし私は反対に，情念を吟味することによって，それらがほとんどすべてよいものであり，そしてもしわれわれの魂がそれらを感じることが出来なかったなら，われわれの魂はただの一瞬でもその身体に結ばれ続けることを望む理由がないほど，情念はこの人生に有用であることを発見したと，あなたにお伝えします。確かに怒り[1]は，それが何らかの受けた無礼に対するものである限り，慎まなければならないと私が考える情念の一つです。そしてそのためには，われわれは自身の思考を高め，他者がわれわれになしうる無礼がわれわれに決して達しないように努めなければなりません。しかし，私は怒りの代わりに憤りを持つことは正しいと信じますし，私自身しばしば，自分を博識だと思われたい人々の無知に対して，それが悪意に結びついているのを見るとき，憤りを抱くことを白状します。しかしながら，私はあなたに確言できますが，私があなたに対して抱いている情念は，あなたの徳に対する感嘆と，そして特別な熱意であり，その熱意が私を以下のような者にするのです…

1）　書簡568（本書124ページ）を参照。

581

デカルトからロベルヴァルに反論してメルセンヌへ

エフモント・ビンネン　1646年11月2日

(AT. IV, 543-551 ; AM. VII, 203-208 ; B. 2324-2333)

［ロベルヴァルに対する反論］

神父様

あなたは私が『アリスタルコス』について書いたことに対する彼の批判[1]をお送り下さいましたが，もし私の書いたことが真でなかったとしたら，彼があれほど怒ることはないでしょう。彼を苛立たせるのは真理であり，彼を悪口や中傷へと向かわせるのは，自己弁護するための良い理由も持たない悔しさです。

第一に[2]，彼は私が自己矛盾に陥っていると言います。しかし彼自身の言葉は彼の非難が理不尽であることを理解させるのに十分です。彼が言うには，私は「私の二番目の手紙において，軸の周りを自由に揺らされているある物体の相互振動について，地球の中心へと引かれた垂線のようなある垂線に関係づけられたこの物体の諸点の各々の方向は，この垂線上で揺れの中心もしくは打撃の中心を求めるために考慮されるべきである，ということを否定している。しかし，最初の手紙では，この中心はその垂線上にあると私は断言している」ということです。彼が明白な矛盾が存在すると主張する箇所について，私としては何の矛盾もないと主張します。というのも，私は最初の手紙で揺れの中心は地球の中心へと引かれた垂線上に存在すると言いましたが[3]，だからといってその中心を見つけるためにはある垂線に関係づけられた物体の諸点の各々の方向を考慮すべきだと言ったわけではなく，私はこのことを二番目の手

---

1) 書簡572（本書）。
2) 書簡572（本書144-145ページ）を参照。
3) 書簡550（本書39ページ）を参照。

紙で否定しています[1]。なぜなら揺れの中心はその垂線上にあるということ，これは真ですが，このこととその中心を見つけるためにそのすべての諸点の方向をこの垂線に関係づけなければいけないということ，これは私が偽であり的外れであるという理由で否定したものですが，その両者は別のものだからです。私はまた同様に，吊るされたある物体の揺れについて，そこに他の諸線より重要なある垂線があるということも否定します[2]。より重要な，ということで私が理解しているのは，『アリスタルコス』の主張通り，その物体のすべての諸点の方向がそれに関係づけられなければならない，ということです。しかし，彼がこれらの諸点の方向をそこに関係づけようとしたまさにその垂線上にこの揺れの中心があること，これについて私はつねに同意します。そしてここにはいかなる矛盾も見られません。

　第二に[3]，彼が言うには「彼はその証明を私に提出しようとはまったく考えておらず，反論のために自分の権威を認めさせるつもりもなかった」ということです。こうして，彼は自分が最初に書いたものの三分の一が，まったくこうした事柄だけしか含まず，的外れであることを自白しています。すなわち，「われわれ［デカルト氏と私］は…定義については一致しています」という言葉から「しかしわれわれの証明はここで示すには長すぎます」という言葉にいたるまで[4]，この「われわれは」とか「われわれの」によって，彼は喜劇に出て来る空(から)いばりの男を十分面白く演じています。人は彼に向かって，あたかもテレンティウスに登場する男に向かって言うように，こう言いうるでしょう。「あなたが持っているような才覚があれば，他人の労苦で得られた栄光を，しばしば言葉で我が物にできる」[5]と。

　第三に[6]，彼はさまざまな事柄を支持すると言います。しかし，彼はそのどれ一つとして証明していないのですから，それらの事柄は，彼が「心の内に」しまい込んでいる彼が言うところの証明とやらと一緒に，

---

1) 書簡561（本書80ページ）を参照。
2) 書簡561（本書80ページ）を参照。
3) 書簡572（本書145-146ページ）を参照。
4) 書簡558の第一段落から第五段落冒頭まで（本書67-71ページ）。
5) テレンティウス『宦官』（*Eunuchus*）第三幕第一場を参照。
6) 書簡572（本書146ページ）を参照。

あの空いばりする男の話だと言えるでしょう。

　第四に[1]，彼は自分が最初に書いたことの誤りをあくまで貫き通しています。それは，私が揺れの中心と名づけたものの決定に，人が重心と呼ぶものが貢献すると主張したことです。彼はそれを実に見事な仕方で，機械学のある原理を自ら作り上げて弁護していますが，彼はその原理を，自分の口から発せられる神託として私に崇めさせたいのです。彼の言うところのその原理とは，「同じ一つの物体が二つの異なった力能によって運ばれるとき，この力の各々は個別的な中心をもつ」[2]というものです。私はこれを一般的には真でないと強く主張します。というのも，ここで揺れが重さに依存するように，二つの異なる力が，一方が他方に全面的に依存する，という仕方で結びつけられている場合には，二つの力は一つの同じ中心しか持つことはできないからです。そして彼の誤りは，人が重心と呼ぶ点が何か絶対的なものであり，重さのある物体においてつねに同じ力をとどめると想像するところにあります。しかしその点は相対的なものであり，それが重心と呼ばれうるのは，その点を有する物体の諸部分が等しく自由に落下するか，あるいは等しく落下を妨げられる場合においてのみなのです。そういうわけで，動体の吊るされている側面がその他の側面と比べて自由でないこの場合には，重心は位置を変えて，まったく揺れの中心と別のものではありません。これは次の点を考えれば非常にはっきりと分かることです。すなわち，重さと揺れが二つの力であり，物体が自由ならそれを直線方向に落下させ，吊るされているなら両端を行ったり来たりするのに協力する（物体を最初よりも最後に速く落下させるのは揺れである点で，これはそう思われます）が，にもかかわらずその二つの力は一つの中心しか持たないということです。したがって，空中を自由に落下する物体において人が重心と呼ぶ点はまた，その物体がその時に持つ揺れの中心でもあるのです。そして吊るされている物体において私が揺れの中心と名づける点はまた，それらの物体がそのように吊るされている限りにおいて，それらの重心とも呼ばれうるのです。

---

1) 書簡572（本書146-147ページ）を参照．
2) 書簡572（本書147ページ）を参照．

なおまた，彼が実験は私の結論とつねに反すると述べている[1]のは，非常に間違った中傷です。なぜなら，私は自分の結論において，私が空気抵抗とか物体の本性的な鈍重さとか名づけうるもの，あるいは遠回しな表現で説明すれば，釣り合いを保っている部分が保っていない部分の運動に対してなす抵抗を，除外したからです。その抵抗の量はただ実験によってしか決定されえないと私は述べました[2]。それどころか，私はカヴァンディシュ氏に宛てた最初の手紙[3]の丸々半分を，その実験を行う方法を与えるのに使ったのです。そして結局私は，その抵抗がまったく感じられないのは，私が述べた仕方で吊るされた平らな物体しかありえないと言ったのです。そういうわけで，実験が私の結論と完全に一致するためには，私のした計算が，私がその抵抗が感じられないと述べた場合にのみ真であること，他のすべての場合には振動がより遅れることが必要なのです。そしてそれは実験によって発見されるのですから，実験がつねに決まって私の結論と一致することは明らかなのです。ところが反対に，実験によってのみ決定されうることを自分の推論で決定したと自負する『アリスタルコス』は，彼が自分の言を理解せず，この問題については私の手紙から学びえたこと以外何も知らないことを証明しています。彼はただその点においては抜け目なく，自分の証明を「心の内に」とどめておいて，私がそこに欠点を見つけないようにしているのです。

　最後に[4]，私が彼の冗漫さを非難したと彼が付け加えていることについては，私はそれをまじめに読むことができません。というのも，彼は私にある小人を思い起こさせるからです。その小人は，誰かが彼の頭でっかちを馬鹿にしたのを聞いて，それを彼の長所だと考え，彼が大きすぎるので非難されたと考えるような人間です。私は，もし彼が扇形に切った円柱の代わりに扇形を考慮していたら，彼は多くの言葉を節約できたであろう，とついでに言っておきましたが，それは，彼がその円柱について書いたことはすべて無駄であり，読者の邪魔にしかならないこと

---

1) 書簡572（本書147ページ）を参照。
2) 書簡560（本書76ページ）を参照。
3) 書簡550（本書）。
4) 書簡572（本書148ページ）を参照。

を，彼に正直に知らせるためです。そしてそういうわけで，私は小さな紙三枚分の記述を読むことを無視しました。その無用な前書きは，「この推論の誤りは…」[1]という言葉にいたるまで二枚以上を占めているのです。したがって，それは頭が残りの体の二倍大きい，非常に巨大な頭を持った小人なのですが，その頭にはほとんど良識がないのです。それが，彼が自分で長すぎると称しているものなのです。

私はまた，私の『幾何学』と私が『アリスタルコス』に反対して書いた事柄とに，彼が脅しを浴びせているその結論[2]を見ながら，笑わずにはいられませんでした。というのも，騙されて間抜けな辱めを受けた後でも依然として虚勢を張り続け，つねに勝ち誇っていて御しがたいあの空いばりの男を，彼は私に再び思い出させたからです。

彼が私に対する戦意を初めて示したのは，彼が「極大を発見するための」規則を主張したときです[3]。私はその規則には欠けているものがあると言いました。彼はそれにうまく成功しておらず，そのためその規則の発案者であるフェルマ氏は，私がその規則に欠けていると指摘した事柄を彼の答弁に巧妙に挿入することで，その規則の取り下げを証言したのです[4]。

二つめは，彼が私の『幾何学』に書き落としと誤りを見つけたと考えたときです[5]。が，そのどちらにおいても彼が間違っていることを，私はきわめて明晰にご覧に入れました[6]。

三つめに，あなたが彼からのものとして私にその後お送りになった，幾何学に関する質問の大半を挙げることができます。それらすべての質問について，私はあなたに人がそれに与えうるような解決をお送りしました[7]。そして，私はそのうちのいくつかの解決は不可能なものであることを発見し，私は彼が，私に感謝することなくそれらを学ぶために，

---

1) 書簡558（本書72ページ）。
2) 書簡572（本書148ページ）を参照。
3) 書簡552（本書47ページ）を参照。
4) 書簡170（本書簡集第二巻272-274ページ）を参照。
5) 書簡162（本書簡集第二巻211-212ページ）を参照。
6) 書簡168（本書簡集第二巻257-259ページ）を参照。
7) 書簡160（本書簡集第二巻189-202ページ），書簡167（同241-255ページ），書簡176（同339-355ページ）を参照。

自分が知らない事柄を私に提起していたのだと分かりました。そこで私はあなたに，彼がまず自分でそれらを解決できないと白状した上でなければ，もはや彼からどのような質問も私にお送りにならぬようお願いせざるをえなかったのです。また，あなたは私にこの種の質問を三つお送りになりましたが，私はそれらの解決を直ちに次の便であなたにお送りしました[1]。そして私はそこで，彼の学問がどの程度かを見るために，彼が免れえない計算を二つ未完成なまま残しておきました。しかし，それらを完成させる方法を，彼はド・ボーヌ氏から教わらねばならなかったのです[2]。

　四つめに彼が戦意を示したのは，その後同じド・ボーヌ氏が彼と私に提示した質問です。私はそれを解きました。しかし，彼にはまったく歯が立たなかったのです[3]。

　ことごとく不成功に終わったこれらいくつもの試みの後，たとえ彼が私のことをしかるべく認めようとしなかったとしても，もし彼が何らかの判断ないし慎みを持っていたのであれば，彼は少なくとも私を心安らかなままにしておいたでしょう。しかし，彼はその後でもなお私の『幾何学』にある非難すべき点を見つけたとホラを吹いていましたので，私は彼にそれが何であるかを言う義務を負わせたいと思いました。そしてそのために，私は『アリスタルコス』の最初の数ページにおいて私が見いだした非難すべき点を，あなたにお知らせしたのです[4]。そこには大変多くの誤りと理不尽さがありますので，私なら，自分が人からこれほどの真実さでその種の事柄を指摘されるのを見るくらいなら，騙され，間抜けな辱めを受けたほうがまだましです。しかし彼はといえば，以来すでに七，八ヵ月が経つにもかかわらず，彼はそれでもホラ吹きに固執し，あの空いばりする男のやり方で脅しつけることに甘んじています。そこで私もまた，彼をほとんど評価しないことに固執せざるをえません。そしてそれゆえに今後は，彼に由来するものはいかなるものも，他ならぬあなたや事情に精通している他の誰かが，それは読むに値すると，そ

---

1) 書簡185（本書簡集第三巻）を参照。
2) 書簡194および216（本書簡集第三巻）を参照。
3) 書簡194（本書簡集第三巻）を参照。
4) 書簡553（本書）を参照。

して彼はいつになく的を射ていると私に保証してくれるのでないかぎり，読むことさえしないでしょう。
　私はあなたのきわめて恭順かつ従順な下僕
　神父様
　　　　　　　　　　　　　　　　　　　　　　　　　　　デカルト

582

デカルトからメルセンヌへ

エフモント・ビンネン　1646年11月2日
（AT. IV, 552-556 ; AM. VII, 209-212 ; B. 2332-2337）

［ロベルヴァルへの反論，視覚，ヒヨコの実験］
拝啓
　あなたはここに，ロベルヴァルの手紙に対する私の反論[1]をご覧になるでしょう。私は，自分が情念によってそこにいかなる事柄も書き込んでおらず，むしろまったく単純に，自分が抱いている諸見解の真実を，それらを包み隠すことなく書いたのだと，あなたに請け合うことができます。ただし，不慣れなことですが，私は彼の誤りに関する自分の意見を自由に述べました。というのも，彼は理由もなく私をけなすことに執着しているようですから，私は世間の人々にはわれわれが友ではないことを知っていただくのがよいと，そしてそうすることで，彼の言葉も私の言葉も鵜呑みにされず，ただ双方が提示する理由のみが吟味されるべきだと思うからです。私はと言えば，私が彼の側の理由として気づくものはほんのわずかしかありませんから，人が彼に賛同を与えているのには驚くばかりです。彼が主張する規則を考察しましたが，私はそこに真理に見えるものは何も見いだしません。なぜなら，彼は私が理性によっては決定されえず，ただ実験によってのみ決定されうると信じる事柄に規則を与えると主張するのに加えて，私は彼が，動体のすべての諸点の方向をある垂線に関係づけるべきである——そこから彼は円のすべての弧について割線をとります——という考えに立脚していることを見るからです。私にはそのすべてがまったく道理から外れているように思われます。彼はそれゆえ彼が言うところの証明を述べることには非常に用心

---

1)　書簡581（本書）。

しているわけですが，彼は自分がそれらを真だと思い，そして私がその誤りを暴露できないと思えば，必ずやそれらの証明をひけらかすでしょう。彼は一言で言えば，自分が知らないことをすべて知っているとホラを吹いて，自分の弟子たちの間で自分をひけらかすのに慣れた人間であり，彼は，そこで何事か知っているのが彼しかいないときに偶々パリに居合わせたというので，解析によって何らかの評判を獲得したのです。しかし解析においてすら，彼は最も学識ある者の一人ではありません。このことは，私が自分の解決において残しておき，ド・ボーヌ氏が彼のために仕上げた，二つの計算によって明白になりました[1]。

無限の双曲線が描く立体に関する証明[2]は，それを見つけたトリチェリに関しては，非常に見事です。しかし，ロベルヴァルに関しては，トリチェリが彼に与えた命題の順序によって彼がそこに導かれることは必至だったのですから，何でもありません。そして彼のルーレット[3]に関しては，それは特殊な問題でしかなく，彼はそれを偶然に，大した学問もなく，発見できたのです。他のすべてにおいても，私は彼のうちに何ら才覚を認めませんが，理性を欠いた言葉しか含んでいない粗悪な手紙を書くのに，あなたの言では，彼には二，三ヵ月も必要であるということが，それを十分に確証します。ともかく，どうか彼からのものは，他の誰からのものも，もはやこれ以上何もお送りにならないようにお願いいたします。というのも，私はもはや読むことも書くこともできないと公言しているのですから。

私はカルカヴィ氏の苦悩を遺憾に思います。しかし，彼が私に送ろうとしていた手紙をまったく受け取らずに済み，うれしく思うばかりです[4]。私はそれだけ苦痛を免れるというものです。

もしファブリ神父が私に反対するものを何も書かないというなら，私もそれをあえて見ようとは思いません[5]。しかし，人があなたに，彼は哲学全体を私よりもはるかによく，かつ私よりもよい順序で叙述してい

---

1) 書簡581（本書183ページ）を参照。
2) いわゆる「トリチェリのラッパ」に関する証明。表面積は無限だが体積は有限という不思議な立体。AT. IV, 556 の注を参照。
3) サイクロイドのこと。書簡163（本書簡集第二巻213-214ページ）を参照。
4) 書簡575（本書160ページ）を参照。
5) 書簡573（本書150ページ）を参照。

る，と言っていた以上，私は，イエズス会が彼を私に対抗させる構想を持っており，そしてその場合には，私は自分を守ろうとするために彼の書物を読むことを強いられるであろうと思っていました。とはいえ，船便でそれを受け取ることを私が待っていられないほど，事態は差し迫ってはいないでしょう。

　私はあなたの手紙を必ずエルゼヴィエに送るようにし，また今後エルゼヴィエが出版する書物[1]をあなたに送るよう最善をつくすようにします。私が自分のために持っておくがよかろうとして［送って］いただいた本については，お礼申し上げます。［しかし］私がそのような本をもっと多く望んでいることなど，まったくありません。むしろ，私にお贈り下さった本を，人に与えることで誰か他の人を喜ばせてもよろしいなら，私はそれなしでも十分すませることでしょう。というのも，私はヴィエト[2]のうちに私が学ぶべきものは何もないと信じていますし，また書棚を飾るための書物を持つことに興味はないからです。

　私は昔，強く照らされた何らかの対象を注意深く見たのち，そのイメージは目にしばらくの間残り，目が閉じられたときあるいは暗闇においても，さまざまな色調を持っているように思われることに注目しました。それについて私は『屈折光学』や『気象学』のある部分で理由を示したと思います。そしてそれは，眼底にあって，その強い光によって強く揺り動かされる視覚神経の末端が，その動きの後しばらく経っても留まり，その動きが弱まるにつれて，いくつかの色を思い起こさせるということ以外のものではないでしょう。

　また，私は昔，あなたがお知らせ下さったヒヨコの実験と同じような実験もまた見ました。ヒヨコの眼前に指先で何らかの線を描いてみせると，ヒヨコは想像力を奪われて動かなくなる，というものです。そして卵におけるヒヨコの形成については，私は十五年以上前に，アクアペンデンテのファブリキウス[3]がそれについて書いているものを読みました。そして私は，その実験を検証するために自分でときどき卵を割ることさえしました。しかし，私にはより多くの好奇心があり，わざわざその子

---

1) F. Viète, *Opera Mathematica,* 1646. 書簡598（本書232ページ）を参照。
2) 本書「主要人名解説」を参照。
3) 本書「主要人名解説」を参照。

供を見るために妊娠して間もないことが分かっていた牝ウシを解体させました。そして後で，この地の肉屋から，解体中にしばしば妊娠したウシがいることがあると聞いたので，私は彼らに一ダース以上の腹部を運んでくるようにさせました。そこには小さな仔ウシがいて，あるものはハツカネズミくらい大きく，またあるものはネズミくらいの大きさで，そして他のものは仔イヌほどでした。私はそこにヒヨコよりも多くのことを観察することができました。というのも，そこにある器官はより大きく，よく見えるものでしたから。

　カヴァンディシュ氏がロベルヴァルの最新の手紙[1]を私に送ろうと思われなかったことについて，私は彼に恩義を負っています。それは彼の親切さの証拠であり，どうぞ私からの感謝を彼にお伝え下さい。結局，その手紙は悪口とホラしか含んでおらず，価値のわずかでもある推論は何もなく，読まれるに値しないからです。しかしそれにもかかわらず，あのロベルヴァルはそれを彼のアカデミーでひけらかすので，あなたは私にも同様に手紙を書き送る義務をお負わせになり，私はそれに答えることを避けることができませんでした。私はニスロン神父の死を非常に遺憾に思います。そして私は生涯以下の者であります。
　　あなたのきわめて恭順かつ献身的な下僕
　　神父様
　　　　　　　　　　　　　　　　　　　　　　　　　　　デカルト

　　エフモントより　1646年11月2日
　　パリ
　　ロワイヤル広場近隣　ミニモ会修道院　修道士
　　メルセンヌ神父様

---

1)　書簡572（本書）。

583

デカルトからカヴァンディシュへ

エフモント・ビンネン　1646年11月2日
(AT. IV, 558-562 ; AM. VII, 213-216 ; B. 2336-2341)

［振り子の振動について］
拝啓
　私がロベルヴァル氏[1]の最新の手紙をあなたから受け取ることを，あなたがお望みにならなかったことについて，私はあなたに多くの恩義を感じます。そして私は，それはあなたの親切さの結果だと思います。というのも，その手紙はいくつもの罵言を含み，そしてまったく学説を含んでいないので，あなたに読まれるに値するものではありませんし，私にもそれをまったく見ないことで大きな損失はないでしょう。しかしメルセンヌ神父が私にそれに反論することを望まれましたし，また私は彼が私について持っている情愛を知っていますので，彼に従わないことはできないのです。しかしながら，私が多くの人がそうしているようには，まったく評価していない人——その人は私に恩義を施そうすることにあまり熱心ではなかったことを，私はずっと前から知っていましたが——に対して反論したいという欲求が，私に，私の感情に反するいかなるものも書かせなかったのだ，とあなたがお考えにならないために，物体の各々の振動の持続の原因について語りうると思われるすべてをここで手短に繰り返しておきましょう。
　最初に，私は物体を動かすものと，それを妨げるものの区別をします。次に，推論によって決定されうるものと，実験によってしか決定されえないものを区別します。物体を動かす原因は，その物体の諸部分のうち下がっていく部分の重さと，上がる部分も下がる部分も有している揺れ

---

1)　書簡572（本書）。

です。それを妨げる原因は，上がっていく部分の重さと，二つの仕方において無視できない空気の抵抗です。

　最初の仕方は，運動している物体がそこに入ろうとするほど速やかには，空気の諸粒子は自分の場所から外に出るようになっていない，という点にあります。その抵抗は，吊るされた物体の振動がかなり遅いだけに，ここではほとんど感じられません。もう一つの仕方は，われわれが呼吸する粒の粗い空気によりも，地上の物体すべての孔の中にある微細物質に属すもので，この抵抗のために，地上の物体が完全に釣り合っているとき，それを動かすには最小限の力で十分だと理性が説得するように思われるにもかかわらず，われわれはこの力と物体の大きさ，及びその力が物体を運動させる速度との間には，ある比率がなければならないことを，実験によって見いだすのです。そしてこの抵抗は，私が述べた仕方で吊るされた三角形や他の物体においては，その諸部分がすべて一緒に下がるかあるいは上がっていくために，生じません。しかし，もう一方の仕方で吊るされた平らな物体においては――この主題についてあなたに書き送る栄誉に与った最初の手紙において[1]そう指摘したと思いますが――そこではほぼ常に一方の側が上がると他方の側は下がり，そしてこれら二つのうち小さいほうの側は反対側のそれに等しい部分と釣り合っているのですから，多くの抵抗が生じます。さて，重さの一般的な結果として，それぞれの物体の振動と天の諸運動との間には一定の比率がなければなりません。それによって，各々の長さの振り子は一時間にたとえばちょうど千回の振動をなし，それ以上でもそれ以下でもないということが起こります。しかしこのことは推論によってではなく，ただ実験によってのみ決定されうるのです。それゆえ私はここには立ち止まらずに，さまざまな物体の振動にはさまざまな速度がある，というもう一方の結果だけを吟味しました。これらの物体は，ある三角形がある振り子等々と比較されるように，互いに比較されますが，これには重さと揺れが共同で貢献しますので，［重さと揺れの］両者を互いに切り離して考察することはできません。そしてこのような考察によって，私が以前に書いた規則[2]は形成されたのです。

---

1) 書簡550（本書）。
2) 書簡550（本書39ページ）を参照。

上がっていく部分が下がっていく他の部分と釣り合わないかぎりで，その上がっていく部分の重さに由来する抵抗については，私はそれもいっさい立ち止まって吟味しませんでした。というのも，この抵抗はすべての物体において，同じ部分が降りていく際に獲得する揺れとも同じように関係するので，物体の振動にいかなる変化ももたらしえないからです。したがって残るは空気の抵抗のみであり，これを私は自分の規則において，その量はまったく推論によらず，もっぱら実験によってのみ決定されうるという理由で，はっきりと除外しました。そればかりか，私はその実験をどのように行うかを示し，そして平らな物体がこの［空気］抵抗を感じるのをより少なくするためには，この物体をどの方向で吊るすべきかもお知らせしました[1]。そのようなわけで私は今なお，その規則に追加点も変更点もまったく見いだしておりません。そして前述のロベルヴァル氏は，純粋に事実に関する問いを自らの推論で決定しようと，吊るされている物体の重心やら，何か分からない垂線に関係づけられるその物体の諸点すべての方向やらを考えることによって，不器用にも余分な想像を持て余しているように私には思われます。ですからまた，彼が私の規則は実験と一致しないと述べていることも，私には大いに不当であると思われるのです。実験は私が除外したものが，真実に除外されるべきことを示しているのですから。彼を迷わせた道に私が従わなかったからといって，私が誤りを犯したと彼が非難していることも同様です。

　あなたが私の『原理』の第4部第153項に見つけた困難については，私は第2部第56項によって取り除こうと努めました。そこで私は，ありうる限り大きく硬い物体が，それが液体にまわり全部を取り囲まれているときに，最も小さい力によって動くことが決定されうることを証明しています。ここで，磁石OとPが空気に包まれているように，そしてそれらが一方が他方に近づくことを決定する力は，Sに向かうそれらの二つの間の空気であり，それは，その二つの磁石から出る微細物質によってより強く押され，そしてそれに対して共同して働き，RとTに向かうそれは微細物質によって押されず，その同じ磁石の一方からのみでてきます。このことから，この空気はSからRとTに向かわねばなら

---

1) 書簡550（本書41ページ）を参照。

ず，磁石OとPを一方から他方へ押さなくてはなりません。それにしても，あなたが光栄にも私にご提示下さった最初の困難が，最終部の第153節に対するものであることを，私はたいへん名誉に思います。というのもこのことは，それに先立つ部分においてはあなたは何も困難を見いだされなかったということを，私に期待させるからです。とはいえ私は，あなたに私が以下の者であることを確言させていただくことにもまして，大きな野心を抱くものではまったくありません。

　　あなたのきわめて恭順かつ忠僕な下僕
　　敬具

デカルト

584

デカルトからピコへ

エフモント・ビンネン　1646年11月2日
(AT. IV, 563 ; AM. VII, 217 ; B. 2340-2341)

［かつら］

「彼の髪と眉毛は非常に黒く，あごの髭はそれほど黒くなかった。しかし，髪は43歳から白くなり始めた。すぐ後で彼はかつらを装着し，彼の死後に四つのかつらが残された。彼は特に健康のためにかつらの使用を評価しており，そして同じ理由から，頭の充血や他の病気の予防としてピコにそれをつけさせることを困難とはしなかった[1]。」(Baille. II, 446)

---

1) バイエの欄外注：1646年11月2日付ピコ宛書簡。書簡692（本書簡集第八巻）も参照。

585

デカルトからクレルスリエへ

エフモント・ビンネン　1646年11月9日
(AT. IV, 563-564 ; AM. VII, 218 ; B. 2342-2343)

［仏訳『省察』を姪たちに贈る］

「デカルト氏は，［仏訳版『省察』の］印刷と配本についてのすべての配慮を彼［クレルスリエ］に託した[1]。その際，それを自分からのものとしては，自分の三人の姪[2]以外の人に送ってもらおうとは望まなかった。彼女たちは修道女で，そのうちの二人はブルターニュにおり，三人目はポワティエにいた。」(Baillet. II, 324)

---

1)　バイエの欄外注：1646年11月9日付クレルスリエ宛書簡。
2)　兄ピエール・デカルトと姉ジャンヌ・デカルトの娘たちか。AT. IV, 564 の注を参照。

586

デカルトからメルセンヌへ

エフモント・ビンネン　1646年11月23日
(AT. IV, 565-568 ; AM. VII, 219-221 ; B. 2342-2347)

[クレルスリエの病気への助言，レギウスへの反論]
拝啓
　あなたがわれわれの友人たちの病気について書いて下さったお便りは私を悲しませました。しかし，それでもそれらを私に知らせて下さいましてありがとうございます。というのは，私は彼らにいかなる安らぎも与えることができないとはいえ，私は親愛なる人々の悲嘆を分かち合うことは友情の義務の一つだと信じていますから。ピコ氏はすでに私に眼の病気について知らせて下さっていました[1]。しかし彼はそれを重く見てはいなかったので私はもう病気は治ったものだと期待しておりました。クレルスリエ氏の病気は私をより驚かせました。しかしながらその病気は前例がないわけではなく，あなたがお書きになっているところからしますと，私はそれを致命的とも不治だとも判断いたしません。私はただ，無知な医者たちが彼を害する誤りを仕出かさないか恐れています。彼らが最初に瀉血をしたのは正しいことでした。そして私はそれが彼の病気の発作の激しさと頻度をやわらげたことを確信しています。しかし，彼らはパリにおける瀉血の大家なので，彼らが瀉血をすることが彼のためになると気づいた時，それをつねに行い，それが彼の脳を大いに弱め，身体の健康を取り戻させることがないのではないかと私は心配しています。しかしあなたが私に知らせて下さったところによると，彼の病気は足先の一種の痛風から始まったそうなので，もしまだ病気が治っておらず，癲癇の発作も続いているのなら，私は彼の病気が始まった

---

1) 書簡584（本書）を参照。

足の場所で，骨まで切開するのが良いかと思います。特に，もしかつて彼がその場所を負傷したか，くじいたということが分かっているとしたらです。というのも，そこにその病気の原因であるような何らかの腐敗が残っており，それでそれが取り除かれるまでは彼が良くなることがないのかもしれないからです。しかし，私が医学上の診察と，ほんの少ししか知らない病気について，あえて口を出したと知られたら大きな恥となります。それゆえ，もしあなたがその病気の治療に当たっている人々に話すことをお決めになったとしても，それが私から出たことが少しも知られることがないようにお願いいたします。

　レギウスが「精神は身体的原理である」，また「現象からでなければわれわれは何も知ることはできない」と言っている[1]ことに関して，私[デカルト]は彼に賛成しないとあなたが判断なさったことは正しいことです。なぜなら私はちょうど反対のことを書いたのですから。そして筋肉の運動を説明した仕方についても，それは私から出たものであるにせよ，そして，彼はそれをよほど気に入ったのか二度も一言一句そのままに繰り返していますが[2]，しかしながらそれはまったく価値がありません。というのも，彼は私の書いたものを理解しておらず，その原理を忘れており，そして私の図を見ていないので，大変まずい図を自分で描き，そしてそれゆえ機械学の法則に矛盾しています。というのも，既に十二，十三年前に私は人体あるいは動物のすべての諸機能について書いたのですが，しかし，私がそれらを書いた紙は殴り書きされているので，私自身それを読むのに大変苦労するほどです。しかしながら私は四，五年前にそれを親しい友人に貸さざるをえませんでした。友人は一部写しを作り，それ以後別の二人によってさらに転写されました。それは私の許可の下でなされましたが，しかし私はそれを読み返すことも訂正もしていません。そして私は彼らに，それを人に見せないように頼みました。同様に私はそれを決してレギウス氏にも見せないように望んでいました。それは私が彼の性分を知っており，そして私はこの主題に関わる自分の意見を印刷させようと考えていましたので，新説の魅力を他人に奪われ

---

1) いずれも『自然学の基礎』における主張。
2) 書簡574（本書154ページ），書簡575（本書157ページ），書簡590（本書211ページ），書簡603（本書253-254ページ）を参照。

ることを望まなかったからです。しかし，私の意に反して，いかなる方法で彼がそれを手に入れたのか私には知るすべもありませんが，その書いたものの写しを彼は手に入れ，そしてそこから筋肉の運動に関するその見事な作品を引き出したのです。彼は自分の著作を大きくするために，他の事柄をもっと引き出すこともできました。しかし，人が言うところによると，彼はほとんど印刷を終えたときにそれを手に入れた，ということのようです。

　しかし，それは私を怒らせるものではないことを断言します。とはいえ，ただ私はそれを，今後出版される以前には誰であろうと私の書いたものを見せることがないようにしていただくための口実といたします。また，私は賛辞なしに私を引用する人々に対して気を悪くしたりはしません。反対に，彼らをありがたく思っています。というのも，どのような賛辞が与えられても，私はそれを恥ずかしく思うでしょうから。

　私はハーグに行ってきましたが，そこでゾイリヘム氏が私にノエル神父の『燃える太陽』[1]を下さいました。それは彼が軍務に服していた頃，あなたが私のために彼に送って下さったものです。私はそれにざっと目を通しましたが，イエズス会の人々があえて多少新しい意見に従い始めたのを見て，うれしく思いました。

　お伝えするのを忘れましたが，あなたがバンニウス氏の音楽についてホーヘランデ氏[2]にお書きになった手紙に関して，私はあなたにホーヘランデ氏の代わりにお答えすることを引き受けました。私はこれについてゾイリヘム氏とブロメルト氏にお話ししましたが，二人とも私に対して，バンニウス氏は日の目を見ることのできるものを何も残していないと断言されました。

　あなたは私のロベルヴァル氏への返答[3]をもうお受け取りになっているでしょう。この包みを二通の手紙でさらに大きくすることをお許し下さい。それは，あなたがそれらを届ける労をとって下さることで，それらがニューカッスル侯のお手紙――私はその返信をいま認めていますが――のように[4]道中で長く留まらないことを期待しているからです。

　1）　書簡593（本書218ページ）を参照。
　2）　本書「主要人名解説」を参照。
　3）　書簡581，582，583（本書）を参照。

というのも，その手紙が書かれたのは十ヵ月前だったのに，私がそれを受け取ったのはようやく一週間前にすぎなかったからです。
　私はあなたのきわめて恭順かつ忠実なる下僕
　神父様
　　　　　　　　　　　　　　　　　　　　　　　　　　　　デカルト

　エフモントにて　　1646年　11月23日

　4）　書簡587（本書199ページ）参照。ニューカッスル侯とはカヴァンディシュのこと。本書「主要人名解説」を参照。

587

デカルトからニューカッスル侯へ

エフモント・ビンネン　1646年11月23日

(AT. IV, 569-576 ; AM. VII, 222-227 ; B. 2346-2353)

[岩石の生成，水銀の性質，動物機械論について]
拝啓
　閣下が私に宛ててお書き下さったお手紙から授かりました恩恵も，また，その中に含まれている精神——それは尊いお生まれに本来以上の輝きを与えています——のしるしも，ともに最高度に評価すべきものとせざるをえません。しかし，それに加えて，運命の女神はそのお手紙を私の所有しうる最大の幸福の中に位置づけることを示そうとしているようです。というのも，女神はお手紙を途中でとどめ，私がそれを手に入れることを妨げるために彼女のすべての努力を払ってしまうまでは，私がそれらを受け取ることを許さなかったからです。そういうわけで，パリからこちらまで来るのに四ヵ月かかったそのうちの一通[1]を，昨年受け取る光栄にあずかりました。そして今度私が受け取ったものは，1月5日付のものです。しかし，B氏[2]は私に，あなたがそれらの遅延についてすでにご承知であることを保証して下さいましたので，私はそれに対しもっと早くお返事をしなかったことについて弁解いたしません。また，あなたがお書き下さった事柄はただ諸学問に関する考察のみで，時間の変化にも運命の変化にも関係しておりませんので，今回私がそれに対しお答えできることは，あなたがそれを十ヵ月前にお受け取りになった場合よりもあなたを不愉快にする，ということはないと思います。

---

1) 書簡525（本書簡集第六巻）。
2) おそらくボスウェルのこと。

閣下が化学者[1]について下された判断について，私もまったく同意いたします。そして彼らは自分たちが知らない事柄について知っているように見せるために，一般的な用法とは違う言葉を言っているだけだと信じます。また同様に彼らが，彼らの塩による花の蘇生(そせい)について言っていることについても，根拠のない想像であり，彼らの抽出物は彼らが引き出した植物の効果とは別の効果を持つと信じます。このことは，ブドウ酒，酢，そしてブランデーという同じブドウから作ることができる三つのさまざまな抽出物が，まったく異なった味や効能を持っているということからもまったく明晰に経験できます。要するに，私の意見では，彼らの塩も，硫黄も，そして水銀も，お互いに哲学者たちの四元素以上に違うものではなく，水が氷や泡や雪と違う以上に違うものではありません。なぜなら，私はすべての物体は同じ素材から作られており，そしてある物体を構成しているその素材の小さい諸粒子が，他の物体を構成している諸粒子と違った姿を持っている，あるいは違う並べ方をされているのでなければ，それぞれの間で差異を生むことはないと考えるからです。このことはフランス語で出版される私の『哲学原理』の中で[2]十分に説明されていることなので，閣下も間もなくご覧になられることを望みます。

　岩石の生成に関しては，私は特に何かを知っているわけではありませんが，ただ私は岩石と金属を，金属を構成している小さな諸粒子が岩石のそれよりも著しく大きいことで区別します。また私は岩石を，骨，硬い木，あるいは他の動植物の粒子から，岩石はそれらのように物体のあらゆる場所にある小さな管によって流れる何らかの液によってではなく，外側から岩石にくっついてくる，あるいはその孔(あな)の内側に入り込んでくる何らかの粒子の付け加わりによってのみ大きくなる，ということで区別します。そういうわけで，私は小石が生み出される泉があるということには驚きません。なぜなら，私は泉の水はそれが通過してきた岩山の

　1）むろん現代の化学者や化学ではない。パラケルススの例が示すように，当時の「化学者」は医学や錬金術と深い関わりをもっていた。だが，デカルトは水銀，塩，硫酸，硫黄などの化学物質を，粒子説にしたがって機械論的に扱おうとした。この点で同時代の「化学者」とは違うと考えられる。『哲学原理』第4部（ここにも「化学者」は登場する）およびB. Joly, *Descartes et la chimie*, Paris, 2011 を参照。
　2）『哲学原理』第4部第200-203項を参照。

小さな諸粒子をともに押し流し，それらは衝突に至った際にはお互いに容易にくっつくような形を持っており，そして，それらを運ぶ水は，その岩山の層の中にある時ほど激しくも動き回りもしませんので，それらを落ちるままにしておくのだと信じるからです。人体のうちに生み出される石もほとんど同じです。煉瓦が作られる方法についても同様に驚きません。なぜなら，私は煉瓦の硬さは，火の作用によって，その諸粒子のうち，他の物体の孔の中をそこにくっつくことなく流れる小さなウナギのような長く滑りやすいと私が想像する水の諸粒子が出てくることに由来すると信じるからです。私が『気象学』の中で言ったよう[1]に，その物体の湿気や湿っぽさは水の諸粒子からのみなるものです。またそれだけでなく，同じく火の作用によって，互いにより緊密に結びつけているそれほど硬くもしまりもないその物体の他の諸粒子が出てきて，そしてそのようにして煉瓦はより大きな孔を持っているにもかかわらず粘土よりも硬くなり，それから水あるいは空気の他の粒子が入っていき，煉瓦はそれによってより重くなるのだと信じています。

　水銀の性質については，それを正確に知るために必要なすべての実験をまだしてはおりません。しかし，それでも，水銀をあのように液状にするものは，それが構成されている小さな諸粒子が非常に一様でまた滑りやすいので互いにくっつくことが出来ず，そして水の小さな諸粒子よりも大きいので，それらの間に私が第二元素と名づけた物質を通過させることはほとんどなく，ただ，私が第一元素と名づけた極めて微細な物質しか通さない，ということは断言できると信じます。これは私が今までに知った水銀の諸特性に関する実験を説明するのに十分だと思われます。なぜなら，水銀が透明であることを妨げ，またそれを非常に冷たくしているのは，この第二元素の物質の欠如だからです。また，水銀の小さな滴がテーブルの上で水の小さな滴よりも丸く持ち上がるということは，それらの諸部分と空気あるいは他の物体の諸部分の間での不均衡に伴う第一元素の活動なのです。そして同様に，水銀が水のように私たちの手につかない原因となるのも，水銀が水のように湿っていないと考える口実になるのも，その不均衡なのです。しかし，水銀は鉛や金にはよ

---

1) 『気象学』第1講（AT. VI, 233）を参照。

くつきますので，それでその観点からは水銀は湿っていると言うことができます。

　私は英語を解しませんので，ディグビー氏[1]の本を読むことができないのはとても残念です。私はそれのいくらかを翻訳してもらいました。そして，私はまったく理性に従う気でいますし，彼の精神が素晴らしいことを知っていますので，もし彼と協議する光栄にあずかれば，僭越ながら私の意見は彼の意見と容易に一致することを期待します。

　モンテーニュおよび他のいくらかの人々が動物にあると見なしている知性や思考については，私は彼らの意見に従うことはできません[2]。それは，人間が他のすべての動物に対し絶対的支配力を持つ，と言われていることを固守するからではありません。なぜなら，私は動物の中にわれわれよりも強い者がいることを認めますし，どれほど鋭い人間をも欺くことのできる生来の策略を持つ動物も存在しうると信じるからです。しかし，私は，彼らがわれわれの行動，それも思考によって導かれていない行動だけを模倣したり上回ったりすることに注目します。というのは，われわれは歩いたり食べたりしながら，自分のしていることを全然考えていない，ということがしばしばあります。そして，われわれを害するものを拒絶したり，人から受ける攻撃を避けたりすることに理性をそれほど使いません。われわれがわざわざ両手を頭の前に持ってこないようにと望んでも，われわれが転んだときには，そうせざるをえないのです。私たちは学ばなくても，またいかなる思考を持っていなくても，動物のように食べる[3]と思いますし，また眠りながら歩いている人が，目覚めていればそこで溺れるであろう川を時には泳いで渡るという話もあります。われわれの情念の運動については，われわれは思考の能力を持っているのでわれわれのうちで思考を伴っていますが，しかしそれにもかかわらず，情念は思考に支配されていないことは大変明らかです。というのも，情念の動きはしばしばわれわれの意に反して起こりますし，したがって動物においてもありえるどころか，人間においてよりも激し

---

1) 書簡496（本書簡集第六巻）を参照。
2) 『方法序説』第５部（AT. VI, 57ff.）を参照。
3) B 版では「歩く（marcher）」となっているが，ここでは AT 版と AM 版に従い，「食べる（manger）」をとる。

いこともありえますが，それゆえに動物が思考を持つと結論することはできません。

　要するに，われわれの外的行動には，それを検討する人々に，われわれの身体が単にそれ自身で動く機械であるだけでなく，その中には思考を持つ魂があるということを保証できるものは何もありません。ただし，現れてくる課題に関して，いかなる情念にも関係なく使われる言語や記号は除きます。私が言語や他の記号というのは，唖者はわれわれが声を用いるのと同じ仕方で記号を用いるからです。そしてそれらの記号について，オウムの話す能力を除外しますが，狂人のそれを除外しません。なぜなら，狂人の話す言葉は理性に従っていないにもかかわらず現れてくる課題に関してつねに対応しているからです。また私は歓喜や悲嘆，あるいはそれに類する叫びだけでなく，動物に巧みに教え込むことのできるすべてのことをも除外するために，それらの言葉や記号がいかなる情念にも関わらないものでなくてはならない，ということを付け加えます。なぜなら，カササギに，女主人が来るのを見たときには彼女にあいさつをするように覚えさせるとしたら，その言葉の発音がカササギの情念のある一つの動きになるようにするときにだけ可能になるからです。すなわちもしカササギがそれを言う時にいつもなにかおいしいものをあげるように習慣づけたとしたら，それは食べるものがもらえるという期待の動きになるのです。そういうわけで，人がイヌやウマ，そしてサルにさせることのすべては，彼らの恐怖，期待，あるいは歓喜の動きでしかなく，したがって彼らはいかなる思考もなくそれらをすることができるのです。さて，そのように定義されると，言語が人間にのみふさわしいというのは大いに注目すべきことのように思われます。というのも，モンテーニュとシャロンが，人と動物の間よりも人と人の間により多くの差異があると言っていますが，自身の情念に関係なく他の動物になにかを理解させるために何らかの記号を使うほど完全な動物は存在しません。そして，そういう記号を使わないほど不完全な人間もいません。それで，聾唖の人々は彼らの思考を表現する特別な記号を考え出すのです。このことは，私にとって，動物がわれわれのように話さないのは，彼らがいかなる思想も持っていないからであり，彼らに器官が欠けているからではないと証明するための有力な論拠であるように思われます。そし

て動物は彼らの間で会話をしているが，われわれはそれを理解できないのである，ということもできません。というのも，イヌやいくつかの他の動物がわれわれにその情念を表現するように，もし彼らが思考を持っていたとしたら，同様にわれわれに表現するであろうからです。

　私は，動物たちがわれわれよりもうまく多くの事柄をやってのけることは知っていますが，それには驚きません。というのも，そのことさえも，われわれの判断がわれわれに今何時であるかを教えるよりも，それをはるかによく示してくれる時計と同様に，彼らがぜんまい仕掛けで自然に動いていることを証明するのに役立つからです。ミツバチのするすべてのことも同じ性質であり，ツルが飛びながら隊列を作るのも，サルがけんかをするときに，彼らが何らかの秩序を守っているのが本当であればその守っている秩序も，そして最後に，サルが仲間の死体を埋めるという本能も，イヌやネコが糞を埋めるために地面を掘り返す本能と同じく奇妙ではありません。彼らがそれを本当に埋めることはほとんど決してないのです。それは彼らがそれを思考によってではなく本能によって行っていることを示しています。動物は，彼らが思考するということをわれわれに保証するようないかなる行動もしませんが，しかしながら，彼らの身体の器官はわれわれのものとそれほど違わないので，われわれがわれわれ自身のうちに経験するように，彼らの器官に結びついた何らかの思考が，はるかに不完全であるとしても，あるのではないかと推測することはできる，ということだけは言えそうです。これに対しては，次のこと以外には答えられません，すなわち，もし彼らがわれわれと同様に考えるのならば，彼らはわれわれと同じ不死の魂を持っているでしょうが，それはありそうもないことです。というのも，いくらかの動物にはそれを信じて，すべてのものには信じないという理由が少しもなく，またそこには牡蠣や海綿その他のように，それを信じることができるためにはあまりにも不完全なものがいくつもいるからです。しかし，これらのおしゃべりによってあなたにご迷惑をかけることを恐れますし，私の望みのすべてはあなたに私が…であることを示すことでございます。

588

エリザベトからデカルトへ

ベルリン　1646年11月29日
（AT. VI, 578-581 ; AM. VII, 228-230 ; B. 2354-2357）

[ソクラテスの霊，専制君主]
デカルト様
　私は運命の女神の好意にあまり慣れておりませんので，そこから法外なものを期待はいたしません。彼女が，この世で最も偉大な哲学者にも悲しみの理由を与えるような出来事を，私にそうしばしば送りつけてこないならばそれで十分です。そして，私が当地に来てからというもの，目の前のものがすべて私には快く，この国の空気も私の体質になかなかよく合っており，そうした悲しいことは一切起こっておりませんので，喜びについてのあなたのお教えを実行できる状態です。もっとも，私の用務を実行する際，あなたが運まかせの賭け事で経験されたような効果は，決して望んでおりません。なぜなら，あなたがさらに楽しもうという気になっているときに出会った幸運は，普通，人を勝たせるすべての側をそのときあなたがより自由に選ぶところから，おそらく来ているからです。
　しかし，仮に私個人が好きなようにできる理由があったとしても，私は満足できる理由を見いだした場所にいるのですから，私がそこから来た場所［ハーグ］におけるほど簡単に，偶然の運に身を任せることはないでしょう。私の家の利害については，ずっと前から私はそれを宿命に委ねています。賢慮の徳さえも，われわれに残されている他の救済手段にならないのならば，そこで無駄骨を折ることになるのを私は知っているからです。そこで成功を収めるには，ソクラテスの霊よりも，もっと強い霊が必要です。というのは，その霊は，ソクラテスに入獄も死も回避させることができなかったのですから，そのことでそれほど自慢する

理由はないからです[1]。私はまた，私自身の心の動きにしたがって行為する方が，私などよりも賢い人の忠告のままに行為するよりも首尾よく行ったことに気づきました。しかし，それは私の霊のもたらす幸運のせいではありません。むしろそれは，私は他のどんなものよりも私を感激させるものにより多く愛着をもっていますので，私が頼みとしてきた判断にもとづく道よりも，私を害したりあるいは益したりするかもしれない道を，私自身でもまたよく吟味したことによるのです。もしあなたが，私の想像力の隠れた性質に私がなおもある役割を与えることをお望みなら[2]，この地方の人たちの気質，とくに私の知っているオランダのどんな学者よりももっと衒学的で迷信的な学者たちの気質に私を順応させるために，それをお望みであることになると思います。それは，ここの人たちは，みなきわめて貧しいので，ただ生きるために［必要なこと］しか勉強したり，頭を働かせたりしないことに由来するのです。

　医者たちの手から逃れ，彼らの無知からくる被害を蒙らないようにするのに，私は本当にてこずりました。私は病気ではありませんでした。ただ，転地と節食のせいで，疥癬ではなく指に何か腫れものができただけなのです。そのことから医者の方々は，悪性の膿がまだ潜んでおり，それは大きすぎて摘出できないので下剤と瀉血によってそれに対処しなければならない，と診断しました。しかし私はそれ以外では気分がよく，一見するとふっくらしているほどなので，理性も無用なほどの強情さを発揮し，私は今にいたるまで何も治療を受けておりません。私はここでの薬をますます恐れています。なぜなら，ここではみんな，効き目は早くても危険な化学的な抽出物を使っているからです。

　ホルンハウゼンの泉の成分を検査した人たちは，塩からい源泉は普通の塩しか含んでいないと思っていますが，もう一つの源泉については，彼らの意見は一致していません。また彼ら（主としてルター派[3]の人たち）はまた，その効能を水の成分よりも奇蹟に帰しています。私として

　1）エリザベトは，デカルトが好んだ「ソクラテスの霊」を手厳しく退けている。彼女の合理性が表われている箇所の一つである。
　2）書簡578（本書170ページ）で，デカルトがソクラテスの霊をエリザベトに納得させようとしたことを指す。
　3）ホルンハウゼンやシェーニンゲンは，ドイツでもルター派の中心地であった。

は，あなたのご意見にしたがって最も確かな側をとり，それを採用することは決してありません。

　また，暴力と嫌疑は私の気性に反していますので，私は君主博士の格率に従う羽目には決してならないように望んでいます。もっとも，私が専制君主を非難するのは，国を簒奪する最初の計画や最初の企てにおいてだけです。なぜなら，そのあとではそれがいかに厳しいものであろうとも，専制君主をうち建てるのに役立つ手段は軍隊によって主権が否認される場合よりも，大衆に対して害をなすところが少ないからです。

　私はこの［マキアヴェリ］研究に，憂鬱になるほど心を占有されているわけではありません。なぜなら，私は残されているわずかの時間で書かなければならない手紙を書き，私の近親者にしなければならない心遣いをし，あなたのご著書を読み返しているからです。私の理性を涵養するためには，その再読に一時間を費やした方が，他の本を読むのに一生涯を費やすよりも得るところが大です。しかし，ここではご著書を理解できるほど分別のある人は誰もいません。もっとも，私はヴォルフェンビュッテルにいるブラウンシュヴァイク老公爵[1]に，その書斎を飾るためにご著書を揃えるよう約束をとりつけるつもりです。すでに衒学趣味でいっぱいで，カタルを起こしている公爵の頭脳を飾るためにご著書が役立つとはまったく思いません。ここまで私はあなたにお話しをする喜びに浸るがままなのですが，それは，以下のようなつまらない者の手紙を読むことで，（もっと有効にお使いになれる）時間を無駄にさせようと私がし向けるなら，それは人類に対して罪を犯すことになることを私が考慮していないためです。

　あなたに仕えるきわめて親愛なる友

エリザベト

11月29／19日
デカルト様

　1）　ヴォルフェンビュッテル（Wolfenbüttel）は，ブラウンシュヴァイクの南にある町。痛烈に批判されている老公爵とは，ブラウンシュヴァイク・リューネブルク（のちヴォルフェンビュッテル）公爵のアウグストで，このとき67歳であった。エリザベトとは父方の縁戚関係にあたると思われる。現在でもその図書館（Herzog August Bibliothek）は偉容を誇っている。

589

デカルトからホイヘンスへ

エフモント・ビンネン　1646年11月30日

(AT. IV, 787-789 ; AM. VII, 231 ; B. 2356-2359)

［音楽，バンニウスとの交流］
拝啓
　あなたは今，かつて私があなたにお話しした音楽を主題とした手紙[1]をご覧になっていることでしょう。私はかなり苦労して，手許に残っていた反故同然の下書きからその手紙を抜き出しました。もっとも，あなたがこの手紙と，バンニウス氏の手紙──シュールマン女史[2]に宛てて書かれ，その写しをあなたが所有なさっていると思われる手紙──とを照合しないならば，あなたはこの手紙が言わんとすることをさらに推察しなければならないでしょう。この件に関して，あなたがそれを十分忍耐強くご覧になるならば，おそらくあなたには，レ・ミ・ファ・ソ・ラというふうに歌うことを決して習得できなかった人や，他の人がそれを上手に歌ったかどうかを判断できなかった人[3]は，耳による判断にしか依存しない主題に関しては，ただ［そうだろうと］憶測しただけだということが分かり，喜ばれることでしょう。そして，あなたの二番目のご子息が，このことで練習をしたいとお望みならば，バンニウス氏と私とが［昔の］前言を訂正し，われわれは二人とも何も理解していなかったことを示すことによって，ご子息はその機会を得られることでしょう。と申しますのも，われわれの論拠は，バンニウス氏への手紙において私

　1）　書簡294（本書簡集第四巻）を参照。六年前にさかのぼる1640年の手紙。
　2）　Anna Maria van Schurman. オランダの女流学者。バンニウスのパトロンでヴォエティウスの弟子でもあった。名須川学「音楽評論家デカルト──バンニウスのボエセ批判をめぐって」『日本リュート協会会報』第14号（2008年）47ページを参照。
　3）　デカルトは自分が音痴であるとしている（AT. II, 699; III, 829-830）。

がお話ししたように[1]，数学的なものでも，自然学的なものでもなく，ひとえに精神的なものなのですが，そこから，それとは相反する別の論拠が容易に見いだされるからです。もし，ご子息が，この件に関して何ごとかをお書きになるならば，私は喜んでそれを拝見するでしょう。ただし，あなたから私にアンブレットの種子[2]についてお知らせいただけるのならば，どうかウィレム氏[3]が私に約束なさった他の花と一緒に送っていただけないでしょうか。それは，一方のものが他方のものの失念を防ぐためです。私は，粘り強く，熱意をもってなした，以下の者であるとの決心を決して忘れないでしょう。

あなたのきわめて恭順かつ忠実なる下僕
敬具

デカルト

エフモントより　1646年11月30日

---

1) 書簡294（本書簡集第四巻）末尾を参照。
2) 書簡597（本書227-228ページ）および書簡601（本書248ページ）を参照。アンブレット（＝トロロアオイモドキの種子）は，その抽出油が香水製造に用いられる。ホイヘンスによれば，他の花と比べて美しさにおいては劣るが，香りや長持ちすることにおいては優れているとの由。
3) 本書「主要人名解説」を参照。

590

デカルトからエリザベトへ

エフモント・ビンネン　1646年12月

(AT. IV, 589-591 ; AM. VII, 242-244 ; B. 2358-2361)

［腫れものの療法，スコラの学者たち］

殿下

　これまで殿下からいただいた手紙のうちで，去る11月29日付けのお手紙[1]ほど，よい知らせを私はかつて見たことがありません。というのは，それは，殿下がこれまで拝見したこともないほど，今は健康と喜びに満ちておられることを想わせるからです。健康と喜びは，殿下が欠かすことのなかった徳に次いで，この世で人が持ちえる二つの主要な善だと思います。殿下の些細な病のために，医者たちはその任に当たらせて欲しいと主張しているそうですが，私はその病をまったく考慮いたしません。なぜなら，それはときとして少し煩わしいものではありますが，私の国では，若くてその上きわめて健康である者の間ではきわめて普通のことでありますので，私はそれを病気とは見なさず，むしろ健康のしるしであり，他の病気の予防と見なしています。そして医者たちは，それを治すための確かな療法を経験によって会得していますが，しかし彼らは春以外の季節にそれを除去するようには勧めません。なぜなら，春には毛孔（け あな）がより広がるので，その原因をよりよく取り除くことができるからです。したがって，殿下が，とりわけ最も危険な季節である冬のはじめに，そのために薬を用いることを望まれないのは，きわめて理にかなっております。そして，もしこの煩わしさが春まで続くようなら，その時は何か軽い下剤か，通じをつけるスープによって，それを容易に追い払うことができます。スープに入れるのは，料理でよく知られた野菜だけにし，

---

1) 書簡588（本書）。

塩や香辛料の沢山入った食べ物を控えられますよう。瀉血もまた大いに効き目があるでしょう。しかし，それはやや危険を伴う療法であり，あまり度々行いますと命を縮めますので，殿下がそれに慣れておられないかぎり，それを用いることはけっしてお勧めしません。というのも，三，四年続けて同じ季節に瀉血をすると，その後同じことを毎年せずにはほとんどいられなくなるからです。殿下が化学療法を用いることを決して望まれないことは，これまたきわめてご立派です。その効能については長々とした実験が無益に重ねられてきました。薬の調合においてごくわずかな変化でもあれば，うまくやれると思うときでさえも，その性質はまったく変わってしまい，薬ではなくて毒になることになります。

　学問の何たるかをよく知らずに，それを言いふらす人たちの手になる学問についても，ほとんどこれと同じです。というのは，彼らが得たものを何か訂正したり，付け加えたりしようと考える間に，彼らは学問を誤謬へと転換しかねないからです。やっと出版されたレギウスの書物[1]のなかに，その証拠があるように思われます。もし私が，彼はそれを殿下に送っていたと考えているなら，ここでそのいくつかの点を必ず指摘するところでしょう。しかしここからベルリンはあまりに遠いので，彼は殿下のお帰りを待ってその本を贈るのだろうと思います。そして私もまたお帰りをお待ちして，それについての私の意見を申し上げるでしょう。

　殿下が今おられる国で，スコラの学院の所説に完全にとらわれていない学者が誰もいないと殿下が見ておられることに，私は驚きません。というのは，パリでさえも，他のヨーロッパのどこにおいても，それにとらわれていない学者はきわめてわずかですので，もし私がそのことをあらかじめ知っていたなら，おそらく私は何も印刷させなかったことでしょう。しかしながら，多くの人たちが私を攻撃しようという意志をずっと持ち続けていることは確かでも，しかし論戦の場に入ってきた者はまだ誰もいない，ということが私の慰めになっております。私はイエズス会の神父たちから賛辞をいただいておりますが，彼らは新しい哲学の出版に最も興味を感じる人たちであると同時に，何か非難できる理由があ

---

1) 『自然学の基礎』（*Fundamenta Physices*, 1646)。

ると思うなら，私を最も容赦しない人たちであろう[1]，といつも私は思っています。

　殿下が，ヴォルフェンビュッテルにおられるブラウンシュヴァイク公爵に，私の諸著作を所蔵させる約束をされたことについて，お礼申し上げます。というのも，殿下がそれらの地方にいらっしゃる以前には，そこで私は人から知られる光栄を持たなかったのは確かだからです。私は多くの人から知られることにあまり強く動かされないのは事実ですが，しかし，私の熱望する主たることは，まったき献身をもって私が…であることを示しうることにあります。

　1）　イエズス会の神父たちに対するデカルトの心構えが告白されている。かつて論争したブルダン神父などが念頭にあるのだろうか。

591

デカルトからソフィー王女へ

エフモント・ビンネン　1646年12月

（AT. IV, 592 ; AM. VII, 245 ; B. 2362-2363）

［ソフィーを天使に比す］

殿下

　姉上殿下のお手紙と一緒に光栄にも拝受したお手紙は，私の精神に大なる驚異と尊敬の念を残しましたので，天使といえども，その出現に浴する人たちの精神にそれ以上の念を残すことはありえないないほどです。お手紙は私の持っていた考えを弱めるどころではありませんでした。反対に，天使の姿にも比すべきは殿下のお姿（画家たちはそのお姿を元に天使をうまく描写することで庇護者を得ることができます）[1]だけではなく，むしろ殿下の精神の美しさ（哲学者たちはそれを称賛の対象とし，これら聖なる知性[2]の美しさに似たものと見なすほどです）を私に確信させております。それらの知性はただ善をなすことのみに向けられており，そして自ら献身の念を持つ者に恩義を施すことを拒否しません。それゆえ，私はとりわけ熱誠をもって私が…であることを，信じて下さるようお願い申し上げる次第です。

---

　1)　エリザベト宛書簡392（本書簡集第五巻264ページ）にも同じ表現がある。
　2)　原文は divins génies で「聖なる霊」とも「守護霊」とも訳せるが，ここではイタリア語訳をとる。いずれも天使を指す。

592

シャニュからデカルトへ

ストックホルム　1646年12月1日[1]

(AT. X, 609-613/IV, 581-583 ; AM. VII, 232-235 ; B. 2362-2367)

［愛をめぐって，スウェーデン女王の横顔］

拝啓

　もし，私が，自分の感情に信頼を寄せていたならば，あなたのお手紙の一通を拝領し次第，そのお手紙が私のうちにかき立てる熱意をもってそれにご返事したことでしょう。しかしながら，私は，それを押し留めました。私にとって，なるほどあなたのお手紙がきわめて大切で有益だとしても，私自身の手紙に対して同じ判断を下してはならないと 慮(おもんぱか)ったのです。というのも，あなたが可能な限り隠し立てなさっても，私はあなたのお手紙の中につねにあふれるような教養を見いだしているからです。また，私が有している最上のものすべてを誇示しようと努めても，あなたに見合うことなど何も書けそうもないからです。とはいえ，この彼我の相違において，たとえ私たちがそれぞれ異なる道を通ってそこに導かれるとしても，ひとつの点で合致いたします。あなたは，私に対して，多大なる好意を抱いていらっしゃる旨を断言なさいました。そして，この点に関して，ありきたりの友情を示すのではなく，それ以上の情愛をもって，私は，申し分なくあなたに敬意を捧げさせていただくとお答えすることができます。あなたが情念の価値と本性について，お持ちになっておられる認識において，もしあなたが愛を高貴なものに列せられるならば，私の魂の他のあらゆる活動の弱さには目をつぶっても，この

---

　1) このテキストは，スウェーデン外事関連古文書資料館に保管されている原本草稿（1645-1646, vol. 10, f. 376-379）に基づいている。いくつかの断片に分かれ，その上わずかに欠けている部分もあるが，完全といってよい。かつてバイエによって出版され（Baillet, II, 308-309），後にアダン・タヌリによって復刻されている（AT. IV, 581-583）。

活動だけには満足されることでしょう。

　しかし，愛については，あなたに対して，ためらわずに自分の無知を告白しなければなりません。愛について古代人がものした，多くの立派な書物を読んだ後，私は彼らの書物に足を留めたままです。かつて光について書かれたものを読んだときに，それがとても好ましくかつ必然であると感じられたようにです。しかし，私は，愛について，何事かを心得ているわけではまったくありません。私は，他の人々と同様，この情念の喜びと甘美さを感じています。しかし，実際のところ，私はこの情念を知っているわけではありません。そして，この魂の活動が何であるかについて，的確に究明することができないのです。たくさんの種類の異なった欲求であれ，明白な根拠を欠いた多くの傾向であれ，とても奇妙な喜びの対象はおびただしい数にのぼるのですが，それらが私を当惑させます。その結果，私は，さらに深く探ろうとはせずに，それに値すると私が見なすものを愛することに決めたのです。

　ところで，ときとして私を悩ませるひとつの困惑があります。そして，私はますます進んであなたにそれを打ち明けるのですが，それというのも，この困惑との遭遇に関して，あなたは思いやりから私にそれについて語るように促すでしょうが，それは単なる好奇心に駆られてというのではなくて，私の重荷を軽減するために他ならないからです。私が理性の声に耳を傾けるとき，神を愛さなければならないことを強く意識します。私はこの点について，キリスト教の真理や，それに伴う神の恩寵の助けを借りずに，純粋に道徳的な探究の言葉で語ります。しかし，私には，情愛のあらゆる程度や動機がとても乏しいように思えますので，いたるところから無限の対象に向かう私たちの魂のこの動きは，きわめて尊重すべき驚きや当惑とは別様の仕方で呼ばれうるということを，ほとんど理解することができません。私は自分が間違っているのかどうかが分かりません。そこで，あなたに懇願しますが，自分の考察が誤っているかどうかについて私が迷わないようにしていただきたいと存じます。もっとも，哲学者の誰もが，人間は神を愛さなければならず，神に対する被造物のこの親密さこそ宗教の原理であるとしかあえて語らないように，私には見えるのです。

　そもそも，あなたの『原理』を拝読する以前には，光の正体について

私は無知だったとはいえ，少なくとも私が現在そうであるのと同じくらいには明らかに見ていました。そういうわけですから，私は愛の本性についてまったく何も知らないことをあなたに白状するにもかかわらず，とくにあなたと比べて私が愛に鈍感なわけではありません。そしてこのことが，自分のうちにかくも大きな労力を感じることをいっそう困難にし，自分をかくも激しく押し流すものが何であるかを知らないようにするのです。この情愛を私のうちにもたらす原因を私はよく知っております。その効果を感じてもいるのです。私は，自分の魂の最も甘い感情として，その情愛を保っております。ところが，すべてを以てしても，私は，それが何であるかを実際には知らないのです。

　ラ・テュイエリ夫人[1]は，われらのスウェーデン女王の素晴らしさについて語られたときに，あなたを欺きませんでした。本当のところ，あなたは，女王の精神の力に驚かれることでしょう。国務の処理に関しては，彼女はそれらを心得ているばかりか，その重責を力強く担っておいでです。そして，ほとんどお独りでそれを引き受けておられるのです。他の多くの宮廷においては，国務は大臣たちとともにしか取り扱われないのに，ここでは，私たちは女王のお耳に入れるだけで済み，そして彼女のお口から回答を得ているのです。彼女はとても巧みなので，ご自分の年齢や経験不足は，彼女と会話を交わす人々に何の優位も与えません。この点において，彼女のご判断は，国務の取り扱いの慣例について彼女が心得ておられないかもしれないすべてのことを補っているのです。

　私は，このことに関して自制し，この偉大なる女王に対する不完全な称賛をなすつもりはありません。そのことについては，あなたにお知らせするためだけに語ったのです。誰もがきっとあなたを知っているように，彼女はあなたをご存知です。また，私の判断によれば，大国を治めるという重荷はあっても彼女にこれらの省察に打ち込むための十分な時間が残されるならば，彼女は通俗的な意見に隷従することから見事に解放された見識をお持ちですので，世界の誰であれその人と同じくらいあなたの『原理』を明晰に理解されるでしょう。彼女が公務への気遣いか

---

1) フランスのスウェーデン大使ラ・テュイエリの妻。ラ・テュイエリについては本書「主要人名解説」を参照。

1646年12月1日（ストックホルム） 217

ら解放されうる機会において，また，元首としての務めのために彼女が私に与えて下さった会見の後でもしばしば，彼女は，学者の間でとても重要だと見なされている話題に加わって気晴らしをなさっておいでです。もっとも，私はあなたに断言させていただきますが，彼女の目の前で会話をなさる際には，とても慎重であるべきでしょう。

　過日，私が光栄にも彼女に謁見させていただいた際のことです。彼女は，思いがけずひとつの問いに言及されました。それは，彼女が私に自分の見解を披瀝するようにお申し付けられた問いでした。そして，私が喜んでここに付け加えますのは，その問いはこの手紙の最初の方であなたに申し上げた事柄からかけ離れているわけではなく，彼女の精神がとても気高いことをあなたに知らしめるだろうからです。その問いは「愛と憎しみが異常だったり悪用されたりすれば，ふたつのうちどちらがより有害なのでしょう」というものです。問いは一般的なものでした。愛というこの言葉は，哲学者たちの流儀で理解されました。愛を囁く人が，娘たちの耳元でとてもしばしば響かせる類のものではありません。この問いに関して，私は，あえて彼女のお考えとは反対の立場を取りました。そして，私の反論の結果，彼女に，偉大なる知恵や巧妙な論理について多くのことを語っていただく運びになりました。しかし，紙幅も私の意図も，私たちの意見をあなたに述べることを許しません。もしあなたが，ご自分の判断をお与えになって，女王をやり込めるという危険を冒すおつもりならば，残りをお話しいたしましょう。彼女がご自身の意見を主張なさったように。

　彼女にそれを推薦するために，間もなく手に入るはずの，あなたの『省察』の仏訳版を私は待望しております。そして，もし，上記の問いにおいて，あなたの判定が彼女のお考えに好意的ならば，私は彼女に，自分が間違っていたことを，そして，あなたがご自分の意見を堅固にされておられたことを，白状する機会を見いだすでしょう。もう，私には，私は…であると，あるがままにあなたに語るための余地しか残されておりません。

　　　　　　　　　　　　　　　　　　　　　　　　　　シャニュ

エフモントのデカルト氏に

593

デカルトからノエルへ

エフモント・ビンネン　1646年12月14日
(AT. IV, 584-586 ; AM. VII, 238-240 ; B. 2366-2369)

[忠告へのお礼, 書物の話題]

神父様

あなたが私にお書き下さったお手紙は9月28日付[1]のものでしたが，にもかかわらず私がそれを拝領しましたのは一週間前のことにすぎません。もう少し前に届いていたならば，あなたが特別のお計らいで私に与えて下さったよきご忠告に対してお礼を申し上げるために，私はきっともっと早くそのお手紙にご返事したことでしょう。私はこの点で，あなたに対してとても恩義を感じております。さらに，早くご返事したかったのは，きわめて念入りにそれらのご忠告に従うつもりであることを，あなたに断言するためでもあります。また，私はあなたに，私に送って下さった『自然学者の格言集』ならびに『燃える太陽』[2]に対して，恐縮ながらお礼を申し上げます。この後者の論考を受領してから三週間しか経っていません[3]。その本の五ページにおいて私の論述が引用されていることを名誉に思うことの他に，あなたの所属する修道会の神父様たちは，古代人の見解にそれほど執着されず，むしろ，あえて新説を唱えさえしますが，私はそのことをとてもうれしく存じます。『自然学者の格言集』に関して申せば，私はまだそれを拝見してはおりません[4]。もっとも，機会がありしだい私にそれを送っていただくことを約束してお

---

1) この手紙は失われている。
2) それぞれ *Aphorismi Physici, Sol Flamma*。書簡573（本書150ページ）を参照。
3) 書簡586（本書197ページ）を参照。
4) デカルトは，リエンヌ神父からブルゼ侯爵に呈せられた献辞の中に，ノエル神父の意図が「アリストテレスのであれ，デカルトや化学者自身のであれ，それらの哲学の中で確証されていることどものすべてを集めること」であったことを，見て取っている。

いででした。
　さらに付け加えて申し上げますが，私は，以前シャルレ神父様[1]に宛てて手紙を書いたとき，彼がフランス管区長[2]であられたことを，まだ存じ上げておりませんでした。同様に，彼がアメリカからご帰還なさっていることも不確かでした[3]。なお，私が彼に語ったこと[4]は，パリから由来したものではなくて，ブラバント，ローマ，ラフレーシュ，その他からのものでした。また，私が彼に不平を述べ立てていたとしても，それは，私に対抗して印刷された書物が一切存在しないということではありませんでした。というのも，仮にそのような書物が存在していたとしても，そのことは私を決して傷つけることはできなかったからです。反対に，それらの書物がどんな形態を採ろうが，どんな仕方であろうが，私はつねに，それらは私に有利に働くということを信じているからです。したがって，それらが正しければ，私は喜んでそれらに学んだり，あるいは，それらに返答を与えたりすることになるでしょう。そうでなければ，私に攻撃を仕掛けてくる人々の無力を曝け出すことにのみ，それらは役立つことになるでしょう。かくして，私は，あなたに断言できますが，ガッサンディ氏の抗弁書[5]は，私の気に入らなかったわけでは決してありません。むしろ，メラン神父[6]様が西インド諸島[7]に赴かれる以前にそれについてなした論評が私を満足させたことと大差はありません。というのも，彼は私に，自分はごくわずかの時間ですべてを読了し，その結果，私の見解に反対のものは何も見いださなかった，という内容のお手紙[8]を下さったからです。この点については，彼に気兼ねな

　1）　書簡573（本書150ページ）を参照。
　2）　シャルレ神父は，1627年から1646年の1月13日にかけての19年間，ローマにおけるフランス管区の助手を務めた後（遅くとも）1646年5月31日には，パリにおける同管区の管区長に就任している。そして，1649年7月に至るまでこの職務を保持した。
　3）　この点については，1645年もしくは1646年のメラン神父宛書簡535（本書簡集第六巻）を参照。
　4）　書簡567（本書121ページ）を参照。
　5）　1644年に出版された『形而上学探究』（*Disquisitio metaphysica*）。ガッサンディについては本書「主要人名解説」を参照。
　6）　本書「主要人名解説」を参照。
　7）　書簡535（本書簡集第六巻）を参照。
　8）　この手紙は失われている。

く請け合っていただけました。しかし，私を最も不快にさせるものは，個別の論考です。これらに対して，私はあなたに白状しますが，それらをものした人々は私に敵対しているのだということを公に知らしめること以外，私にはまったく打つ手がありません。そうすることで，彼らは人々の信頼を損ねることになるでしょう。

　しかしながら，それぞれの人が私の考えに従うことを求めたり，あるいは，私とは異なる考えを抱く人々が，自分たちの判断を率直に語ることに腹を立てたりするほど，私は気難しいわけでも，正義に悖（もと）るわけでもありません。私は，ただ，たとえ彼らが自分たち自身でよき見解を抱いていたとしても，彼らがそれについてまったく語ったことのない事柄をめぐって，他の人々に間違った見解を抱かせようと努めている人々には，対抗すべきではないかと思っていたのです。また，それは誠実さに反しているがゆえに，私は，あなたの修道会の神父様たち，とりわけ，そこにシャルレ神父様がおいでになるフランス管区の神父様たちに対して，私がそれについて疑うことができない特別な情愛と卓越した徳から，そのようなことは一切想像さえしませんでした。私はまた，衷心より，愛情をもって，私のすべてがあなたのものであることを決して疑わないでいただきたいと存じます。そして，私を信じて下さることをお願いいたします。

　　あなたのきわめて恭順かつ献身的な下僕
　　神父様
　　　　　　　　　　　　　　　　　　　　　　　　　　　デカルト

594

デカルトからシャルレへ

エフモント・ビンネン　1646年12月14日

(AT. IV, 587-588 ; AM. VII, 241 ; B. 2370-2371)

［『哲学原理』仏訳序文］
神父様
　私が，尊師から拝領するという名誉に浴した何通かのお手紙[1]は，私にこの上ない恩恵を施しました。そして，それが私の力量の範囲内である限り，私の友人の誰であれ，私がそこに見いだすよきご忠告に反することは何もさせないように気遣うつもりです。たとえ誰も個人的に攻撃することはせずに，いたるところで普通に教えられている哲学について人が一般的に自分の考えを語るとしても，あなたはそれを嫌に思うことがない旨そのお手紙でお伝え下さいましたが，それだけでも私にとっては大したことなのです。それに陥ることを自制することは困難な主題ですが，私の友人のひとりによってかつて始められた事柄が私には満足できませんでしたので，止めてくれるように私は彼に頼みました。あらゆる用心深さや，誰をも傷つけないようにするために必要な自制をよりよく用いうるように，私は自ら筆を執ろうと思います。それは長文の論考を書くためではなくて，ある序文[2]において，私の良心が私に対して公衆に注意を促すべく強いるように見えることどもを単にたまたま取り上げるためです。というのも，実際のところ，私は，もし私が自分の傾向だけを追求していたならば，決して何も印刷に付すことはなかったでしょうし，自分の義務から解放されることや，私があなたに対して抱いている恩義の記憶によって駆り立てられる情念以外には気遣いをしなかっ

---

1) これらの書簡は散逸している。
2) 1647年に出版された『哲学原理』仏訳版の序文。

た，と言いうるからです。そして，その恩義は，私を以下の者とさせます。

あなたのきわめて恭順かつ忠実なる下僕
神父様

デカルト

595

デカルトからメルセンヌへ

エフモント・ビンネン　1646年12月14日
(AT. IV, 748 ; AM. VII, 236-237 ; B. 2372-2373)

［複数の手紙，クレルスリエの病気］

神父様

　私が，ブルダン神父様の手紙とともに，あなたから短いお手紙を拝領したのは今週のことでした。あなたは，そこにおいて，これはあなたが私に書いた三通目の手紙であるが返信はない，とご通知下さいました。しかしながら，私は，あなたからいただいた他のすべてのお手紙に先立って，そのお手紙にご返事をしていると思います。最近のものでは，私はニューカッスル侯爵様にもまた書いておりました[1]。それに先行するものでは，ロベルヴァル氏のお手紙に対するご返事[2]を加えておきました。また，さらにそれ以前のものには，ル・クレヴィにいる私の甥に宛てた手紙[3]を加えておいたように思います。あなたが私の返信を受け取られたかどうか，また，あなたに宛てて私に手紙を書いたこの甥がまだパリに滞在しているかどうかを，お知らせ願えませんでしょうか。さらにまた，クレルスリエ氏のご体調がどんな具合なのかも，お知らせいただきたいと存じます。彼のご病気をとても心配しております。また私は，彼がそこに転地を余儀なくされたブルターニュからの数通のお手紙を待ち望んでおります。それらは紛失すると困ります。というのも，その中には為替手形が入っていると思われるからです。とはいえ，私は，たとえ彼の体調不良が私にお手紙をお書きになることを妨げていたとしても，

---

1) 書簡587（本書）。
2) 書簡581（本書）。
3) 書簡577（本書168ページ）を参照。なお，甥に宛てたデカルトの返事の手紙は失われている。

彼の一家の人々が，必ずやそれらのお手紙を受け取られ，そして私に送っていただけるものと確信しております。しかしながら，もしあなたが彼のお見舞いに出かけられるなら，彼らに，私宛の数通のお手紙を受け取っているなら，それをあなたの許に転送する労を取っていただきたいとおっしゃって下されば，うれしく思います。私には今や次のこと以外にあなたにお願いすることはもう何もありません。私は，衷心よりあなたのきわめて恭順かつ忠実なる下僕である，と。

　神父様

　　　　　　　　　　　　　　　　　　　　　　　　　　デカルト

　　エフモントより　　1646年12月14日
　　パリ
　　ロワイヤル広場近隣　　ミニモ会修道院　　修道士
　　メルセンヌ神父様

596

デカルトからファン・フォレースト[1]へ

エフモント・ビンネン　1647年1月5日
(AT. X, 614-617 ; AM. VII, 246-247 ; B. 2374-2375)

［隣人への取り計らい］

拝啓

われわれの隣家の宿屋の主人は現在，不運に見舞われ逃亡中なのですが，その夫人が私に，あなたに手紙を書いて，会計法院のご友人のどなたかに，夫の財産没収について自分を厚遇してくれるよう，口利きをお願いしてほしいと望んでいます[2]。あなたはこの街の住民すべてに対してあり余る慈愛と善意をお持ちですから，私が手紙に書きうることがそれを増大させるはずなどまったくないことや，またここでは新参者の私があなたに，あなたの方がよくご存知の男がどんな人物かお伝えしたり，彼の財産の価値——彼は許しを得ようと自分の全財産ばかりか友人たちの財産まで使い込み，すでに破格の出費をしてしまったせいで，その価値はたいしたことはないと言われております——についてあなたにお知らせしようとしたりすることは筋違いであろうことも，私は充分承知しております。しかしながら，人は自分が仕えたいと望む人々に対してなら恩義を負うことも怖れないものですから，この哀れな隣人の利を計らって下さることで，この隣人があなたに負うことになる恩義を，私もまた分かち持つのだとあなたにお示しするために，私はこの手紙を書くことを拒もうとはしなかったのです。それどころか，あなたが私をあなたとの友情の栄光にとどめおいて下さるよう，そして私が以下の者であることを信じて下さるようあなたにお願いすべく，このような機会を得た

---

1) 本書「主要人名解説」を参照。
2) 本書簡は，書簡538（本書）と同じ事件に関するものである。

ことは私にとって大きな喜びでさえありました。
　あなたのきわめて恭順かつ従順なる下僕
　敬具

                デカルト

　エフモント・ビンネンより　1647年1月7日
　ハーグ，高等法院評定官
　ファン・フォレースト様

597

ホイヘンスからデカルトへ

ハーグ　1647年1月7日

(AT. IV, 789-790 ; AM. VII, 248 ; B. 2376-2377)

[バンニウスへの反論，アンブレット]

拝啓

あなたがすでに11月30日にお書き下さったお手紙[1]に，ご返事を差し上げるのが遅くなってしまいましたが，私の忙しさをご理解頂けると思います。例の婚礼[2]が忙しさに拍車をかけました。婚礼に際し，結婚契約の監査役を務めねばならなかったのですが，それはかなり手間暇のかかる仕事だったのです。それゆえ，哀れなバンニウスへのきわめて素晴らしい反論[3]に対して，いずれあなたには私からささやかなお礼をいたします。彼には，あなたのように権威ある検閲官が必要だったのですが，ただ吠えるばかりと思っていたわれわれ他の仔イヌものうちで，彼はもっぱらあなたの権威だけを認めていたのです。しかしながら，私はこの主題については自分にも言うべきことがあると思いましたし，今でもそう思っています。が，それをこの手紙に書くには長すぎるでしょう。いつかお会いしたときに，それについて話し合いましょう。嗅覚に対するある新たな調和的比率を同封しました。例のアンブレットの種子ですが，もしあなたがその花をご存知ないなら，それは貴重種のコリアンダーであること，たとえそれが美しさでは普通の花に及ばないとしても，香りと持続性ではそれにまさることをご承知おき下さい。というのも，

---

1) 書簡589（本書）。
2) 1646年12月7日に挙げられたブランデンブルク選帝侯とオラニエ公フレデリック・ヘンドリックの長女の結婚のこと。
3) 書簡589（本書208ページ）を参照。また，書簡294（本書簡集第四巻）のデカルトとバンニウス＝ボエセの音楽についての論争も参照のこと。

この花は死を迎えた後でさえも，茎を切って水につければ，私の知っている他のどんな花よりも長く，さらにまた最も美しい女性よりさえも長く，その優美さを保つと聞いているからです。彼女たちも，息を引き取れば，すぐに悪臭を発するものです。私が申し上げうることとして最後に，この年頭にあたり改めてあなたに，私は生涯すべての年月にわたり，以下の者であり続ける，ということだけ確言させていただきます。

　あなたの恭順なる下僕
　敬具
　　　　　　　　　　　　　　　　　　　　　　　　C. ホイヘンス
　　ハーグにて　1647年1月7日

598

デカルトからメルセンヌへ

エフモント・ビンネン　1647年1月25日[1]
(AT. IV, 593-597 ; AM. VII, 249-252 ; B. 2376-2381)

［光，ヴィエトの本，三角形の振動］

神父様

12月1日付のあなたの前々回の便りを拝受したのは，ほぼ一ヵ月前のことでした。しかし，そのお便りを受け取る以前に私はほとんどあなたに手紙を書いていなかったこと[2]，そのお便りが迅速な返信を望むような内容を何も含んでいなかったこと，また，その一週間後にはロベルヴァル氏の弁護のためにあなたがお書きになった手紙を送ると約束して下さっていたことから，あなたにお返事するのをここまで待っておりました。とはいえ，今月5日付けのあなたからの最新便を，私はその時点ではまだいっさい受け取っていなかったにもかかわらず，あなたの近況をお尋ねするために，今回の便であなたに手紙を書こうと決心していたのです。

あなたは先の手紙で，説教師たちが，私の哲学は光についての彼らの美しい比喩を台無しにするという理由で，私の哲学に反対している，と知らせて下さいました。しかし，もし彼らがそうしようと思うならば，私の『原理』からもっと美しい比喩を引き出すことができるでしょう。というのも，これらの比喩がそこからのみ引き出される諸々の効果は同じまま保たれ，異なっているのは単にその効果を説明する仕方だけであり，そして私の考えでは，私の説明こそ最も理解可能で，最も容易だからです。こうして彼らは，栄光の身体[3]の諸性質を説明するために，そ

---

1) 1646年12月1日付と1647年1月5日付の失われた二通の手紙への返信である。
2) 書簡595（本書223ページ）を参照。
3) 復活後の至福を受けた身体のこと。

れらが光の諸性質に似ていると言うこともできますし，またそのような光の諸性質とは何であり，どのようにしてそのような諸性質が光のうちに見いだされるかをよく理解させるよう努めることもできるわけです。だからといってその際，光線が物体であると言うわけではありません。それでは偽を言うことになるでしょうから。また，栄光の身体は自然の力のみによってそれに帰される諸性質を持つのだと，これまた偽となる事柄を説得しようとするわけでもありません。とはいえ，光線が物体的でありさえすれば，すなわちそれが何らかの物体の特性でありさえすれば，他の同様の諸特性が奇蹟によって福者の身体に付与されうることを説得するには充分です。ライデンに，この国で最も弁が立つと評され，私の知る限り，自分の職業に最も誠実な人である牧師がいると聞きました。彼はヘイ（ダヌス）という名で，しばしば私の哲学を説教で用い，そこから非常に評判の良い比喩や説明を引き出しているそうです。しかし，それは彼が私の哲学をよく研究したからです。私の哲学が新たな比喩を提供するであろうことを喜ぶべきであるのに，それが古い比喩を取り除いてしまうと不満を持つ人々は，おそらく私の哲学をよく研究していないのです。

　あなたが数部お持ちのヴィエトの本についてですが，あなたはそれらを随分前に入手されたに違いありません。というのも，エルゼヴィエ氏が私のためにとホーヘランデ氏へ一部渡して下さったとき，彼はホーヘランデ氏に，プチ氏への荷の中に入れてそれらを送ったと言っていたからです。あなたがその一部を私に下さったことはありがたく，感謝申し上げます。しかし，私はその本をさらに必要とするどころか，私がいただいたものをここで誰かに与えるようあなたがお望みになるのなら，私はそれをやすやすと手放してしまうでしょう。というのも，そこに私が学ぶべき事柄は何もないように思われますし[1]，私がもはや数学を研究しなくなって久しいからです。

　とはいえ，私は数学を未だそれほどには忘れてはいないため，三角形の振動についてのロベルヴァル氏の規則を分析することはきわめて容易でした[2]。というのも，その規則はつねに実験と一致するとあなたがお

---

1) 書簡582（本書187ページ）を参照。

1647年1月25日（エフモント・ビンネン） 231

手紙で断言なさっているのを見て，私はその規則を吟味しようと努めたからです。しかし，このような分野での実験はきわめて正確ということが決してありえないだけでなく，彼の規則は，彼がそれを提示するような仕方では，あたかも好きなだけ長くしたり短くしたりできる鐙(あぶみ)か，あるいは，どんな意味にも取りうるシリアの女神の神託*1)のごときです。それゆえ私は，彼が自分の計算の正しい値を見つける方法をあなたに示してもいないのに，この規則が実験と合致すると説得されるがままのあなたの善良さには，まったく恐れ入ります。その方法を彼自身も知らないと思いますが，その方法は以下のとおりです。

三角形 ABC があるとします。彼の規則に従い，9月15日付の手紙*2)であなたがその規則を私に伝えて下さったような仕方で，B から打撃の中心 H までの距離を見つけるには，私は以下のようにします。垂線 BD が底辺の半分である DC に対してあるのと同じ比で，DC があるもう一つの線に対してあるようにし，この線を N と名づけます。

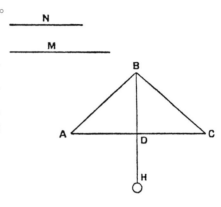

同様に，BD が N に対してあるのと同じ比で，N がさらにもう一つの線に対してあるようにし，この線を M と名づけます。次に，M の $\frac{3}{20}$ に N の半分と BD の $\frac{3}{4}$ を足すと，ほとんど理解不可能な仕方で提示された彼のお粗末な計算によって見いだされるはずのものに関して，正しい値が得られます。たとえば，もし DC が BD に等しいならば，N と M もまた BD に等しくなり，$\frac{3}{20}$ と $\frac{1}{2}$ と $\frac{3}{4}$ を足し合わせたものは $\frac{7}{5}$ となりますから，等時的な振り子 BH の長さは，線 BD の $\frac{7}{5}$ となるでしょう。まったく同様に，もし BD が 1 で DC が 2 であれば，N は 4 で M は 16 と

---

2) 書簡605（本書257-258ページ）を参照。
*1) 小アジアで広く崇拝されていた女神キュベレーのこと。その巫女たちはあえて曖昧な神託を下した。
*2) 書簡575（本書156ページ）を参照。

なり，振り子の長さ BH は，16の $\frac{3}{20}$，4の半分，そして1の $\frac{3}{4}$ を合わせた，$5\frac{3}{20}$ となるでしょう。そして，BD にはつねに1を入れるとして，DC が3ならば BH は $17\frac{2}{5}$ となり，DC が4ならば BH は $47\frac{3}{20}$ となり，DC が5ならば BH は107となり，DC が10ならば BH は $1550\frac{3}{4}$ となり，その他の場合もこれと同様です。以上について，私はド・ボーヌ氏に証明を送ることを申し出ます。

さて，今やあなたは，彼の規則が実験に一致するかどうか確かめるに当たり，まず初めに，彼の規則が彼の想定と一致するか確かめるべく，彼が想定するいくつかの三角形においてその振り子の正しい値を彼に尋ねることができます。というのも，もし彼がこれらの三角形［の正しい値］を算出できないのであれば，驚嘆すべき大胆さ以外の何をもってそれが実験と一致するということを断言しうるのでしょうか？　そして，仮に彼がこれらを正しく算出するとしても——私は彼にはできないと思っていますが——，あなたがついにその実験を行うに至っては，彼の規則が正しい計算から遠く隔たっていると認めるであろうことを私は確信しております。というのも，角 ABC を150度に設定すると，彼の規則に従えば BH は BD の32倍以上の長さになるはずなのに，BH は BD の4倍の長さにしかならないとあなたがおっしゃっていることを私は知っているからです。彼があなたにこれほどの偽金を支払うのを許しておられることについて，あなたの善良さには恐れ入ります。ド・ボーヌ氏に訴訟の書類を見せて下さりうれしく存じます。というのも，氏がそれを判断するのにまったく適しておられることを私は存じ上げているからで，私は彼の判断に心から同意する所存です。

　　私はあなたのきわめて恭順かつ忠実なる下僕
　　神父様

デカルト[1]

---

　　1)　B 版では省略されているが，AM 版と AT 版では本書簡の次に，1647年1月29日付のジョアシャン・デカルト（デカルトの異母弟）からメルセンヌ宛の書簡が収録されている。以下，その書簡である（AT. V, 552 ; AM. VII, 253）。「拝啓　オランダにおります我が兄デカルト氏は，クレルスリエ氏を通して私が手紙を書いたにもかかわらず，そのどれも受け取っていないと私を責めておりました。それゆえ，この手紙が以前の手紙とは違い首尾よく届くことを期待して，あなたの小包の中に同封させていただきたく，不躾ではありますがあなたにお願いする次第です。兄があなたのご友情の栄光に浴しているようにあなたのことをよく

599

ファン・フォレーストからデカルトへ

ハーグ　1647年1月29日

(AT. V, 658 ; B. 2382-2383)

[隣人の訴訟]

拝啓

　あなたからのご厚情あふれるお手紙[1]に対して私がなすべきお返事が遅れましたのは，一つには，私がロッテルダムの海軍学校に従事している関係で，ある訴訟に出廷していた間不在であったせいと，さらには，その訴訟の先頭に立っていた人々が不在で，われわれの取り扱う仕事が立て込んだせいです。事情をあなたのご厚情によって斟酌いただき，あなたのありとあらゆる好意に与っているその人物と異なることなきご配慮を，私にもお願いする次第です。あなたが私に託されたその訴訟はもはや絶望的です。これまで私は彼を見捨てませんでしたが，今や貧窮それ自体が彼の弁護人のごときです。この貧窮という点においてだけでも，哀れな被告人に対して支援がなされるものと私は信じております。とはいえ，彼のためにこれからも私にできることがあればすべて行いますし，友人たちによってそれ以上に何かできることがあるかどうかも調べてみましょう。

　私のおばの葬儀がアルクマールにて，婦人の人生の中で最も素晴らしくとり行われるその機会に，あなたにお会いすることを私は期待しておりました。しかしその後，下痢によって引き起こされるこの健康上の不都合のせいで，面と向かってお話しするつもりであったことを，今や存じ上げることがなければ，厚かましくもこのようなお願いをいたしませんでしょうが，私がそのご友情に与るに値していることを願い，そのためには次のような者であることをあなたにお示しする機会をいつまでも追い求め続けるでしょう。　敬愛する神父様」

1) 書簡596（本書）。

手紙を介して，むろん私の能力が及ぶかぎりの恭順の意をあなたにお示しつつ，お伝えせざるをえないのです。それゆえにまたいっそう，最も汚れなき祈りによって全能の神にあなたをご推薦し，あらゆる幸運が永遠の救済によってあなたに与えられるよう神が欲されんことを願います。

　　ハーグ　1月29日

600

デカルトからシャニュへ

エフモント・ビンネン　1647年2月1日

(AT. IV, 600-617 ; AM. VII, 254-266 ; B. 2382-2397)

［愛について］

拝啓

　今拝受したばかりの心づくしのお手紙には，お返事せずにのんびりとしてはいられません。あなたはそのお手紙の中で，私よりも学識ある人々であっても短時間で吟味するにはたいへんに骨の折れるような問題を提起されておられます。しかしながら私は，自分がたとえ長い時間を費やしても，それらの問題を完全に解決することなどできなかろうとよく心得ておりますので，時間をかけて考えたあとでもよりよいものが書けずにいるよりも，私を駆り立てる熱意が私に書き取らせるところをすぐさま書き付ける方がよいと思います。

　あなたは次の三つの事柄について私の意見を知りたがっておられます。1．「愛とはなにか」，2．「自然の光がそれだけでわれわれに神を愛することを教えるのか否か」，3．「愛と憎しみとではどちらの放埒と悪用がいっそう悪いか」。

　第一の点についてお答えするために，私は純粋に知性的あるいは理性的な愛と情念である愛とを区別します。前者は，私が思うに，以下のものに他なりません。すなわち，われわれの魂が，何らかの善を現にあるものであろうとなかろうと知覚し，それを自らにふさわしいと判断するとき，意志によって自己をその善に結合すること，言い換えれば，魂が自己自身をその善と合わせて，その善を一つの部分，自己を他の部分とするような一つの全体と見なすことに他なりません。次いで，もしその善が現にあるものならば，すなわち魂が善を所有しているか，あるいは魂が善によって所有されているか，要は単に意志によってではなく実際

に事実として，結びつけられるのが自分に合っているといった仕方で魂が善に結びついているのであれば，それが自己にとって善であるという認識に伴う意志の運動は，魂の喜びです。もしその善が現に存在しないとき，それを欠いているという認識に伴う意志の運動は魂の悲しみですが，その善を得ることが自己にとって善いであろうという認識に伴う意志の運動は，魂の欲望です。愛，喜びと悲しみ，そして欲望が，理性的な思考であって情念ではない限り，そこに存する意志のすべての運動は，たとえわれわれの魂が身体を持たないとしても，われわれの魂の中に見いだされうるでしょう。というのも，たとえばもし魂が自然のうちに知るに値する非常に美しい多くのものがあると気づくならば，その意志は必ずこれらのものの認識を愛する方へと，すなわち，その認識が自己のものであると見なす方へと向かうでしょう。その上，魂はこのような認識を持っていると気づくならば，それを喜ぶでしょうし，このような認識を持たないと思えば，それを悲しむでしょうし，このような認識を得ることが自己にとって善いことだと考えるならば，それを欲望するでしょう。そして，これらすべての意志の運動には，魂が自らの思考について反省さえすれば，魂にとって曖昧なものも完全に認識しえないようなものも何一つ存在しないのです。

　しかし，われわれの魂が身体に結びついている間，この理性的愛は普通，官能的あるいは感覚的と呼ばれうるもう一つの愛を伴っています。そしてこの感覚的愛は，私のフランス語版『原理』の461ページ[1]においてあらゆる情念と自然的欲求と感覚とについて簡単に述べたように，神経の何らかの運動によって魂のうちに引き起こされる混乱した思考に他ならず，この思考が魂を，理性的愛が存するもっと明晰な思考へと向かわせるのです。というのも，渇きにおいて，のどの乾燥という感覚は，水を飲みたいという欲望へ向かわせる混乱した思考ですが，この欲望そのものではないからです。同様に，愛においては，われわれは心臓のあたりに何かよくわからない熱を感じ，肺臓の内部にはきわめて多量の血液を感じます。その結果，われわれは何かを抱こうとするかのように腕を広げることさえしますし，このことは魂を促して，現前する対象を意

---

1)　『哲学原理』第4部第189節および第190節。

志によって自らに結びつけたいと思わせます。しかし，魂がこのような熱を感じる思考と，その対象に魂を結びつける思考とは別のものです。それどころか，われわれのうちではこのような愛の感情が見いだされるのに，愛するに値すると考えられる対象に出会わないがゆえに，われわれの意志は何ものも愛する気にならないということさえ，ときにはあるのです。反対に，大いに価値ある善を知り，意志によってその善に自らを結びつけるがしかし，身体がその気にならないので，いかなる情念も持たないということもあります。

　しかし通常は，これら二つの愛は一緒に見いだされます。というのも，両者の間には，次のような結びつきがあるからです。すなわち，魂がある一つの対象を自らにふさわしいと判断するとき，心臓はこれによって直ちに愛の情念を引き起こす運動に向かうということ，それに対して，心臓が何か他の原因によってこのような傾向を持つに至るとき，魂はこれによって，別のときには欠点だけしか見ないであろう対象において，愛すべき美点を想像するということです。そして，心臓のある種の運動が，このようにいかなる類似点も持たないある種の思考に自然と結ばれているということは，驚くには当たりません。というのも，われわれの魂が一つの身体に合一されえたような本性を持つものである以上，魂はまた次のような特性を持つからです。すなわち，魂の思考の一つ一つが，身体の何らかの運動または別の状態と連合しうるので，別の機会に同じ状態が身体のうちに見いだされるとき，それは魂に同じ考えを持たせるように仕向け，また逆に同じ考えが再び現れるとき，その考えは身体が同じ状態を受け入れるようにはからう，という特性です。たとえば，ある一つの言語を学ぶ場合に，人は，ある語の文字または発音——これは物質的事物です——を，その語の意味——それは思考です——と結びつけます。その結果，同じ語を後に再び聞くとき，同じ物事を思い浮かべるのであり，また同じ物事を思い浮かべるとき，同じ語を思い出すのです。

　しかし，われわれがこの世に生を享けたとき，このようにしてわれわれの考えに伴った身体の最初の状態は，後にその考えに伴うようになる身体状態よりも，疑いなくもっと密接にその考えと結合していたに違いありません。そして，心臓の周りに感じられる熱の起源や愛に伴う別の

身体状態の起源を吟味するにあたって，私は次のように考えます。われわれの魂が身体に結びつけられた最初の瞬間から，魂は喜びを感じ，そして直ちに愛を感じ，次におそらくまた憎しみや悲しみをも感じたということはまず間違いないし，また，そのとき魂のうちにこのような情念を引き起こした同じ身体状態が，後にもそれらの考えに自然に伴ったということです。魂の最初の情念が喜びであったと私が判断するのは，魂が身体のうちに宿されたのは，身体がよい状態にあったときであるとしか到底考えられないからであり，そして，身体がそのようによい状態にあるとき，われわれには当然喜びが与えられるからです。また，そのあとに愛が生じたと私が言うのは，われわれの身体をつくる物質は川の水のように絶えず流れていて，一つの物質のあとにはまた別の物質がやってくる必要があるため，身体がよい状態にあるときは，おそらく同時に身体の近くに，身体の養分となるのに非常に適した何らかの物質があったはずであり，魂は，この新たな物質に自らの意志によって結びつくことによって，その物質に対して愛を感じただろうからです。また同様に，そのあとに，この養分が欠けるようなことが起こったとき，魂は悲しみを感じたのです。そして，身体を養うには適さないような別の養分が代わりに現れたときには，その養分に対しては憎しみを感じたのです。

　以上の四つの情念が，われわれのうちにあった最初のものであり，われわれが生まれる前に持っていたのは，この四つの情念だけであると私は考えます。また私は，それらの情念がその時点ではきわめて混乱した感覚または思考でしかなかったとも考えます。なぜなら，魂は物質にきわめて密接に繋がれていたために，物質からさまざまな印象を受け取るのとは別のことに，まだ従事しえなかったからです。そして何年後かに魂は，身体のよい状態と適切な栄養とにのみ依存する喜びや愛とは違った喜びや愛を持ち始めるけれども，しかしながら，その喜びあるいは愛のうちにあった知性的な部分は，魂が身体の状態や栄養について持った最初の感覚を依然として伴っており，さらにはまた，そのとき身体の内にあった運動や自然的機能さえも伴っているのです。その結果，出生前の状態においては適切な栄養物のみが愛を引き起こしていたのですが，その栄養物が肝臓や心臓や肺臓に豊かに流入してそこに普段よりも多くの熱を生み出したおかげで，今では愛はまったく異なる別の原因から生

ずるにもかかわらず，依然としてその熱が愛に伴っているのです。そして，この手紙が長くなりすぎる心配さえなければ，われわれの人生の始まりに，これら四つの情念と共にあった他のすべての身体の状態が，今なおそれら情念に伴っているということを，詳細に示してさし上げることができるでしょう。しかし，私はただ次のことを言うにとどめておきます。すなわち，われわれの幼時のこれら混乱した感覚は，われわれが愛するに値すると判断する理性的思考に結びついたままでいるのですが，まさにそのせいで，愛の本性を認識することはわれわれにとって困難となっているのです。さらに付け加えますと，喜び，悲しみ，欲望，懸念，希望等々，他のいくつもの情念が，さまざまな仕方で愛に混じっているせいで，愛が本来何であるかを認めがたくしているのです。この点は特に欲望について顕著です。というのも，人々は余りにも普通に欲望を愛であると取り違えており，そのせいで二種の愛を区別してしまうのです。すなわち，一つは博愛の愛と呼ばれるもので，そこにおいてこのような欲望はそれほど現れてはきません。もう一つは貪欲の愛と呼ばれ，これは非常に激しい欲望に他ならず，多くの場合弱い愛に基づいています。

　しかし，この情念に属するすべての事柄を論ずるには，大きな書物を書かねばならないでしょう。また確かに愛の本性とは，できるかぎり自己を他に伝えさせることであり，その結果，愛は私が知っている以上のことまでここであなたにお話しようとする気持ちを起こさせますが，しかし，手紙が長くなってあなたが退屈なさるといけませんから，それは控えておくことにいたします。そういうわけで私は，あなたの第二の問い，すなわち，「自然の光がそれだけでわれわれに神を愛することを教えるのかどうか，われわれはこの光の力によって神を愛することができるかどうか」という問いに移ることにいたします。私は，これを疑う二つの強い理由があると見ています。第一の理由は，最も普通に考慮される神の諸属性は，われわれをはるかに超えるものであるがゆえに，それら諸属性がわれわれにとって相応しいものとはどうしても考えられず，したがって，われわれはそれらに意志によって結びつくことは決してない，というものです。第二の理由は，神においては想像に描きうるものが何もなく，その結果，たとえわれわれが神に対して何らかの知性的愛を持つとしても，知性的愛が知性から感覚に達するためには想像を通ら

ねばならないでしょうから，われわれはいかなる感覚的愛も持ちえぬように思われるというものです。それゆえ，ある哲学者たちが次のことを確信しているのを私は不思議に思いません。すなわち，われわれに似たものとなるまで神が身を低くした受肉の神秘を教えることによって，われわれが神を愛するのを可能にしているのはキリスト教のみであるということ。また，この神秘を認めることなく，何らかの神性に対して情念を持ったかのように見える人々は，だからといって，真の神に対して愛を持ったのではなく，詩人の語るところによると，イクシオンが神々の女王の代わりに雲を抱擁したのと同様，彼らは単に彼らが神の名で呼んだ何らかの偶像に対して，愛を持ったにすぎないということ。しかしながら私は，われわれが自らの本性の力のみによって，真に神を愛することができるということを少しも疑っていません。この愛が神の恩寵なしでも功績に値するとは請け合いませんが，この点を解明することは神学者たちに任せます。けれども現世の生に関しては，この愛がわれわれの持ちうる最も見事で最も有益な情念であること，それどころか最も力強いものになりうるとあえて申します。もっともそのためには，目の前に現れる別の対象が絶えずわれわれの心をそらせますから，非常に注意深い省察を必要とはしますが。

　ところで，神の愛に達するためにとるべきだと私が考える道は，神が精神であり，思考するものであることを考慮に入れねばならないということです。そこにおいて，われわれの魂の本性は神のそれと何らかの類似性を持つわけですから，われわれの魂が神の至高の知性の流出であり，「ほとんど神の息吹の一部分」[1]であることを確信するに至るのです。さらに，われわれの認識は徐々に増大して，無限にまで達しうるように思われ，しかも神の認識は無限であって，まさにわれわれの認識が目指す目標の位置にあるがゆえに，もしわれわれがこれ以上何も考察しなければ，われわれ自身が神々であることを望むような常軌を逸した考えに至りかねず，したがって，非常に大きな誤りによって，神を愛する代わりに神性のみを愛しかねません。けれども，これに加えて以下の事柄に注意してみましょう。すなわち，神の力能が無限であって，それにより神

---

1) ホラティウス『風刺詩』（*Satires*）第2巻第2章を参照。

はこれほど多くのものを創造したのであり，われわれはそのほんの些細な部分にすぎないということ。神の摂理は広大であって，神は過去にあったものと現在あるものと未来にあるであろうものとありうるものとをすべて一つの思考で見通すほどであるということ。神の決定は誤ることがなく，その決定はわれわれの自由意志を損なわないけれどもしかし，決して変更されえないということ。最後に，われわれが卑小である一方あらゆる被造物は偉大であって，被造物がどのように神に依存しているかに注目し，世界が有限であると主張する人々がしているように，それら被造物を一つの球体のうちに閉じ込めてしまうことなく，神の全能にふさわしい仕方で捉えるということ。以上すべての事柄についての省察は，それをよく理解する人をこの上ない喜びで満たすのであって，そういう人は，神に取って代わろうと望むほどに神に対して侮辱的あるいは忘恩的になるどころか，反対に，そのような認識に到達するという恩寵を神から与えられたことで，すでに十分に生きたと考えますし，自らの意志によって自己を全面的に神に結びつけることで，神をあまりにも完全に愛するがゆえに，この世では神の意志が実現されること以外にはもはや何も望みません。そのため，神が決定したこと以外，自分の身に何事も起こりえないということを知っているので，もはや死も，苦痛も，不運も怖れませんし，この神の決定をこれほど愛し，それをきわめて正当で必然的であると認め，自分がそれに全面的に依存するものだと知っているので，たとえ神の決定から予想されるものが死，あるいは何らかの他の悪であって，万が一それを変えることができるとしても，そのような意志を持たないでしょう。しかし，彼が悪や苦悩を拒まないとすれば，それらが神の摂理に由来するからですが，この世で享受しうる正当な善や楽しみのすべてもまたそれに由来するものですから，なおさらこれらを拒まず，悪を少しも怖れることはなくそれらを喜びとともに受け取り，その愛は彼を完全に幸福にするのです。

　確かに，この愛を魂のうちに引き起こす諸真理を思い浮かべるためには，魂は感覚との交流から大いに離れなければなりません。したがって，その愛から一つの情念を生み出すために，魂が愛を想像力に伝えることはありえないように思われます。しかしそれにもかかわらず，私は，魂がその愛を想像力に伝えるということを疑っておりません。というのも，

われわれの愛の対象である神のうちに何があるかわれわれは少しも想像しえないとはいえ，われわれの愛それ自体を想像に描くことはできます。そしてその愛とは，何らかの対象にわれわれ自身を合一させようと意志することであって，つまり，神について言えば，われわれ自身を神の創造した広大無辺な諸事物のきわめて小さな一部分と見なそうと意志することなのです。なぜなら，対象がさまざまであるように，われわれもさまざまな仕方で自己を対象に合一させたり，あるいは対象を自己に結びつけたりすることができますし，このような合一についての観念を持つだけで，心臓の周りに熱を引き起こし，非常に激しい情念を生み出すに十分だからです。
　また確かに，われわれの言語の使用と礼儀作法によれば，われわれよりもはるかに身分の高い人々に対して，愛していると言うことは許されず，ただ単に，尊敬している，崇める，敬う，熱意を持って献身的にお仕えする，と言うことのみが許されます。その理由は，私が思うに，人と人との一対一の友情が相互的である場合には当事者たちをいわば対等にするからであり，したがって，誰か身分の高い人から愛を得ようと努めている間，私はあなたを愛しているなどと言ってしまえば，その人は対等に扱われていると感じるでしょうし，失礼だと思うだろうからです。しかし，哲学者というものは，同一の定義が当てはまる複数の事物に異なる名前を与えるという習慣を持ちませんし，愛の定義としては，それは自らの意志によって何らかの対象にわれわれを結びつける情念であり，その対象がわれわれと対等のものであるか，より大きいものであるか，より小さいものであるかは問わない，という以外のものを私は知りませんから，もし哲学者の言葉遣いに倣うならば，われわれは神を愛しうると言わねばならないと私には思われます。
　そして，私があなたに率直に，あなたが今お仕えしておられる偉大な女王陛下をまったく愛しておられないかどうかお尋ねしたとしましょう。あなたは女王陛下に対してただ尊敬，畏敬，感嘆の念を抱いているのみだと答えられても無駄であって，私としてはやはりあなたがきわめて熱烈な愛情をも抱いておられるのだと判断せずにはいられないでしょう。というのも，女王陛下のことを語られるときに，あなたの筆はいかにもなめらかに運ばれているからです。したがって私は，あなたが真実を言

われる方であることを知っており，また女王陛下のことを他からも聞いておりますから[1]，あなたの言われることをすべて信じておりますが，しかし，もしあなたが熱意を持っておられないなら，あのように女王陛下のことをお書きになれるはずはないでしょうし，これほど偉大な光の側にいながら，そこから熱を受けずにいることなどできないだろうと信じております。

　さらに，われわれが自分よりも高い対象に対して持つ愛は，他の対象に対して持つ愛よりも小さいということはないどころか，反対にその本性上，いっそう完全であり，われわれの愛する対象の利益になるようにいっそう熱心に慮（おもんぱか）らせるものだと私は信じております。というのも，愛の本性は，愛する対象と自己とが一つの全体であって，自己はその一部にすぎないと人々に見なすようにさせることにあるからですし，また，自分自身に向けることが習慣であった心遣いを，この全体を保存する方へと移させるがゆえに，自分個人のためにはその心遣いの一部分だけを取って置かせることにあるからです。そしてこの心遣いの一部分は，自分がその愛情を捧げている全体に対して大きな部分であると信ずるか，小さな部分であると信ずるかに従って，大きくも小さくもなりえます。したがって，もしわれわれが自分よりも価値が低いと見なしている対象と意志によって結びついている場合，たとえば花や鳥や建物などを愛している場合，この愛が達しうる完璧な地点とは，その本当の用い方に従えば，このようなものの保存のためにわれわれの生命をいかなる危険にもさらさせることではありえません。なぜならこれらは，われわれ自身と共に構成している全体の，よりすぐれた部分ではないからであって，われわれの爪や髪はわれわれの身体の部分ですが，髪の保存のために全身を危険にさらすとすれば，常軌を逸しているからです。しかし，二人の人間が互いに愛し合うときは，隣人愛は，各自が友を自己よりも高く評価することを要求します。それゆえ二人の友情は，互いに相手のために，「私だ。手を下したのはここにいる私だ。私に剣を向けよ，云々」[2]と言う心構えがなくては完全ではないのです。まったく同様に，一私人

---

1) 例えばラ・テュイエリ氏。書簡580（本書175ページ）を参照。
2) ウェルギリウス『アエネーイス』（Aeneis）9の427を参照。

が自分の君主または国に意志によって自己を結びつけるとき，もしその人の愛が完全であるならば，自己自身を，自らが君主や国と共に構成する全体のきわめて小さな部分とのみ見なして，君主や国のために，確実な死におもむくことも怖れるべきではないのです。それは腕から少量の血を採ることを，身体の残りの部分がより健康になるためには怖れてはならないのと同じです。そして，このような愛の例は，祖国の利益のためや自分の敬愛する貴人を守るために，喜んで命を差し出すような低い身分の人々のうちにさえ，日々見受けられます。したがって，神に対するわれわれの愛が，あらゆる愛のうちで，比較を絶するほど最も偉大で最も完全のものであるべきなのは明らかです。

　このような形而上学的な考察が，あなたの精神にとって重荷になり過ぎるとは危惧しておりません。というのも，あなたの精神が万事にきわめてよく対応しうることを私は知っているからです。しかし，実を申しますと，このような考察は私の精神を疲れさせ，いろいろな感覚的対象が眼前にあるために，こういった考察に私は長くとどまることができないのです。したがって，私は第三の問いに移ることにいたします。すなわち，「愛の放埓と憎しみの放埓とではどちらがより悪いか」という問いです。しかし，前の二つの問いよりもこの問いの方が答えにくいと感じます。それは，あなたがこの問いの趣旨をそれほど明らかにしておられず，この問題はいくつかの異なる意味に理解されうるので，別々に吟味されるべきだと思われるからです。ある情念が別の情念よりも悪いと言われうるのは，その情念がわれわれを徳から遠ざけるためであるか，あるいはその情念がわれわれの満足にいっそう反するためであるか，あるいはその情念がわれわれをより過激な方向へと突き動かし，他の人々にいっそう害を及ぼすようになるためであるかです。

　第一の点については，私は疑わしいと思っております。というのも，これら二つの情念の定義を考えるに，愛するに値しない対象に対してわれわれの持つ愛は，われわれが愛すべきであった別の対象に対してわれわれの持つ憎しみよりも，われわれにとって有害でありうると私は判断するからです。それは，悪いものに結びつき，いわばそれに化してしまうことが，善いものから意志によって離れていることよりも，いっそう危険であるせいです。しかし，これら情念から生まれる傾向や習慣に注

意を払うとき，私の意見は変わります。というのも，愛はいかに放埓であっても，いつも善を対象としていることを考えると，悪のみを目指す憎しみほど，われわれの品行を堕落させることはあるまいと思われるからです。また，経験によってわかるように，最も善良な人々でも誰かを憎まざるをえなくなると，次第に悪意ある人間となるものです。というのも，たとえ彼らの憎しみが正当であったとしても，彼らは敵からこうむる悪と，敵にふりかかることを願う悪とを，あまりにもしばしば心に思い描くので，次第に悪意に染まってしまうからです。反対に，愛に専心する人々は，たとえその愛が放埓で軽薄なものであっても，他の考えに精神を用いた場合よりも，やはりいっそう誠実で徳の高い人間となることが多いのです。

　第二の点については，私はいかなる困難も見いだしません。というのも，憎しみはつねに悲しみと苦しみを伴っているからです。そしてある種の人々が，他人に悪をなすことからどのような快楽を得るにせよ，それは悪魔の悦楽に似ていると私は信じているからです。われわれの宗教によれば，悪魔は地獄で人間を苛む(さいな)ことで，絶えず神に復讐していると思い込んでいるけれども，やはり劫罰を受けずにはいられないのです。反対に愛は，どれほど放埓であっても，快楽を与えます。そして，詩人たちはしばしば詩の中で，愛について不満を言うけれども，しかしながら私は，もし人々が愛のうちに苦さよりも甘美さをより多く見いだすことがなければ，愛することなど自然にやめてしまうだろうと思います。そして，愛のせいにされているあらゆる苦悩は，愛に伴う他の情念からのみ，すなわち向こう見ずな欲望や根拠のない希望からのみ生ずるのだと思います。

　しかし，これら二つの情念のうち，どちらがわれわれをより過激な方へと突き動かし，他の人々にいっそう害を及ぼしうるかと問われれば，愛の方だと答えなければならないと思われます。それは，愛の方が本来，憎しみよりもいっそう大きな力と勢いとを持っているからであり，取るに足りないものに対する愛情はしばしば，もっと価値を持つ他のものへの憎しみよりも，比較にならないほど多くの悪を引き起こすからです。私は，憎しみの勢いが愛よりも弱いことを，両者の起源から証明します。というのも，先ほど述べたように，われわれの最初の愛の感情は，われ

われの心臓がそれに適した養分を豊富に受け取ったことに由来しているけれども，反対にわれわれの最初の憎しみの感情は，心臓に入ってきた有害な栄養物によって引き起こされていること，そして，今でも同じ運動が同じ情念に伴っていることが正しいとすると，以下のことは明らかだからです。すなわち，われわれが愛する場合，われわれの静脈の最も純粋な血液のすべてが，心臓に豊富に流れ込み，多量の動物精気を脳に送り出し，そのためわれわれにいっそう大きな力と勢いと勇気を与えますが，それにひきかえ，もしわれわれが憎しみを持つならば，胆汁の苦味と脾臓の酸味が血液と混じって，脳に入る精気は量も少なく質も劣ることになり，こうしてわれわれはいっそうか弱く勢いのない臆病な状態に留まるということです。そして私の言は経験に裏打ちされております。というのも，ヘラクレスやロラン[1]のような人々，また一般に非常に勇気ある人々は，他の人々よりも熱烈な愛を抱くものですが，それとは逆に，弱くて意気地のない人々は誰よりも憎しみに傾きやすいからです。たしかに怒りは人を大胆にしますが，しかし怒りは人が自己自身に対して持つ愛からその勢いを借りているのであって，憎しみからではありません。愛は怒りにとってつねに基礎の役目を果たしますが，憎しみは怒りに伴うにすぎないのです。また絶望も勇気に大きな力を発揮させ，恐れもきわめて残酷な行為をさせますが，しかしこれら情念と憎しみとの間には違いがあります。

あと残すところは，われわれが取るに足りない対象に対して持つ愛が放埓になると，より価値ある別の対象に対する憎しみよりも，大きな害を引き起こしうるということを示すだけです。憎しみから生ずる悪は単にその憎しみの対象だけに及ぶのに対し，放埓な愛はその対象以外は何ものも容赦しないということがその理由だと私は思います。この愛が常軌を逸した狂乱への薬味となってまさに破滅と崩壊をもたらそうとしている他のあらゆる事物と比べると，普通，その愛の対象はそれほど広いものではありません。もしわれわれが何かを愛するならば，そのことによって，それに相反するすべてのものを憎むのだから，憎しみは愛に帰せられている諸悪の直接の原因である，とおそらく言われるでしょう。

1) フランス中世騎士物語の英雄。

しかし，このようにして生み出される諸悪については，愛はつねに憎しみよりも罪が重いのです。それは，愛が諸悪の第一原因であり，ただ一つの対象に対する愛は，多くの他の対象に対する憎しみを生じさせるからです。さらにその上に，愛の最大の悪は，そのように憎しみを介して愛がなす悪ではありません。主要な，そして最も危険な悪は，ただ愛する対象の快楽のために，または自分自身の快楽のために，愛がなす，あるいはなすがままにする悪なのです。

私はテオフィル[1]の才気あふれる句を思い出すのですが，それはここでの例として挙げてよいと思います。彼は愛に狂ったある人物に，こう言わせています。

> ああ，かの美しいパリスはなんと素晴らしい獲物を
> 手にしたことか！
> おのれの胸の炎を鎮めるために
> トロイを炎に包んだとは
> この恋する男はなんと見事に振舞ったことか！

これによって示されているのは，最も大きな，また最も忌まわしい災いさえもが，すでに述べたように，ときとして常軌を逸した愛の薬味となりうるということ，災いが愛の価値を高めるがゆえに，愛をより快いものにするために用いられうるということです。この点について，私の考えがあなたのお考えと一致するかどうかはわかりませんが，あなたが私に多くのご厚意をお約束下さったように，私もまた大きな熱意をもっているということで，私たちの考えが一致しているということを請け合います。

　　エフモントより　1647年2月1日

---

[1]　テオフィル・ド・ヴィオ（Théophile de Viau, 1590-1626）。フランスの詩人。引用は『マドモワゼル・ド・M…に捧げる詩』（*Pour Mademoiselle D. M. Stances*）からの一節。

601

デカルトからホイヘンスへ

エフモント・ビンネン　1647年2月4日[1]
(AT. IV, 790-791 ; AM, VII. 267 ; B. 2398-2399)

［アンブレット，音楽論，バンニウス］
拝啓
　私はあなたを訪ねて，あなたがわざわざ送って下さったアンブレットのお礼を直接申し上げ，そしてまた私の音楽論の構想についてあなたがお気づきになった事柄も直接伺おうと思っておりました。しかし寒さのせいで住まいを離れる気になれず，もっと季節が穏やかになるまで，あなたにお会いする光栄に浴するのは待とうと思っております[2]。とはいえ私は，バンニウスとの議論の主題に関するあなたのお考えを，お気持ちが向けば引き続きお知らせ下さいますようお願いするために，あなたにこのお手紙を書くことを禁じえません。というのも，あなたのお考えが私を教育するのに大いに役立つことを私はいささかも疑っておりませんし，私が死ぬのは老衰によるのみであるなら，いつか音楽理論について書きたいといまだに思っているからです。いつ何時私が死のうとまた生きていようと，私はつねに熱意を持って，以下の者であり続ける所存です。
　　あなたのきわめて恭順かつ従順なる下僕
　　　　　　　　　　　　　　　　　　　　　　　　　　デカルト

エフモントより　1647年2月4日
ハーグの大公閣下の騎士にして顧問，秘書官
ゾイリヘム様

---

1) 書簡597（本書）への返信。
2) デカルトは3月の終わりにハーグへ行った。

602

エリザベトからデカルトへ

ベルリン　1647年2月21日
(AT. IV, 618-620 ; AM. VII, 268-269 ; B. 2398-2401)

[ベルリンの居心地，ヴァイス]

デカルト様

　私はあなたがそうされているのと同様，喜びと健康を大切にしておりますが，とはいえ，それ以上にあなたの友情を徳と同様に好んでおります。なぜなら，私が喜びと健康を得ているのは，とりわけあなたの友情のおかげであるからです。それによって私は喜びと健康を得る方法を教わりましたので，友情は喜びをも凌ぐ精神の満足に結びついております。私は，ちょっとした身体の不具合がまだあるからといって決して薬を使用しないとの決心を欠かすこともありません。なぜなら，それはあなたのご賛同を得ているからです。いま，あの膿れものはとてもよくなっていますので，春に瀉血するために薬を飲む必要があるとは思われません。そのため私は，気分の悪さがはなはだ軽減され，私の思うところでは，さもなければ私は寒さと暖炉とで患ったかもしれない炎症から免れています。

　私の妹のアンリエット[1]が重病で，死ぬかと思ったほどでした。そのため，あなたのこの前のお手紙にもっと早くご返事することができませんでした。私はずっと彼女のそばに付きっきりでいなければならなかったのです。彼女がよくなってからは，われわれは毎日，昼は馬，夜は宴会や舞踏会で，スウェーデンの女王太后[2]のお供をすることを余儀なく

　1）アンリエット・マリー（Henriette-Marie）はこの時21歳。四年後にトランシルヴァニア（現ルーマニア）に嫁ぐが，病を得てすぐに死去している。

　2）マリー・エレオノール・ド・ブランデンブルク（Marie-Eléonore de Brandebourg）はエリザベトの遠縁に当たる。スウェーデン王グスタフ・アドルフに嫁ぎ，女王クリスティ

されました。そうした気晴らしは,自分でもっと上等な気晴らしをすることができる人にとってはとても居心地の悪いものですが,気遣いする必要がまったくない人たちとともにそういう気晴らしをするのは,それほど悪いものではありません。ですから私はハーグにいたときよりも,ここの方が気に入っております。

　しかし,私は,レギウス氏の書物[1]とそれについてのあなたのご意見を読むことに私の時間を使うことができるならば,もっとうれしく思うことでしょう。今年の夏にハーグへ帰るかどうかについては,私は決心を変えたわけではありませんが,それについては,何もお答えできません。なぜなら,それは部分的には他人の意向や公的な事柄によることですから。そこで私は,その書物をアムステルダムからハンブルクへ行く船で届けさせるようにしてみます。そして,あなたのご意見については,定期便でお送り下さることを希望いたします。あなたのご著作を拝読するたびごとに,あなたがそれらを出版したことを結果として後悔することになるかもしれないとは想像だにできません。なぜなら,それらは結局のところ世に受け入れられ,人々に利益をもたらさずにはおかないからです。

　最近私は,この地であなたのご著書について何がしかを理解した唯一の人に出会いました。この人はヴァイス[2]という名の医学博士で,きわめて博識でもあります。彼によれば,まずベーコンは,彼にアリストテレスの哲学を疑わしくさせた。そしてあなたの方法は,彼にそれを完全に放棄させ,医学の古い原理のすべてを破壊する血液循環説を納得させた,と言うのです。それゆえ,彼は古い原理に同意していたのは遺憾であると告白しました。いま私は,あなたの『原理』を彼に貸しています。彼はそれについて彼の反論を私に伝えると約束しました。もし彼が反論を見いだし,それがもしその労に値するものならば,あなたにお送りいたします。それによってあなたは,この土地の学者のうちで最も分別が

ナの母となる。彼女は名前の通りブランデンブルク家の出身であり,このときドイツに一時帰省していた。

　1)　『自然学の基礎』(*Fundamenta Physices*, 1646)。
　2)　ヴァイス(Weis)は,ベルリンの医学博士でブランデンブルク家の侍医。書簡565で,エリザベトがベルリンで出会える人の資質を低く見積もっていたことへの訂正になっている。

あると私に思われる人の資質を判断することができることでしょう。なぜなら，彼はあなたの推論を評価する能力をもっているからです。しかし私ほどあなたをより高く評価することは，誰にもできないと確信しております。

　あなた仕える，きわめて親愛なる友

エリザベト

デカルト様

603

デカルトからエリザベトへ

ハーグ　1647年3月

(AT. IV, 624-628 ; AM. VII, 274-276 ; B. 2402-2405)

［レギウスの剽窃］

殿下

　殿下がいま居られる場所に満足されていると伺いますと，殿下のお帰りを望むことなどはできなくなります。もっとも，私はとくに現在ハーグにおりますので，それを望まないようにするのには大変な苦労がいりますが。そして，夏の終り以前にはここで殿下をお待ちすることはできないことが，2月21日付けのお手紙[1]によって分かりましたので，私は私事のためにフランスに旅をしようと考えており，冬頃には帰る見込みです。しかし二ヵ月の間は出かけることはありません[2]。その前に殿下のご下命をうけたまわる栄誉に浴するためです。殿下のご下命は，この世にあるどんなものにも増して，これからもつねに私に対して権力をもつことでしょう。

　殿下が今は完全に健康になられたことについて，神に感謝いたします。しかし，殿下の指の痛みがとれたので薬を決して用いないということに関して，私が殿下のご意見にあえて反対しているなら，どうかお許しいただきたく存じます。というのは，殿下の妹君と同様，殿下にとっても，体液はこういう仕方で一掃されても寒い季節になると留まってしまい，春にはまた同じ病気をもたらす恐れがあるからです。あるいは，殿下が十分に節食なさり，血液を新鮮にして労せずに通じをつける飲食物だけをお摂りになることによってそれを治すのでなければ，何かほかの

---

1)　書簡602（本書）。
2)　実際の出発は1647年6月9日である。

病気になる危険性があるからです。というのは，薬については，薬剤師のものであれ，やぶ医者のものであれ，私はほとんど評価しておりませんので，それを用いることを，誰にも決してあえてお勧めしないからです。

　レギウスの書は，私がそこで観察したことを殿下がお知りになりたいと思う機会を与えているわけですが，それに関して私が殿下にどういうことを書くことができたかは存じません。おそらく，殿下がその書物をすでにお持ちであった場合には，殿下のご判断の先を越すことのないよう，私の意見を申し上げなかったと思います。しかし，殿下はそれをまだお持ちでないことが分かりましたので，ここで率直に申し上げますが，それは殿下がお読みになる労に値するとは思いません。自然学に関してそれが含むものは，私が主張したことをきちんと証明もせずに順序を違えてただ並べただけのものなのです。したがって，その証明はパラドックスに見え，最初に置かれたことは最後の方にあるものによってしか証明できないのです。彼はそこに彼自身の説に由来するものはほとんど何も入れず，ほとんど私が出版したものだけを入れているのです。しかし，彼が私に負っている点についても，やはり礼節を欠いたままなのです。すなわち，彼は私との友情を公言し，動物の記述について私の書いたことが外に洩れることを私が望まなかったのをよく知っていました。しかも，彼は，私はそれを彼に見せたくなかったこと，しかし，彼がそれを読んでみると弟子たちにそのことを話さずにはおれなくなったということで言い訳が立つことまで知っていたのです。にもかかわらず，彼は私が書いた多くのものをやはり剽窃してしまいました[1]。彼にはそれを複写する手段があったので，私の知らぬ間に，とりわけ私が筋肉の運動について語った箇所，たとえば眼を動かす二つの筋肉について私が考察した箇所[2]をすべて引き写しました。それについては二，三ページありますが，彼はそれがよほど気に入ったらしく，その書物のなかで二度，一語一語繰り返しました。しかしながら，彼は自分が何を書いているか

　1）『哲学原理』仏訳序文の最後の部分にも，同じレギウスへの批判がある。書簡574（本書154ページ）を参照。
　2）それは『人間論』（AT. XI, 134-137）の記述を指すと思われる。そこにはデカルト自身による挿絵が二枚挿入されている。

を理解していませんでした。というのは、彼は肝心な点、つまり脳から筋肉へと流れる動物精気はもと来た同じ道を通って戻ることはできないという点を欠いているからです。そうした観察なしには、彼が書いていることはすべて何の価値もありません。また、彼は私の挿絵を持っていなかったので、明らかに彼の無知を示す一つの挿絵を自分で書いています。彼は現在もまた別の医学書[1]を印刷中だそうですが、そこには、彼が消化できたかぎりで私の著作の残りすべてを入れてくれたものと期待いたします。疑いもなく彼は私の著作から他の多くのものを得たでしょうが、しかし彼がその写しを手にしたのは、彼の書物の印刷が終った時点にすぎないことを知りました。しかし、彼は自然学あるいは医学に関するすべてにおいて、私の意見だと彼が思い込んでいる意見に、それを理解していない場合でさえも盲目的に従っているように、彼は形而上学に関するすべてにおいて私の意見に盲目的に反対しているのです。私は、形而上学については何も書かないようにと彼にお願いしました[2]。なぜなら、それは彼の主題には決して役立つことはなく、それについて彼が何かを書けば必ず害になるだろうと確信していたからです。しかし私が彼から得た返事は、この点で私を満足させるつもりはないので、彼は他のことにおいても私を不愉快にさせることなどもはや気にもかけないということだけでした。

　私は明日 P. S. 様[3]に、ヘンリクス・レギウス著『自然学の基礎』と題する彼の書の一冊を、私の親友のホーヘランデ氏の小さな本[4]と一緒に、きっとお持ちするでしょう。彼はレギウスとは正反対のことをしました。つまり、レギウスが書いたことはすべて私から得たものでありながら、私に反しているのに対して、ホーヘランデ氏が書いたことはすべて、本来私によるのではありませんが（というのは、彼が私の著作をかつてよ

---

1) 『医学の基礎』（*Fundamenta medica*, 1647）。
2) 書簡506（本書簡集第六巻）を参照。
3) ソフィー王女。エリザベトの末妹で書簡の仲介をしていた。
4) 『思索。そこでは神の存在、魂の霊性、および魂の身体との可能的合一とが証明される…』（*Cogitationes, quibus Dei existentia, item animae spiritualitas, et possibilis cum corpore unio, demonstrantur, nec non brevis historia oeconomiae corporis animalis preponitur atque mechanice explicatur*, Amsterdam, 1646）。この書物はデカルトに献呈されている。ホーヘランデについては本書「主要人名解説」を参照。

く読んだことがあるとは思わないからです），しかし同じ原理に従っている点で私に賛成しています。ハンブルグ経由でお送りになりたい最初の荷物のなかに，あまりかさばらないこの二冊の書物を加えてもらうよう，L様[1]にお願いするつもりです。もし私がここを発つ前に手に入れることができたならば，私の『省察』の仏訳をそれに加えましょう。というのは，すでにだいぶ前にその印刷が終了したとの通知があったからです。私は…

---

1) ルイーズ・オランディーヌ王女（エリザベトのもう一人の妹）のことか。

604

デカルトからピコへ

エフモント・ビンネン　1647年3月1日
(AT. IV, 620 ; AM. VII, 270 ; B. 2406-2407)

[節食]

「デカルト氏が自分の食餌療法についてしていた観察の最後に，われわれは，1647年から彼が夕食を減らし始めたことを付け加えよう。夕食のせいで身体が重く，夜中に不調をきたすことに彼は気づいたからである。彼はこのことを，白髪交じりの髪よりもさらに確実と思われる老化の前兆と捉えた。」
(Baillet. II, 449)

605

デカルトからメルセンヌへ

エフモント・ビンネン　1647年3月15日
(AT. IV, 621-623 ; AM. VII, 271-273 ; B. 2406-2409)

[三角形の振動，ロベルヴァルの計算，鏡の反射]
神父様
　2月17日のお手紙で，あなたのやり方で吊るされた三角形の振動に関するある規則を，私があなたに送ったものと思っていらっしゃることを知りました。が，それはまったく私の意図ではありません。私は単に，ロベルヴァル氏の計算を単純化し，彼の計算が正しく解されるなら，それは彼があなたに説得しようとしたものとはまったく別のものであることをあなたにお示しすることで，彼があなたに提示した規則の誤りをご覧に入れようと思ったのです[1]。その結果として，彼は150度の角が4を与えると言っていますが，彼がそう望む仕方で正しく計算がなされると，その角は彼の計算によって32以上を与えます。私はただその計算が正しく行えるよう，その計算の仕方をある別のより容易なものに帰着させたにすぎません。そして，私があなたにお知らせし，証明しえたことは，彼の煩瑣な規則が与えるのは，その計算をきわめて正確に行うと，私があなたにお送りしたもう一つの規則が与えるのと，同じ数字であるということ以外の何ものでもありません。しかしながら，これらの規則はどちらも三角形の振動にはいっさい関係がありません。私の失敗で彼の規則の条件をいくらか変えてしまっている，と彼が見せかけることができないよう，その規則をあなたが1646年9月15日のお手紙[2]で私に送って下さったまま，一語一句違わずここに書き写しましょう。きちんと

---

1) 書簡598（本書230-232ページ）を参照。
2) 書簡575および598（本書156ページおよび231ページ）を参照。

書き写せているかどうか，どうぞご確認下さい。

　弧 DI を望むだけ多くの等しい弧に分割する（最も多く分割するのが最も良く，無際限に分割すれば正しい値が得られる）。それを徐々に分割していくと，一度の割線，二度の割線，三度の割線，等々の割線が得られる。これら割線の各々を三乗し，それら三乗すべてを足し合わせてその合計を得る。次に，上述のこれら割線を合計し，それに全正弦を掛

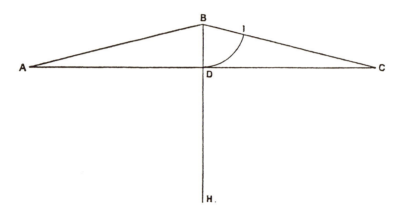

けてその積を得る。この積によって上述の三乗の合計を割り，この割り算の商を得る。最後に比例算によって，全正弦がこの商に対してあるのと同じ比で，線分 BD の $\frac{3}{4}$ が，ある第四のものに対してあるようにすると，この第四のものが，B から H と名づけられた打撃の中心までの距離となる。さて，私としては，もし天使が（というのも，これは人間のなしうる仕事ではないからです）わざわざ，弧 DI をまったく感覚できなくなるほど多くの部分へと分割し，次に上の規則によって示された計算をすべて成し遂げようとしたなら，天使の見いだす合計は，私があなたにお送りしたもう一つの計算によって見いだされる合計と同じものになる，と申し上げます。こうして，角 ABC が150度であるなら BH は，ロベルヴァル氏があなたを説得しようとしたように，BD の単なる四倍とはならず，三十二倍以上の長さになります。まさに以上について，私はその証明を送ると申し出たのです。DC を BC と書いていたなら，それは確かに私の間違いです[1]。私の『原理』から帰結するのは，放物面鏡の反射点に当たる場所では，光がより大きくなるために，微細物質の

揺動がより大きくなるはずである、ということです。そして『屈折光学』[*1)]において、私は次のことを証明しました。二つの鏡の大きさが異なり、形が同じである場合、大きいものは小さいものに比べてより「強く」燃やすわけではなく、単により「広く」燃やすだけであること、それは火のついた小さな木炭が、同じ木でできたより大きな木炭と同じだけ「強く」燃えるのと同様である、ということです。
　あなたのきわめて恭順かつ従順なる下僕
　神父様

デカルト

---

1) 書簡598（本書231-232ページ）を参照。誤りはクレルスリエによって訂正された。
*1) 『屈折光学』第8章（AT. VI, 193）。

606

エリザベトからデカルトへ

ベルリン　1647年4月11日
(AT. IV, 628-631 ; AM. VII, 277-279 ; B. 2410-2413)

[ハーグへの帰還未定，レギウス]

デカルト様

あなたがハーグにおられると伺い，そこにあなたがご滞在中，会話をしてつねに得られる満足が奪われていることを感じて以来，はじめて私は自分がハーグにいないことを後悔するようになりました。私は，それが適当であるときには，いつでもここを発つと思っておりました。そして，私を慈しみ，それに値する以上に私を評価してくれる人たちの間にあって，私がここで見いだしている安息は，他所で得られるあらゆる幸福にもまさるにせよ，ハーグに戻る幸福には比べられません。しかしながら，それは数ヵ月後ともお約束できませんし，何月と予告することもできません。なぜなら，私の叔母である選帝侯夫人[1]は，ご子息が彼女のもとへ戻る以前には，私の帰還を許す気になるとは思えないからですし，また私の方から彼女にそれを急かす理由もないからです。ご子息のお帰りは，彼自身の願いによれば9月にすぎません。おそらく用事次第では，彼はそれより早く帰らざるをえないか，あるいはもっと長く足止めされるかもしれません。したがって，お申し出になったように，あなたがフランスからお帰りになったときに，幸運にも再会することを望むことはできても確信はできません。このフランス旅行であなたがご希望通りの成果を収めることができますよう，お祈りいたします。私があなたのご決心の固さを，身をもって知っていなかったなら，あなたのご友

---

1) ブランデンブルク選帝侯の未亡人エリザベト・シャルロッテ (Elisabeth-Charlotte)。彼女はエリザベトの父の妹に当たる。ご子息とは，後の大選帝侯フリードリヒ・ウィルヘルムに他ならない。書簡576注2（本書163ページ）を参照。

人からフランスに留まるよう強いられるのではないかと，また心配していたことでしょう。しかし，あなたの消息をときどき知ることができるように，妹のソフィーにご住所を教えておいていただきたいと思います。その消息は，どんなに道のりが遠くても，私にはやはり快いものとなるでしょう。

　復活祭[1)]のあとで，われわれはクロッセン[2)]に参ります。それは私の叔母様の領地でシレジアとの国境にあり，三週間もしくは一ヵ月留まります。そこで，私はひとりになって，読書のための時間をこれまでよりも多く取れるでしょう。あなたがご親切にも送って下さった書物を読むことに，余暇のすべてを費やします。そのことについて，私の感謝の気持をどうかここでお受け取り下さい。私がレギウスの書をますます見たくなったのは，それが彼自身の見解によるものではなく，むしろ彼がそこにあなたの見解を取り入れた［剽窃した］ことを私は知っているからです。さらに，彼はやや性急にすぎるものですから，彼自らが私に語ったところでは，ジョンソン博士[3)]の助力を得たそうですが，この博士はレギウスをさらにもっと混乱させかねません。なにしろ，博士は元来きわめて不明瞭な精神の持ち主なのですから，自分が読んだり聞いたりしたことをレギウスに辛抱強く理解させるには至らなかったそうです。しかし，前述したレギウスのすべての他の誤りについては許すことができても，あなたに対してとっている恩知らずな態度は許すことができません。私は彼をまったく卑劣だと考えます。なぜなら，あなたとのやり取りは彼に考えを改めさせることができなかったからです。

　ホーヘランデ氏は，彼が出版した書物において，きっと大成功を収めるでしょう。なぜなら彼はあなたの原理に従っているからです。私はその原理をベルリンの博士の一人にも，ここできちんと理解させることはできないでしょう。それほど彼らは学院にとらわれているのです。前便で私が名前を出した博士とは，あなたの『自然学』［『哲学原理』］をお貸

---

　1)　4月21日。
　2)　クロッセン（Crossen）はフランクフルト・アン・デル・オーデルの東南にあり，「オーデル川に取り囲まれている」（書簡610）と言われる通り，本流と支流との合流点に位置する。現在はポーランド領 Krosno Odrzanskie となっている。
　3)　書簡496および498（本書簡集第六巻）に既出。

ししして以来，まったく会っていません。それは，ここではみんながきわめて健康であることの確かな証拠です。なぜなら彼はわが家の侍医の一人ですから。

　私が秋に患っていた腫れもののために薬を用いたくない，とあなたに申し上げたとき，私が意味していたのは薬剤師からの薬のことです。なぜなら，通じをよくし，血液を浄化する野菜は春に食するものだからです。ふつうこの季節には，他のものを食べようとの食欲はわきませんので。私はまた数日のあいだ瀉血をしてもらうつもりです。なぜなら，私はその悪い習慣がついてしまい，今それを改めると頭痛がして不快になってしまうのです。私の健康についてのあなたのご配慮が私をそうさせるのでなければ，私はわが身のこうした厄介な話をして，頭痛をお与えすることを恐れたことでしょう。もし，以下の者に対してあなたが抱いて下さっている極度の善意とは別［に私へのご配慮］の理由を私が見つけうるとすれば，それはさらに私に多くの虚栄を与えることでしょう。

　あなたに仕える，きわめて親愛なる友

エリザベト

　ベルリンより　4月1/11日

607

デカルトからヘーレボールト[1]へ

エフモント・ビンネン　1647年4月19日
(AT. IV, 631-632 ; AM. VII, 280-281 ; B. 2412-2413)

［神学討論］
非常に明晰な方にして，非常に公平な友へ
　1647年3月27日にあなた方のところでなされた神学討論[2]において論じられたことを，それが私にとって知ることが重要であるなら，お知らせ下さいますようにと，私は最近お願いいたしました。今回私は，ある別の討論について再度同じお願いをいたします。私の耳にしたところでは，その討論において，われわれの自由［意志］の観念が神の観念よりも大きいと私が書いたと言い立てられていたそうです。私のお願いと申しますのは，もしあなたがこの討論に参加していらしたのなら，この点をあなたにお尋ねしたいということです。もしそうでなければ，実際に討論を聞いて目撃した証人であるどなたかによってそれを私にお知らせ下さいますよう，どうぞご配慮をお願い申し上げます。お元気で，そして引き続きご親愛下さいますよう。
　　きわめて明晰な方へ
　　　あなたのきわめて従順なる下僕
　　　　　　　　　　　　　　　　　　　　　　　　　　　デカルト

　エフモント　1647年4月19日
　ライデン
　哲学教授ヘーレボールト様

---

　1) ヘーレボールト（Adrien Heereboord, 1614-1661）はライデン大学哲学教授。デカルト哲学に賛同し，神学論争などでアリストテレス主義に立つ大学（評議員）側としばしば対立した。
　2) この討論は4月6日に延期された。書簡611（本書275ページ）を参照。

608

デカルトからメルセンヌへ

エフモント・ビンネン　1647年4月26日
(AT. IV, 636-639 ; AM. VII, 282-284 ; B. 2414-2417)

［ファブリ神父の著作，鍋の粒子と水の粒子，塩の蒸留］
神父様

あなたからの二通のお手紙を拝受したのはすでにかなり前のこととなりました。しかし，その後ずっと，私は住まいを離れていたり，手紙を書くべき日には余りにも忙しかったりという状態で，これより前にお返事を書くのにあてる時間の余裕を持つことができませんでした。

最初のお手紙で，あなたはファブリ神父の著作についての私の意見を尋ねておられました。私がハーグにいて[1]その手紙を受け取ったのと同時に，ゾイリヘム氏も，製本前に私が目を通す時間が持てるようにと，あなたから送られてきたファブリ神父の本を受け取りました。しかし，私の記憶する限り（というのも，記憶のうち以外に私はその本について何も記録していないからですが），彼は非常に才気煥発で熱意を持った人間ですが，堅固な何かを確立しうるには，余りにも早く論を進めすぎるように私には思われます。私はその証拠の一つを彼の本の冒頭早々に見つけました。彼はそこで，重いと称されている諸物体に内属する重力を確立しようとして，これら諸物体は地球によって引きよせられるのでも，何らかの微細な物質によって地球へと押されるのでもない（これは私の考えに反します）と言い，このことからこれら諸物体がそれ自体，自らを落下させるようなある性質を持つに違いないと結論しています。次いで，諸物体が微細な物質によって地球の中心へと押されることはありえないということを証明するために，彼は，この考えを生み出した

---

1) 書簡606（本書260ページ）を参照。

人々の考え（すなわち私の考え）によれば，この微細な物質とは光であり，したがって，暗い地下室にある諸物体は太陽に曝されているものほどは重力を持たないはずだが，われわれはこれとは反対の事柄を経験すると言います。これによって，彼が私の著作を実際に読んだけれども大いに誤解したことがわかります。というのも，私はその微細な物質が光であるとも重力であるとも言ったことは決してなく，むしろその物質はさまざまな作用を持っており，そのうちの一つは光という感覚をわれわれのうちに引き起こし，他は重い物体を地球に向かって落下させると言ったのだからです。これら二つの作用は互いにまったく妨げ合うことはなく，それは私が十分に証明したとおりです。機械学の規則によっても，それについての論証は非常に明晰であるので，私は，「運動について」書いておきながらそれを理解していなかった人を善く思うことはできませんでした。したがって，以上のことがわかった後では，彼の本の見出しをざっと見る以上のことはしませんでしたし，そこにそれ以上読みたいと私に思わせるような何ものも見いだしませんでした。

　あなたはまた私に，魚が煮えたときには，なぜやけどすることなく鍋底を触ることができ，魚がまだ煮えていないときには，なぜ同じことが起こらないのか，という問いをも提起されました。しかし，あなたがきわめて確実だと想定しておられるこの実験が真であるかどうかを確かめようと思ったところ，魚が煮えていようといまいと，水が沸騰している間は，鍋底はずっと同じように熱いが手で触れられないほどではないということを発見しました。その理由は，鍋の粒子は水と直接に接しているために，水の粒子以上には火によって揺り動かされうることがほとんどなく，水の粒子は互いに追いかけ合い支え合っているために，鍋が空であった場合の銅の粒子ほどには強く振り動かされえない，ということです。

　あなたは二通目の最新のお手紙でもう一つ質問をしておられました。すなわち，何回も蒸留を重ねるとなぜ塩は甘口の液体となるのかということです。私はこのような実験をまったくしておりませんけれども，私の原理によってこれを説明することは私にとって非常に簡単です。というのも，塩の精あるいは塩の油[1]は，それを構成している塩の粒子の形が火の力によって変化するため，酸っぱいが塩っぱくはないと私は述べ

ましたが，同様にして，火の力をもっと弱くし，別の仕方で適用すれば，塩の油はまた違うふうに変化するとも言いうるのであって，その結果，塩が甘口となるからです。

　あなたはまた私に，私が以前，振動のために主張された規則に関して，あなたに書いた事柄の論証を送るようご依頼でした。しかし書類の置き場所を変えてしまったせいで，あなたがこの規則について書いておられた手紙[*1)]と，私がこの規則を吟味して気づいた事柄に関する下書き[*2)]をどこかへやってしまった結果，あなたのお近くに参上し，この規則と，私がこの規則に関してすでにあなたにお知らせした事柄とを，あなたが私にもう一度思い出させてくれるまでは，あなたをこのことに関して満足させることができないと申し上げましょう。六，七週間後にパリに行けることを期待しておりますので[*3)]，もっと詳しくこのことについてあなたとお話しするのは，その時までとっておくことにいたします。

　私はあなたのきわめて恭順かつ献身的なる下僕
　神父様

　　　　　　　　　　　　　　　　　　　　　　　　　　　　デカルト

　エフモントより　1647年4月26日
　パリ
　ミニモ会修道士
　メルセンヌ神父様

---

　　1)　『気象学』第3講（AT. VI, 262）を参照。「精（エスプリ）」とはアカデミー・フランセーズの『辞書』（*Dectionnaire de lácadémie française*）第四版によれば，「非常に微細な液体あるいは希薄な気体」をいう。例えば「酒精」「硫黄の精」「塩の精」など。
　　*1)　1646年9月15日付書簡。書簡605（本書257ページ）を参照。
　　*2)　書簡598（本書230-231ページ）を参照。
　　*3)　デカルトは6月9日にフレッシンゲンから乗船してパリに向った。書簡626（本書325ページ）を参照。

609

デカルトからピコへ

エフモント・ビンネン　1647年4月26日
(AT. IV, 640-641 ; AM. VII, 285-286 ; B. 2418-2419)

［デカルトの習慣，パリ旅行］
「彼［デカルト氏］は，昼食の前だけでなく，特に午後四時から深更に及ぶまで，長時間研究に励んでいた。そして，どんなに些細な仕事であっても，彼はいつも非常な熱意をもって取り組んだ。しかし亡くなる前の二，三年，彼の精神は省察と瞑想する術についてはいまだ同じままであったが，文筆の仕事には前よりも少し嫌気が差したようであった。彼は昼食後たいてい彼の友人たちとの会話や庭の植物の栽培や散歩に時間をあてるようになった。彼は体操をかなり好み，しばしば息抜きの時間にそれを行ったものだった。[1]」
(Baillet. II, 450)

「デカルト氏の使用人はすべてフランス人かフラマン人であったが，1644年のフランス旅行で，彼ら一同を両方ともに同行させたのは厄介だったと感じられた。そのため，その次の旅行，つまり1647年の旅行には彼らを同行させず，パリで異国の空気に汚されていない使用人を一人雇うことに決めたのだった。彼はピコ神父に次のように述べている。「私は今度の旅行には自分と一緒に誰も召使いを連れて行かないでしょう。というのも，フラマン人は旅行には厄介ですし，この国［オランダ］にいたフランス人はフランスで役に立たないからです。それゆえ，私はあなたのところの使用人のうちの誰かが，旅行の間私に付き添うのに適任の若い召使いを探してくれるよう望んでおります」。」(Baillet. II, 457)

---

1) B版にはないが，AT版，AM版，A版ともに以下の文章が続いている。「彼は運河をゴンドラで行くことができるときでも，すすんで馬に乗った。だが，引きこもった生活のために，そうした疲労を伴う習慣を失い，およそ1645年以来，彼は幌付き四輪馬車か舟以外の乗り物には耐えられなかった。」

610

エリザベトからデカルトへ

クロッセン　1647年5月[1]

(AT. V, 46-49 ; AM. VII, 342-344 ; B. 2420-2423)

[オランダ撤退を諫める，オーデル川，ホーヘランデの書]

デカルト様

　トリグランディウス教授[2]の無作法な系論[3]が，三週間前に送られて参りました。それに付け加えて，あなたの側に立って論争をした人たちは議論ではけっして負けなかったが，学内に引き起こされた騒動のため沈黙せざるをえなかったこと，スチュアート教授[4]（この人はたいへんな読書家ですが，判断力はきわめて凡庸です）が『形而上学的省察』を論破する意図をもっていること，が書いてありました。それは，ヴォエティウスの徒[5]の中傷が与えたのと同じ程の心労をあなたに与えるであろうとたしかに思っておりましたが，しかし今月10日のお手紙でお示しのように，オランダを去るご決心をさせるとは思っていませんでした。なぜなら，敵に陣地を譲ることはあなたにふさわしくなく，それは一種の追放のように見えるからです。それは，神学者の方々があなたに対し

---

　1) この書簡は，本文に「今月10日のお手紙でお示しのように」とあるように，5月10日付けの書簡613の後に来るもので，書簡610と書簡613の順序を入れ変えるべきだと思われる。AT版，AM版および最新のA版（II, 283-287）でもそうなっている。しかし，ここでは番号の整合性という観点から，B版に従っておく。
　2) 本書「主要人名解説」を参照。
　3) 書簡611（本書）を参照。
　4) スチュアート（Adam Stuard, Stuart）。スコットランドの人で，ライデン大学の哲学教授。同僚の若いデカルト主義者たちと激しく衝突し，大学側から論争をやめるよう命じられた。
　5) ヴォエティウスの弟子でフローニンゲン大学教授スホーキウス（Schoockius）。この人の名の下にデカルト批判が行われ，いわゆるユトレヒト事件がはじまった。ヴォエティウスについては本書「主要人名解説」を参照。

てなしうるどんなことよりも，もっと甚大な損害をあなたにもたらすでしょう。というのも，為政者自身も中傷を免れることができず，中傷をする者を罰することもできない国において，中傷というものは大したことではないからです。人民は言論の自由のためだけに高い税金をそこで払っていますが，神学者たちはどこでも特権を持っていますので，彼らの自由は民主国家においては制限を受けることがありません。それゆえオランダのご友人たちが，あなたに要求するよう勧めていることをあなたが受け入れるなら，それであなたが満足なさるのは妥当だと思われます。もっとも，あなた［ご自身］がそこで決心を下されるほうが，自由で自分のことに確信をもつ人にはよりふさわしいので，要求に際して彼らの意見にしたがうべきではないのですが。それでも，あなたは依然としてこの国を去るご決心であるのなら，わが家の都合で私が呼び戻されないかぎり，私もそこへ帰るとの決心を放棄することになるでしょう。むしろ，私はここでミュンスター条約[1]の結果か何か他の状況が，私を祖国に連れ戻すのを待つことでしょう。

　選帝侯夫人の領地は，私の体質になかなかよく合う場所です。ベルリンよりも太陽に二度近く，オーデル川に取り囲まれて土地はたいそう肥沃です。ベルリンに比べ，ここでは軍隊の駐屯が長びき，戦火による被害が大きかったにもかかわらず，人々はすでに戦争から見事に立ち直っています。ある村々では今，家蚊と呼ばれる羽虫が大量に発生し，そのため多くの人や動物が窒息し，あるいは耳が聞こえなくなったり目が見えなくなったりしています。それは雲の形をなして飛来し，そして去るのです。これは魔法の呪いのせいだと住民は思い込んでいますが，私はオーデル川の異常な氾濫によると思っています。それは今年の四月末まで続き，すでにして猛烈な暑さだったのです。

　二日前に，ホーヘランデ氏と［ル］ロア[2]の書物を受け取りました。しかし至急便があったために，前者の冒頭だけしか読むことができませんでした。もし私があなたによって，われわれの認識の原理から証明を求める習慣をつけられていなかったならば，そこでの神の存在証明を私

---

1) 三十年戦争を終結させたウエストファリア条約。1648年10月24日，ミュンスターおよびオズナブリュックで締結された。
2) レギウスのフランス語読み。

は高く評価したことでしょう。しかし，彼が比喩によって，魂がいかにして身体と合一しているか，いかにして身体の形相に順応し，身体に生じてくる善と悪に関わらざるをえないのか，を示している点についてはまだ私は満足できません。なぜなら，彼は，微細物質は火の熱あるいは醱酵熱によってより粗い物質のなかに取り囲まれると想定しますが，その微細物質はそれにもかかわらず物体的であって，その小さな粒子の量と表面積によって圧力あるいは運動を受け取るのであり，それは非物体的な魂のよくするところではないからです。

　上述の書物を私に届けてくれた弟のフィリップは，送付中のものが他に二冊あると言っています。というのは，私はそれを取り寄せなかったのですから，それはあなたの『省察』と『哲学原理』の仏語版[1)]のことだと思います。私はとくに後者を早く拝見したいと思います。なぜなら，あなたはラテン語版にはない何かをそこに付加されたからです。私が思うにそれは第四部でしょう。なぜなら，他の三つの部分はきわめて明晰であり，翻訳が可能であると思われるからです。

　かつてお話しした医者[2)]が私に言うところによれば，「自分は鉱物についていくつかの反論があるが，しかしいま一度あなた［デカルト］の諸原理を吟味するまでは，それをあえてお送りすることはしない。しかし医療を行っているため，なかなかそこまで手がまわらない」とのことです。ここの人たちは医者という職業を異常なまでに信頼しています。庶民や貴族の不潔さがあまりひどくなかったならば，ここの空気はきわめて澄んでいますので，世の人が必要とするほど医者を必要とはしないであろうと思います。私もここでは，オランダにいた時以上に健康です。しかし，ずっとここに居ることを私は望みません。なぜなら，骨の髄まで私が愚かになるのを防いでくれるのは書物しかないからです。あなたが以下の者にずっと持ち続けて下さるご好意を，私がどれだけ尊重しているかをお示しすることができるなら，私はそれで完全に満足することでしょう。

　　あなたに仕える，きわめて親愛なる友

---

　　1)　仏訳『省察』は1647年に出版されたが，『哲学原理』の仏訳はまだ出版されていなかった。
　　2)　ヴァイス。書簡602（本書250ページ）に既出。

1647年5月(クロッセン)

エリザベト

デカルト様

611

デカルトからライデン大学評議員へ

エフモント・ビンネン　1647年5月4日
(AT. V, 1-15 ; AM. VII, 287-304 ; B. 2424-2435)

［神学討論］
　高名なオランダのライデン市のアカデミーの，この上なく高貴で偉大なる評議員諸氏へ

　この上なく高貴で偉大なる方々へ
　私がこれから書こうとする事柄を知っていただくことが，もし私にのみ関わることであるならば，この手紙でこれほど無遠慮にあなた方をわずらわせることはなかったでしょう。しかし，あなた方が管理しておられるこのアカデミーの評判と名声にも関わっていると私は判断しますので，この手紙があなた方の意にかなうものであると自負しております。
　ライデンで神学のテーゼについて討論された折，私の書いたもののうちのある一節がそのテーゼの中で非難され，特に私自身も名指しされたと聞いたとき，私は最近まで喜んでおりました。というのも，このように精神同士の礼儀をわきまえた戦いに招かれていると思いましたし，以前にはこのようなテーゼを擁護する方の学識について何も耳にしたことはありませんでしたが，その方がこの州の第一級のアカデミーの首席教授[1]であると言われている以上，おそらく下劣な敵ではあるまいと私は考えていたからです。しかし，テーゼ自体を目にしたとき，私は憤慨し悲嘆にくれたということを告白いたします。憤慨したというのは，私の意見はなるほど何一つ論駁されていなかったのですが，私自身が誤って，最も忌まわしく，法によればこの上ないほど罰すべき罪に関わる，すな

---

1) トリグランディウス (J. Triglandius) のこと。

わち冒瀆罪によって，告発されていたからです。私が悲嘆にくれたというのは，これほどひどく公然と侮辱されたことに対して，公開文書によって答えることが自分の務めであると考えはしたものの，そうすることも，全世界の前で神学の第一人者をこれほどはっきりした弁解の余地のない誹謗の罪で告発することができるとは思われなかったからです。というのも，私ができうるかぎりその栄誉に留意したいと思っているあなた方のアカデミーに対して，すなわち，非常に親しい友人として私が尊敬している何人もの傑出した教授陣がおられるアカデミーに対して，大いなる不名誉が及ぶことになってしまうからです。それゆえ，私が最も穏やかな道を辿ろうとするためには，あなた方に事件の全貌を説明し，あなた方のご配慮と慎重さを得ようと試みもしないうちから，これからお話しする侮辱について私をしかるべく満足させよとか，続けて新たな侮辱が起こらないように用心せよとか，今後，私が自分の名誉を守る他の道を取らねばならない場合，あなた方には公正に協議せよとか，を決して申し立てるつもりはありません。

　私が決して傷つけたことも，傷つけることを夢想したこともなかった人々によって，私に対して最も重大な誹謗がなされたとわかったとき，こうした害悪にはおそらく別の根源があるのだろうと私は考えました。そして，あなた方のところで私に対してなされたすべてのことを調査したところ，三ヵ月ほど前に，あなた方の神学院の院長[1]が『神学論集』の名目で，「神の認識と自存するものとしての神について」いくつかの討論を準備しはじめたと知らされました。その討論において，いわば公然と私の『省察』を攻撃しました。また，実際に討論を行うにあたっても，聖書を置き去りにして，デカルト[2]の形而上学の矛盾をあげつらうことだけに専念しました。このことはかなり激しく攻撃的になされました。神学討論の名目で哲学を論じるとは，本当に院長も「別の種に変わってしまった」と教えてくれた人々もいました。しかし，これは些細なことです。他の人々は，彼がいくつかの長文と結論について，理由の連鎖を理解せずに急いで論証することによって，私の『省察』の純正さを

　1）　レヴィウス（Jacobus Revius）のこと。本書「主要人名解説」を参照。
　2）　この書簡にはヘーレボールトの手が入っているので，文中に「デカルト」の文字が散見する。

ゆがめるどころか，台無しにしてしまっていると，指摘しているのです（第2テーゼ第21討論）。最後に，ある人々は，第13テーゼ第23討論における無知と悪意を彼に認めさせました。そこでは私の『省察』の55ページの言葉を引用していましたが，そのようなものは存在しておらず，その意味はまったく別物となっています。実際，次のように引用された言葉の中から彼はペラギウス主義を導き出してしまっていました。「ただ意志だけは，すなわち自由意志だけは別であって，私の経験するところ，これは私においてきわめて大きく，もはやこれ以上に大きな［自由］意志というものは他に考えることができないほどである。」[1]──このように，もし私が他にもっと大きないかなるものの観念も考えられないとすれば，神の観念は私の自由の観念ほど大きくはないことになってしまうでしょうし，その結果，私の自由意志は神よりも大きくなってしまうでしょう。──反論者は彼に，前提と結論をよく読んでほしい，そして，形容詞句 nullius majoris ［これ以上に大きな…は何も］を，彼が rei ［事物］だと捉えている名詞ではなく，facultatis ［能力］あるいは libertas ［自由］という名詞と文法的に組み合わせてほしいと丁重に頼みました。ここから反論者は，彼がこの箇所について学識を持たず，もっと悪質なことに，慈愛も持たず論じていると立証しました。これらは四つの討論によって議論されたと言われていますが，この手紙にそのテーゼを添えておきます。それは，もしあなた方がテーゼそのものをご検討下さり，いつか偶然にも私の『省察』も読んで下さることがあるならば，この院長について学生たち自身が指摘した事柄がいかに本当であり，討論の中で公に非難された事柄がいかに本当であるか，明白におわかりになるようにするためです。

　しかしそれ以上に，もしこのようなテーゼが日の目を見て，そこに私の覚書を加えることができれば，私はもっと容易に証明することでしょうし，それによって反論者が私の言葉についてどれほど不誠実で無益な解釈者であるかが認められるでしょう。また，彼がこのことを徐々に誹謗にまで高めていきたかったのだとわかるでしょう。実際，四つのテーゼのうち最初の三つの文書では，彼は私の名を挙げておらず，最初の文

---

1) 『省察』(AT. VII, 57) を参照。

書で単に私自身が矛盾したことを言っているということ，二つめの文書で私が誤った論証を述べたということ，三つめの文書で私をペラギウス主義者以上の者だということを説得しようとのみ努め，最終的に四つめの文書で私の名前を挙げたのです。

学院においてこのような予備討論が行われ，あらゆる誹謗のうちでも最もひどいものがアカデミーで手本とされました。事実，首席神学者の監視下で弁護のために編纂された別のテーゼには，答弁者の7番目の系論に賛同して，以下の文章が含まれています。すなわち，「いかなる口実をもってしても，現在の救済の確実性に関して聖霊の内なる証を否定することは許されない。聖霊自身を（あるいは，デカルトが間違ってそうしているように，神自身を）欺瞞者にして欺く者と見なしたり想定したりすることはさらに許されない。このことは明らかに冒瀆である」。

また，このテーゼは3月27日には準備されていましたが[1]，その討論は4月6日まで延期されたと聞いております。その理由を問うた人に次のことが伝えられました。すなわち，哲学教授であり，すでに四回も私に対して討論を仕掛けてきた人間とは神学院の運営上の同僚であるヘーレボールト氏が，偶然にもこの系論を目にされ，これを根拠に私は法廷に召喚することもできるのだから，答弁者にまずは用心して弁護するよう注意していたということ。氏はその答弁者に対して，私のものとされていることとまったく逆のことを明白に断言している私の『省察』のくだりを教えたということ。それと同時に（というのも，彼は同じ学院に所属していて，彼の面倒を見ざるを得なかったのですから）氏は，私のようなキリスト者に対して，私の意図と結論に明白に反する考えを結びつけていたとして，答弁者を非難したということ。これに対して答弁者は，このようなことは予想も考えもしなかったが，ご忠告には感謝し，このような系論を擁護しないことにしたと答え，この件は神学院長と討論の司会者の発案でなされたと答えたということ。以上が伝えられたのです。

また，ヘーレボールト氏がすぐ後に，同じ事柄について話し合うために討論の司会者に会いに赴いたとも知らされました。司会者はとりわけ，

---

[1] 書簡607（本書263ページ）を参照。

神を欺く者と見なす者は［すべて］冒瀆者であるという系論の大前提は主張したが，デカルトが間違ってそうしているという小前提は主張していないし，自分は『省察』を一度も読んだことがないと公言したそうです。ヘーレボールト氏は以下のように投げ返しました（少なくとも私にはこのように知らされましたし，あなた方はこれらがすべて本当かどうかご本人に尋ねることができます）。すなわち小前提が正確な言葉によって表現され，司会者がテーゼと同様，系論も擁護する以上，これが答弁者の系論であって司会者のものではないと言われたとしても，彼は大前提だけでなく小前提も支持していることになると投げ返したのです。その上，答弁者はこの系論が司会者の発意によって提出されたと氏にわからせたのです。結局，幾度かの議論を経て，司会者はヘーレボールト氏から答弁者に，テーゼはまだ配布されておらず，自分は弁護したいと思えなかったのだから，その系論を破棄するように言うよう頼みました。

しかしながら何日か後，見解が再び変更され，彼はこの系論を含むテーゼを擁護し，討論全体を通して系論の小前提のみを，すなわち，デカルトが冒瀆者であるかどうかを，そして，この事実の認識はこの司会者の審判の管轄にあるかどうかのみを問題にしました。そこでは，道化役者のように答弁者が振り上げた両腕を私と私の『省察』に向け，司会者は怒鳴り声で私の形而上学が劣悪で，不敬虔で，冒瀆的であると宣言しました。その反面，非常に博識な二人の若い学者がまずは自分自身の議論を用いて，ついで，ヘーレボールト氏も（この件では彼に大いに感謝いたします），真剣で厳しい警告を与えつつ真実と無実のための弁護を行ったのです。

しかし，たとえ私が優れた擁護者を得たとしても，たとえ私の提訴がそれ自体明らかであったとしても，以下のことは公正であったかどうか私はお尋ねします。私のいないところで，私は警告もされず，何が起こっているかまったく知らずにいる一方で，あなた方の首席神学者が私がこの上ない罪を犯したかどで有罪であるとでっち上げ，劣悪で，不敬虔で，冒瀆的であると声高に私を糾弾しようとするために，彼の［開いた］異端審問所にこんなふうに召喚されるという，このことは公正だったでしょうか。おそらく彼は，アカデミーの自由を言い立てることでし

ょう。ここでは人格ではなく単に見解について各自が能力に応じて判断しているし、それは誰であれ傷つけるということもなければ、誰かが言うことをあたかも正規の裁判官による発令であるかのように見なそうともしないというわけです。このような言い逃れは他の地域や、それほど明らかでも悪辣でもなく、それ自体、アカデミーの自由を損なうほどではない誹謗においては、容易に通じるかもしれません。しかし、これほど明らかで、計画的で、邪悪な誹謗をどこの場所の人間であっても甘受すべきではありませんが、このあたりの州では、こういう類の人間に起因する誹謗は、どんなに些細であっても甘受すべきではありません。

　しかしながら、これほど甚だしい誹謗が明らかになるように、私はここで、私に知らされたことをお話します。討論のさなか、反論者は司会者と答弁者に私の書物のどの箇所によれば、私が神を欺く者と見なしていることを証明できるのか尋ねた折、彼らが引用した最初の箇所は（そこにはこの件について彼らが引き起こした他のすべての議論が結びつけられるわけですが）『省察』の13ページの中の次のものでした。「それゆえ私は真理の源泉である最善の神ではなく、ある悪い霊が、しかもこのうえなく有能で狡猾な霊が、あらゆる策をこらして、私を誤らせようとしているのだ、と想定してみよう」[1]等々。反論者はそこで、私が「真理の源泉である最善の神」と「悪い霊」とをはっきりと区別していたことを示し、私がそれを望んでいることも、それどころかその可能性も否定していました（というのも、私は「真理の源泉」であると付け加えており、それはこのような神の属性が欺瞞に相反することを示すためであったからです）。私はかの最善なる神を欺く者と見なすとは言っていませんが（ここではこれについて問題になりません）、そのような者として想定すると言っており、この想定を悪い霊へと向けたのです。彼らは私がこの欺く者を「全能」と呼んでいると答えていましたが、このような者は、真なる神を除いては、まったく存在しないのです。この答えをきっかけに私は、彼らがあらゆる悪魔、あらゆる偶像、異教徒たちのあらゆる崇拝物を、真なる神あるいは真なる神々と見なしている、なぜなら、この記述には本当に神だけにふさわしいような何らかの属性をまっ

---

[1] 『省察』（AT. VII, 22）を参照。

たく含んではいないのだから，と叫んでもよいでしょう。私は今一度正当にも，このことは「恐ろしく，不敬虔で，冒瀆的」だと付け加えておきましょう。それはとりわけ，単に想定されているのではなく，断定されており，若い聴衆に対して最悪の例が挙げられているという理由からなのですが，このことは誹謗にまで持っていくためなのです。ところで，私は単に次のように言おうと思います。私は「善は公平無私の理由の中にあるが，悪が何らかの欠如に由来すること」を知っており，何らかの欺く者をこの上なく力能があると想定するようにそのくだりが要請することを知っておりましたから，そこで善なる神と悪い霊を区別して，万が一このようなこの上なく力能のある欺く者が想定されるとしても，しかし，欺く者のうちには欺瞞に由来する欠如があるので，これは善なる神ではなく，単に何らかの悪い霊とだけ見なすべきであろうということを示したのです。また，ここで私が用いた仮説を攻撃しようとして，「善を生み出すために悪をなしてはならない」と言うこともできません。というのもこのような仮説は，目的のために言及されている理由以外に，道徳的に何も善いことも悪いこともそれ自体のうちに含んではいないからです。なぜならそれは，意志の行為ではなく知性の行為であり，そのようなことをわれわれが信じることも信じられることも望んでいないということを示しているからです。ところで私の目的は，極めて善なるものでした。なぜなら，懐疑論と無神論をよりうまく打ち倒し，神が欺く者ではないと証明し，そしてこのことを人間にとってのあらゆる確実性の基礎として確立するためにだけ，このような仮説を使ったからです。その結果，私ほど公正にもっともらしい仕方で神を欺く者と見なすことのできる人間はいないということを，あえて誇りとしているのです。というのも，私以前には誰も（少なくとも私たちが入手できる書物の著者は誰も）これほど明らかに，これほど真剣に，これほど入念に，真なる神が欺く者ではないということを証明してはいなかったからです。

　この種のこれほど無分別な誹謗には本当に驚いてしまいます。同じ穴の狢(むじな)[1]がごく最近，私のことを無神論だと非難したのですが，無神論者に反対して私が書いた議論とは別の議論から証明しているわけではなく，

---

1) ヴォエティウスのこと。

このことを除けばいかなる前例も存在しないと思います。そして，彼らがそれより正当に咎めることができたかもしれない他のものがたくさん私の著作の中にあること，そして，そこでは誹謗がそれほど目立っていなかったことを考えると，また，なぜ彼らがとりわけこれを選択したのか，その理由を検討すると，次の二つの事柄を見いだすことができます。一つには，このやり方を用いて彼らは，重大かつ法によって最大限に処罰されうる二つの罪，すなわち不敬虔と無神論を咎めたということです。もう一つは，彼らが自分の断言していることの本当らしさに関してはどうでもよいと示したがっているように見えるということです。なぜなら，彼らは自分たちの理由に関して何ら希望を持っていませんが，ただ単に罵声，権威，尊大さ，先入観によってのみ，彼らは勝利を手にせんことを当てにしているからです。このように，アカデミーと精神の自由を完全に取り除こうとして，彼らは他の人々を激しい非難によって脅かそうとしています。というのも実際に，もし法や公正や理由の明証性がこのような人々の支離滅裂な怒号に対して何も役立たないのであれば，アカデミーには精神の自然の光を讃えるどんな必要があるでしょうか？　そしてもし，あらゆる推論が捨て去られ，すなわち人間性それ自体が取り去られ，何であれ彼らの押しつけるものをわれわれがやみくもに受け入れ，まったく恥ずべきことに彼らの抑制されていない感情の奴隷となるならば，いったい何が残るのでしょうか？

　実のところ，今やとりわけこの州において，討論やテーゼを通じてなされるこの種の中傷は，非常に大きな危険であって，これについてあなた方は私よりもよくご存知ですから，証明する必要はありません。しかし，なぜ他の大多数の人々ではなく自分に対してなのかという理由を見逃すべきではありませんし，このような議論によって私は打撃を受けているわけですから，黙っていることは有益ではないでしょう。事実，私には，別のアカデミーの首席神学者であるヴォエティウスという用意周到な告発者がいます（この組織を侮辱しようとしてこう言っているわけではありません。というのも，私は学識のある実直で誠実で節度ある別の人々を知ってもいるからです）。ところで，ヴォエティウスは私に敵対するあまり，別の裁判において私に対して彼が用いていた偽証を，自分とデマティウスに書くよう求めてきたと，スホーキウスがフローニン

ゲンでの正式な裁判において明言したほどなのです[1]。このことは，ヴォエティウスとデマティウスによって書かれたさまざまな記録から彼が明々白々に証明しましたが，その主要な部分はこの同じ審判者の権威に照らして『善き信仰に捧ぐ』[2]において活字となりました。したがって，私を打ち負かそうとこれほど執拗に偽証を求めていた同じ人間は，もし私が彼らに迅速に反論しなかったなら，私を「ペラギウス主義者や冒瀆者以上」であるとしている討論とテーゼについての公文書を，懸命に奪い取ろうとするだろうことを，私は疑うべきではないのです。その上，間違いなく，ヴォエティウスは大げさに誇張してこのような証言の権威を増大させようとして，次のように言うことでしょう。すなわち，私を冒瀆者であると判断したのは，あなた方のアカデミーの首席神学者であり，私のことをペラギウス主義者以上だと呼んだもう一人の人間は，あなた方の神学院長であり，そしてまた，彼らのうちの一人は聖書の翻訳を委ねられていた，と。また次のようにも言うでしょう。私の言葉が非常に忠実かつ巧みに解釈されていたことを誰も疑うべきではない，あるいは，いずれ説教師になり，単に学識だけではなく，とりわけ慈愛や廉潔さや他の徳によって，この州を教化してくれるだろうという希望と共に，あなた方によって育成されているすべての若者の世話を任されている人間のことを誹謗者であると考えるべきではない，と。

　その間，私の書物は人々の手に渡っているので，たとえ私が口をつぐんでいるとしても，たとえ私が虐げられているとしても，ただ書物だけによって，私の提訴の正しさがいつの時代であれ全世界の多くの部分で知られるようになるでしょう。あなた方のアカデミーの称賛がこのような書物に与えられるかどうか，評価するのはあなた方です。しかし，あなた方には何卒次のことを是非ともお願いし，できうる限り心から懇願いたしますが，この点を検討する間にも，どうか首席神学者も神学院長もお二人ともども，私に償いをするようお取り計らい下さいますよう，そして後に，私の敵が先入観によって私に対する中傷をするかもしれないという心配をしないですむようにしていただきたいのです。こうする

---

1) 書簡491（本書簡集第六巻）を参照。
2) AT. VIII-2, 248-249 et 260-261 を参照。

ことで，あなた方は最高の恩恵にあずかることでしょう。
　この上なく高貴で偉大なる方々へ
　　あなた方の最も従順なる下僕

　　　　　　　　　　　　　　　　　　　　　　　　デカルト

　　エフモント　1647年5月4日

612

デカルトからライデン大学評議員へ

エフモント・ビンネン　1647年5月4日
(AT. V, 22-23 ; AM. VII, 305-306 ; B. 2434-2435)

［神学討論］
　この上なく高貴で偉大なる方々へ
　あなた方の神学者たちのいかなる判断にもこの私の提訴をお任せにならないよう，ここでさらにはっきりとお願いすることをどうかお許し下さい。第一に，信仰の自由を享受しうるという希望をもって私はここで生活しておりますが，彼らの意志に従う義務はないからです。次に，私の書物はまったく，あるいはほんのわずかしか，宗教に異議を唱えるような言葉を含んでいないからです。最後に，ここでは冒瀆的表現もペラギウス主義も，教義に関わる他のいかなる事柄も問題ではなく，邪悪でまったく弁解の余地のない誹謗であるかどうかが問題だからです。最初の誹謗とは，あなた方の首席神学者が，私が神を欺瞞者にして欺く者だと見なしていると主張するものですが，それとは反対に，神が欺く者であること，あるいは神は欺く者であると想定されうることを，私はすべての書物の中で，他のいかなる著者もかつてしたことがないほど明らかに否定したのです。もう一つの中傷ですが，あなた方の神学院長は第13テーゼ，第23討論において，私が『省察』の55ページの中で，われわれは神の像よりも形相的にも絶対的にも大きなわれわれの意志の自由［自由意志］の観念を持っていると書いたと捏造しています。けれども，引用されたページでも私の書物の他のいかなる場所でも，このような不敬虔な不整合の形跡はまったく，あるいはほんのわずかしか見いだされません。このような中傷だけが実際上の問題であり，ここにおいてのみすべての原因があるのです。私はあなた方に，もう一度ふさわしい判断がされるようご検討下さり，これほど重大な不正について償いをするよう

1647年5月4日（エフモント・ビンネン）

ご配慮を賜りますよう，重ねてお願いする次第です。
　この上なく高貴で偉大なる方々へ
　あなた方の従順なる下僕

デカルト

613

デカルトからエリザベトへ

エフモント　1647年5月10日[1]

(AT. V, 15-19 ; AM. VII, 307-310 ; B. 2436-2439)

［ライデン事件，撤退準備］

殿下

　私がフランスに行くことになれば，私をそこに留まりたくさせる事情が出てくるかもしれませんが，私に生命と健康とがあるかぎり，冬になる前に戻ることを強引に引き留める事情は何もないでしょう。なぜなら，殿下から拝受したお手紙は夏の終りにはハーグへお帰りになるという期待を抱かせるからです。しかし実を言えば，それこそ私を他の国よりもこの国に住みたいと思わせる主要な理由であります。というのは，かつて私は安息を探し求めてこの国に来たのですが，これからは私が望んだような完全な安息はここでは得られないことが予想されるからです。その理由は，私は，ユトレヒトで被った名誉毀損[2]から当然受けるはずの償いをまだ完全には得ていないというのに，それは他の人々の名誉毀損を誘発したらしく，神学者の一団でスコラ学者でもある人たちが一緒になって同盟を結び，中傷によって私に圧力をかけようとしているらしいからなのです。その結果，彼らが私を陥れようとしてあらんかぎりのことを画策している間，もし私が自らを守るための注意を怠るなら，容易に彼らは何らかの侮辱を私に与えることでしょう。

　その証拠に，三，四ヵ月前，ライデンの神学院のある院長でレヴィウス[3]という人が，私に反対する四つのさまざまな命題を討論させて私の

---

　1)　先述したように，これは書簡610に先立つものであり，順序を入れ変えるべきである。書簡610（本書268ページ注1）を参照。

　2)　いわゆるユトレヒト事件（1642-45）である。書簡404末尾（本書簡集第五巻303ページ）に既出。この書簡では，それに次いで起こったライデン事件（1647）の子細が記されている。

『省察』の意味を歪め，私がはなはだ不合理で神の栄光に反することをそこで述べたと信じさせようとしました。たとえば，神の存在を疑わねばならないとか，しばらく神の存在をまったく否定せよなど，その他同様のことです*1)。しかし，彼は器用な人ではなく大部分の学生でさえもその中傷を冷笑していますので，ライデンの私の友人たちは，彼らの主席神学教授のトリグランディウス*2)がまた別の命題を出すにいたるまでは，彼がしていることを私に告げることさえ潔しとしませんでした。その命題の中で，彼は…*3)という言い方をしています。これについて私の友人たちは，なかには神学者であるものでさえも，次のように判断してくれました。すなわち，「これらの人たちの意図は，冒瀆者という最大の罪によって私を非難することで，まず彼らが最大の勢力をもつ何らかの公会議によって，私の見解をきわめて危険であるとして有罪宣告をし，次いで，彼らに信を置いている市参事たちによって，公に私に侮辱を与えようとしているにすぎない。そして，それを防止するためには私が彼らの企てに対抗する必要がある」と。そのことが原因で，私は一週間前，ライデンのアカデミーの評議員に長い手紙*4)を書いて，これら二人の神学者の中傷に対してその理非曲直を質しました。どういう返事をもらえるか私にはまだ分かりません。しかし，この国の人たちの気質について私の知るところを考え，そして，彼らが神学者の誠実さや徳ではなくその髭や声や眉をいかに敬うか，その結果，最も厚かましい人で最も大きな声で叫ぶことを心得ている人が，どんなに間違っていても，ここでは（すべての民主国家において普通そうであるように）最も大きな力を持つことを考えますと，私が彼らに期待するのはある膏薬にすぎません。それは病気の原因を取り除くのではなく，病気をもっと長引かせ，もっとしつこくするのに役立つだけです。これに対して私の側としては，この名誉毀損から，またこれを機会にユトレヒトでのことからも，完全な償いを受けるよう最善を尽くさねばならないと思います。そして私が勝訴することができなかった場合には（勝訴はとても難しいと予想

---

　　3)　本書「主要人名解説」を参照。
　*1)　書簡611（本書）参照。
　*2)　本書「主要人名解説」を参照。
　*3)　「冒瀆者である」。書簡611（本書275ページ）を参照。
　*4)　書簡611（本書，ライデン大学評議員宛1647年5月4日）。

していますが），この国から全面撤退しなければならないと思います。しかし，なにしろここでは万事きわめて悠長になされますので，そうしたことが実現されるまでには一年以上かかるに違いないでしょう。

　失礼をも顧みず，殿下にこうした些細なことをお話し申し上げるのは，ホーヘランデ氏やレギウスが私に関することを書いているがために，殿下は彼らの書をお読みになりたいというご好意をお示しですので，私個人に関わることをお知らせしてもご気分を害することにはならないだろうと思ったからです。もっとも，私が殿下に負っている服従と尊敬の念からしても，私の動静をご報告しなければなりませんが。

　殿下が私の『原理』をお貸しした医者が，長いあいだ殿下に会いに来ないことを私は神に感謝します。なぜならそれは，選帝侯夫人の宮廷に病人がまったくいないことの証拠ですから。人は病人に取り巻かれているときよりも，周りがみな健康であるときの方が，さらに健康の度合が増すように思われます。この医者は殿下が御意のままにお貸しした本を読む暇がそれだけ十分あることになり，それについて自分の意見をより上手に述べることができることでしょう。

　この手紙を書いている間に，ハーグとライデンから評議会が延期されたことを知らせる手紙[1]を受け取りました。したがって，私の手紙は彼らにまだ渡っていないわけで，彼らはささいな仲違いを大事にしているのだと私は見ています。神学者たちがその裁判に当たりたいそうです。つまり，ここで私をスペインでもかつてなかったほどの厳しい異端審問に付し，彼らの宗教の敵に仕立て上げたいそうです。そこで私は，フランス大使閣下の信任とオレンジ［オラニエ］大公閣下の権威をお借りして，勝訴するというよりは仲をとりなしてもらい，敵がそれ以上進むことを防ぐように求められるでしょう。しかし，私はこの意見には従わないつもりです[2]。ただ私は，ことの理非曲直を質すのみです。もし勝訴が得られないなら，静かに撤退の準備をすることが最善だと思われます。しかし私がなにを考えようが，なにをしようが，世界のどこに行こうが，私にとって殿下のご下命に従い，熱意をもって私が…であることを示す

　1）この書簡は散逸している。
　2）しかしデカルトは二日後に翻意し，この意見に従うことになる。書簡616（本書298ページ）を参照。

ことほど大切なことはありません。

614

シャニュからデカルトへ

ストックホルム　1647年5月11日

（AT. X, 617-624/V, 19-22 ; AM. VII, 311-316 ; B. 2440-2447）

［愛について，世界の無限性，友情について］
デカルト様，1647年5月11日
拝啓
　あなたが2月1日に書いて下さったお手紙が，あなたがほとんど苦労せずに文字になさったのと同じくらい私にも十分に理解するのが容易だったのであれば，その返信をあなたはすぐにでもお受け取りになったことでしょう。これは，同意を与えるにあたって，私の精神のうちに何らかの抵抗を見いだしたからではありません。私があなたに置いている信頼だけからでも，私はあなたに由来する事柄ならすべて異論なく受け入れるようになっていますが，あなたが与えて下さる事柄を私にとってさらに有益なものとするために，私はそれを分別をもって受けとめたいと思うのです。そのために必要なのは，実を言うと非常に長い時間ではなく，他の諸々の思考のざわめきから解放された落ち着いた時間なのですが，私にはこのような良い機会を享受できる状況はめったにありません。この心地よい読書に中断なく専念する自由を初めて味わったとき，余りにもうれしくて，それから数日は公務へと自分の精神を立ち戻らせることができなかったほどです。これほどの喜びと共に受け取ったこれらの知見によって私の魂が満たされていたちょうどそのときに，スウェーデン女王の医師であり，非常に誠実でかつ博識なデュ・リエ氏と言う人が，私を訪ねて来るということがありました。私は直ちに彼に胸の内を打ち明け，私の歓びを伝えました。私は彼にこの八枚からなる手紙を読んで聞かせましたが，彼は退屈しないどころか，私に劣らずこの手紙を評価し，それについて心ゆくまで考えるためにしばらくの間それを貸して欲

しいと頼んできたのです．私は，これほど貴重な文書を手放したくはなかったので，この頼みを丁重にお断りしました．しかしそれから数日，彼がその話をした女王陛下の方から，その手紙を見せるよう促されました．この一通の手紙だけでも読んでいただければ，陛下は，私があなたのお人柄についてお話したことはすべて，真実の評価には劣ることを理解されるでしょうから，そのためにも，私は陛下がこのような好奇心をお持ちになることを大変喜ばしく思いました．また確かに，お世辞抜きで，陛下はきわめて明晰できわめて偏見に囚われない判断をお持ちなので，彼女が容易にご理解になれないようなものは哲学において何もないと私は思っているのです．自由で公務から解放された時間を見つけるまで，私は会見を他日に延ばしました．幾日も彼女はあなたのお手紙をご所望になりましたが，私は弁解し，それに適したときが来るまでその手紙を読んで差し上げることはいたしませんでした．その手紙をお耳にされると，彼女はすっかりご満足になり，倦むことなくあなたに賛辞を贈り，私にあなたのお人柄と生活についての細々した点をすべてお尋ねになりました．私は彼女に知っていることをすべて申し上げました．少しお考えになった後，彼女は以下のように結論なさいました．「デカルト氏は，この手紙からうかがえるように，またあなたから聞いているように，あらゆる人間のうちで最も幸せであり，その状況は羨望に値するとわたくしには思われます．わたくしがデカルト氏に関してなす高い評価を彼に確かにお伝え下さると幸いです」．ここでは彼女があなたのお手紙のあらゆる側面についておっしゃったことをすべてお伝えはいたしませんが，あなたのお手紙を彼女は私に斜め読みさせたわけではありません．それどころか，彼女はしばしばご自分がよくよく理解なさったことをご自身の推論によって確認するために私をお止めになりました．請け合いますが，あなたのお考えを深く把握することにかけて彼女がお持ちの才は，私がそれを初めて一読した際のあなたのお考えの深遠さに劣らず，私を驚かせました．

　あなたが愛の性質について一般的に説明なさっている最初の問題に，陛下は強い関心を示されましたが，その学説の吟味に専念しようとはなさいませんでした．彼女によれば，「このような情念を覚えたことがない以上，原物を知らない絵画についてうまく判断ができませんから」と

のことでした。私は，彼女が情念としての愛をご存知でないということには賛同いたしましたが，もしお望みならば，純粋な善に関わり感覚的事物からは切り離された知性的愛について，彼女は的確に語ることがおできになったであろうと思っております。なぜなら，一般的に言って，徳への愛にこれほど動かされる方は世界にいないと私は思っているからです。

　すべてをお聞きになった後，最終的に，彼女はあなたのご意見のいかなる点にも反対ではありませんでした。ただし，世界は無限に延長しているとあなたが想定しておられる一行を除いては，です。この点に関して陛下は，キリスト教に抵触することなくこのような仮定を認めうるかどうか疑問に思っておられます。彼女はその理由を簡潔におっしゃいましたが，その理由について，彼女は非常に意にかなったご説明をあなたからお受けになるだろうと私は確信しております。彼女はその信仰心から，キリスト教の基盤に抵触しうる自然学的事柄については，どんな些細な推定でも受け入れることはなさいません。

　第一に，もし世界が物質的にも実体的にも無限であるといったん認めるならば，世界はその持続のいずれの方面においても無限であるとなおさら強い理由で信じることになる，と彼女はお考えです。その場合，聖書に明記してある創造の歴史は，少なくとも時間の記述に関するかぎり完全な権威を持たなくなり，そして世界の終わりという持続のもう一方の端についても，このような限界なき生成という大きな無限性の中でこれを理解するのは困難であるとお考えです。神はそこでは，自らの力能の無辺性を押し広げずに，ほとんど変革のない［持続の］流れによって生成を限定することはなかったことになってしまいます。それに対してキリスト教会内部では，われわれは世界を完全には展開されていない広大な力能によって限定された小さな作品として理解しており，世界に始まりと終わりがあることに何も不都合を見ないのです。

　さらに彼女は，教会の意見では人間が創造の目的であるということ，すなわち，世界の中で最も完全な作品であるということ，人間のために他のすべてのものは造られたということを付け加えておられます。キリストの受肉における神と人間との契約，そして，太陽の軌跡や光を制御するに至るまでなされた多くの奇蹟は，人間的本性がわれわれの見てい

るこの大きな全体を構成する他のすべてのものの主人であることをはっきりと示しています。もしわれわれが世界を，あなたがそれに与えたような果てしない延長において理解するのであれば，人間がそこでこのような名誉ある地位を保つことが不可能であることは確実です。それどころか，人間は自らを，自分の住んでいる地球全体と共に，残りの測りしれない大きさとは比べ物にならないような，ほんの片隅におけるものとして理解することになるでしょう。人間はおそらく，これらすべての星々に住民がおり，さらに言うなら，それら星々の周りにそれぞれ地球があり，そのすべてが自分よりも知的で優れた被造物で満たされていると判断することでしょう。確かに少なくとも，世界のこのような無限の大きさは人間のために造られているとか，それが何の目的であれ人間に役立ちうるとかといった考え方は持たなくなるでしょう。

　私は，あなたの仮説をキリスト教の真理に合致させるために，何か答えるべきものが私の精神のうちに浮かんだということを告白します。しかし女王陛下は，もっともらしい理由に満足するような精神をお持ちではありませんし，欠陥のある弁護によってあなたの主張をいささかでも弱めるべきではないと考えました。私はあなたに弁護をすべてお任せすることにしました。以前，それほど重要ではないテーマについて一般の人々の反論に対する答弁の労を執っていただけたことから，女王陛下へのご説明に取り組むことをよもや拒否なさるまいと信じております。臨戦態勢の軍隊をたくさんお持ちだからといって，彼女は哲学者ファヴォリヌス[1]に対するハドリアヌス帝のようにあなたに怖れを与えるはずはなく，それどころか，彼女の精神，高邁さ，そして善良さは，生きている人々すべてが自らを彼女の臣下であると思うに値するほどです。

　しかしながら，私は自分が関わるあらゆる仕事において利益を得たい気持ちでいるということを，あなたにお知らせしておかねばなりません。女王陛下にその異論に対するあなたのご答弁をお見せするに際し，私はあなたのお役に立てるものと確信しておりますから，どうか，いくらかの鷹揚さでもって私の関与をお認め下さいますようお願い致します。そ

---

1) ファヴォリヌス（Favorinus, c. 80-c. 160）はローマの懐疑論の哲学者で修辞学者。ハドリアヌス帝と親しくしていたが，のちに皇帝の不興を買い，ローマから追放された。

して，私に合わせた贈り物をわざわざ探すのにお困りにならぬよう，私の願いを率直に申し上げましょう。

　私は，他ならぬある人間への友情に，その利点がわかる前であっても，われわれを誘う秘密の衝動が何なのか，明晰にはわかっておりません。また，われわれを惹きつける対象の善性についての何だかわからない混乱した考えがその衝動の原因となりうるようには思われますが，いかなる兆しあるいはしるしがわれわれにこのような考えを抱かせるのか判明には理解していないゆえに，この隠された繋がりが身体に由来するのかあるいは精神に由来するのか疑問であるという点に，私はやはり困難を感じます。もしそれが身体から生ずるのであれば，共感と反感という一般的用語——このような用語をもちいてわれわれの学院の哲学者は自分たちの無知を隠しているわけですが——によるよりもよくこの繋がりを理解したいと思います。あるいは，もしこのような友情への誘引がわれわれの魂がその固有の実体において有する性向に由来するものであれば，たとえそれを説明することは人間の諸能力を越えていると思われるとしても，知ることが不可能だと思われた事柄をあなたから学ぶことに私は慣れておりますから，あなたが何らかの満足を与えて下さるだろうという希望を捨てておりません。私はしかし，私の普段の方法に従って，あなたが私に下さる知識を引き降ろし，それを私の生をより善きものにするための導きにするつもりです。そしてそのために私は，一人の善良な人間が友情の選択に際し，その心と精神から隠された，明白な理由を持たないこのような動きに従いうるかどうか，美徳の規則とは別の規則によって心の傾きを分配するような不正を彼が犯していないかどうか，お尋ねします。この問いは次のような点に，私の精神を一度ならず差し向けました。すなわち，人々はしばしば，一つは徳の尊重と，もう一つは実際のところ善行の売買でしかない誠実な人々相互の責務のやりとりと，この二つを友情と取り違えるのですが，この二つから友情を切り離すと，このような友情は，あらゆる人間をただ一つの全体に取り集め，あらゆる部分で等しい力を有するに違いない，単純なる結びつきあるいは絆として残る，という点です。いいかえれば，自然本来の公平さに反して分裂が生じることも，われわれがある人々に強く執着するあまり，他の人々からは無感覚になるほど引き離されることも，不可能なのです。あ

らゆる人間はすべて等しく人間であるがゆえに，すべての人間に対して等しい一つの愛を基礎として心のうちに置き，ただその上にのみ，さまざまな美徳の区別と，善き責務をやりとりする中での感謝の義務を付け加えるという，私はそういう人に賢人の名を拒みうるとは思いません。上の三つの感情は非常に容易に混同され，ひとつの運動しか生みださないように見えるせいで，徳の尊重と善行への報いが表面上，賢人が一方を他方よりも多く愛するかのように思わせるけれども，しかしながら真実には，彼はすべての人々に対してまったく等しい一つの友情のみ持っているのです。

　私は，あなたがこれらの疑問から私を解放して下さり，われわれの心の傾きを配分するときに従うべき真の規則を見せて下さるものと期待いたしております。しかし，もし私に多くの説明を与えている時間の余裕がなく，私にはただ口を閉ざし，上述の平等を私自身守っていないと納得することのみをお望みであるとしても，これだけはどうか私にお尋ねいただきたい一点というのは，あなたの徳に対する畏敬に加えて，そしてあなたに負っているあらゆる恩義を越えて，私はなおもある秘めたる運動に促されて，あなたを敬愛し，あなたに敬意を表したい気持ちでいるということ，このことが真実でないかどうかという一点です。この運動に私はまったく逆らえず，それが私を他のどの人々にもまして以下の者にいたします。

　　　あなたのきわめて恭順にして従順かつ親愛なる下僕
　　敬具

シャニュ

615

デカルトからセルヴィアン[1]へ

エフモント・ビンネン　1647年5月12日[2]
(AT. V, 24-27 ; AM. VII, 317-318 ; B. 2446-2449)

[フランス大使館宛の訴状]
「ライデンの二人の神学者[3]がさまざまなテーゼを通して私を誹謗しました。彼らはその中で私が書いたものには不敬虔で冒瀆的なところがあると私を責め立てたものですから，彼らの糾弾には稚拙な誤りがあるとはいえ，彼らを放っておいてはいけないと知らされました。なぜなら，彼らの画策はそれらのテーゼの権威を用いて，私を異端審問所に連れて行き，彼らの教会会議の誰か一人によって私を冒瀆者として糾弾することにあったからです。そこで，私は評議員諸氏に手紙を書いて，それらのテーゼによって私が受けた名誉毀損の賠償を彼らに頼んだのです。しかし，これでは十分ではあるまいと予想しております。なぜならば，諸氏は何らかのより大きな動機によって強制されない限り，二人の神学者の教授を糾弾するつもりはないだろうからです。さらには，諸氏が訴訟を彼らの属する神学部[4]に委託しないか，すなわち，私としては不服の

---

1) アベル・セルヴィアン（Abel Servien, 1593-1659）フランス外交官。アヴォー伯爵との会議に赴くのに，1643年11月から1644年3月までオランダに駐在し，そこでデカルトに出会う。デカルトは1644年9月18日に『哲学原理』一部を彼のもと（ミュンスター）へ届けている。セルヴィアンは再びオランダに1646年12月29日から1647年8月7日まで常任の大使（ラ・テュイエリ）不在の穴を埋めるために駐在している。デカルトはオレンジ大公と掛け合ってもらうためにラ・テュイエリに1647年5月12日にこの案件を上訴している。

2) バイエ『伝記』（Baillet. II, 318-319）によれば，デカルトはエリザベトからフランス大使館に問い合わせるように助言を受けたと5月10日に手紙を書いている。彼はそれを断念した後で考え直し，不在のフランス大使の代理をしていたセルヴィアンに手紙を書いた。

3) レヴィウス（Revius）とトリグランディウス（Triglandius）のこと。本書「主要人名解説」を参照。

4) 書簡613（本書）を参照。

あるまさにその人々を判事として任命しはしないかと恐れています。こうした次第で，私のためにオレンジ大公[1]に執り成して下さるようにあなたにお願い申し上げなければなりませんし，また，オランダ軍の最高司令官であるとともにライデン大学の総長[2]でもある大公閣下が，よろしければ命令をお下しになり，評議員諸氏に対して過去の償いをさせ，それらの神学者らがこれから私の判事になろうと画策するのを阻止するようにしていただくようにいただかなくてはならないのです。というのも，フランス人がこの国からスペインの異端審問所を追い出すのを助けるために多くの血を流した後に，かつて同じ理由で武器を取った一人のフランス人［デカルト］がオランダの牧師達の異端審問所に今では従っているのを彼らは是認しないだろうと確信しているからです。私の方で他の点では何らかの過失があるときでさえも，彼らとは別の判事を要求する権利が私にはあるはずでしょう。しかし，彼らには私の意見しか糾弾していないと言う権利もあるのかもしれないでしょう。けれども，目下のところ，私が書いたものを聖職者会議，すなわち神学部，宗務局，教室構成員，教会会議において調査する権利は彼らにはまったくないと主張いたします。私のすべての著作には彼ら［プロテスタント］とわれわれ［カトリック］との間に存する宗教論争に関係するものはまったく見いだすことができないということが，私の言い分なのです。そして，私が取り扱った神の存在のようなキリスト教一般に関することについては，フランス国王がフランスにおいて彼らに類似の自由を与えているのですから，彼らもこの国においてわれわれに自由を与える義務があります。そこで，そうしたことはわれわれの教会の修道院長たちの判断に任せるよう強いられることになります。彼らが批判しているその書物[3]はパリ神学部の博士諸氏に捧げたもので，私がそれを印刷させた一年以上前に吟味するために彼らの手で手書きされたものだったのです。したがって，それがキリスト教一般や風紀に反する内容をいささかも持っているとは思いも及ばぬことです。しかして，このような次第ですので，

---

1) フェデリック・アンリの息子，ギヨーム（ウィルヘルム）大公（1647年3月14日没）。
2) オレンジ大公は全アカデミーの総長 chef として，毎年ライデン大学の学長 recteur を任命していた。
3) 『省察』のこと。

それはこの国の神学者たちの判断に任せてはならないのです。」（Baillet. II, 318-319）

616

デカルトからホイヘンスへ

エフモント・ビンネン　1647年5月12日
（AT. V, 648-650 ; AM. VII, 319-320 ; B. 2448-2451）

［オレンジ大公への援助願い］

拝啓

　二日前に，あなたの麗しの『コゴメ草』[1]にお礼を差し上げるために謹んで手紙を認（したた）めるつもりでいました。その［中身の］表装は［外見の］縁飾りよりもさらに麗しいと思いました。さらに，あなたは心を慰める著作の持つ謙遜さに風刺の持つあらゆる魅力を巧妙に織り交ぜられたと気づきました。しかし，その時には時間があまりにもありませんでしたが，今回はこの手紙で新たな話題があります。つまり，私は中傷を受けたテーゼの件で苦情をライデンのアカデミーの評議員諸氏に訴えているところですが，彼らは私の訴訟を自分たちの神学部や教室構成員や教会会議に差し戻すかもしれず，貴国の神学者たちは裁くのは自分たちであると主張している，という助言を頂戴しました。そこで，私はセルヴィアン伯爵殿にその件で手紙[2]を認めて以下のように主張しました。すなわち，私の国の学者たちがこの国から異端審問所を追い出すのを支援して多くの血を流したというのに，貴国の博士たちがこの地で私を異端審問にかけようとしていると声高に叫んでいる。そこで，私の書いたものには両国の宗教の論争や違いに触れた言葉は一語もないのだから，貴国の神学者たちには許されるべきではない異端審問の権利が不当に私を侵害するのでなければ，彼らは私の意見を判定しようと企てることはできない。というのも，たとえば私が神について書いたことのように，自国

　1）1647年に出版されたホイヘンスの詩集で，片目が失明しつつあったルクレティアという女性のために書かれた。コゴメ草は眼病に効くと言われていた。
　2）書簡615（本書）。

の宗教にも貴国のものにも関係しないことについては，それが譴責(けんせき)するのに値するのであればその配慮を自国の博士たちに委ねるべきであり，そうでなければこの国では信教の自由がわれらに与えられていないことになる。貴国の神学者たちは私に対する言い分がもしあるのなら，それを充分に書くことができるのであり，この件に関して私は苦情を訴えるつもりはない。ただ教会会議や神学部の譴責と，彼らが言い分を調べて当事者双方の言を聞く前に有罪判決へと進めているテーゼとについて苦情を訴えたいだけである。したがって，私が苦情を訴えているテーゼに含まれている酷い誹謗に対する裁判を要求する資格が私にはあるばかりか，私の著作に対して譴責を行うことを貴国の神学者たちに許してはならないと要求する資格も私にはある，と。以上のことが大よそセルヴィアン氏に認めたことであり，私のために［オレンジ］大公閣下によろしく取り計らっていただくようにお願いしているのです。これは，軍の最高司令官かつ諸州の長であると同時に，ライデンのアカデミーの総長である大公閣下が，よろしければ評議員諸氏に対して，適切であると閣下が思(おぼ)し召(め)すように，この件について留意するよう命じて頂き，そして適切であると思し召すようにご判断頂きたいがためなのです。すでに長い間以下の者である人間のために，何卒この件に御協力して頂くようお願い申し上げます。

　　あなたのきわめて恭順かつ忠勤なる下僕
　　敬具

デカルト

　　1647年5月12日　エフモントより
　　騎士にして，ハーグの大公閣下の顧問・秘書官
　　ゾイリヘム様

617

ブラッセからデカルトへ

ハーグ　1647年5月15日

(AT. V, 27-28 ; AM. VII, 321 ; B2450-2451)

［デカルトへの裁判の助言］

拝啓

あなたが大きなバネと呼んでおられるものをはたらかせるために，何が起こっているかを私が今朝ファン・ベルグ[1]氏に知らせに行った時，彼はあなたが私に12日に書いて下った手紙[2]を手渡してくれたとともに，セルヴィアン伯爵宛[3]とゾイリヘム氏宛[4]のものを私の手に委ねて下さいました。明日には両人ともそれぞれ自分宛の手紙を受け取ることでしょうが，それは一方ではあなたが彼の庇護のもとで行う訴訟を再確認するためであり，他方ではあなたが彼の友情のもとで得る信頼を再確認するためであります。しかも，事態はこのような状況ですので，ヘイレルシーク氏[5]が介入して，私が提示したことすべてをきわめて適切にも大公閣下に報告して裁量を仰いだことによって，事態はあなたのご満足が行くように進展するだろうと私は期待しております。［それでもやはり］いつも閣下のご支援に任せてばかりはいられないでしょう。それゆえ，あなたの手紙に従うことが適切であると思います。しかし，ヘイレルシーク氏があなたのために果たした迅速で好意的な役目に感謝の意を示すために彼に一通のお手紙を認（したた）めるようにお願いします。というのも，セルヴィアン伯爵への敬意に加えて，伯爵の名においてヘイレルシーク氏

---

1) ベルゲンの領主スルク。デカルトの友人。
2) この書簡は散逸している。
3) 書簡615（本書）。
4) 書簡616（本書）。
5) オレンジ大公の助言者で秘書。

は閣下と話をされたのですが，彼はあなたの人格と人徳に対して抱いている尊敬の念によってあなたのお役に立ちたいという真に裏のない態度で閣下のお伴をしたからです。私はこの件についてファン・ベルグ氏と話をしましたので，彼があなたにすべてをお話するでしょうから，起こったことの詳細に戻るつもりはありませんが，ただあなたに確言したいのは，ただ自分が世の誰よりも…ということだけです。

618

ライデン大学評議員からデカルトへ

ライデン　1647年5月20日
(AT. V, 29-30 ; AM. VII, 322-323 ; B. 2452-2453)

［ライデン大学側の訴訟への対応］
　いとも高貴で博学な方
　貴殿が今月4日にエフモントからお送り下さったお手紙を頂くや否や，われわれは，アカデミーの偉大なる学長[1]や神学部並びに哲学部の教授[2]，さらには神学院の院長[3]を出頭させました。そして，各々みんなが自分たちの講義や討論やアカデミーの他の実習の類において，今後は貴殿あるいは，貴殿の見解に対して少しでも言及をしたりすることがまったくなきように厳重に勧告かつ警告して，この件に関して終始沈黙を守るように命じました。貴殿は，この案件においてご自分の希望は満足させられたと理解して下さるでしょうから，われわれは，貴殿もわれわれへの誓約に対して十分に応じて下さることをまったく疑っておりません。したがって，その案件に相応の熱意をもって貴殿に次のことをお願いする次第です。すなわち，貴殿は，アカデミーの教授陣や神学院の院長[4]によって非難されたと貴殿が主張なさった見解を，さらに論じたり言いたてたりするのを控えることを厭わぬようになさって下さい。それというのも，われわれはそれがわれわれ双方の不都合になることを懸念し，それを公益およびわれわれの義務のために未然に防ぐべきであると

---

1) スパンヘミウス（Fridericus Spanhemius）。1647年2月8日より1648年2月8日まで学長。
2) 神学部の教授とは，コンスタンティヌス（Constantinus）。哲学部の教授とは，ヘーレボールト（Heereboord），アダム・ステュアート（Adam Stuart）。
3) レヴィウス（Revius）とヘーレボールト（Heereboord）のこと。
4) 写本にはないが，書簡623（本書313ページ）にはこのように記述されている。クレルスリエの訳では，「我国のアカデミーの教授陣，学院の院長，神学者たち」。

思うからです。最後に，われわれは，神が自らの聖霊によって貴殿を導き，ご健康を保たれなさらんことを願っております。

　1647年5月20日，オランダのライデンにて起草。

　ライデンのアカデミーの評議員並びに市長より，彼らの秘書たる以下の者を介して，

ヤン・ファン・ウェーフェリコーフェン

　エフモントのいとも高貴で博学な方で，卓越した数学者たる

　デカルト殿

619

ウェーフェリコーフェン[1]からデカルトへ

ライデン　1647年5月20日[2]

(AT. V, 32 ; AM. VII, 324-325 ; B. 2454-2455)

[デカルトへの援護表明]

　いとも高貴で博学な方

　貴殿はライデンのアカデミーの評議員諸氏と高名な市長諸氏に御自分の訴訟の要点を表明なさったついでに，小生にも手紙をお書き下さいましたので，もし仮に小生が彼らの公的な手紙に自身の私的な手紙を添えるとするならば，貴殿の御期待に多少なりとも沿うことになろうかと存じます。ただし，貴殿が小生の推薦に，よりいっそうの信頼を置かれていることが分かりましたので，小生は私のこうした務めをそれだけいっそう快く成し遂げました。それはこの事案における小生の処置がいささかでも貴殿のお役に実際に立てたことを誇りに思うからではなく（というのも，貴殿が御親切にも小生に帰そうと望まれた事案は，貴殿ご自身と評議員ならびに市長諸氏の公正さとに与えられるべきだからであります），もし機会が訪れたならば，このことから貴殿のご利益とお役に立てる希望が私には持てると見通せるからです。そのことを信じて，小生は貴殿が末永くご健勝であり続けることを神に祈っております。

　1647年5月20日　オランダのライデンにて。

　　情愛をこめて

　　　　　　　　　　　　　　　ヤン・ファン・ウェーフェリコーフェン

---

1) ライデン市長ならびにライデン大学評議員の秘書。
2) 1647年5月4日付のデカルトからの散逸した書簡への返信。

620

デカルトからウィレムへ

エフモント・ビンネン　1647年5月24日
(AT. V, 33-34 ; AM. VII, 326-327 ; B. 2454-2457)

[訴訟に向けてのお願い]

　ライデンのトリグランドゥス［トリグランディウス］の誹謗とその件で訴訟を起こす計画について以前にお話したことがあると思います。それというのも，それら誹謗がいっそう重大な結果をもたらすと警告されたからです。しかし，彼とともにライデンの神学部全体を構成している二人の同僚がこの事案において協同司教であったことをお話したことはまったくないと思います。というのも，私はハーグにいた時にはそのことを聞いたことがまだありませんでしたし，彼らは二人ともそうであるにはあまりに立派な方であると見なしておりますので，そのことが信じ難いからです。スパンヘミウス氏[1]は初めから中立でありたいと明言しておりましたし，ランプルール氏[2]はといえば，フォルスティウス[3]邸で一度だけしか話したことがないのを覚えています。そこで私たちは一緒に食事をしました。しかし，彼はその時には衒学者の意地悪さに反対し，哲学する自由に賛同してかくも好意的に率直に話していたので，彼がそれからかくも変わろうとは想像もできません。いずれにせよ，あなたが彼に対して友情をお持ちであることを知っておりますし，彼と血縁関係でもあることをも信じておりますから，自分が伝え聞いたことをあなたに書くべきであると思いました。それというのも，機会が到来した

---

　1)　スパンヘミウス（Frédéric Spanheim, 1600-1649）。ライデン大学神学部教授。学長も務めた。デカルト哲学に対しては中立であった。
　2)　ランプルール（Constantin L'empereur）。ライデン大学ヘブライ語および神学教授。
　3)　フォルスティウス（Adolphus Vorstius, 1587-1663）。ライデン大学では医学と植物学の教授を務めた。

場合，あなたにお知恵を絞っていただき，彼がある側（その側を支持するすべての人々の面目を結局は必ず潰してしまう側）に付くのを阻止していただきたいがためです。というのは，まったくもって許し難く明らかな誹謗が問題となっておりますので，すべての有徳の士にとっては誹謗が罰せられることを望むのが得策であるからです。私はハーグに一週間後に行き，そこでその件のことを何もかもあなたに謹んでお話ししたいと望んでおります。しかしながら，私に対するあなたの友情がどうか続けられるよう願っております。そして，私は以下の者であることをどうか信じて下さるよう。

　あなたのきわめて従順かつ親愛なる下僕
　敬具

　　　　　　　　　　　　　　　　　　　　　　　　　　　デカルト

　エフモントより　1647年5月24日
　大公閣下の顧問であり，ブラバントの評議会議員閣下
　ウィレム様

621

デカルトからライデン大学評議員へ

エフモント・ビンネン　1647年5月27日[1]

(AT. V, 35-39 ; AM. VII, 328-335 ; B. 2456-2461)

［大学評議員の処置に対する不満］

　　この上なく高貴で高名があり秀でたアカデミーの評議員諸氏
　　　ならびにオランダのライデン市の市長諸氏へ

謹啓
　私の書簡にご配慮いただいたうえ，誠にご親切にもそれに有り難くも御回答をいただき，身に余る光栄と存じます。しかしまた私があなたがたのお考えを分かっていないのか，あるいはむしろ，あなたがたに請願したことが分かっていただけるよう十分にはっきりと説明できなかったのか，そのどちらかであることに，とても驚いてもおります。というのも，あなたがたは，この私があなたがたのうちの二人の神学者によって非難されたと主張しました見解を，さらに論じたり言いたてたりするのを控えること[2]を求めていらっしゃるからです。しかしながら，この私は，私の何らかの見解，あるいは私が論じたり言いたてたりした何らかの見解が，彼らによって非難されたとは何ら主張しませんでした。そうではなく，私が苦情を申し立てたのは，恐るべきで，まったくもって許し難い悪だくみによって，彼らは私がおよそ書きも考えもしなかったことを，あらかじめ計画して，ご自身のテーゼの中で私に擦り付けたことに対してです。たとえば，私は，神はこの上なく大いなるものであり，

---

1) 書簡618（本書）に対する返信。
2) 書簡618（本書）からの引用。

あらゆる被造物より比較できぬほど大いなるものであると書きはしました。が、これに対してあなた方の院長は、われわれが持っている自由意志の観念は、神の観念がそうであるよりも大いなるものである、あるいはわれわれが持つ自由意志は神よりも大いなるものであると私が書いたと偽って想定し、このような稚拙な中傷を基にして私にペラギウス主義以上のもの［異端］を宣告したのです。それに加えて、私は、神は欺瞞者ではなく、それどころか神が欺瞞者でありうることは矛盾である、と書いたのですが、あなた方の首席神学者[1]は私が神を詐欺師や欺瞞者呼ばわりしていると公言し、かくして私は冒瀆者であると公告したのです。

　私はこれらのことに苦情を申し立てたのです。それというのも、私の見解をあなた方の教授陣や他の誰によっても吟味してほしくないからではありません。それどころか私は自分の見解を公の法に委ねた時、有識者すべてが私の見解そのものの吟味を拒否することがないように願ったのです。それは、彼らが私の誤りを教えるため、あるいは、私が真なることを書いたとするならば、彼らが私を妬まないようにするためです。しかし、その神学者たちが、私のどの見解も非難しているのではなく、まったくもって私には縁遠い見解を私に擦り付けているのを目にいたしましたので、私が公の文書を出すことによって合法的に彼らに回答を与えることができ、こうすることですべての人に彼ら自身の悪事を知らしめることができると判断したわけです。というのも、公の文書でわれわれを攻撃し、この上ない名誉毀損に陥れさせるのは彼らには許されているか、あるいは少なくとも許されたことだが、悲惨なわれわれには、自らの名誉の公明正大な弁護のためにつぶやくことも許されていないとするほどの傲慢に彼らが陥った、とは私は思っていないからです。このことはすべての国際法に反することになってしまうでしょう。ある人々は公に誹謗することが可能だが、しかし他の人々はその人々を誹謗の罪で公に告発することが許されないということは、いつの時代においても、いかなる国民（少なくとも自由であると自負する国民）においても聞いたことがないことです。

　しかしながら、もし彼ら自身が、何らかの権威を彼らに与えている職

1）　トリグランディウス（Triglandius）のこと。

務をあなた方の下で果たしているのではないとするなら，私はこのような馬鹿げた誹謗を無視することができたでしょう。したがって，もし私が手紙を何か書くとしたならば，彼ら自身の名前ではなく（私は他の者どもを罰することを好むがゆえに似たような中傷へと誘うことがないようにするために，私は彼らの名前をより有名なものとは決していたしません），彼らに何らかの権威を与えている人の名前がそこでは示されるべきでしょう。ですから，このことはあなた方のアカデミーには不名誉なことになりかねないと思いました。それゆえ，このことをあなた方に前もって警告したかったのは，私のためではなく（というのは，このような不正行為を罰するにはつねにかなり容易で正当なやり方があるからです），私があなた方のために尽くすため，そしてこのような酷い不正行為を受けた後には，私がほどほどの償いでも満足する用意があることを示さんがためなのです。もっとも，その償いは私が名誉をもってそれを救済することができるようなものでのみあるべきです。

　しかし現状では（こう申し上げてもお許しいただきたいのですが），あなた方のお手紙には償いのいかなる影も見当たりません。というのも，あなた方は，お仲間のすべての教授一人ひとりが，その授業において，私ならびに私の見解に今後いささかなりとも言及することを厳重に禁止した，とお書きになっているからです。私はあなた方にとってそれほど有益な者であるとは思っていませんでした。私のいかなる見解も，それほどに嫌悪すべきものではなく，さらに言えば，忌まわしいものではないと推測しておりました。もしくは，私の見解が，そのこと自体を語ることの許されないようなものとして，他の人々に受け取られたということは，かつて一度も聞いたことがありません。それについて語ることが決して許されないのは，ただ極道者や極悪者と呼ばれているあらゆる人のうちで最も邪悪な者のみです。それゆえ，今度は私があなた方の教授らによってこのような者と見なされるべきであるとでも判断なさるでしょうか？　ここまでのところ私はこのこと［御提案］を信じるように決心することができず，むしろあなた方のお手紙の意味が私には分かりかねると確信しているのです。

　また同じように，あなた方は，あなた方［の神学者］によって非難されたとおっしゃるその見解を，私がさらに論じたり言いたてたりするの

を控えるように望んでおられますが，私には理解できません。それでは，あなた方は，神が全被造物を合わせたものよりも大いなるものであり，欺瞞者では決してないと私が見なしていることを希望されないのでしょうか？　というのも，これらはつねに私の見解であったし，私はこの案件について，これらのことのみをこれまで論じたり言いたてたりしてきたからです。それともあなた方が私に押し付けてしまった奇怪な見解を，私が論じたり言いたてたりするのを，本当に希望されないのでしょうか？　私はそれらの見解とはまったく無縁であったので，私がそれらをさらに論じたり言いたてたりしてはならぬとは要求できないのです。

したがって，私はできうる限り敬意を払ってあなた方に次のことを懇願いたします。すなわち，もし私があなた方の言葉の意味を理解していない場合には，私の鈍さを寛大に補っていただくこと，逆に，私が自分の訴えを前もって十分に説明していなかった場合には，お互いに事態が悪くならないように[1]，それをいま厭わずに理解していただくこと，そして，私が自分に向けられた侮辱についてあなた方に対して苦情を訴えたということのみから，私が新たなより重大な侮辱を受けることが妥当であるとあなた方が判断しないということです。これに対して私の訴えは，あなた方の例の二人の神学者が私の指摘した，恐ろしく，まったく許されるべきでない誹謗を，撤回するか取り消してもらい，かくして，それら誹謗について見合うように私に償ってもらうようにしていただくこと以外にはありません。そして，このことは教義の問題ではまったくないのであり，私が書いたと捏造されたことが私の著作にあるのか否か，というただひたすら事実の問題であることをどうかご確認下さい。ラテン語を理解している人なら誰でも，この件について判断を下すことができるのです。今後あなた方のアカデミーにおいて私のことが言及されることになるかどうかを，私は気にとめてもいませんが，自分の見解が（私は本当に真なる見解しか得ようとせず，認識された全真理を自分の見解のうちに数え入れることとしておりますので），地上のどの場所からも，真理もまた追放されるのでないかぎり，追放されることがありうるとは思っていないことを知っていただきたいのです。また，好い評価

---

1) ne gravemini：この句は AT 版と AM 版には挿入されていない。

をされている人について多くを語ることは，その人を冒瀆者と見なし，この上ない侮辱と恥辱を浴びせようとする者によってでもでないかぎり，禁じられることはありえないことを知っていただきたいのです。最後に，私は自分がこのようにあなた方には値しないことを重々承知しておりますので，よろしければ，親切心をもって，あなた方のお手紙について前とは別のご説明と，敵対する人々による侮辱に対して別の償いを期待したいと思います。私はいつまでも以下の者です。

　　あなた方の最も従順なる下僕
　　この上なく高貴で偉大なる方々へ

　　　　　　　　　　　　　　　　　　　　　　　　　　デカルト

　エフモント　1647年1月6日

622

デカルトからウェーフェリコーフェンへ

エフモント・ビンネン　1647年5月27日

(AT. V, 40 ; AM. VII, 336-337 ; B. 2462-2463)

［裁判への協力依頼］

　いとも高名ですぐれた方

　あなたが評議員諸氏の手紙にご自分のものを添えようとして下さいましたことに対して，私はその御親切にたいへん感謝しております。さらには，あなたの務めを必要とする機会が新たに私に生じるときは，あなたはご自分の務めを果たされているのですから，あなたはこの上ないご尽力を私にして下さっています。なおまた，私をより長く待たせることなく，あなたに私の望みを最も多く叶えていただくことができる機会がすでに到来しているのです。というのも，あなたは評議員諸氏への私の返答から次のことがお分かりになると思うからです。すなわち，私が彼らの手紙の意味を理解できない理由は，彼らが善意，公正，賢慮に由来することのためにそう望んだとはどうしても思えないからです。というのも，私が受けた侮辱の件で私は彼らに対して苦情を訴えたのですから，私がその件にもっと容易で公明正大なやり方で報復することもしようと思えばできたのですが，彼らは私に他のもっと強力なやり方を取らせようとしているほどだからです。したがって，彼らが自分の心をより開いてお示し下さるように私は彼らに請い求めているのです。あなたは賢慮と評議員諸氏に対する権威とをお持ちであるので，以上の件をうまく成し遂げられるのですから，裁決を下すことになる大部分の人があなたの側に付くにちがいなかろう，と私には疑いなく思われます。これから私にどういう感謝すべきことが起ころうとも，その大部分があなたの善意に負うことになるでしょう。あなたに最も身を捧げた者より。

623

デカルトからウィレム[1]へ

エフモント・ビンネン　1647年5月27日
(AT. V, 41-45 ; AM. VII, 338-341 ; B. 2462-6467)

［裁判への協力依頼］
拝啓
　私は，あなたには高邁，誠実，真理や正義への愛が備わっていると感じております。それらは他の多くの人には見いだされない資質であることが私には分かっているだけに，ますます私が尊重しているものです。それらを頼みとして，私は，今朝，ライデン大学の評議員諸氏からの手紙[2]を拝受したこの機会に，今一度あなたを頼りとするわけです。お手元にその手紙の写しとそのときに私の書いた返答[3]の写しがあるかと思います。そこから，私がどのように扱われているかがお分かりになるでしょうし，私が彼らの神学者によって誹謗され，その正しい裁きを自分がするかわりに彼らに要請した後に，良くも悪くも私について語ることを禁止することで，彼らがいかにして私をヘーロストラトス[4]の徒や，世にいまだかつていなかったような最悪の卑劣漢のうちに含めたかがお分かりになるでしょう。私は彼らからそのような返答が来るとは思ってもいませんでしたし，いまや事態は，私に義ありとしなければならないか，あるいはまた，私のような者はこの国では嘘をついたり誹謗したりする正当性を持つことはまったくありえないが，貴国の神学者諸氏はそうする権利を持っていると公に表明しなければならないかのどちらかで

---

1) AM 版は宛名の候補として，他に Van Bergh や Heilersieg を挙げている。
2) 書簡618（本書）。
3) 書簡621（本書）。
4) 古代ギリシアで，その名が不滅になることを望んでエフェソスの寺院を焼き払い，死刑となった。後に人はその名を口にすることだけでも死刑にされたと伝えられている。

ある，というところまで来ているのです。評議員諸氏の手紙には，「アカデミーの教授陣や神学院の院長によって非難されたと貴殿が主張なさった見解」という言葉がありますが，それらに注意していただきたいのです。なぜなら，このような文面での「見解」という語は何らかの異端を意味しているように思われ，「神学教授陣」と複数で述べていますが，私は教授である一人[1]にしか苦情を申していなかったのに，ライデンの神学部全体が私の苦情の対象である誹謗に同意したと彼らは匂わせているように思えるからです。もし事態がこうであり，このような膠着状態が続くとすれば，それは主に次のことを私に警告することに等しいのです。それはすなわち，私にとって貴国の神学者全体が敵であるということ，ならびに，反論しうる状態にするためには，私は今後，諸論争を検討して三歩後退しなければならないということです。このようなことをたいへん遺憾ながらしなくてはならないでしょう。もっとも，このことは私が今までしてきた心遣いよりも恐らくは自分には好ましいことでありましょうが。さらに，このことは彼らのアカデミーにおいて私のことが語られるのを私は望んでいるということではありません。この地上に私の名を知るような衒学者ができればまったくいなくなって欲しいと思うのです。そして，それら教授陣の中にその光に耐えられないようなモリフクロウがいるならば，彼らの弱点を促進するために，私を好意的に評価してくれる人々が公の場で過剰な賛辞をもって私の名を公に示さないように命じることをとりわけ私は望んでいるのです。私は決してそのような賛辞を求めたことも欲したこともありません。それとは反対に，私はできうる限りつねにそれを避けたり受けたりしないようにしてきたのです。しかし，私のことを良くも悪くも語ることを公に禁ずること，さらにはこの禁令が敷かれたことを私に手紙で書くこと，私が持っている見解があたかも彼らの教授陣によって公明正大に非難されたかのように，私がそれを主張するのをやめるよう望むこと，これらのことは，私を誹謗しつつ嘘をついた人々の言を撤回させることを私は期待していたというのに，私が本当のことを書いた後でそれを撤回するように望むことなのです。そして，これらのことは，自分の要請した正しい裁きを行

---

1) トリグランディウス（Triglandius）のこと。

わずに，想像されうる限りで最悪のことを自分に対して命ずることなのです。

　以上が送られてきた手紙に対する私見であり，あなたは私のことを愛しておられるとともに，理性と正義をも愛しておられるのを知っていますので，この書簡で内密にそのことを打ち明けているのです。書き添えますが，私には，あなたのお助けがとても迅速で有益で効果的であることは絶えず身に染みてわかっておりますので，ご助言とご援助を賜りたいと思います。もし仮に評議員諸氏が，私をまったく害することがないようにと幾分でも望むお気持ちがおありなら，この訴訟からどうにかこうにか抜け出すのに最短と思われる道として，私が彼らの書簡内容の意味が理解できないと彼らに伝えたことに対して，彼らは次のように答えることができるでしょう。すなわち，彼らの意図は，私の見解を弾劾したり，彼らのアカデミーから私を除名したりすることでは決してなかった。むしろ，私の著作にあることであれないことに関してであれ，論文［テーゼ］あるいはその他の授業において今後は教授間の平穏や友好を維持するために，議論することを禁じるのがよいと考えた。その目的は，某氏が言ったとか言わなかったとかよりもむしろ，あることが真であるかないかを調べることのみに彼らが時間を費やすようにするためである。さらに，私が苦情を申し立てた二人の神学者については，私が書いた見解とは真っ向から反するものを私のものだとしたのは彼らの間違いである。そして，彼らに対して私が満足のいくに違いないと判断するような処罰を彼らに与える，と。以上のことは私の考えでは私が承諾しうるために彼らがなすべきなかでも最小限の償いなのです。そして，彼らがこれより一粒でも少ない償いしか私に与えようとしないのなら，いっそのこと何の償いも受け取りたくありません。なぜならば，私の立場は，被ることになる害が大きくなればなるほど，それだけ良くなるからです。

　それゆえ，もしあなたがこの事案において私の見解に同意されるなら，どうかすべてのことをブラッセ氏に伝える労をお取り下さるようお願いいたします。彼には三行しか書く時間がなさそうだからです[1]。また，

---

　1) この書簡は散逸した。バイエによれば（Baillet. II, 317-8），スパンヘミウスは同僚のトリグランディウスやレヴィウスが他の教授陣と陰謀を企てていることを知っていたので，ブラッセにこの件について注意を向けさせた。デカルトはペラギウス派として断罪させられ

ことがしかるべく進展するために評議員諸氏並びに他の方々に対して彼とともにはたらきかける労をお取り下さるようお願いいたします。社交辞令はこの書簡ではまったく書き添えません。なぜならば，あなたに受けている恩恵を大きく下回るような辞令しか私は知らないからです。さらに，私は表現できないほどすでにして以下の者であるからです。

　あなたのきわめて恭順かつ従順なる下僕
　敬具

デカルト

るところだったが，ユトレヒト事件と同様に，オレンジ公の権威を借りることで事件は一件落着となった。

624

デカルトからシャニュ[1]へ

ハーグ　1647年6月6日

(AT. V, 50-58 ; AM. VII, 345-351 ; B. 2466-2473)

［世界の広大さ，愛の原因］

拝啓

　フランスへの道すがら当地を通った際，ブラッセ[2]氏はあなたのお手紙をエフモントの私宛てに転送して下さったそうですので，私は，かなり急ぎの旅の途上ではあれ，それを待つことにしていました。しかし，お手紙は私が出発した三時間後に拙宅に届きましたので，ただちにこちらに送返されました。私はそれを貪るように読みました。あなたの友情と機転の確かな証拠をそこに見いだしました。最初のページを拝読するに，デュ・リエ[3]氏が女王陛下に私の手紙の一通についてお話ししたところ，彼女はそれを見たいとおっしゃったそうで，そら恐ろしくなりました。その後，彼女はその手紙の朗読を聞いて少し満足しておられたとあなたがお書きになった箇所を読み，安堵いたしました。彼女が最高の学者でもきわめて難解と認めている問題をいとも簡単に理解された点で，私はこれにまさる驚きに打たれたことがあるかどうか，あるいはまた彼女が私の手紙を不愉快とされなかった点で，これにまさる喜びに打たれたことがあるかどうか，疑っております。しかしながら，私が宇宙に帰属させた広大さに関して，女王陛下がお気づきになったご反論の力強さと重大さを拝見するとき，私の驚きは倍増されました。あなたのお手紙を，私の普段の住まいで拝見したかったと思います。その方が宿の一室

---

1) シャニュ（H. -P. Chanut, 1601-1662）は在スウェーデンのフランス大使。デカルトとクリスティナ女王との仲介にあたった。本書「主要人名解説」を参照。
2) ハーグ駐在のフランス公使。本書「主要人名解説」を参照。
3) シャニュの友人で女王の侍医。

においてよりも精神をより集中できますので，かくも的確に提起された
かくも難しい問題を，おそらくもう少しうまく解明することができたこ
とでしょう。しかし，それが言い訳になるとは申しません。私が書く相
手はあなたお一人であると考えてよいなら，崇拝と尊敬の念が私の想像
力をあまり乱すことがないよう，この主題について私が申し上げること
ができるすべてを，ここで書くように努めましょう。

　まず思い起されるのは，クサの枢機卿[1]やその他の多くの博士たちは
世界を無限であると想定しましたが，そのことで彼らが教会からお咎め
を受けることはまったくなかった，ということです。逆に，神の作品を
きわめて大きいものと理解することが，神を敬うことだと人は考えてい
ます。しかも，私の意見は彼らの意見よりも難なく受け入れられるもの
です。なぜなら，私は世界が「無限」（infini）であると言っているので
はなく，ただ「無際限」（indéfini）であると言っているのみだからです。
そこにはたいそう著しい差異があります[2]。というのは，あるものが無
限であると言うためには，それが無限であることを認識させる何らかの
理由が必要ですが，それは神についてしか得られません。しかし，それ
が無際限であると言うためには，それが限界を持つことを証明できる理
由が何もないということだけで十分だからです。かくして私には，世界
がそこから構成されている物質に限界があることを証明することも，ま
たそう考えることさえもできない，と思われます。実際，この物質の本
性を吟味するに，その本性は長さ，大きさ，深さにおいて延長（ひろがり）を持つと
いう点にあるのに他ならず，したがって，これら三次元を持つものはす
べてこの物質の一部であることが分かります。そして，完全に空虚であ
るような空間，つまりいかなる物質も含まない空間はまったくありえま
せん。なぜなら，そのうちにこれらの三次元を，したがって物質を考え
ることができないような空間を，われわれは考えることができないから
です。ところで，人は世界を有限と想定しながら，その限界の向こうに
それぞれが三次元を持つ何らかの空間を想像しています。したがって，

　　1）　ニコラウス・クザーヌス（Nicolaus Cusanus, 1401-1464）。ドイツの神学者・哲学者。
『知ある無知』（*De docta ignorantia*, 1440）で有名。1448年枢機卿となる。
　　2）　無限と無際限との区別は，「第一答弁」（AT. VII, 113），『哲学原理』第1部第26-27
節などで繰り返し述べられてきた。

その空間は哲学者たちが言うような純粋に想像的なものではなく，その
うちに何らかの物質を含んでいます。その物質はこの世界以外には存在
できませんので，世界が，人がそれに帰属させたかった限界を越えて広
がっていることを示しています。かくして，世界が限界を持つことを証
明するどんな理由もありませんし，限界を持つと考えることさえできま
せんので，私は世界を「無際限」と呼びます。しかし，だからといって，
私には把握しきれないとはいえ神には知られている何らかの限界が，も
しかしてあるかも知れないことを私は否定することができません。それ
ゆえ私は世界が「無限」であるとは決して申し上げないのです。
　世界の延長がこのようなものと見なした場合，もしそれを世界の持続
と比較するなら，次のように考える機会をただ与えるだけだと思われま
す。すなわち，世界の創造以前に，神がつくろうと欲してもつくること
ができなかった想像上の時間なるものはないこと。しかし，だからと言
って，神が無際限な時間以前に世界を実際に創造したと結論する理由は
まったくないこと。なぜなら，世界が五，六千年前[1]から有している現
実的あるいは実際的存在は，それ以前に世界が持ちえたかもしれない可
能的あるいは想像的な存在とは必ずしも結びついていないからであるこ
と。それは，ある球体（すなわち「有限」と想定された世界）の周りに
人が考える空間の現実的存在が，同じ球体の現実的存在と結びついてい
るようには結びついていないこと，です。それだけでなく，過去におけ
る世界の持続の永遠性が，その無際限な延長から推論できるなら，それ
は，未来において世界が持つべき持続の永遠性からもっとよく推論でき
るでしょう。というのは，われわれの信仰によれば，地や天は滅びるこ
とがあっても（つまり様相は変化しても），しかし世界（つまりそこか
ら天地が構成されている物質）は決して滅びることがない，と教えてい
るからです。それは，復活の後にわれわれの身体には永遠の命が約束さ
れ，その結果，身体がそこに宿る世界もそう約束されているところから
明らかです。しかし，世界が未来において持つはずである無限の持続か
ら，世界が過去においても永遠このかた存在していたと推論することは
できません。世界の持続のあらゆる瞬間はそれぞれ互いに独立であるか

---

[1] 天地創造を紀元前4000年頃とする当時の通説の一つ。

らです。
　宗教が人間に帰属させている特権で，宇宙の延長が無際限であると想定するなら信じ難くなると思われる特権については，少し説明するに値します[1]。というのは，すべて創造されたものは，われわれがそれを何かに役立てることができるかぎり，われわれのためにつくられていると言うことができますが，それにもかかわらず，人間が創造の目的であると信じなければならないかどうかは私にはまったく分からないからです。しかし，[分かっているのは]「すべては神みずからのためにつくられている」と言われているのは，神のみが宇宙の作用因であるとともに目的因であるということです。そして被造物については，それらはお互いを利用し合っていますので，自分の役に立つものは自分のためにつくられていると，それぞれがその優位性を自分に帰することができます。実際，「創世記」では，六日間の創造は人間をその主要な主題としていると思われるように描かれているのは本当です。しかし，この創造の話は人間のために書かれていますので，そこで聖霊が特記しようとしたのは主として人間に関することであり，他の事柄は人間に関わるかぎりにおいてしか語られていない，と言うことができます。そして，説教師たちはわれわれが神を愛するように仕向けることに気を配り，われわれが他の被造物からさまざまな便益を引き出しているように描くのをつねとしています。また彼らは，神がそれらをわれわれのためにつくったのだと言って，神がそのために被造物をつくったとも言える他の目的を考慮させませんので（それは説教師たちの本分のためには役立たないからです），われわれは，神が自分たちのためにのみ被造物をつくったのだと強く思い込むようになるのです。しかし説教者たちは，さらに先に進みます。というのも，彼らは，人間は各人のそれぞれが，イエス・キリストが十字架で流したすべての血について，あたかも自分ひとりのためにのみ死んだのとまったく同じように，恩義を負っていると言うからです。この点で，彼らはたしかに真理を語っています。しかしそのことは，イエス・キリストが同じ血でもって他の非常に多くの人たちの罪を贖ったことを妨げるものではありません。それと同じように，受肉の秘儀をはじ

---

1) 以下は，他所ではあまり見られないデカルトの聖書解釈である。

め神が人間に与えた他のすべての特典は，人間以外の無数に多くの被造物に対しても無数に多くの特典が与えられたかもしれないということを妨げるとは思いません。だからといって私は，星やその他の場所に知的な生物がいると推測するものではないにせよ，そういうものがまったくいないことを証明できる理由があるとも決して思いません。むしろその種の問題については，私は何かを否定したり肯定したりするよりも，いつも決めないままにしておきます。ここで残された他の問題は，人間だけが他の被造物にまさる大きな特典を持つと長らく信じてきた後で，意見を変えてしまうとその特典をすべて失うことになる，ということだけだと思われます。しかし，私はわれわれの善を区別し，他人がそれと同じものを所有すると価値が下がってしまう善もあれば，下がることがありえない善もあるとしています。たとえば，千ピストル[1]の金貨しか持たない人でも，そのような人が世界に誰もいないときには，大金持であることになるでしょうし，誰でもそれ以上に多くを持っているときには，同じ人が赤貧であることになるでしょう。それと同じく，称賛すべき性質も，そうした性質の持ち主の数が少なければ少ないほど，それを持っている人により大きな栄誉が与らえます。それゆえ，人はふつう他人の栄誉や富をうらやむことになるのです。しかしながら，徳，学識，健康やその他すべての一般の善は，栄誉と結びつけることなくそれ自身において考察されますので，それらが他の多くの人のうちにもあるからといって，われわれの善の価値が下がることは決してありません。それゆえ，それらの善が多くの人のうちにあることに腹を立てる理由はまったくありません。ところで，無際限の世界の知的な生物すべてにおいてあるかもしれない善は，このうちに数えられるものです。それはわれわれが所有する善の価値を下げることは決してありません。それどころか，われわれが神を愛し，神がつくったすべてのものと神を介して意図的に結びつくとき，われわれが被造物を偉大で，高貴で，完全であると考えれば考えるほど，それだけ自分をも，いっそう高く見積っているのです。なぜなら，われわれは一つのより完全な全体の部分をなしているからです。そして，神の作品が広大無辺であるゆえに，それだけ多く

---

1) スペイン・イタリアの古金貨。1ピストルは11リーブルに相当。

神を称賛する理由を持つことになります。聖書が多くの箇所で無数に多くの天使たちを語っているのは，この見解を完全に確証しています。というのは，どんなに下位の天使でも人間とは比較にならぬほど完全であると判断されるからです。そして，天文学者たちが星の大きさを測定して地球よりもはるかに大きいと考えるのも，やはりそれを確証しています。なぜなら，世界が無際限であることから，地球以外にも住民がいるはずだと人が推論するなら，すべての天文学者たちが世界に帰属させる延長からもまた，同じ推論ができるでしょうから。それというのも，彼らはみな，全宇宙と比べた地球は小さく，山と比べた砂の一粒にも及ばない，と判断するからです。

　次にあなたのご質問に移りましょう。それは，われわれがしばしば，その人の価値をまだ知らないのに，他の人よりもむしろその人を愛するようになってしまう原因についてです。その原因は二つあって，一つは精神のなかに，他は身体のなかにあると思います。ただ，精神のなかにのみある原因については，われわれの魂の本性に関する多くのことが前提になりますので，一通の手紙のなかでそれらを展開しようとはあえて思いません。そこで身体についての原因のみを語ることにします。その原因は，われわれの脳髄の諸部分の傾向にあります。その傾向は感覚の対象によっても，なにか他の原因によっても，脳のなかに定められるのです。というのも，われわれの感覚を刺激する対象は，神経を介してわれわれの脳のある諸部分を動かし，そこにある襞(ひだ)のようなものを作りますが，対象が働きかけるのをやめるとそれは消えてしまいます。しかし，襞ができた部分は，その後も，前のものと全体では似ていないがある点で似ている他の対象によって，前と同じ仕方で襞ができるようにやはり仕向けられるのです。たとえば，私は子供の頃，同じ年頃の少し斜視の少女が好きでした。そのため，私が彼女の彷徨(さまよ)うような瞳を見たときに，視覚によって私の脳髄に作られた印象は，私のうちに愛の情念を引き起こすよう，やはりそこに作られた印象と強く結びつきました。そして，ずっと後になっても，斜視の人を見るとその人にそうした欠点があるというだけで，他の人よりもその人を愛するよう気持ちが傾いたほどです。しかしながら私は，そのせいであったことを知りませんでした。反対に，私がそのことを反省してそれが一つの欠点であったことを知ってからは，

もうそれに心を動かされることはありませんでした。このように，われわれがその原因を知らずにある人を愛するようになるとき，それは，それが何であるかは分からなくとも，われわれが以前に愛したある対象にあったものとどこか似ているものが，そのうちにあるということに由来すると考えることができます。そして，より通常の場合，われわれをそのように愛するように引きつけるものは欠点よりも完全性であるとはいえ，私が出した例のように，それはときとして欠点であることがあるので，賢者たるものは，われわれが心を動かされるのを感じる人の価値を考えた後でなければ，この情念に完全に身を任せてはなりません。しかしながら，われわれは同じ価値がそこにあると認める人をすべて等しく愛することは出来ませんから，ただ彼らを等しく尊敬する義務があるだけだと思います。そして人生の主要な幸福はある人たちに友情を抱くことにありますので，われわれの秘めたる傾向が，われわれを結びつけさせる人たちを（われわれがかれらにおいても価値を見いだしさえするならば）とくに好むことは理にかなっています。さらに言えば，これらの秘めたる心の傾きが，身体ではなく精神のうちにその原因が持つなら，それにつねに従うべきだと思います。その傾きを知らせる主要なしるしは，精神から来るそれが相互的であることです。これは他方のものにはそうしばしば起こりません。しかし，あなたの情愛について私は証拠をもっており，それは，私があなたに対して持つ傾きが相互的であることを強く確信させますので，もし私が情熱をもって…ではないなら，私はまったく恩知らずであり，友情において守られるべきと思われるあらゆる規則を欠いていることになるでしょう。

　　ハーグ　1647年6月6日

625

デカルトからエリザベトへ

ハーグ　1647年6月6日

(AT. V, 59-60 ; AM. VII, 352-353 ; B. 2474-2475)

[女王への引き合わせ，ライデン事件の和議]

殿下

　フランスに行く途上ハーグに寄りました。ここでは殿下のご下命を拝受することも，ご挨拶することもできませんので一筆差し上げざるをえず，私がいかに居場所を変えても私の熱誠と献身は決して変わらないことを殿下にお約束いたします。二日前にスウェーデン駐在のフランス弁理公使[1]から手紙をいただきました。そのなかで彼は，女王陛下からの質問を私に提示しています。彼は以前，彼が私に書いた別の手紙への私の返信を彼女に見せて，私を紹介して下さったのです。彼が女王陛下を描写する仕方や彼女について報告する話からして，私は彼女をはなはだ尊敬したくなりますので，殿下と女王陛下とは互いにお話を交わされるにふさわしいと思われます。それにふさわしい方はこの世界で他にはほとんどいませんので，女王陛下と緊密な親交を結ばれることは殿下にとって難しいことではないでしょう。それは，殿下がそこから精神の満足を得られる以外にも，さまざまな配慮[2]から望ましいものでありうるでしょう。私は以前，友人のスウェーデン弁理公使が女王陛下について語る手紙に答えて，「あなたが言うことは驚くには値しない。なぜならエリザベト殿下の知遇を得たおかげで，高貴な生まれの人たちがいかに他の人を凌ぐことができるかを教わっているから」云々と書いたことがあります[3]。しかしそれは，公使が女王陛下にお見せした手紙においてか，

---

1) シャニュのこと。
2) デカルトはクリスティナを動かして，エリザベト一家の再興を計画していた。
3) 書簡580（本書175ページ）を参照。

それともそれ以前の別の手紙においてかは思い出せません。以後，彼は私からの手紙を彼女にお見せすると思われますので，殿下がお断りにさえならなければ，私は女王陛下が殿下との親交を望みたくなるような何らかの主題をつねに書くようにいたします。

　私を傷つけようとした神学者たちは沈黙させられました[1]。しかし，彼らにへつらい，できるかぎり彼らを怒らせないようにという仕方によってです。それは今や時流のせいだとされていますが，しかし私は，この時流がつねに続き，彼らに我慢ならないほど強い権力をもたせるようになることを恐れます。

　私のフランス語版『原理』の印刷は完了いたしました。「献辞」[2]については最後に印刷されますので，その写しをここにお送りいたします。もし何かお気に召さない点があり，別な風に書いたほうがいいと思われますなら，終生…であるような者に，その旨をお知らせ下されば幸いです。

　1）　1647年5月20日，ライデン大学評議会は論争する二派に沈黙するよう命じている。書簡618（本書300ページ）を参照。
　2）　エリザベトへの献辞（AT. IX-2, 21-23）。

626

デカルトからピコへ

ロッテルダム　1647年6月8日
(AT. V, 63-64 ; AM. VII, 354 ; B2476-2477)

[フランス旅行]
「デカルト氏は6月7日にハーグからロッテルダムへと旅立った。彼はその地から翌日，ピコ神父に手紙を書いた。それは，二週間後にパリに到着することを期待して次の日にフレッシンゲンで乗船するためにミッデルブルフへとまさに向かおうとしているときであった。パリではこの友が家に招いて泊めてくれたが，彼はデカルト氏が最初にフランスを訪れてからというもの，エクス通りを離れてジョフロワ・ラニエ通りへと引っ越していて，そこで彼[ピコ]はスカロン・ド・ナンディネ夫人と館をともにしていた。彼[デカルト]は，7月の初めからブルターニュに立ち寄って旅行の口実となった用事を片づける算段だったのである。しかし，彼のフランス語版『哲学原理』は[宿泊先の]家主である翻訳者の手で完成されていたので，その序文を書くためにも，旅行中の連れとなるはずの人[ピコ]がその仕事から完全に解放されるのを見届けるためにも，出発を二，三日遅らせた。彼がそのときに会った人は，メルセンヌ神父と，もはや生涯再会することのない運命のミドルジュ氏[1]と，それと彼が一年前からスウェーデン女王とシャニュ氏と彼自身との間で起こったことをすべて知らせたクレルスリエ氏のみであった。およそ四カ月前に，この友人は昨年の秋の間には悪性の熱病と痛風の痛みと癲癇の発作が引き起こした，長くつらい病気から回復し，リュイヌ公殿との共訳でフランス語版『省察』を苦労の末に出版した。」(Baillet. II, 323-324)

---

1) ミドルジュ神父の縁者の息子。

627

デカルトからメルセンヌへ

パリ　1647年9月

(AT. V, 74-79 ; AM. VII, 355-357 ; B. 2476-2481)

[梃子]

神父様

ガリレイが運動に関する著書の114ページ[1]で叙述したこととル・トゥヌール[2]氏があなたにお知らせしたことを拝見しました。しかし、あなたは未だにそれについて問題があると思っておられますから、ガリレイの考えがいかなる仕方で説明されうると私には思えるかをこの手紙で申し上げましょう。

第一に、まっすぐな通常の梃子の代わりに、支点がB点にあり、二つのアームが直角に交わるEBとBCとなるEBCのような梃子を考えてみます。Cの力とEの

---

　1)　ガリレイ『新科学対話』(*Discorsi e dimostrazioni matematiche intorno a due nuove scienze*) 第二日，第一命題。書簡191 (本書簡集第三巻) を参照。

　2)　オーヴェルニュ地方もしくはクレルモンの数学者。1650年にユークリッドの『原論』第9巻の翻訳を付けた『通約不可能な量論』(*Des quantités incommensurables*) を出版。メルセンヌはガリレイの命題とともにル・トゥヌールの証明をデカルトに送った。デカルトの返答はその証明にも命題にも批判的であった。1648年1月16日，ル・トゥヌールはデカルトの批判を当初はすべての点で受け入れようとした。まずデカルトにこのように振舞わなくてはならないと忠告されたからである。デカルトは3,000リーヴルの年金をもらったからにはフランスに戻ってくるはずで、彼と討議でき、彼の著作を把握したいと思った。彼はデカルトの著作を貪欲に読んでおり、『哲学原理』は彼の必携の書であった。彼は1647年から話題となっていた水銀の真空実験に興味を持っていた。ピュイ・ド・ドームの実験に関しては行う準備をしていたが、山麓と山上では水銀の高さが同じになると予想されるので、まったく無意味と考えていた（彼はメルセンヌに1647年10月21日から1648年1月16日の間にそう話していた）。その実験を1648年9月22日に行ったのが以前からル・トゥールとその件で話し合っていたフローラン・ペリエであった。

力の大きさが等しくなるようにすると，C にかかる力が E におけるそれに対する比は線 EB が線 BC に対する比に等しくなるはずであるという点で，この梃子の効力はまっすぐなもののそれに似ていると思いますし，このことはとても容易に証明できます．次に，点 E が線 AB の中点となると想定して，壁 HG に付けられた垂木(たるき) AC の二線 EB と BC をその梃子の二つのアームとして見立ててみます[1]．私はその壁に付けられている垂木の効力をより容易に計算するために次のようにこの壁ができていると想定してみます．すなわち，たとえば，A_1, F_2, E_3, D_4, B_5 というように線 AB 上にあるあらゆる点から出ている細引があって，壁 HG を貫通しており，たとえば各々の糸の端には 4 リーヴルの錘(おもり)がつけられているというように，これらすべての紐の端には同じ錘が付けられていて，したがって，これらすべての錘は，同じように壁 HG に付けられた垂木 AB にあるすべての点を固定しているのです．こうしてみますと，たとえば，BC が AB の四倍とすると，錘 5 が支点となっている点 B のみを固定していて，そこでは錘がいかなる効力も持ちえませんから，

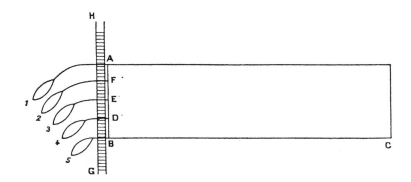

合わせて 8 リーヴルとなる 1 と 5 の二つの錘の力に釣り合うようにするには C にかかる力はちょうど 1 リーヴルとなるはずであると思います．また，点 F と D は中点 E と等距離にあるので，それらを固定している各 4 リーヴルの錘は二点 A と B を固定している錘とちょうど同じよう

---

1) この図は B 版にも A 版にも掲載されていない．しかし，参考のため AT 版，AM 版のものを掲げておく．

にCにかかる力に抵抗しているのだとも思います。というのも，たとえばもしBFが全体ABの3/4であるなら，Fにかかる4リーヴルの錘を支えるためには3/4リーヴルの錘をCに必要とするでしょうし，その場合，BDはABの1/4となるでしょう。それゆえ，Cにかかる1/4リーヴルがDにかかる4リーヴルの錘を支えることでしょうし，Cの1/4リーヴルは他の三つの1/4リーヴルと合わせれば1リーヴルになり，これが2と4の錘を合わせた8リーヴルを支えることでしょう。中点Eと等距離にある二点ずつを取り上げてみると，線ABの他の点すべてで同じことが証明できます。以上のことから次のようになります。すなわち，Cにかかる力の観点からすれば，線ABのすべての点が持つ抵抗力はまとめると次の場合と同じ効果を持っており，それは，抵抗力がすべて点Eに集中しており，EBが短いほうのアームで長いほうのアームがBCであるような梃子の先端がEとなるような場合なのであり，したがって，ガリレイが自著の114ページの終わりで書いたように，Cの作動力と線AB全体が持つ抵抗［力］との比はEBとBCとの比に等しいのです。

　しかし，以上のことから次のことが容易にわかります。すなわち，ガリレイは以下の点について彼の意図を十分に説明しなかったということ，ル・トゥヌール氏もまたそこに曖昧さを残していたということです。すなわち，支点と，彼が均衡点と呼ぶ点とを分け，一方を点Bに，他方を点Eに置いているのですが[1]，この二つの点はこの梃子において同じところ［壁穴］にあるのです。

　またここで明白に次のことが見て取れます。このガリレイの命題全体がまったくの誤りであるのは次の理由によります。それを真とするためには，壁の点Bがそれだけで線AB上にある他のすべての点を合わせた全体と同じかそれ以上に抵抗力を持たねばならなくなるでしょう。そして，垂木の点Aとそれから，続けて線もしくは表面ABがCの作動力によって壁から離される間に，道理に従えば，垂木の部分Aがそれから遠ざかるときに，垂木はAのあたりで［壁から］ちぎれ落ちることでまたBのあたりでもちぎれ落ちて，その部分Bは壁にわずかに近づ

---

[1]　デカルトは欄外に「1647年5月28日の書簡」と記している。

くというのに，角 ABC において B のあたりに位置する垂木のあらゆる部分はあまりにも硬くていかなる仕方でもそれをちぎり落とすこともできないでしょうし，壁にめり込むこともできないでしょう。以上のことからして，C の作動力はガリレイが述べたほどは大きくあるはずがないことになります[1]。

---

1) この書簡でデカルトが参照しているル・トゥヌールのメルセンヌ宛書簡は散逸している。

628

シャニュからデカルトへ

ストックホルム　1647年9月21日
（AT. V, 89-90；AM. VII, 358；B. 2480-2481）

[最高善についての見解]
　「私は少し前にこの国にいる友人［シャニュ］からお手紙をいただきました。その友人は次のように知らせて下さっています。女王陛下がその国のアカデミーがあるウプサラにおでかけになったおり，その友人も，このアカデミーで最も有能で分別のある人と評価している雄弁術の教授[1]の話をお聴きになりたく思い，人生の最高善という論題を彼にお与えになりました。しかし，彼女はその話を聴かれたあとで，これらの人たちは主題に軽く触れているにすぎないとして，それについて私の意見を知る必要があると言われたそうです。それに対して友人は，「彼［デカルト］がそうした主題について書くにはきわめて慎重であることを知っているが，陛下の意を受けて私［シャニュ］が尋ねるということでよろしければ，彼は必ずや陛下を満足させるよう努力するだろうと思う」と答えました。これに対して彼女は，すぐに私の意見を尋ねるよう彼に申しつけ，次の定期便で私宛てにそのことを書くよう約束させたのです。そこで友人は，私がその依頼に答え，女王陛下宛てに手紙を書くよう勧めました。友人は彼女にそれを取り次ぎ，それが嘉納されることを保証すると言うのです。」[2]

　1）ウルム出身のドイツ人フラインスハイム（Johann Freinsheim）。1642年以来，ウプサラ大学の政治学・雄弁術教授を務め，のちに女王の司書官および資料編纂官となる。
　2）1647年9月17日，スウェーデン女王クリスティナはウプサラにて政治学と雄弁術の教授フラインスハイムの「最高善」に関する演説を聞いた。彼女はシャニュに，同じ主題に関するデカルトの見解を聞くように頼んだ。シャニュの依頼文は発見されていないが，デカルトの11月20日付エリザベト宛書簡633（本書340ページ）にその次第が要約されている。本書簡はこの書簡633からの抜粋である。AT. V, 79-80 を参照。

629

シャニュからデカルトへ

ストックホルム　1647年11月9日[1]

(AT. V, 80-81 ; AM. VII, 359 ; B2480-2483)

[エフモントでの生活，最高善についての書簡要請]

「デカルト氏は自分の年金の特認状を受け取るやいなやオランダへ出発して，ピコ師とともに9月末頃到着した。師は1648年の1月中旬まで，エフモントでのデカルトの快適な独居生活において彼の相手をした。彼らはお互いにその年の最後の三ヵ月を，おだやかな平穏を楽しみながら過ごした。その過ごし方はまったくの哲学的な閑居とまでは言わないが，世の喧噪と動揺から遠ざかり，気心が驚くほど合って気兼ねなく生活し，うるさがた側からの邪魔もなく，自分たち以外にいかなる仲間も他人との対話もなしで過ごすという前年に約束したことを実行するものであった。「われわれはお互いに十分大きな劇場にいる」[2]。

彼らの呑気な暮らしは，デカルトがシャニュから受け取った11月9日付の書簡でようやく途切れることとなった。シャニュはデカルトに「最高善」に関する見解を自分に説明するようにスウェーデン女王の命によって頼んだ。」(Baillet, II. 330-331)

---

1) このシャニュの書簡も先の9月21日と同様に見つかっていない。しかし，デカルトは1648年1月31日付のエリザベト宛書簡642（本書簡集第八巻）でその内容を要約している。ブラッセは受け取るや否やデカルトに1647年10月4日に渡した。これは女王側からすると「最高善」についての見解をもらうための再依頼状であったが，デカルトはまだ9月21日付の初めの書簡に対する返信をしていなかった。

2) セネカ『ルキリウスへの手紙』(*Epistulae morales ad Lucilium*) I, 7, 11。F. ベーコンの『学問の進歩』(*Advancement of Learning*, Book. I, p. 23) によれば，「われわれにはお互いにうんざりするほどの聴衆がいすぎる」という意味であろう。

630

ホイヘンスからデカルトへ

1647年11月14日

(AT. V, 651-652 ; AM. VII, 360-361 ; B. 2482-2483)

[パスカルの新実験]

拝啓

あなたがこのまえ「新実験」[1]についてして下さったお話を伺った後で，著者本人の方々からそれに関わる印刷物をあなたに送るように頼まれたことを大変うれしく存じます。それは「あなたが解くにふさわしい難問」です。そして，「その難問解明を長い間持ち続けている」メルセンヌ師は絶えずそれについて論文を書くことをあなたに要請し続けることでしょう。しかし，もしあなたがその件で自説を公にするおつもりなら，この若い著者[2]がすべてについて自分の見解を詳述した後にすべきだと思います。というのも，あなた様の後では，もはや誰も口出しすべきではないからです。もっとも，そういった人々の言説はすべてあなたの哲学のものとは別の現象に基づいているのですが。

次の二つのことを私に教えていただきたく思います。一つは，あなたはフランスの偉大な化学者を連れて来たのかどうか，そして，あなたは彼と何をするつもりでいるのか，ということです。もう一つは，国王があなたに賜ったであろうと言われている年金のせいで，あなたはフランスで生を全うするつもりでこの地を引き払うことになるのか，ということです。これらは，満足と失望という，私に異なる仕方で関わってくる二つの点なのです。しかし，私はあなたの手中にある真理を知ることをやめようとは思いません。そして，ご迷惑を許していただきたくも，私

---

1) ブレーズ・パスカルの真空実験。書簡637（本書）を参照。
2) この時，パスカルは24歳であった。

は全面的に以下の者であり続けます。
　　あなたの恭順かつ従順なる下僕
　　敬具

　　　　　　　　　　　　　　　　　　　　　　　　C. ホイヘンス
　　ハーグにて　1647年11月14日

　メルセンヌ師は続きを私にこのように認(したた)めました。「それから，私はハエやネズミが真空中で即死する実験を行いました」。

　　いとも高貴，高名，賢明にして学識ある貴族，
　　ライデンのホーヘランデ氏へ。
　　エフモントのデカルト氏に郵送願いたし。

631

デカルトからスウェーデンのクリスティナ[1]へ

エフモント・ビンネン　1647年11月20日

(AT. V, 81-86 ; AM. VII, 362-365 ; B. 2484-2489)

［最高善，自由意志］

陛下

シャニュ氏から伝え聞くところによりますと，陛下には，古代の哲学者たちが語った意味での「最高善」についての私見を光栄にも申し述べるようにとのことです。私は，このご下命を身にあまるお恵みとしておりますので，それに従いたいと思うあまり，他のあらゆる雑念を押しのけ自分の至らなさの弁解もせずに，この主題について私の知りうるすべてをここに手短に申し上げることといたします。

それぞれの事物の善を，他のものに関係させずにそれ自体において考えますと，その意味では最高の善はひとり神のみであることは明らかです。なぜなら，神は被造物とは比較にならぬほど，より完全であるからです。しかし，その善をわれわれに関係させることもできます。この意味で，われわれが善であると見なすべきものは，何らかの仕方でわれわれに属しており，それを持つことがわれわれにとって完全性であるようなもの以外にはないと思います。それゆえ，古代の哲学者たちは信仰の光には照らされておりませんでしたので，超自然的な至福については何も知らず，この世でわれわれが所有できるさまざまな善のみを考察いたしました。かれらが最高の善，つまり主要で最大の善とはなにかを探究したのは，そういう地上の善のうちでのことに他なりません。

しかし，私は善を限定することができるよう，われわれとしては，わ

1）クリスティナ（Christina, 1626-1689）。18歳で父グスタフ・アドルフの跡を継いでスウェーデン女王となる。1649年デカルトを顧問としてストックホルムに招いた。本書「主要人名解説」を参照。

れわれが所有するもの，あるいは獲得することができるもののみを善と見なすべきだと考えます。そういたしますと，すべての人間全体の最高善とは，ある人たちのうちにありうる魂や身体や運命のすべての善の集積あるいは集合であります。しかしながら，個々人の善はこれとはまったく別のものです。それは，善をなそうとする堅い意志と，それが生み出す満足にのみあると思われます。その理由は，それほどに大きくまた完全に各人の能力のうちにある善は，他にまったくないと思うからです。というのは，身体や運命の善については，それらは必ずしもわれわれには依存していないからです。他方，魂のそれはすべて次の二つに関係しています。すなわち，一つはよきものを知ること，他はそれを欲することです。しかし，知ることはしばしばわれわれの能力を越えます。それゆえ，われわれが絶対的に自由にできるものは，われわれの意志しかありません。そして，われわれが最善と判断したすべてのことを確実に実行し，それをよく知るよう全力で自らの精神を用いようとする確固として変わることのない決心をつねに持たなければ，意志を首尾よく自由に支配することができるとは思いません。あらゆる徳が存するのはその点においてのみであり，正確に申せば，称賛や栄誉に値するのはその点においてのみです。要するにその点からのみ，つねに人生の最大で最も堅固な満足が生じるのです。かくして，最高善が存するのはこの点においてであると私は思います。

　そして，こうした仕方で古代の人たちの，きわめて有名できわめて相反する二つの意見を調和させることができると思います。すなわち，最高善が徳あるいは名誉においてあるとしたゼノンの説と，それが満足においてあるとして，それを快楽と名づけたエピクロスの説です。というのも，あらゆる悪徳は不確実さと弱さ（そこから無知が生じ，後悔が生まれます）とのみから出て来ますが，それと同じように，徳は，人がよいと思ったことをなすよう自らを仕向ける決心と活力のみに存するからです。ただし，その活力は頑固さに由来するのではなく，人がよいと思ったことを実際に行うことができるほど十分にそれを吟味したと納得している，ということに由来しなければなりません。そして，そのとき人がなしていることが悪でありうるとしても，それでも自分の義務を果たしていると確信することがあります。これとは逆に，人が何か有徳な行

為を遂行していても，しかしながら自分が悪をなしていると考えたり，あるいは自分の行いの何たるかを知ろうとしたりしないなら，有徳な人として行為していることにはなりません。名誉と称賛に関しては，人はしばしばそれを運命とは別の善だとしています。しかし，陛下におかれましては，王冠よりも徳をより重視しておられると私は確信いたしますので，ここで憚りなく申し上げますと，正当な理由で称賛に値するものがこの徳の他に何かあるとは思われません。それ以外のすべての善は，ただ尊重されるに値するのみであり名誉や称賛には値しません。それに値するのは，ひとえにそれが自由意志の善用によって神から獲得され取得されたと仮定するかぎりにおいてでしかありません。というのは，名誉や称賛は一種の報酬であり，褒められたり罰せられたりする理由があるのは意志に依存しているものだけだからです。

　人生の最大で最も確固たる満足が生じるのは自由意志の善用からであることを，ここで証明することがまだ残されております。それは難しいこととは思われません。なぜなら，快楽あるいは喜び，および一般に人が持ちうるあらゆる種類の満足が，どういう点に存するかを注意深く考察いたしますと，まず気づかれるのは，それらの多くが身体に依存するとはいえ，まったく魂のうちにないものは何ひとつないということです。それは，ものを見るのは，眼を介してではあれ，魂であるのと同じです。次に気づかれるのは，魂に満足を与えうるものとしては，それがある善を所有しているという判断でしかないこと，そして，この判断は魂のうちにあってきわめて曖昧な表象でしかないこと，また，魂はふだん身体と合一しているせいで，ある種の善を実際とは比較にならぬほど大きく表象するということです。しかし，魂がその正当な価値を判明に認識するなら，魂の満足はそこから生じる善の大きさにいつも比例いたします。さらに気づかれるのは，われわれの側からするに，ある善の大きさは，単に善がそのうちにおいてある事物の価値によって測られるべきではなく，むしろ主としてそれがわれわれに関わる仕方によっても測られるべきこと，さらに，自由意志はそれ自身われわれにおいてありうる最も高貴なものであるということです。なぜなら，それはわれわれをある意味で神に似たものにし，神への従属を免除してくれるように見えるからです。その結果，その善用こそあらゆる善のうちで最大のものですが，の

みならず，それは最も固有な意味でわれわれ自身のものであり最も重要なものであるということです。そこから帰結するのは，われわれの最大の満足はただ自由意志からのみ生じうるということです。たとえば，人も知るように，善を知るためにも獲得するためにも，最善を尽くすことを決して怠らないと自覚する人たちが自身で感じている精神の安息と内的な満足こそが，それ以外に由来するあらゆる安息や満足とは比べものにならぬほど，心地よく，永続的で，確固とした快楽であります。

　私はここでは他の多くのこともまた割愛しております。なぜなら，偉大な王国の運営において現れて来る多事に，陛下ご自身がお心を配っておられるのを拝察するにつけ，陛下にこれ以上長くお聴きいただこうとはあえて思わないからです。しかし，これと同じ主題についてもっと詳しく私見を述べたいくつかの論考[1]をシャニュ氏に送っておきます。陛下がもしご覧になりたいとお考えのときは，氏がそれを陛下に謹呈することになっておりますし，それは私が以下の者であることを，最大の熱誠と献身をもってお示しすることに役立つでしょう。

　陛下のきわめて恭順かつ従順な下僕

デカルト

女王陛下様
　エフモントより　1647年11月20日

---

1) 『情念論』および六通のエリザベト宛書簡。次の書簡632（本書）を参照。

632

デカルトからシャニュへ

エフモント・ビンネン　1647年11月20日
（AT. V, 86-88 ; AM. VII, 366-367 ; B. 2488-2491）

　　　［最高善についての私見］
　　拝啓
　道徳について私見を書くことを私が拒否するのをつねとしているのは本当です。それには二つの理由があります。一つは，悪意ある人たちが中傷の口実をそれ以上容易にそこから引き出しうる主題はないからです。もう一つは，他人の生き方の取り決めに口出しをすることは，君主あるいは君主に許可された人たちにのみ属することと思うからです。しかし，この二つの理由も，最高善についての私見を述べることが，あなたがお傍で仕えている比類なき女王陛下の御意にかなうものと書いてお与え下さった機会を前にしては，消滅します。というのも，このご命令によって私は十分許可を与えられたことになり，また私が書いたものは女王陛下とあなた以外には読まれないと期待するからです。それゆえ，私は熱い心を以って彼女の命に従おうと思っておりますので，遠慮するどころか，私がこの主題についてかつて考えたことのすべてを，一通の手紙に山と盛り込むことができればと思います。実は，女王陛下に思い切って差し上げた手紙[1]で，私はあまりにも多くのことを書きたかったため，どれも十分に説明していなかったのではと恐れています。しかし，その欠陥を補うために，同じ事柄をもっと詳しく展開した何通かの他の手紙を寄せ集めた文集[2]をあなたにお送りします。そして，同じ主題を少なからず含んだ『情念論』という小論をそれに添えました。なぜなら，私

　1）　書簡631（本書）。
　2）　エリザベト宛書簡511, 514, 517, 519, 521, 526（以上は本書簡集第六巻），633（本書）。

が述べた最高善を獲得するためには，主として情念を知ろうと努めなければならないからです。それらの手紙が宛てられた王女様[1]から頂いた返信をもあえてそれに添えたなら，その文集はより完璧になったことでしょう。そして，文集なしには理解されない私の手紙の二，三通を添えることも出来たでしょう。しかし，王女様にその許可を求めねばならなかったでしょうし，しかも今となっては王女様はここからとても遠い所におられるのです。

　さらに，この文集を最初から女王陛下に差し上げないようお願いします。というのは，もし私が，彼女にお気に召すと思われることを彼女ご自身に宛てて書くのではなく，別の人に宛てた手紙をお送りするとしたら，女王陛下に対して払うべき敬意と尊敬の念を十分に払わなかったことになる恐れがあるからです。しかし，もしあなたが，それは自分宛てに書かれたものだと言ってそれを彼女にお話しするのが適当だと思い，その上で彼女がそれをご覧になりたいのならば，私はその心配をせずに済みます。また彼女はご自分に宛てられたものよりも，このように他の人に宛てて書かれたものをご覧になる方が，おそらくよりお気に召すだろうと確信します。なぜなら，私は彼女への敬意のなかで何事も変えたり偽ったりしていないことを，彼女はさらに確信して下さることができるからです。しかし，もしできるなら，この手紙が他人の手に渡ることがないようにお願いいたします。そして，私にできるかぎり私が以下の者であることを確信して下さるよう。

　　あなたのきわめて恭順かつ恩義ある下僕
　　敬具

　　　　　　　　　　　　　　　　　　　　　　　　　　　デカルト

エフモントより　1647年11月20日

---

1) エリザベトのこと。

633

デカルトからエリザベトへ

エフモント・ビンネン　1647年11月20日

(AT. V, 89-92 ; AM. VII, 368-370 ; B. 2490-2493)

［女王］
殿下

　私は，スウェーデンとの手紙のやり取りを始めたことを，失礼ながら殿下にすでにお知らせいたしましたから，その続きとして，その国にいる友人から最近受け取った手紙[1]のことを申し上げねばなりません。それによれば，女王陛下がその国のアカデミーがあるウプサラにおでかけになったおり，その友人も，このアカデミーで最も有能で分別のある人と評価している雄弁術の教授の話をお聴きになりたく思い，人生の最高善という論題を彼にお与えになりました。しかし，彼女はその話を聴かれたあとで，これらの人たちは主題に軽く触れているにすぎないとして，それについて私の意見を知る必要があると言われたそうです。それに対して友人は，「彼［デカルト］がそうした主題について書くにはきわめて慎重であることを知っているが，陛下の意を受けて私［シャニュ］が尋ねるということでよろしければ，彼は必ずや陛下を満足させるよう努力するだろうと思う」と答えました。これに対して彼女は，すぐに私の意見を尋ねるよう彼に申しつけ，次の定期便で私宛にそのことを書くよう約束させたのです。そこで彼は，私がその依頼に答え，女王陛下宛に手紙を書くよう勧めました。彼は彼女にそれを取り次ぎ，それが嘉納されることを保証すると言うのです。

　私はこの機会をおろそかにしてはならないと思いました。そして，友人がそのことを私に書いていたとき，同じ主題について私が殿下に差し

---

1) シャニュからの書簡628, 629（本書）。

上げた数通の書簡について語った手紙[1]を，彼はまだ受け取っているはずがないことを考えますと，このことで私が抱いていた計画[2]は駄目になり，別の角度から考えねばならないと思いました。それゆえ私は女王陛下に手紙を書き，私の意見を簡単に述べたあとで，次のように付け加えました。「私はここでは他の多くのことを割愛しております。なぜなら，偉大な王国の運営において現れて来る多事に陛下ご自身がお心を配っておられるのを拝察するにつけ，陛下にこれ以上長くお聴きいただこうとはあえて思わないからです。しかし，これと同じ主題についてもっと詳しく私見を述べたいくつかの論考をシャニュ氏に送っておきます。陛下がもしご覧になりたいとお考えのときは，それを陛下に謹呈することになっております」と[3]。

シャニュ氏に送った書きものとは，セネカの書『幸福な生について』に関して私が殿下に差し上げた手紙のうち，六番目[4]の半ばまでについてです。そこで私は情念を一般的に定義したあとで，それらを枚挙するのは難しいと書きました。さらに同氏には小著『情念論』も送りました。これは私が保存していたはなはだ乱雑な草稿をもとに，苦労して書き写させたものです。私は彼に次のように言ってあります。「これらの書きものを最初から女王陛下に差し上げないようお願いします。というのは，もし私が，彼女にお気に召すと思われることを彼女自身に宛てて書くのではなく，別の人に宛てた手紙をお送りするとしたら，陛下に対して払うべき敬意を十分に払わなかったことになる恐れがあるからです。しかし，もしあなたが，それは自分宛に書かれたものだと言って，それを彼女にお話しするのが適当だと思い，その上で彼女がそれをご覧になりたいのならば，私はその心配をせずに済みます。また女王陛下はご自分に宛てられたものよりも，このように他の人に宛てて書かれたものをご覧になる方が，おそらくよりお気に召すだろうと確信します。なぜなら，私は女王陛下への敬意のなかで何事も変えたり偽ったりしていないこと

---

1) この書簡は散逸した。
2) この書簡の末尾にあるように，エリザベトをクリスティナ女王に引き合わせる計画のことか。
3) 書簡631末尾（本書337ページ）に一致する。
4) 情念の定義云々について述べた書簡526（本書簡集第六巻）は，デカルトが最初にセネカに触れた書簡511（同）から数えて六番目になる。

を，女王陛下はさらに確信して下さることができるからです」[1]と。

　殿下についてそれ以上のことを書いたり，お名前を出したりするのは適当でないと判断いたしました。もっとも，お名前については私の前便によって，彼はきっと承知しているはずです。彼はきわめて有徳な人であり，有能な人間を大いに評価する人です。したがって，彼が殿下をしかるべくご尊敬申し上げていることは疑いありません。しかし，私が手紙を書くたびに必ず殿下のことを何か書いているにもかかわらず，彼が殿下のことを稀にしか語らないことを考えますと，彼は殿下のことを女王陛下に話すのを多分ためらっているのだと思いました。なぜなら，彼を［大使として］派遣した人たちが，それを快く思うか不快に思うか，彼には分からないからです。しかし，もし私が今後，女王陛下に直接手紙を書く機会があれば，仲介者を必要といたしません。このたび私が彼にこれらの書きものを送った目的は，女王陛下がこれらの考察にさらに専心され，私の望み通りにそれが女王陛下のお気に召すなら，女王陛下が殿下とそれについて話し合う機会があるよう，ことを運ぶことです。殿下に対して私は終生…

　1）書簡632末尾（本書339ページ）に一致する。この日，デカルトはエリザベト，クリスティナ，シャニュの三者に手紙を書いたことになる。

634

デカルトからホーヘランデへ

エフモント・ビンネン　1647年12月

(AT. V, 109-111 ; AM. VII, 386 ; B. 2494-2495)

[「掲貼文書」]
拝啓
　あなたが私に対してお持ちの権威は，（もしあなたがそのようにご要望ならば）私が最も正しく，最も理性的であると評価してきたかもしれないものを私から取り去りかねないものでしょう。今日はそれを利用することはせず，「理性的魂」に関する20ほどの命題を含んだある「掲貼文書」[1]に対して私が書いた回答についてお求めしている御意見に，あなたの理性のみを働かせるよう，何卒お願い申し上げます。私がそれに回答する気になった理由はお送りいたします文書でお知りになるでしょう。そして，その著者は自らの名を隠蔽したとはいえ，私には自分自身で誰だか聞いており，分かっていたように，あなたにもその文体からして誰だかお分かりになっておられるか，もしくは世の噂によってすでにお聞き及びのことと私は疑いなく思っております。しかし，彼は知られないままでいようとしたので，私はあなたに誰だか暴露しようとは思いません。ただ，これを読むために，少々の忍耐と細心の注意とをお願い申し上げます。というのも，私はそれを公にすべきかどうかを決心するための御意見をお待ちしているからです。そしてそのためには，もしあなたがそれに異をまったく唱えられないのなら，それを世に出すつもりのままであなたにお送りします。

　1）　レギウス（本書「主要人名解説」を参照）は「掲貼文書」で理性的魂に関するデカルトの教義を21の命題で批判した。デカルトは「掲貼文書への覚え書」を出して回答した（アムステルダムのエルゼヴィエ社，1648）。1648年1月31日エリザベト宛書簡642（本書簡集第八巻）を参照。クレルスリエはそのフランス語版を1657年に出版した。

635

ブラッセからデカルトへ

ハーグ　1647年12月4日

(AT. V, 92-95 ; AM. VII, 371-373 ; B. 2494-2497)

　　［ヨーロッパ情勢，ラ・テュイエリ］
　拝啓
　あなたの孤独の楽しみをあまり邪魔するつもりはございません。問題なのはここに添付されたシャニュ氏の書簡[1]の住所のことだけなのです。彼があなたにスウェーデンは寒いと言うなら，われわれはオランダでもそれを感じ取っておりますので，とあなたは彼にやり返すことができるでしょう。寒さはラ・テュイエリ氏[2]には最も不都合なことであったものだと思います。実際，右手を不具にしている痛風が繰り返すことで絶叫するさなかで，悪化の一方をたどる彼を私はそのままにしてきたばかりなのです。度重なるひどい再発は同情に値します。彼はもっと穏やかな土地に住むのを切に望んでおり，このせいで彼は休暇の到来を，ご子息の到来とともに今か今かと待っています。そのことをあなたは疑うことはありますまい。
　あなたはあまりにも善良なフランス人ですので，国王のご病気を心配せずにはいられないでしょう。天然痘と熱病とをすべて一緒に追い出した瀉血（しゃけつ）のよい効能の結果がもうじき得られる，という有望な見込みをあなたにお知らせします。ああ，何とこの汚らわしい悪党がその天使のようなお身体をふてぶてしくも蝕んでしまったことか！　何ということで

---

　　1)　11月9日付書簡629（本書）。ブラッセは受け取ったばかりの11月9日付のシャニュの書簡に返信している。
　　2)　フランス王宮の大使のこと。シャニュはテュイエリの大使の後継者として，ストックホルム駐在のフランス王国公使に任命され，ストックホルムに向かう途中，アムステルダムに四日間駐在し，そこでデカルトと過ごした。ラ・テュイエリについては本書「主要人名解説」を参照。

しょうか？　人間の自然本性に降りかかる災難は，王であろうと最下級の家来であろうと，同じであるということです[1]。

　あなたがわれわれにイギリス王がどうなったかおっしゃるつもりのないことを私はよく知っています。なぜなら，利害関係がより近い人たちでも，彼ら自身はそれについて何も知らないからです。これは時が明らかにすべき話であって，薔薇十字兄弟団[2]の話に思いをはせると，王は彼らの協会に参与したはずであると私は想像しております。というのも，歩兵や騎兵で補強された衛兵隊の最中で密室から消え去ることは[3]，摩訶不思議だからです。

　最後に，ナポリ王国は共和国に変わろうとしています。この種の統治はそれを遺憾とはしないはずです。なぜならば，それは順応を増すことだからです。そこには万事について思い巡らしている人たちがいるのであって，フランスの保護がそこでは求められるということは彼らの好みではないのです。しかしながら，スペイン人に道理をわからせるために，新たなやり方をわれわれに授けてくれるのは神の正義の一撃なのですが，他方でスペイン人は，われわれの昔からの友好国を従属させようと躍起になって，不完全な国家にさせようとしているのです[4]。

　1）　ルイ14世は9歳で天然痘になった（1647年11月10日）。病状は24日まで悪化したが，4回にわたる瀉血のおかげで天然痘から「救い出され」，25日と26日の下剤処置で危険は回避された。

　2）　諸説あるが，当時のヨーロッパに存在したと言われる秘密結社。その名を広めた書物として，まず『全世界の普遍的かつ総体的改革』（1614年）とその付録『友愛団の名声』，その翌年に「薔薇十字団の告白」を新たに加えた『友愛団の名声』第二版，1616年にヨーハン・ヴァレンティン・アンドレーエの』が出版された。始祖クリスチャン・ローゼンクロイツ（Christian Rosenkreuz）に習い，錬金術やカバラなどを駆使して人々を救済することを目的としている。イエーツによれば，背景として薔薇を紋章とするイングランド王家がヨーロッパをハプスブルク家の支配から解放しようとする政治運動があった（F. Yates, *The Rosicrucian Enlightenment*, Routledge, 1972：山下和夫訳『薔薇十字の覚醒』工作舎，1986）。

　3）　1647年2月19日，イギリス王，チャールズ1世はスコットランド軍によってイギリス議会の委員のもとに渡されたのち，ハンプトン・コートに投獄されるが，1647年11月21日，彼は監視を騙してワイト島に逃げた。しかし，1648年10月10日，軍隊によって連れ出され，最終的にロンドンの高等法院によって死刑が通告され（1649年2月6日），三日後に処刑された。

　4）　1647年7月に，ナポリはスペインに対して反乱を起こした。反乱の主犯マサニエロは非業の死を遂げ，共和国が10月24日に宣言された。ギーズ公というフランス人が一時的にその国の元首を務めたが，マザランに支持されず，スペインの手に落ちた。段落の終りで，ブラッセはオランダをフランスの同盟から切り離し，別個に自分らと交渉させようとするス

私がそうであるように，あなたは新聞記事を書くことに慣れておられるので，私のいてもたってもいられない気持ちを許して下さるはずです。アルクマールのわれわれの病人[1]に面会して下さったことの御配慮に感謝いたします。病気に加えて，ここだけの話ですが，気まぐれと私が呼びたい気質もあると危惧しています。あなたがそれをどのように考えておられるか内密にお知らせ下されば，ありがたく思います。そして何よりも，私が…というところまで私を信じて下されば[2]。

ペインの企てのことをほのめかしている。それは成功して，平和が訪れる。
　1) フランソワ・ドュ・ロラン氏。書簡639（本書）を参照。王の顧問の息子にしてアンジェ徴税区長。ブラッセもアンジェの人で，二人はオランダで出会い，病気でアルクマールという田舎に閉じこもることになった若者ル・ロランに興味を持った。デカルトが1647年10月に第二のフランス旅行の帰りにハーグに立ち寄った時，ブラッセがこの若者を紹介した。
　2) 何日かのちに，1647年12月15日の書簡でブラッセはリヴェに次のように書いている。「デカルト氏がリヴェ氏の与えた痛手に一人でいかに耐えたか分かりません」。ライデンの事件が問題であり，再開して特に12月末に大変な事態となった。

636

エリザベトからデカルトへ

ベルリン　1647年12月5日

(AT. V, 96-97 ; AM. VII, 374-375 ; B. 2496-2499)

［仏訳『省察』，反論者］

デカルト様

　数日前，お送り下さったあなたの『形而上学的省察』の仏訳を拝受いたしましたので，この手紙でそれに感謝申し上げねばなりません。もっとも，数々のご親切について私の謝意を表するためには，私の手紙を読んで返答することでご面倒をおかけするのをお許しいただくという，また新たなご親切をお願いしなければなりません。私の手紙は，とくに友人のためにというのでなければ，あなたにとっては重要でもありえない主題のために，あなたの有益なご省察をあまりにもしばしば乱しているからです。しかし，あなたが私に施して下さったご親切の証拠はたくさんありますので，私はその訳書を拝読していかに満足したかをあなたに苦もなく言えるほど，それは十分なものと思っております。なぜなら，私はあなたのお考えをそれ以前に理解しているつもりではありますが，それが私の日常語［フランス語］で見事に表現されているのを拝見すればするほど，それは私自身の考えになるからです。

　あなたに対してなされた反論を再読するたびに，私の驚きは増幅いたします。たとえば，多くの歳月を省察や研究に費やした人たちでさえ，きわめて単純で明晰な事柄を理解できないということが，どうしてありうるのでしょうか。大部分の人たちが，真偽を論じる際に真と偽をいかにして識別するかを知らないと思われることが，どうしてありうるのでしょうか。そして，その学識において最も名高いガッサンディ氏[1]が，

---

1) ガッサンディ (Pierre Gassendi, 1592-1655) はフランスの哲学者。『省察』に対する

あのイギリス人[1]に次いで、他のすべての人よりもより不合理な反論をしたことが、どうしてありうるでしょうか。

　このことは、かつてあなたが意図された『学識論』[2]をいかに人々が必要としているかを示しています。あなたはたいそう寛大であられますから、公衆のためにかくも有益なこと［執筆］を拒否なさらないことを私は知っております。そのために、それを以下の者にお約束になったことをあなたに思い起こさせる必要はありません。

　あなたに仕える、きわめて親愛なる友

エリザベト

11月25日／12月5日
デカルト様

「第五反論」の著者。本書「主要人名解説」を参照。
　1) 「第三反論」の著者トマス・ホッブズ（Thomas Hobbes, 1588-1679）。ガッサンディとならんで、唯物論的な立場からデカルトを批判した。
　2) デカルトが構想していた『学識論』（*Traité de l'Erudition*）がどういう内容であったかは不明。書簡642（本書簡集第八巻）にも登場する。

637

デカルトからホイヘンスへ

エフモント・ビンネン　1647年12月8日[1]

(AT. V, 653-655 ; AM. VII, 376-377 ; B. 2498-2501)

　　［ピコ，年金］
　　拝啓
　私は実験の小冊子に対するお礼をなかなかしませんでした。なぜなら，もっと早く冬ごもりをするはずであると私の考えていたベルグ氏[2]に，あなたの隣人という資格で私の書簡の使者となっていただくことを待っていたからです。その小冊子を書いた若者はその頭脳に真空が少し多くありすぎていて，また急ぎすぎていると私には思えます。彼が約束している本[3]がすでに出版されていればよいのにと思います。そうすればその諸根拠を見ることができるからです。私が間違っていなければ，それらの根拠は，彼が証明を企てたことと同じくらい脆いことでしょう。私がフランスから連れてきたと人から聞いたとおっしゃる偉大な化学者についてですが，もしそれが，その称号の光栄を，それには決して値しないと主張する私の親友の一人に与えようとすることではないならば，私には面識がないと請け合います。それはピコ氏[4]のことでして，彼は以前に私がエンデヘストにいた当時，約一年間そこに住んでおり，今年の冬もそこで過ごしにまたやって来たのでした。それも，彼がそうしたのは，私がまた彼とともに来冬フランスに行くという条件の下で，かつ私がそう約束させられた後のことでした。私が数ヵ月後に[5]再びパリへの

　1）書簡630（本書）への返信。
　2）ベルゲンの領主スルクのこと。オランダにおけるデカルトの友人の一人。
　3）ブレーズ・パスカルの『新実験』は『論文』全体の概要として提示された（『パスカル全集』ブランシュヴィック・ブートルー版第2巻55-56ページ）。書簡630（本書）を参照。
　4）クロード・ピコ師。『哲学原理』の仏訳者。書簡629（本書）を参照。彼の最初のオランダ滞在の年は1641年である。書簡304（本書簡集第四巻）を参照。

道を辿ることになるのは，この時の約束と少々の他の特別な理由でしかないのです。実際，王の側から私に約束したこと[1]でそこへ行かなければならないわけでもありませんし，それゆえに人生の残りをそこで送る決心をしたわけでもないのです。それにもかかわらず，否定するつもりもありませんが，私がパリから発つ二，三日前に年金を頂けることが認められましたが[2]，しかし私が将来その地に住むということも，今後は別のことを一つでもするということも，その条件としてはまったくありませんでした。つまりは，それは単に，私のような人間にいくらかでも敬意を払っていることを示すためのことである，と言われました。その言葉を下さった方[3]が，もし自分がフランスに留まる意志を持っているのなら，さらなる優遇を期待してもよい，とさらに付け足したのは本当です。そして，このことは私にさほど強く訴えかけはしていないとはいえ，しかし，もし，私が，19年後になる市民権も得ることができず，虐げられるのを避けるために，幾度かわが大使閣下に助けを求めなければならないような他国に留まるよりも，生まれた国でありいくらかでも自分が尊敬されている国にいる方がよいと思わないのなら，自分は常軌を逸しているかも知れないと思われます。それでも，私はこの地で尊敬しておりとても大切にしている特別な友人を多数持っていると考えざるをえません。しかし，彼らとはほとんど手紙でしか交友がありませんし，パリにいればエフモントよりもさらに便利に交友できることになります。だからといって，エフモントに戻る希望を失ってはおりません。そして，私が世界のどこへ行こうとも，私はたえずつねに以下の者であることをどうか信じていただきたく存じます。

　　あなたのきわめて恭順かつ従順なる下僕
　　敬具

　　　　　　　　　　　　　　　　　　　　　　　　　　デカルト

---

5) この旅は翌年の5月になってようやく行われた。もっとも，ピコは1月半ばからパリに戻っていた。

1) 年金授与のこと。

2) バイエによれば (II, 327)，デカルトに年3,000リーヴルの年金を認めた特認状は1647年9月6日付のものであった (cf. AT. XII, 458-461)。

3) おそらく特認状を1648年3月に送ったドゥ・マルティグニ氏。シオン宛書簡651（本書簡集第八巻），メルセンヌ宛書簡643（同）を参照。

エフモントより　1647年10月8日
騎士にして，ハーグの大公閣下の顧問・秘書官
ゾイリヘム様

638

デカルトからメルセンヌへ

エフモント・ビンネン　1647年12月13日
(AT. V, 98-106 ; AM. VII, 378-381 ; B. 2500-2503)

[パスカルの真空実験]
[神父様]

　すでに少し前のことになりますが，ゾイリヘム氏がパスカルの印刷物[1]を送って下さいました。送って下さったのは著者からですので，それについて著者にお礼を申し上げます。彼はそこで私の微細物質［説］を攻撃しているようなのですが，その点で彼には大いに感謝しています。しかし，その主題には，彼が持つ最良の根拠をすべて投入することを忘れぬようにお願い申し上げるとともに[2]，私が自己弁護するために適切と信じるすべてのことをしかるべき機会に説明することがあるにしても，悪くは思わないで頂くようお願い申し上げます。

　あなたは水銀の諸実験に関して何か書くように私にお求めであるにもかかわらず，その実験をなかなか教えて下さいません[3]。まるで私がそれを予測しなければならないかのようです。しかし，私はそういった危険に身をさらすわけにはいきません。なぜならば，もし私が真理を探し当てるとしたなら，私がここでその実験を実際に行ったと判断されてし

---

　1)　『真空に関する新実験』のこと。1647年10月8日に出版許可。ブレーズ・パスカル (Blaise Pascal, 1623-1662) は『パンセ』で知られるが，真空実験や数学でも有名。

　2)　『真空に関する新実験』は体系的な書物ではなく，八つの実験と，命題，原理，異論を簡潔に列挙した小冊子であった。ここでデカルトは，より体系的な記述をパスカルに求めているが，それは死後出版となる『流体の平衡と大気の重さ』で果たされることになる (注：武田裕紀)。

　3)　デカルトは1647年6月ないし9月に，パリ逗留の際にメルセンヌによって実行された水銀実験に立ち会っているので，ここでデカルトが求めているのは，さらに別の情報である。おそらく，マニ神父 (Magni) やプチ (Pierre Petit) によって行われた実験であろう (注：武田裕紀)。

まうでしょうし，もし真理を見つけられなかったなら，私はその点でさらに悪く思われるでしょうから。しかし，あなたが観察なさったことを余すことなく率直にお知らせ下されば，大変有り難く思うことでしょう。そして，私がそれを使わせていただくことがある場合には，それを誰から得たかを忘れずに公表することでしょう。

　私はパスカル氏に，山上にいる時でも山麓にいる時と同じくらい高く水銀が上昇するかどうかを実験するように注意しておきました。氏が果たしてそれを行うかどうかはわかりません[1]。しかし，天候と場所の変化が実験に何ら影響しないかどうか知るために，2ピエ[2]半の紙の物差を送ります。それには，2ピエの先に3プスめと4プスめのところでリーニュ[3]ごとに目盛りが付けられています。そうしてわれわれの観察が一致することになるかどうかを見ることができるように，それとまったく同じようなものをもう一つ手許に置いておきます。さてお願いとは，寒い時と暖かい時，南風が吹く時と北風が吹く時，水銀がこの物差のどの地点まで昇るかを観察していただきたいことです。そうして，違いがそこにありそうであることを知っていただくために，そして，それによって観察を包み隠さずに私に書く気になっていただくために申し上げますが，先週の月曜日[4]には水銀の高さはこの物差によればちょうど2ピエと3プスで，昨日の木曜日[5]では，10ピエと4プスを少し超えていましたが，今日は3，4リーニュ降りたということです。このような観察

---

1) デカルトが1647年9月23，24日にパスカルとパリで対談した折に，デカルトの側から実験の提案をしたことについて述べている。パスカルは，1647年11月15日の書簡（ただしこの書簡は，1648年秋に刊行された『流体の平衡に関する大実験談』に添えられたものである）において，ピュイ・ド・ドームのあるクレルモン＝フェランに住んでいた義兄のペリエに，この実験を実行するように依頼する。ペリエはこのパスカルの依頼を，1648年9月19日に実行に移した。他方メルセンヌは，*Reflexiones physico-mathematica*, 1647 の「第一序文」において，高度が上がれば水銀柱が低くなることを指摘している。この箇所は，1647年8月頃に執筆されたと考えられており，そうだとすると，この実験のアイデアはメルセンヌが最初に思い付いたことになる。ただしメルセンヌが初めて実験の実行を促したのは，1648年1月8日にル・テヌールに対してである（小柳公代『パスカル　直観から断定まで——物理論文完成への道程——』名古屋大学出版会，1992，第Ⅲ部，第八章を参照）（注：武田裕紀）。
2)　約324.8ミリ。12プス。
3)　1プス＝12リーニュ。
4)　1647年12月9日。
5)　1647年12月12日。

をするために，私は一本の管を日夜，同じ場所に取り付けたままにしておいています。その観察は，それほど早く世間に公にする必要はなく，パスカル氏の著作が出版されるのを待つ方が宜しいと思っています。

　私はまた，あなたが作られた真空中で火を試しに点けてごらんになり，その煙が果たして上に行くか下に行くか，その炎はどんな形になるかを観察していただきたく存じます。この実験[1]の遂行を可能にするには，糸の先端に少量の硫黄か樟脳をつけて真空中に吊るし，硝子越しに鏡か焦点を合わせたレンズを用いて点火すればよいのです。こちらでは日光が十分に熱くなく，壜(びん)に合った管をまだ手に入れることができなかったので，そうすることができません。

　パスカル氏の言われるように，あなたはこの実験を四年間見ていた[2]のに，それについて私にまったく何も知らせず，この夏になるまで実験を始めこともなかったということに驚愕しています。というのも，あなたがそのことを話して下さったならすぐに，それが重要なものであると判断し，それは私が自然学について書いたことを立証するのに大いに役立つかもしれないと私は判断していたからです。神父様，私はあなたのきわめて恭順かつ従順な下僕…

　追伸。物差を元の長さに沿って再度折れば，その折目が取り除けます[3]。

　　エフモントより　　1647年12月13日

---

　1)　デカルトは後の1648年1月31日の手紙でこの実験を取り消すことになる。メルセンヌは気圧計の見かけ上の真空中でも行える他の実験をすでに思い付いていた。

　2)　メルセンヌがこの真空実験について何も言わなかったのはかなり奇妙であり，デカルトはすでにオランダに戻ってパスカルが真空実験を1647年10月に出版した後になってようやくその実験に興味を持ちだしたように見せかけた。しかし，1646年から47年にかけてパリでのルーアンの実験について大いに話題になっていたし，彼自身は1646年夏にシャニュとともに成功はしなかったが実験を試みていた。

　3)　この文以下はB版のみにある。

639

デカルトからブラッセへ

エフモント・ビンネン　1647年12月17日[1]

(AT. V, 107-109 ; AM. VII, 382-383 ; B. 2504-2507)

［ル・ロランの病気］

［ブラッセ[2]からブリザシエ[3]氏宛（1647年1月21日）］：「拝啓。私はあなたが勧めて下さった規則をル・ロラン氏とともに守る所存です。さらにまた，あなたは気温に言及されましたが，私は自分になしうるすべての点において彼を支援する所存です。私は先日コレー氏に一通のアムステルダムからの手紙を送りましたが，それには彼の素行がよいことを証言しておきました…」。

［ブラッセからブリザシエ氏宛（1647年2月11日）］：「…私はあなたに同感で彼は内気だと思います。私は彼が研究熱心なことを非難することはしませんが，彼は精神を満足させる場合に，身体の存続にも少しは配慮して欲しいと思うのです…」。

［ブラッセからブリザシエ氏宛（1647年4月22日）］：「…彼はあなたが彼に斡旋する職をうまくこなせるだろうと私は考えています。というのも，私が知る限りでは，彼は良識も腕前も素晴らしいからです。しかし，彼は好きな人にとっては魅力的な研究すなわち数学にのめり込んでいるのです。彼を職に就かせるために必要なものがここに十分あるとすれば，自分の自由になるであろうすべてを，あなたに敬意を表して，彼に快く与える所存なのですが…」。

［ブラッセからブリザシエ氏宛（1647年10月14日）］：「私は気の毒なル・ロラン氏がアルクマールで熱に参っているとの窮状を彼（コレー氏）にも伝えます。私はル・ロラン氏が少々窮屈な性格であるということを，この男の父

---

1) 書簡635（本書）に対するデカルトの返事であるが，消失しているので，その内容を推測させるブラッセの書簡を引用しており，その内容はル・ロラン氏の話題に集中している。
2) 本書「主要人名解説」を参照。
3) Jean de Brisacier (1592-1668)。ジャンセニスムに対抗する著作を出版した。

からの書簡によって知っています」[1]。

［ブラッセからブリザシエ氏宛（1647年11月4日）］：「…彼（ル・ロラン氏）に研究をやめさせ，彼が必要とする事柄に役立つ何かに才能を用いさせるよう努めねばなりません。彼は私に今月の一日に，歯が痛いことを除けば体調はよい，と手紙をよこしました」。

［ブラッセからアルクマールのル・ロラン氏宛（11月5日）］：「拝啓。あなたから近況を知らせる書簡を頂いて，あなたの最新の様子がとても心配になりました。デカルト氏がそれについて私に尋ねる[2]約束でしたが，なぜかは知りませんが尋ねてきません。とはいえ彼は気配りがうまく，親切ですが…。私を信用して，少し観想的な生活はやめて活動的な生活に移って下さい。あなたはそのことを考えてよい年なのです…」。

［ブラッセからル・ロラン氏宛（1647年11月21日）］：「拝啓。あなたの13日の手紙はほんの昨日届きました。その手紙であなたのいっそうよい健康状態と，あなたがこの粗悪な界隈を離れると決心されたことを知り，大変うれしく思います。あなたの味方になって下さる知人を頼って，あなたにとって名誉でためになる何かを社会で行いたいとお考えになっている決心にも，私は感心します…」。

［ブラッセからブリザシエ宛（1647年11月25日）］：「…私は不幸な片田舎に閉じこもったル・ロラン氏の手紙をいつも待っています。その地はハーグから十か十二里の場所なのですが，コンスタンティノープルからと同じくらい彼の手紙が届きにくいのです。そこから約一週間前に届いたあなた様宛の一通の手紙がこれです。彼がしばらくの間私たちとやりとりしてくれるなら，私は彼の気質を深く理解するように努めましょう。もし彼の気質がペンの赴く方へと運ばれるなら，それは彼の運命にとって最良の，最も心に残る出来事になろうと信じます。彼は腕前と良識を持っており，残るは，それら両方をうまく用い，投機手段を持った人たちの意にかなうような研究をもう少し発展させることなのです」。

［ブラッセからブリザシエ宛（1647年12月23日）］：「ル・ロラン氏の回答ですが，彼はアルクマールの不幸な片田舎に居を構え続ける覚悟だと見受けられます。そうする理由を彼は，自分が知っている言語の練習をするために，

---

1) AM版はこの後に次の一節も引用している。「私はその病人の知らせをデカルト氏の助けを借りて待っています。氏はこの冬に自らの哲学に取り組むためにこの界隈に戻ってきたのです。その人こそオランダよりもフランスの名に恥じない精神の持主です」

2) AM版は「尋ねる（demander）」ではなく「知らせる（mander）」と読んでいる。

自分がそこで習慣づけていることがいくつかあるので,と12月17日の書簡で私に伝えています。この件についてデカルト氏が書いてよこしたことを,ここに一部抜粋します。彼が話している病気は,血液の腐敗の結果であるという点で,厄介なものであり,この腐敗はさらに伝染性ももっている。もし彼が,最も効果のある転地を待ちつつ,薬を用いたいとも望んでいるならば,私は彼に幾らか薬を送ってみよう…」。

［ブラッセからブリザシエ氏の秘書,コレ氏宛（1647年12月23日）：「モンリッシュ氏（ブリザシエの別名）に,ル・ロラン氏のことでデカルト氏から頂いた書簡の抜粋を送ります。その中で,デカルト氏は,ル・ロラン氏が勤勉な性格であること,彼の身体の不調は些細なものではないことを指摘しています。この病気はかなり厄介でかつ伝染するものであり,そのため,私がその健康を危惧しているある家族の元に,彼を引き止めておくことができないのです。他のすべてのことでは,私は微力ながらも精いっぱい彼に奉仕する所存です。私は…」

［ブラッセからブリザシエ宛（1647年12月30日）］：「…私がル・ロラン氏のためにできることはすべてしているのを,あなたは疑ってはおられないはずです。彼が自由奔放な性格であることは今や分かっていることですから,それでは彼を感化するのではなく,彼を拷問にかけ破滅させることになってしまうでしょう。私は一週間前にあなたに彼の近況を知らせましたが…」

［ブラッセからシャニュ宛（1647年12月20日）］：「…私からあなたにお伝えすることはこれですべてです。あなたをより霊的な対話に向けて,添付の手紙[1]へとお連れ戻しいたします」。

---

1) 書簡632（本書）。

640

デカルトからホイヘンスへ

エフモント・ビンネン　1647年12月27日

（AT. V, 655-656 ; AM. VII, 384-385 ; B2506-2509）

［恩赦の再上申］

拝啓

　この前は[1]，義父を殺害したこの地区の哀れな農夫に恩赦を何卒頂きたくお煩わせいたしました。この度は，同事件と絡みまして，この地区の役人のために同様の御援助を乞う運びとなりました。彼が告発されたのは殺人を犯した罪ではなく，われわれが閣下［オレンジ大公］から頂きたく願っている恩赦を，彼自身の職権で与えんとした罪のみに依ります[2]。この件につき，あなたに特別の計らいを懇願しなければならない理由は次の通りです。すなわち，私の住んでいる家が被告の姉［または妹］の所有のものであり，そして，もし被告の友人たちが危惧している極刑にまで至ることになりますと，彼の魂は，隣人に対して持つべき仁愛を私が欠いていると非難しに，私のいる部屋までやって来てとり憑くおそれがあるかもしれないからです。しかし，閣下に彼の恩赦をお願いし，判事たちにそれを妨げないようお願いしうる，より重大でより差し迫った理由は，彼には扶養をまだなお要する子供が数多くおり，したがって，彼を罰すれば，それとともに多くの無実の者をも罰することになるであろうということです。このことが配慮されるならば，判事諸氏も寛仁なところを示さざるをえないでしょうし，たとえ彼がいま就いている職務を遂行するのに適任ではないと見なされるとしても，少なくとも，その職を誰か他人の手に引き渡す際には，彼がそのために支払ったのと

---

1) 書簡538, 541, 548（本書）を参照。

2) 書簡538（本書）を参照。

同額のお金をその人から貰うのを判事諸氏はお許しになることでしょうし，そして，彼らはその上さらに彼を痛めつけようなどまったく考えはしないと私は確信しております。このことこそ，この地区の住民の大部分が願っていたことであると信じております。
　私はあなたのきわめて恭順かつ従順なる下僕
　敬具

　　　　　　　　　　　　　　　　　　　　　　　　　デカルト

1647年12月27日，エフモントより
騎士にして，ハーグの大公閣下の顧問・秘書官
ゾイリヘム様

あ と が き

　本巻所収の104通が伝えるのは，年代的には1646年1月から翌年12月までの二年間，デカルト自身の学問的キャリアで言えば，『哲学原理』（1644）で自らの哲学を一旦集大成した後，やがて最晩年の『情念論』（1649）で開陳されることになる人間学的考察を徐々に深めつつある時期，まさにデカルト哲学の円熟期に交わされた書簡のやりとりである。
　登場するテーマは文通相手のバックグラウンドの多様性を反映して，第一原理，自由意志，動物機械論，無神論といった形而上学的問題から，ゼノンのパラドクス，宇宙生成論，複振り子の振動中心，パスカルの真空実験といった数学・自然学的問題，さらには君主論，愛，最高善といった人間学的問題まで多岐にわたる。そのいくつかは著書では主題化されない書簡集ならではのものであり，他巻同様，本巻がデカルト哲学の全容解明に果たす意義は大きい。
　ところで，書簡集の醍醐味と言えばやはり，それがデカルト哲学だけでなく人間デカルトの実像に迫る上でも，貴重な情報源となる点だろう。たとえば一見些細な書簡だが，デカルトが彼の居所周辺で起きたある奇異な殺人事件をめぐり，友人ホイヘンスや時の高等法院評定官に宛てた一連の書簡は，この点で個人的にとくに印象に残る一例だった。AT版の考証（X, 615-617）も踏まえつつ経緯をまとめると，それはおよそ次のような事件である。
　罪人はデカルトの近隣の宿屋経営者で，二児の父。我が子が危篤状態で精神的に追い詰められる中，かねて自分の母親や義理兄弟に脅しや暴力を働いていた義父を衝動的に殺めてしまう。デカルトはこの殺人をきわめて弁解の余地あるものと見，ホイヘンスを介して数度にわたりオレンジ公に恩赦を申し出（書簡538, 548, 640），また高等法院の有力者ファン・フォレーストに減刑を求める嘆願書を認める（書簡596）。後者の嘆願書は部分的に功を奏し，男の家族を経済的に援助する追加判決が下された。

書簡538には『規則論』第一規則を思わせる言葉で,「立ちあらわれるものすべてについて哲学するのが私の慣わしである」と明言されているとおり,デカルトはこの事件に一貫して哲学者として接している。事実,人間を自らの主である側面と情念に駆り立てられる側面の相克において捉える点,彼が同書簡で当該事件を分析し評価する視点と,当時すでにある程度は構想が固まっていたはずの『情念論』の問題意識との呼応は明白である。『情念論』では司法や統治といった社会正義の問題はほとんど議論されておらず,この点まず,本書簡はエリザベト宛の数通とともに,『情念論』の記述とこうした社会的・政治的な問題設定との接点を考える上で,重要な資料となりうるだろう。

だが,当該事件にまつわる一連の書簡がもう一つ興味深いのは,それによって,デカルトがたとえば『方法序説』第六部で自分の哲学は「実際的哲学」だと語る際の含意が,より深く理解される点である。『序説』ではこの言葉で壮大な人類史的理念——近代技術文明を現に駆動したと後に評される理念——が語られるが,しかし,遠方を見晴かす理念がしばしば燈台下暗しの罠を招くのとは反対に,デカルトは人類の未来を遠望するその同じ哲学者の眼差しで,自分の生活圏内の最も身近な出来事を見つめ,反省し,行動することを忘れなかった。哲学者として生活し生活者として哲学する,というこの側面抜きには,「立ちあらわれるものすべてについて哲学する」というデカルトが生涯標榜し続けた哲学観,彼が言う「実際的哲学」の本義は理解できまい。

これと関連して,デカルトにしばしば帰される隠棲の哲学者というイメージにも,若干の修正ないし但し書を加える必要があるだろう。問題の書簡はいずれも請願書という性格を有するが,そのどれ一つとしてデカルトが独断で筆を起こしたものはなく,すべて被告の両親や妻からの依頼,さらには地元住民たちの願いを背景に書かれたものである。バイエがその伝記で,デカルトの知遇を得て後に天文学者となる田舎の靴職人レンブランツのエピソードを紹介する際,デカルトは地元の評判では「この世で最も近づきやすい人間」だったと伝えているが(Baillet, II, 554),たしかに当該書簡を読むと,デカルトが近隣住民から厚い信頼を得ていた様子がうかがえる。

衆目を避けて転居を繰り返した哲学者という通説的理解から,また生

あとがき

活に事欠かない孤独な都会暮らしを称揚する有名な書簡の一節（第一巻，書簡43）から，筆者はこれまで単純に，滞在先でのデカルトを，周囲との接触は必要最小限に，もっぱら研究と思索のモノローグに沈潜する孤高の哲学者としてイメージしていた。おそらくそれも一面の真実だろう。だが無視できないのは，こうした超然とした一面の一方で，彼が滞在先の近隣住民ときわめて共感的な関係をも築いていた，という事実である。私見では，この人間デカルトの不思議なバランス感覚とそれを支える人間の幅は，上述した彼の哲学観，最も高遠な事柄と最も卑近な事柄に分け隔てなく注ぐあの不偏不党の眼差し，詰まる所，デカルトが一言で「理性」と呼ぶものと，無縁ではない。本書の翻訳に携わる機会に恵まれた一人として，本書がデカルト哲学と同時に，こうした人間デカルトへの関心の高まりにもつながればと願う次第である。

　本書の刊行に際しては，平成26年度科学研究費補助金（研究成果公開促進費）の助成を得ることができた。記して感謝申し上げたい。

　2014年11月

訳者を代表して

岩佐　宣明

主要人名解説

(本巻に登場する文通相手や主要な人名について，その略歴を付しておく。ガリレイやベーコンなどの著名人はあえて省いてある。)

アルノー（Antoine Arnauld, 1612-1694）　ソルボンヌの神学者・哲学者。デカルトの『省察』について「第四反論」を書いた。しかし，「聖体拝領」論争などのため大学を追われ，亡命を余儀なくされた。パスカル，マルブランシュ，ライプニッツとも交わった。主著に『真なる観念と偽なる観念』（*Des vraies et des fausses idées*, 1683）がある。

ヴィエト（François Viète, 1540-1603）　近世フランスの数学者。代数学の父と呼ばれた。著書として『フランスのアポロニオス』（*Apollonius Gallus*, 1600），『方程式改良論』（*De Aequationum recognitione et emendation*, 1615）などがある。

ウィレム（David Le Leu de Wilhelm, 1588-1658）　オレンジ［オラニエ］大公の顧問。ホイヘンスの妹を妻とした。

ヴォエティウス（Gilbertus Voetius, 1589-1676）　プロテスタントの牧師で，ユトレヒト大学神学教授（名前は原音ではフーティウス）。宗教的理由から，オランダの大学へのデカルト哲学の浸透に一貫して反対した。デカルトは長文の『ヴォエティウス宛書簡』（*Epistola ad Voetium*）などを書いて弁明したが，これを元に裁判に訴えるなどして攻撃した。いわゆるユトレヒト事件の張本人。

エリザベト王女（Princess Elisabeth, 1618-1680）　ハイデルベルグ・プファルツ選帝侯の娘。父がボヘミア王を兼ねていたので，ボヘミア王女と呼ばれた。学問を好む王女を，デカルトは弟子として寵愛した。両者の間に60通の書簡が残されている。晩年は北ドイツの修道院長として活躍した。

カヴァンディシュ（William Cavendish, 1591-1654）　イギリスの貴族で，初代ニューカッスル侯。後に国王となるチャールズ二世の養育係でもあった。オランダ亡命時にデカルトと知り合った。数学・自然学に関心をもつ弟の Charles もデカルトと交わった。

ガッサンディ（Pierre Gassendi, 1592-1655）　南仏出身の自然学者・哲学者。経験論，感覚論，原子論の立場から長大な「第五反論」を書き，デカルトとは根本的に対立した。著書に『形而上学論究』（*Disquisitio metaphysica*, 1644），『哲学集成』（*Syntagma philosophicum*, 1658）などがある。

カルカヴィ（Pierre de Carcavy, 1600-1684）　数学者。フェルマの友人でともにトゥールーズの議員（高等法院評定官）を務めた。パリに出てメルセンヌ，ボーグラン，ロベルヴァルなどと交わった。

クリスティナ女王（La Reine Christina, 1626-1689）　父グスタフ・アドルフの死後，若くしてスウェーデン女王となった。晩年のデカルトを招聘して進講を受けた。その後，カトリックに改宗して王位を捨てた。

クレルスリエ（Claude Clerselier, 1614-1684）　パリの高等法院弁護士。デカルトを全面的に支持した友人の一人。『省察』の「反論と答弁」，『哲学原理』を訳した。デカルトの死後はその遺稿を整理し，『書簡集』全３巻，『人間論』，『世界論』などを出した。

コルヴィウス（Andreas Colvius, 1594-1676）　ドルトレヒト出身でプロテスタントの牧師。ベークマンの友人。デカルトの『省察』をコメントした。裁判の際には仲介者となった。

シャニュ（Hector-Pierre Chanut, 1601-1662）　在ストックホルムのフランス弁理公使。義兄弟のクレルスリエを通してデカルトと交友を結んだ。デカルトのスウェーデン行きを推進したが，同時にその死を看取ることになった。

シャルレ（Etienne Charlet, 1570-1652）　イエズス会の神父。ラフレーシュ学院で８年間デカルトを教えた。デカルトはこの神父を「第二の父」と呼んだ。

スホーテン（Franz Van Schooten, 1615-1660）　オランダの数学者。かつ製図家でもあった。『屈折光学』だけでなく『気象学』『幾何学』の図も，おそらく彼によってトレースされた。『幾何学』のラテン訳（1649，1659年）を出版した。同名の父（?-1645）はレイデン大学の数学教授でデカルトの友人であった。

ソフィー王女（Sophie, 1630-1714）　エリザベトの末妹（ドイツ語読みではゾフィー）。姉を慕っており，エリザベトの日常について，いくつかの証言を残している。エリザベトとデカルトの文通の仲介役もしていた。長じてハノーファーのエルンスト・アウグスト選帝侯に嫁ぎ，ライプニッツを庇護することになる。

ド・ボーヌ（Florimond de Beaune [Debeaune], 1601-1652）　フランス・ブロアの上座裁判所の評定官。数学者で，デカルトの支持者の一人。『幾何学』を好意的に評した。

トリチェリ（Evangelista Torricelli, 1608-1647）　フィレンツェの数学者・自然学者。ガリレイに師事し，1643年に行った実験で「トリチェリの真空」をつくりだしたことで有名。

トリグランディウス（Jacobus Triglandius, 1583-1654）　ライデン大学神学部教授。デカルトをペラギウス派の異端だと批判した。しかしデカルト自身はこの人の方がレヴィウスよりも気骨があるとしている。

ニューカッスル侯　→カヴァンディシュ（William Cavendish）

ノエル（Etiennne Noël, 1581-1659）　ラフレーシュ学院などで哲学や自然学を教え，若いデカルトの教師の一人であった。とくに真空や空気の重さに関心をもち，のちにブレーズ・パスカルと論争した。

ピコ（Claude Picot, 1601-1668）　ルーヴル（Rouvre）修道院長。デカルト哲学の賛同者の一人で，二人は厚い信頼関係にあった。デカルトはパリではピコ邸に投宿し，ピコもしばしばオランダにデカルトを尋ねた。『哲学原理』を仏訳した。

ファブリキウス（Fabricius ab Aquapendente, 1533-1619）　アクアペンデンテのファブリキウス。ヴェサリウスの弟子でイタリア・パドヴァ大学の解剖学者。動物の胚発生についての研究で知られる。著書に『卵とヒヨコの形成』（*De formatione ovi et pulli*, 1621）などがある。

ファン・フォレースト（Jan Van Foreest, 1584-1651）　オランダ・アルクマール出身の裁判官。ハーグで高等法院評定官を務めていた。

フェルマ（Pierre de Fermat, 1601-1665）　トゥールーズの議員（高等法院評定官）。17世紀を代表する数学者の一人。デカルトの『屈折光学』を読んですぐに批判した。デカルトとは別に解析幾何学を考えた。

ブラッセ（Henri Brasset, 1591-1654）　フランスの外交官で，ハーグのフランス大使館の弁理公使・秘書官を務めていた。

ホイヘンス（Constantin Huygens, 1596-1687）　オランダ・ゾイリヘムの領主。外交官かつオレンジ大公の秘書。デカルトの支持者で音楽や光学にも関心があった。息子クリスチャン・ホイヘンスは有名な数学者・自然学者。

ホーヘランデ（Cornelis van Hogelande, 1590-1662）　オランダはライデンの医師。スウェーデンに出発の際，デカルトはこの友人に書類金庫の保管を依頼した。その著書（*Cogitationes, quibus Dei existentia, item animae spiritualitas, et possibilis cum corpore unio, demonstrantur. Etc.* 1646）はデカルトに献呈されている。

メラン（Denis Mesland, 1615-1672）　イエズス会の神父。ラフレーシュ学院で学びかつ教えた。のちに西インド諸島のマルティニック島に派遣され，コロンビアで死去。

メルセンヌ（Marin Mersenne, 1588-1648）　デカルトが最も信頼を置いた友人。ラフレーシュ学院の同窓で，ソルボンヌで神学などを学んだのち，ミニモ会修道士となった。科学を含めた諸学問に深い関心をもち，アカデミーを開いてヨーロッパ中の学者と広く交流した。『創世記の著名な問題』（*Quæstiones celeberrimæ in Genesim*, 1623），『万有調和論』（*Traité de l'Harmonie Universelle*, 1627）などの著書がある。

ラ・テュイエリ（Gaspart de Coinet de La Thuillerie, 1594-1653）　フランスの外交官。ヴェネチアやスウェーデンなどの大使を務めたのち，ベルギウム諸州（現在のベネルクス三国）の大使。

ル・ヴァスール（Nicolas Le Vasseur, ?-1692）　パリ大法廷顧問。昔からのデカルトの友人で，パリの自宅に若いデカルトを寄宿させていた。ル・コントやシャニュとも友人関係にあった。

ル・コント（AntoineLe Conte 生死年不詳） 王室顧問，軍の平時財務長官。クレルスリエを介して『哲学原理』への詳しい批評を書いた。

レヴィウス（Jacobus Revius, 1586-1658） ライデン神学院の院長。オランダにおける反デカルト主義の一人。聖書のオランダ語訳にも携わった。

レギウス（Regius, Henry le Roy, 1598-1679）仏語名ルロア（Le Roy） ユトレヒト大学医学部教授。はじめデカルトにしたがって自然学を教えたが，のちに離反して唯物論に向いデカルトと論争した。主著『自然学の基礎』（*Fundamenta Physices*, 1641）。

ロベルヴァル（Gilles Personne de Roberval, 1602-1675） 1634年からコレージュ・ド・フランス数学教授。メルセンヌ周辺の科学者・数学者グループの一人。『幾何学』を強く批判し，デカルトとは対立関係にあった。

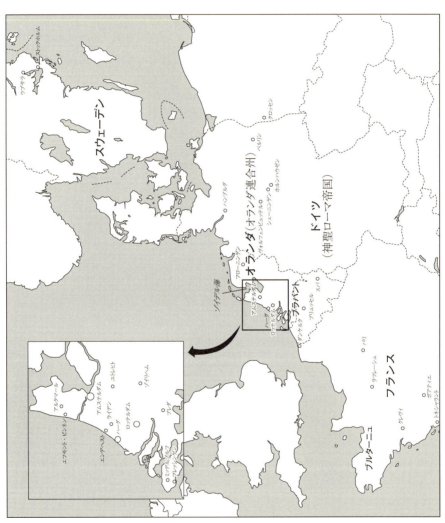

「デカルト全書簡集 第七巻」関連地図（国境線は現在のもの）

人名・地名索引

（人名・地名の表記は本文のままとした。人名は＊で示した。その読み方は、できるだけ日本語で慣用となっているものを採用した。たとえば、La Haye はラエーでなくハーグ、Archimède はアルシメッデでなくアルキメデスとした。まぎらわしい場合は、オレンジ（オラニエ）大公などと併記した。）

ア　行

アムステルダム Amsterdam　83, 124, 250, 355
アメリカ Amérique　219
アリストテレス＊ Aristote　250
アルキメデス＊ Archimède　36
アルクマール Alcmar, Alckmaer, Alkmaar　45, 58, 156, 233, 346, 355, 356
アルノー＊ Arnauld, A.　59
アレクサンデル＊ Alexandre　162
アンヌ・デカルト＊ Descartes, Anne　19
アンリエット＊ Henriette　249
イエス・キリスト＊ Jésus-Christ　18, 20, 60, 319
イギリス Angleterre　345
ヴァイス＊ Weis　250
ヴァレリオ＊ Valerius, L.　74
ヴィエト＊ Viète, F.　187, 230
ヴィオゲ＊ Viogué, F.　59
ウィレム＊ Wilhem, D.　83, 209, 304, 305, 312
ウェーフェリコーフェン＊ Wevelichoven, J. van　302, 303, 311
ヴェネチア Venise　56
ウェンデリヌス＊ Vendelinus　153
ヴォエティウス＊ Voetius, G.　44, 84, 149, 268, 279, 280
ヴォルフェンビュッテル Wolfenbuttel　207, 212
ウプサラ Upsal　330, 340
エピクロス＊ Épicure　335

エフモント Egmond　12, 21, 26, 29, 30, 38, 43, 55, 78, 85, 88, 167, 188, 198, 209, 217, 224, 284, 298, 301, 302, 305, 316, 331, 333, 337, 339, 350, 351, 354
エフモント・ビンネン Egmond-Binnen　3, 11, 17, 19, 24, 44-46, 51, 67, 75, 76, 79, 83, 86, 137, 143, 149, 152, 153, 156, 160, 166, 173, 174, 178, 185, 189, 193-95, 199, 208, 210, 213, 218, 221, 223, 225, 226, 229, 235, 247, 248, 256, 257, 263, 264, 266, 267, 272, 281, 282, 294, 297, 304, 306, 310-12, 334, 338, 340, 343, 349, 352, 355, 358, 359
エリザベト＊ Elisabeth　3, 56, 58, 62, 67, 92, 93, 137, 143, 149, 161, 165, 169, 205, 207, 210, 249, 251, 252, 260, 262, 268, 271, 284, 323, 330, 340, 347, 348
エルゼヴィエ＊ Elzévier, A.　187, 230
エンデヘスト Endegeest　349
オーデル l'Oder　269
オランダ Hollande　15, 162, 206, 232, 268, 269, 270, 295, 331, 344, 345, 356
オレンジ（オラニエ）大公＊ Prince d'Orange　149, 286, 295

カ　行

カヴァリエリ＊ Cavalieri, B.　48, 49
カヴァンディシュ＊ Cavendish, W.　34, 38, 43, 46, 69, 76, 78, 79, 157, 159, 181, 188, 189
ガッサンディ＊ Gassendi, P. (Gasendus)　11, 17, 219, 347

ガリレイ* Galilée, G.　36, 326, 328, 329
カルカヴィ* Carcavi, P. de　160, 186
キルヒャー* Kircher, A.　75
クサの枢機卿* Cardinal de Cusa　317
クリスティナ* Christina　334
クレルスリエ* Clerselier, C.　11, 17, 19, 59, 60, 88, 94, 99, 103, 127, 151, 152, 160, 194, 195, 223, 325
クロッセン Crossen　261, 268
ケプラー* Kepler, J.　52
コペルニクス* Copernicus　52
コルヴィウス* Colvius, A.　153
コレー* Collaye　355
コンスタンティノープル Constantinople　356

サ　行

ストックホルム Stockholm　123, 214, 288, 330, 331
スパ Spa　172
スパンヘミウス* Spanheim, F.　304
スピュッカー* Spücker, A.　45
スペイン Espagne　286, 295
スホーキウス* Schoock, M. (Schookius)　84, 279
スホーテン* Schooten, F. V.　48, 83
セネカ* Seneca, L. A.　125, 341
ゼノン* Zénon　89, 151, 335
セルヴィアン* Servien, A.　294, 297-99
ゾイリヘム Zuylichem　30
ソクラテス* Socrate　170, 205
ソフィー* Sophie　143, 173, 213, 261

タ　行

ダンケルク Dunkerque　168
ディグビー* D'Igby, K.　202
ティトゥス・リウィウス* Tite-Live　171

テオフィル・ド・ヴィオ* Théophile de Viau　247
デマティウス* Dematius　279, 280
デュ・リエ* Du Rier　288, 316
テレンティウス* Térence　179
ド・ボーヌ* De Beaune　47, 183, 186, 232
ドイツ Allemagne　92
トネシャラント Tonnécharante　149
トリグランディウス* Triglandius　268, 285, 362
トリチェリ* Torricelli, E.　36, 159, 186

ナ　行

ナポリ Naples　345
西インド諸島 Indes　219
ニスロン* Niceron, J.-F.　188
ニューカッスル侯* Duc de Newcastle　197, 223
ヌーヴェル・フランス nova Francia　114
ノエル* Noël, E.　150, 197, 218

ハ　行

ハーグ la Haye　15, 16, 21, 29, 30, 56, 92, 164, 197, 226-28, 233, 234, 248, 250, 252, 260, 264, 284, 286, 298, 299, 304, 305, 316, 322, 323, 325, 333, 344, 351, 356, 359
パスカル* Pascal, B.　352-54
パッポス* Pappus　24, 166
ハドリアヌス* Hadrianus　291
パリ Paris　22-24, 43, 47, 48, 69, 78, 88, 94, 149, 152, 156, 158, 166, 186, 188, 195, 199, 211, 219, 223, 224, 247, 266, 267, 295, 325, 326, 349, 350
バンニウス* Bannius, J.-A.　197, 208, 209, 227, 248
ハンニバル* Hannibal　65

ハンブルグ Hambourg　255
ピコ＊ Picot, C.　31, 49, 75, 94, 95, 127,
　135, 152, 160, 193, 195, 256, 267, 325,
　331, 349
ファヴォリヌス＊ Favorinus　291
ファブリ＊ Fabri, H.　36, 150, 186, 264
ファブリキウス＊ Fabricius　187
ファン・フォレースト＊ Van Foreest, J.
　225, 226, 233
ファン・ベルグ＊ Van Bergh　299,
　300, 349
フィリップ＊ Philippe, J.　56, 93, 270
フィレンツェ Florence　36
フェルマ＊ Fermat, P. de　47, 182
フォルスティウス＊ Vorstius, C.　304
プチ＊ Petit, P.　230
ブラウンシュヴァイク侯爵＊ Duc de
　Brunswick　207, 212
ブラッセ＊ Brasset, H.　21, 299, 314,
　316, 344, 355-57
プラトン＊ Platon　170
ブラバント Brabant　219, 305
フランス France　123, 177, 200, 219,
　220, 252, 260, 261, 267, 284, 295, 316,
　323, 325, 332, 344, 345, 349, 350
ブリザシエ＊ Brisacier　355-57
ブルジョワ＊ Bourgeois, J.　158
ブルターニュ Bretagne　194, 223, 325
ブルダン＊ Bourdin, P.　176, 223
ブレダ Breda, Bréda　83, 149
フレッシンゲン Flessingues　325
ブロメルト＊ Bloemert, A. A.　197
ヘイレルシーク＊ Heilersieg, J.　299
ベーコン＊ Bacon, F.　250
ヘーレボールト＊ Heereboord, A.
　263, 275, 276
ベクラン＊ Beclin, de　67
ペル＊ Pell, J.　83
ベルギウム Belgium　84
ベルグ＊ Bergue, de
　→ファン・ベルグ
ベルリン Berlin　161, 165, 173, 205,
　211, 249, 260-62, 269, 347
ホイヘンス（クリスチャン）＊
　Huygens, Christian　83
ホイヘンス（コンスタンティン）＊
　Huygens, Constantin　8, 15, 29, 197,
　208, 227, 228, 248, 264, 297, 299, 332,
　333, 349, 351, 352, 358
ホーヘランデ＊ Hogelande, de　197,
　230, 254, 261, 269, 286, 333, 343
ホッブス＊ Hobbes, T.　34
ボルジア＊ Borgia, C.　171
ホルンハウゼン Hornhausen　206
ポワティエ Poitiers　194

　　　マ　行

マキアヴェリ＊ Machiavel, N.　137
ミッデルブルフ Middelbourg　325
ミドルジュ＊ Mydorge, C.　325
メラン＊ Mesland, D.　219
メルセンヌ＊ Mersenne, M.　15, 19, 20,
　24, 26, 31, 38, 41, 42, 46, 51, 75, 76,
　89, 148, 149, 152, 156, 166, 178, 185,
　188, 189, 195, 223, 224, 229, 257, 264,
　266, 325, 326, 332, 333, 352
モンテーニュ＊ Montaigne, M. de
　202, 203

　　　ヤ　行

ユトレヒト Utrecht　84, 149, 157, 284,
　285
ヨーロッパ Europe　3, 211
ヨハネ＊ Jean　84

　　　ラ　行

ラ・テュイエリ＊ La Thuillerie　175,
　344
ライデン Leyde, Leiden, Lugdunum
　48, 156, 230, 263, 272, 282, 284-86,
　294, 295, 297, 298, 301, 303, 304, 306,

312, 313, 333
ラフレーシュ La Flèche　219
ランプルール* L'Empereur, C.　304
リュイヌ公* Duc de Luynes　11, 325
リヨン Lyon　34, 36
ル・ヴァスール* Le Vasseur, N.　49
ル・クレヴィ Le Crévis　168, 223
ル・コント* Le Conte, A.　49, 89, 94, 95, 127, 128, 152
ル・トゥヌール* Le Tenneur, J.-A.　326, 328
ル・ロラン* Le Laurens　355–57

ルロア* Le Roy
　→レギウス
レヴィウス* Revius, J.　284
レギウス* Regius, H.　149, 157, 196, 211, 250, 253, 254, 261, 269, 286
ローマ Rome　3, 36, 141, 219
ロッテルダム Rotterdam　233, 325
ロベルヴァル* Roberval, G. P. de　24, 36, 48, 49, 69, 73, 77, 79, 80, 81, 144, 148, 150, 151, 156, 160, 166, 167, 178, 185, 186, 188, 189, 191, 197, 223, 229, 230, 257, 258

事項索引

ア 行

愛（する）amour, aimer　57, 63, 126, 137, 139, 176, 214-17, 235-47, 289, 290, 293, 312, 314, 319-22
愛情 affection　242, 243, 245
『赤色の雨について』de Pluvia purpurea　153
アカデミー Academia, Académie　188, 272-80, 285, 297, 298, 301-03, 306-09, 313, 314, 330, 340
秋 automne　262, 325
悪 malum, mal　5-7, 57, 241, 245-47, 270, 278, 335, 336
悪人 méchant　8, 10, 138, 140
欺く者 deceptor　275-78, 282
　→欺瞞者
圧搾機 torcularium　118, 120
厚み crassities　111, 112, 131
孔 pore　115, 117, 190, 200, 201
『アリスタルコス』Aristarque　25, 29, 36, 47, 51, 148, 150, 178, 179, 181-83
アルファベット alphabet　165
暗号 chiffre　165
安息 repos　8, 162, 260, 284, 337
アンチモン antimoine　171
アンブレット ambrette　209, 227, 248
胃（袋）estomac　57, 63, 65
イエズス会（士）Jésuite　34, 36, 187, 197, 211
医学 Médecine, médecine　36, 87, 196, 250, 254
怒り colère　9, 141, 177, 246
憤り indignation　124, 177
イクシオン Ixion　240

意志 voluntas, volonté　4-6, 57, 211, 235-245, 274, 278, 334-37
医者 médecin　206, 210, 253, 270, 286
泉 fontaine　164, 165, 171, 172, 200, 206
異端審問所 Inquisition　276, 294, 295, 297
位置 situs, situation, position　52, 53, 60, 81, 100, 101, 147
一般的 generalis, général　25, 87, 88, 89, 96, 159, 171, 180, 190, 217, 221, 289, 290, 292, 341
一般的規則 règle générale　25
命 vie　6, 7, 9, 138, 211, 243, 244, 284, 318
意味 sensus, sens, signification　5, 6, 88, 89, 165, 231, 237, 244, 274, 285, 308, 309, 311, 314, 334
色 couleur　60, 187
渦 vortex　96-113, 128-133
疑いえない indubitatus, indubitable　52, 147
宇宙 mundus, universum, Univers　52-55, 316, 319, 321
運動 motus, mouvement　12-14, 25, 26, 32, 34, 36, 40-43, 49, 52, 53, 56, 57, 60, 62-65, 69, 73, 80, 81, 95-120, 127-35, 146, 147, 154, 181, 190, 196, 197, 202, 236-38, 246, 253, 265, 270, 293, 326
　——法則 lex motus　97, 98, 102, 103, 106, 128
運命（の女神）Fortune, fortune　66, 142, 161, 169, 170, 199, 205, 325, 335, 336, 356
エーテル aether　98, 100-03, 111, 129

液体 liquidum, liqueur　　52, 53, 99,
　　129, 191, 265
円 circulus, cercle　　13, 27, 28, 32, 34,
　　35, 80, 128, 145, 146, 185
円環（的な）運動 motus circularis
　　12, 13, 96, 98, 128
円錐 cône　　32, 34, 77
遠地点 apogaeum　　52
円柱 cylindre　　26-28, 32-35, 39, 40,
　　69-73, 79-81, 145, 147, 181
延長 extensio, étendue　　105, 291, 317-
　　19, 321
王 Roi　　→国王
王国 Royaume, royaume　　4, 337, 341
扇形 secteur de cercle　　69-71, 79, 145-
　　47, 181
　　――に切った（直）円柱 secteur de
　　cylindre (droit)　　69-71, 79, 147,
　　181
大きさ magnitudo, grandeur　　25, 39,
　　41, 60, 96, 97, 104, 108, 110, 127, 190,
　　259, 291, 321
遅さ tarditas　　96, 98
音 son　　60
驚き admiration　　57, 64, 316, 347
重さ gravitas, pondus, gravité, pesan-
　　teur　　13, 25, 39, 74, 81, 105, 106,
　　113, 127, 133, 146, 147, 180, 189-91
錘 plomb, poids　　25, 40, 41-43, 327,
　　328
音楽 musique　　197, 208, 248
恩赦 grâce　　8, 10, 358
恩寵 grâce　　215, 240, 241

カ　行

懐疑論 Scepticismus　　278
　　――者 sceptique　　176
外周部 circumferentia　　96, 97, 99,
　　104, 106, 107
海水 aqua maris　　112-16, 134
解析 analyse　　186

蓋然的 probabilis　　51
香り odeur　　60, 227
化学者 Chimique, Chimiste　　200, 332,
　　349
化学療法 remède de la chimie　　211
鏡 miroir　　158, 258, 259, 354
学院 Ecole, école　　18, 121, 124, 149,
　　175, 176, 211, 261, 292
『学識論』 Traité de l'Érudition　　348
確実性 certitudo　　275, 278
角錐 pyramide　　26, 27, 39, 40, 71, 72,
　　77
学問 science　　36, 83, 167, 183, 186,
　　199, 211
格率 maxime　　7, 58, 65, 66, 93, 137,
　　138, 140, 142, 161, 163, 171, 207
形 figura, figure　　25, 27, 38, 39, 41, 55,
　　60, 69, 104, 105, 108, 128, 136, 151,
　　152, 154, 201, 259, 265, 354
形を与える informer　　20
割線 sécante　　185, 258
過度の情念 excès des passions　　57, 65
悲しみ tristesse　　6, 9, 57, 63, 64, 169-
　　71, 203, 205, 236-39, 245
神 Deus, Dieu, dieu　　3, 5, 19, 68, 89,
　　124, 138, 142, 173, 176, 215, 234, 235,
　　239-42, 245, 252, 263, 269, 273-78,
　　282, 285, 286, 290, 295, 297, 298, 302,
　　303, 306, 309, 317-21, 334, 336, 345
感覚 sensus, sens, sentiment　　5, 18,
　　26, 27, 60, 135, 236, 238, 239, 240,
　　241, 265, 321
　　――的 sensible, sensitive　　60, 236,
　　240, 244, 290
　　――できない insensible　　258
　　――できる sensible　　26, 27, 76, 82
『宦官（エウヌクス）』 Eunuchus　　179
歓喜 joie　　→喜び
眼鏡 lunette　　154, 155, 158, 159
観察 observatio, observation, observo,
　　observer　　22, 115, 134, 136, 153,
　　188, 253, 254, 256, 353, 354

事項索引　　　　　　　　　　375

感情 sentiment, émotion　　67, 189, 216, 237, 246
岩石 pierre　　200
肝臓 foie　　62, 65, 238
観念 idea, idée　　5, 64, 242, 263, 274, 282, 307, 361
偽 falsus, faux　　47, 152, 154, 179, 230, 279, 280, 347
機械学 Mechanica, Mécanique　　47, 74, 129, 145, 147, 180, 196, 265
『機械学』*Mécaniques*　　12
幾何学 Geometria, Géométrie　　39, 47, 51, 77, 166, 182
『幾何学』*Géométrie*　　47, 48, 49, 148, 150, 160, 182, 183
記号 signe　　203
『気象学』*Météores*　　157, 187, 201
奇蹟 miraculum, miracle　　12, 164, 206, 230, 290
軌跡 lieu　　24, 146-148
奇蹟の泉 fontaine miraculeuse　　164, 171
基礎 fundamentum, fondement　　14, 87, 124, 138, 246, 278, 293
規則 règle　　7, 25, 26, 38, 39, 47, 72, 76, 77, 145, 157, 159, 163, 182, 185, 190, 191, 230-32, 257, 258, 265, 266, 292, 293, 322, 355
貴族 Gentilhomme　　4, 5
キツネ renard　　138
希薄 rarus　　52-55, 131
——化 rarefactio　　13, 14, 53, 55, 131
詭弁 sophisma　　14
欺瞞者 deceptor　　307, 309
　→欺く者
救治策 remède　　57, 65
教会 Ecclesia, Eglise　　3, 84, 158, 290, 295, 317
——会議 Synode　　294, 295, 297, 298
教義 doctrina　　282, 309

教室構成員 Classe　　295, 297
共通概念 notion commune　　88
協同司教 coadjuteur　　304
共和国 République, république　　56, 85, 345
極 polus　　9, 68, 98-103, 116, 117, 129, 130, 135, 136, 162, 173, 174, 182, 201, 262, 278, 308, 358
キリスト教（徒）Christianisme, Christianus, chrétien　　84, 215, 240, 290, 291, 295
金属 métal　　200
近地点 perigaeum　　52
筋肉 muscle　　63, 64, 154, 196, 197, 253, 254
空間 spatium, espace　　13, 55, 80, 96, 101-03, 113, 115, 128, 130, 317, 318
空気 aer, air　　25, 32, 38, 39, 41, 42, 46, 52, 54, 59, 60, 76, 98, 105, 115, 118, 134, 147, 151, 152, 181, 190, 191, 201
——（の）抵抗 résistance [empêchement] de l'air　　25, 38, 39, 41, 42, 46, 76, 151, 152, 181, 190, 191
空虚 vide　　317
偶然的 per accidens　　14
偶有性 accident　　18, 19, 60, 61
寓話 fable　　6
薬 remède　　171, 210, 211, 249, 252, 253, 262, 357
管 tuyau　　353, 354
『屈折光学』*Dioptrique*　　154, 157, 158, 187, 259
国 Etat, état　　→国家
区別（する）distinctio, distinction, distinguo, distinguer　　5, 14, 56, 60, 63, 135, 137, 138, 147, 165, 189, 200, 235, 239, 277, 278, 293, 320
君主 Prince, prince　　9, 137-142, 161-63, 171, 207, 244
軍隊 armée　　269, 291
継起的 successivus　　14

経験（する）experientia, expérience, experior, expérimenter　53, 58, 60, 62, 66, 87, 97, 100, 110, 111, 114, 117, 119, 148, 153, 170, 175, 200, 204, 205, 216, 245, 246, 265, 274
計算（する）calcul, calculer　41-43, 46, 47, 77, 83, 181, 183, 186, 231, 232, 257, 258, 327
形而上学 Métaphysique, métaphysique　150, 154, 158, 254, 273, 276, 347
——的 métaphysique　244, 268, 347
『形而上学的省察』Méditations métaphysiques　268, 347
『形而上学探究』Disquisitio metaphysica　219
痙笑（けいしょう）sardonien　64
「掲貼文書」Placart　343
下剤 purge　164, 165, 171, 206, 210
血液 sang　56, 57, 62-65, 236, 244, 246, 250, 252, 262, 357
——循環 circulation du sang　250
——の運動 mouvement du sang　57, 62, 63
権威 auctoritas, authoritas, autorité　79, 87, 141, 145, 146, 162, 170, 179, 227, 279, 280, 286, 290, 294, 307, 308, 311, 343
原因 causa, cause　5, 9, 13, 46, 52, 57, 63, 64, 73, 81, 103, 105, 107, 112, 113, 115, 128, 129, 131, 134, 146, 153, 189, 190, 196, 201, 210, 237, 239, 247, 292, 321, 322
堅固 soliditas, solidus　97, 104-11, 127, 131
言語 langue, parole　203, 237, 242, 356
健康 santé　3, 15, 21, 57, 149, 169, 193, 195, 210, 249, 252, 262, 270, 284, 286, 320, 356, 357
現象 apparentia, phænomenum, phénomène　31, 35, 52, 97, 129, 196, 332
元素 elementum, élément　95, 96, 98, 100-102, 105-12, 116, 129, 130, 200, 201
原理 principium, principe　31-33, 35, 42, 47, 53, 62, 88, 89, 95, 123, 147, 149, 180, 196, 215, 250, 255, 261, 265, 269, 270
『原理』Principes　29, 86, 95, 96, 98, 100, 103, 123, 191, 215, 217, 229, 236, 250, 258, 286, 324
賢慮 prudentia, prudence　170, 205, 311
幸運 bonheur, fortune　3, 4, 7, 86, 205, 260
光学 Optica, Optique　47, 81
鉱山 mine　153
仔ウシ veau　188
恒星 Fixa　95, 97, 104, 105, 132
光線 rayon　82, 230
幸福 bien　169, 199, 260, 322
『幸福な生について』de vita beata　341
鉱物 minéral　270
『抗弁書』Instances　11
傲慢 superbia　307
効力 force　327
氷 glacies, glace　21, 53, 200
国王 Roi　4, 5, 158, 295, 332, 344, 345, 350
国際公法 droit des gens　139
黒点 macula　98-103, 105, 106, 111, 129-31
古代の哲学者 philosophe ancien　163, 334
国家 Etat, état　137, 138, 140, 162, 176, 216, 269, 285
孤独 solitude　344
個別的な中心 centre particulier　147, 180
根拠 ratio, raison　97, 103, 128, 129, 157, 158, 215, 349, 352
コンパス pyxis　116, 117

事項索引　　　　　　377

サ 行

サイクロイド cycloïde　47, 186
最高善 souverain bien　330, 331, 334, 335, 338, 339, 340
作用因 cause efficiente　319
サル singe　175, 203, 204
サン・ジャック・ド・ロピタル教会 Eglise Saint-Jacques-de-l'Hôpital　158
三角形 triangle　26, 27, 31-33, 35, 41-43, 46, 49, 74, 76, 77, 151, 152, 159, 190, 230-232, 257
「三線および四線の」軌跡問題 le lieu ad tres et quatuor lineas　148
死（ぬ）mors, mort, (e)morior, mourir　6, 9, 22, 57, 75, 87, 141, 176, 188, 193, 205, 227, 241, 244, 248, 319, 333
詩人 poète　240, 245
塩 sel　200, 206, 211, 265, 266
　――の油 huile de sel　265, 266
潮 aestus　52, 114-116, 134
　――の干満 aestus (oceani)　52, 114
視覚 visus, vision　82, 131
思考 pensée　63, 202-04, 236-41, 288
市参事 magistrat　84, 285
磁石 magnes, aimant　75, 106, 116-19, 135, 136, 191, 192
『磁石あるいは磁気の術』Magnes sive de Arte magnetica　75
私生活 vie particulière　58
自然学 Physique　22, 62, 87, 123, 154, 158, 176, 253, 254, 354
　――的 physique　56, 208, 290
『自然学』Physique　261
『自然学者の格言集』Aphorismi Physici　218
『自然学の基礎』Fundamenta Physices　157, 254
『自然学論考』Tractatus physicus　34
自然の光　naturale lumen, lumière naturelle　235, 239, 279
自然法則 lex naturae　97, 98, 106
持続（する）durée, durer　38, 76, 147, 189, 227, 290, 318
実験 experimentum, expérience, experior, expérimenter　22, 31, 34, 38, 41-43, 46, 73, 76, 111, 118, 119, 135, 147, 152, 153, 159, 181, 185, 187, 189-91, 201, 211, 230-32, 265, 332, 333, 349, 352-54
実在的 réel　60
実体 substance　18, 19, 292
支点 soutien　326-28
至点 solstitia　114, 134
至福 béatitude　334
社会生活 vie civile　58, 65, 66
瀉血 saignée　195, 211, 249, 344
斜視の louche　321
自由 libertas, liberté　4, 123, 263, 269, 274, 276, 277, 279, 282, 288, 295, 298, 304
　――意志 arbitrii libertas, liberum arbitrium, libre arbitre　4-6, 241, 274, 282, 307, 336, 337
情愛 affection　189, 214-16, 220, 322
宗教 religio, religion　3, 173, 176, 215, 245, 282, 286, 295, 297, 298, 319
十字架 Croix　319,
重心 centre de gravité　25-28, 35, 38-41, 43, 70-74, 77, 80, 81, 146, 147, 180, 191
『重心論』De centro gravitatis　74
修道院 Cloître　3
宗務局 Consistoire　295
重力 gravitas, gravité, pesanteur　81, 113, 146, 264, 265
収斂する convergent　82
術策 finesse　7
受肉 Incarnation　240, 290, 319
順序 ordre　48, 56, 186, 253
春分点歳差 praecessio aequinoctium　52

女王（陛下）Reine　22, 31, 92, 174, 175, 214-17, 240-43, 249, 288-91, 316, 323-25, 330-34, 337-42
小球 globulus　95-102, 105-07, 110, 113, 127-31, 134
常識の光明 rayon de sens commun　92
情念 passion　6, 8, 56, 57, 62-65, 92, 93, 124, 169, 177, 185, 202-04, 214, 215, 221, 235-46, 289-322, 339, 341
「情念についての小論」petit Traité des Passions　125
『情念論』Passions de l'âme, Traité des Passions　56, 67, 338, 341
静脈 veine　63-65, 246
証明（する）démonstration, preuve, prouver　34, 36, 39, 69, 71, 80, 145, 146, 157, 166, 179, 181, 185, 186, 232, 253, 258, 269
食欲 appétit　57, 63, 64, 262
庶民 peuple　270
思慮 prudence　3, 7, 87, 175
真 verus, vrai, véritable　13, 31, 35, 46, 52, 59, 60, 70, 81, 86, 102, 110, 114, 116, 124, 134, 140, 148, 152, 153, 169, 178-81, 186, 240, 265, 277, 278, 293, 300, 307, 309, 314, 328, 347
臣下 sujet　5, 137-41, 163, 291
『新科学対話』Discorsi e dimostrazioni matematiche intorno a due nuove scienze　326
神学（の）Théologie, theologicus, théologique　263, 272, 273, 285, 294, 295, 297, 298, 301, 304, 313
――者 Theologus, Théologien　5, 18, 240, 268, 269, 275, 276, 279-86, 294-98, 301, 306-09, 312-14, 324
信教 conscience　298
真空 vide　333, 354
『真空に関する新実験』Expériences nouvelles　352
神経 nerf　63, 64, 187, 236, 321

信仰 fides, foi, créance　3, 280, 318
――の光 lumière de la foi　334
神性 Divinité　240, 241
人生 vie　5-7, 22, 57, 64, 65, 124, 161, 170, 177, 233, 239, 322, 330, 335, 336, 340, 350
心臓 cœur　57, 63-65, 236-38, 242, 246
身体 corpus, corps　13, 18, 20, 57, 60, 63-65, 124, 142, 169, 177, 195, 196, 203, 204, 229, 230, 236-239, 243, 244, 249, 256, 270, 292, 318, 321, 322, 335, 336, 344, 355, 357
人体 corps humain, corps des hommes　62, 196, 201
神的 divinus　54
振動 vibration　32-34, 38-42, 46, 73, 76, 80, 81, 144-47, 151, 159, 178, 181, 189, 190, 230, 257, 266, 365
神秘 mystère　18, 61, 240
振幅 balancement　73, 81, 146
人民 peuple　269
真理（性）veritas, vérité　14, 48, 51, 57, 62, 65, 69, 80, 88, 129, 144, 146, 159, 161, 167, 178, 185, 215, 241, 277, 291, 309, 312, 319, 332, 352
水銀 mercure, vif-argent　171, 199-202, 353
『水圏学』Hidrographie　135
彗星 Cometa, cometa　52, 97, 104, 108, 129, 132
垂線 perpendiculaire　26, 27, 39-42, 71, 72, 77, 80, 81, 145, 146, 178, 179, 185, 191, 231
推論 raisonnement　38, 69-73, 79, 81, 88, 89, 145, 147, 159, 181, 182, 188-91, 251, 289
数学 Mathématiques, mathématiques　36, 44, 83, 153, 160, 230, 355
――者 Mathematicus, mathématicien　35, 302
――的 mathématique　208

数的な一性 unité numérique　19
スープ bouillon　210
頭痛 mal de tête　262
スパの鉱泉 eau de Spa　172
生 vie　87, 124, 125, 176, 240, 292
正義 justice　138, 140, 312, 314, 345
『省察』 Meditationes, Méditations　158, 174, 217, 255, 270, 273-77, 282, 285, 325
『省察および反論と答弁』 Méditations avec les Objections et Réponses　11
誠実な人 honnête homme, honnête gen　22, 125, 230, 292
静止への傾向 inclination au repos　42
聖書 Biblia, Ecriture sainte　273, 280, 290, 321
精神 ingenium, esprit　36, 47-49, 61, 64, 75, 119, 153, 161, 169-72, 174, 196, 199, 202, 213, 216, 217, 240, 244, 245, 249, 261, 267, 272, 279, 288, 291, 292, 317, 321-23, 335, 337, 355
聖体の秘蹟 (mystère du) St. Sacrement　19, 59, 60
聖別 consécration　60
生命を与えられている animatus　53, 54
聖霊 Spiritus　319
世界 Monde, monde　3, 22, 86, 89, 132, 216, 241, 273, 280, 286, 290, 291, 317-21, 323, 350
赤道 Ecliptica　98-103, 110, 129, 110, 129, 130
節食 diète　165, 206, 252
接線 touchante　71, 72
摂理 providence　68, 241
ゼノンのアキレス Achille de Zénon　89
善 bonum, bien　5-7, 22, 57, 65, 125, 141, 172, 210, 213, 235-37, 241, 245, 270, 278, 290, 320, 334-37
───性 bonté　292

専制君主 tyran　205, 207
戦争 guerre　139, 162, 269
選帝侯 Electeur　164
───夫人 Electrice　260, 269, 286
セント・ローレンス川 flumen Sancti Laurentii　114
善人 homme de bien　138, 140, 141, 163
全能 summe potens, toute-puissance　234, 241, 277
善良 bon　8, 9, 84, 125, 245, 292, 344
「創世記」 Genèse　319
創造（する）Création, création, créer　241, 242, 290, 318, 319
───主 Créateur　86
想像（する）imagination, imaginer　4, 21, 27, 28, 39, 53, 54, 57, 65, 81, 91, 142, 153, 154, 169, 180, 191, 200, 201, 220, 237, 239, 240, 242, 250, 304, 314, 317, 345
───想像力 faculté imaginative, imagination　187, 206, 241, 242
属性 attribut　239, 277
速度 celeritas, velocitas　12, 13, 33, 34, 40-42, 74, 80, 81, 97, 98, 104, 109, 110, 115, 128, 132, 147, 190
ソクラテスの霊 Génie de Socrate　170, 205
訴訟 causa, cause, procès　44, 84, 232, 233, 294, 297, 303
存在（する）existence, exister　88, 89, 176, 285, 295, 318
───者 Etre, entité　59, 88

タ　行

第一元素 primum elementum, premier élément　95, 98-112, 116, 130, 201
第一原理 premier principe　88, 89
体液 humeur　252
大気 aer　100-04, 110-16, 130
大貴族 grande　139, 141, 162

第三元素 tertium elementum　95, 98
大使 Ambassadeur　286, 350
体質 complexion, tempérament　57, 165, 205, 269
体積 moles　108
大道 grand chemin　7
第二元素 secundum elementum, second élément　95, 96, 98-101, 105, 112, 129, 201
太陽 Sol, sol, Soleil, soleil　52-55, 95-100, 104, 106, 108-11, 129-33, 197, 218, 265, 269, 290
　――の物質 materia Solis　98, 99, 129
打撃の中心 centre de percussion　69, 70, 73, 80, 145, 146, 157, 178, 231, 258
魂 animus, âme　20, 53, 54, 63, 65, 67, 87, 89, 124, 176, 177, 203, 204, 214-16, 235-38, 240-42, 254, 270, 288, 292, 321, 335, 336, 343, 358
『魂の情念の本性に関する論考』 Traité de la Nature des Passions de l'Ame　87
ため息 soupir　57, 64, 65
垂木 chevron　327-29
胆汁 fiel　246
単純 simplex, simple　51, 347
血 sang　→血液
力 vis, force, puissance　5, 13, 39-42, 52, 54, 64, 72-74, 81, 101-07, 111, 116, 117, 122, 130, 133, 135, 136, 138, 145-47, 152, 180, 190, 191, 230, 239, 240, 245, 246, 265, 266, 292, 326-29
地球 Terra, terra, Terre, terre　13, 52-54, 80, 87, 102, 106-116, 131-135, 144, 178, 264, 265, 291, 321
地軸 poli terrae　108
中傷 maledicentia　279, 280, 307, 308
中点 milieu　33, 77, 327, 328
直線（的な）運動 motus rectus　12, 13, 97, 99, 107, 119, 128
治療（法）remède　93, 125, 169, 210, 211

痛風 goutte　195, 325, 344
通路 meatus　100-03, 106, 112, 116-20, 127-30, 136
月 Luna, luna　52, 108-16, 132-35
土 terra　52
『ティエステス』 Thyestes　176
定義（する）definitio, définition, définir　35, 40, 56, 69, 81, 163, 179, 203, 242, 244, 341
テーゼ thesis, thèse　272-76, 279-82, 294, 297, 298, 306, 314
敵 ennemi　9, 122, 138-40, 150, 157, 171, 245, 268, 313
梃子 levier　326-328
哲学 Philosophie, philosophie　18, 21, 34, 36, 83, 89, 121, 149, 150, 186, 211, 221, 229, 230, 250, 273, 275, 289, 301, 332
　――者 Philosophe, philosophe　5, 6, 66, 163, 200, 205, 213, 215, 217, 240, 242, 291, 292, 318, 334
　――する philosopher　9, 304
『哲学原理』 Principes de (la) Philosophie　31, 107, 157, 175, 200, 270, 325
『哲学第一巻』 Philosophiae tomus primus　36
鉄分 fer　172
癲癇 épilepsie　325
天空 Cælum, Cœlum, Ciel　52, 54, 87
天使 Ange　173, 213, 258, 321
天然痘 petite vérole　344
天の小球 globulus coelestis　96, 98, 102, 107
天の物質 materia caelestis　97, 104, 107-116, 129, 132-134
天文学者 Astrologus, Astronomus, Astronome　106, 109, 321
等時的 isochrone　32-35, 41, 77, 157, 159, 231
　――（な）振り子 funependule isochrone　77, 157, 159, 231
動体 mobile　80, 81, 146, 180, 185

道徳 Morale　86, 87, 123, 175, 176, 338
　──的 moral　56, 125, 208, 215, 278
動物 animal　131, 138, 196, 202-04, 253, 269
　──精気 esprits animaux　63, 246, 254
同盟国 allié　162
透明な物体 corpus pellucidum　106, 107
道理 ratio, raison　112, 185, 328, 345
徳 vertu　68, 141, 163, 175, 177, 210, 220, 249, 280, 285, 290, 292, 293, 320, 335, 336
特殊 particulier　87, 163, 186
土星 Saturnus　96, 97, 104, 106, 109
鈍重さ tardiveté　42, 181

ナ　行

内的な喜び joie intérieure　169
夏 été　250, 252, 284, 354
名前 nom　18, 242
南極 polus Australis　117
憎しみ haine　57, 141, 217, 235, 238, 244-47
認可状 privilège　20, 36
人間 Homme, homme　5, 8, 9, 57, 66, 87, 106, 140, 173, 202, 203, 215, 243, 245, 258, 290-93, 319-21, 335
ネジ cochlea　118-20
熱 calor, chaleur　52, 53, 63, 64, 236, 237, 239, 242, 243, 270
熱病 fièvre　325, 344
年金 pension　331, 332, 350
脳 cerveau　57, 64, 195, 246, 254, 321
濃密 densus　52-55, 97, 106, 107, 131
　──化 condensatio　53, 131

ハ　行

肺（臓）poumon　57, 64, 65, 236, 238
発散する divergent　82

パッポス問題 question de Pappus　166
薔薇十字兄弟団 Rose-Croix　345
パラドックス paradoxe　88, 89, 149
春 printemps　52, 59, 61
反射 réflexion　258
判断（する）jugement, juger　6, 65-67, 206, 235-239, 336
判明（に）distinct(ement)　82, 292, 336
火 feu　63, 64, 201, 259, 265, 266, 270, 354
光 lumen, lumière　101, 105, 107, 187, 215, 229, 243, 258, 265, 290
微細（な）物質 matière subtile　190, 191, 201, 258, 264, 265, 270, 352
脾臓 rate　63, 172, 246
被造物 creaturum, créature　89, 215, 241, 291, 307, 309, 319, 320, 334
悲嘆 tristesse　→悲しみ
必然的（に）necessarius, necesse, nécessaire (ment)　12, 13, 53, 57, 118, 241
誹謗（する）calumnia, calomnie, calomnier　273-279, 282, 298, 304-309, 312, 313
比喩 comparaison　229, 230, 270
病気 mal, maladie　9, 64, 169, 193, 195, 196, 206, 210, 223, 252, 253, 285, 325, 344, 346, 357
評議員 Curateur　272, 282, 285, 294-298, 301-303, 306, 311-315
表面 superficie　59, 60
ヒヨコ poule　187, 188
比率 proportio, proportion　13, 25, 28, 34, 38, 39, 40, 41, 72, 159, 190, 227
延長 étendue　→延長（ひろがり）
不可能 impossibilis, impossible　3, 32, 33, 65, 88, 89, 124, 138, 182, 291, 292, 293
『不可分割者による連続体の幾何学』Geometria indivisibilius continuo-

rum 48
不幸 malheur 9, 93
『二つの車輪に関する論考』 *De duobus circulis* 12
物質 materia, matière 19, 20, 41, 52-55, 95, 97-100, 104-16, 129-34, 190, 191, 201, 238, 258, 264, 265, 270, 317, 318, 352
物体 corpus, corps 18, 19, 25-28, 32-35, 38-42, 46, 52-55, 59, 60, 72, 73, 77, 80, 81, 95, 98, 99, 100, 104-07, 110-17, 128-34, 144-47, 151, 152, 159, 178-81, 189-91, 200, 201, 230, 264, 265
―――的 corporel 18, 19, 230, 270
部分 particula, partie 235, 240-44, 320
普遍的 universel 76
『普遍哲学』 *Philosophia Universa* 150
冬 hiver 21, 87, 210, 252, 284, 349
振り子 funependule 41, 43, 77, 146, 147, 156, 157, 159, 190, 231, 232
分点 aequinoctia 114, 115, 134
ヘーロストラトスの徒 Herostrates 312
ペラギウス主義 Pelagianismus 274, 282, 307
―――者 Pelagianus 275, 280
弁護士 avocat 44
望遠鏡 les lunettes à longue vue 153, 154
法王 Pape, Sanit-Pêre 162, 163
方向 direction 72, 80, 145-47, 178, 179, 185, 191
法廷 jus, (cours de) justice 9, 10, 15, 275
冒瀆（者）blasphemus 276, 278, 280, 285, 294, 307, 310
方法 méthode 92, 250
盟友 allié 138, 139
法（律）jus, loi 5, 7-9, 15, 140, 162, 163, 273, 279, 307
暴力 violence 162, 207
誇り gloire 62
星 sidus, étoile 53, 98-111, 291, 320, 321
北極 polus Borealis 117
炎 flamme 59, 60, 354
ボローニャの石 pierre de Boulogne 154
本性 nature 18, 57, 75, 87, 113, 116, 124, 214, 216, 237, 239, 240, 243, 290, 317, 321, 345
―――的 naturalis, naturel 14, 42, 181
本能 instinct 204

マ 行

満足 contentement, satisfaction 58, 92, 161, 170, 172, 244, 249, 260, 292, 299, 323, 332, 335-337
未開の人 sauvage 174
水 aqua, eau 52, 53, 59, 104, 105, 107, 110, 113, 117, 130, 131, 134, 153, 164, 165, 200, 201, 206, 227, 236, 238, 264, 265
密度 densitas 130
ミュンスター条約 traités de Munster 269
民衆 peuple 137, 139-41, 162
無感動 impassible 56
無気力 langueur 65, 67
無限（に）infini (ment) 5, 39, 57, 71, 89-91, 151, 215, 240, 241, 290, 291, 317, 318
―――性 infinité 290
―――の双曲線が描く立体 solide hyperbolique infini 186
無際限（に）indéfini (ment) 73, 90, 258, 317-321
矛盾 contradictio, contradiction 145, 178, 179, 273

事項索引   383

無神論 Atheismus　278, 279
──論者 Atheus, Athée　176, 278
眼 œil　154, 159, 187, 253, 336
明証的（に）evidens, évidemment
　41, 51, 54, 72
明晰（に）clair(ement)　36, 42, 48,
　69, 77, 79, 81, 88, 94, 182, 200, 217,
　236, 265, 270, 289, 292, 347
命題 propositio, proposition　48, 89,
　97, 186, 284, 285, 328, 343
名誉 honneur　6, 122, 140, 141, 335,
　336
　──毀損 injuria, injure　284, 285,
　294, 307
メランコリー mélancolie　172
『燃える太陽』Sol Flamma　218
目的因 cause finale　319

　　　　　　ヤ　行

焼き入れ（された）temperatum
　117, 135, 136
役者 Comédien　6
野菜 herbe　210, 262
有溝粒子 particula striata　95, 98,
　100-104, 108, 116-119, 130, 131, 135,
　136
友情 amitié　7, 139, 177, 242, 243, 249,
　292, 293
友人 ami　138, 139, 171
雄弁術 éloquence　330, 340
雪 neige　22, 200
揺れ（る）agitation, agité　25-28, 33,
　35, 38-43, 69-74, 77, 80, 81, 145-47,
　178-80, 189-191
　──の力 force d'agitation　40, 41,
　72-74, 145
　──の中心 centre d'agitation　25-
　28, 33, 35, 38-43, 69-74, 77, 81, 145,
　146, 178-80
　──の方向 direction d'agitation
　72, 80

様態 mode　60
　──的 modal　59
揺動 agitatio, agitation　97-99, 105,
　110-112, 128, 129, 258
『善き信仰に捧ぐ』Bonae fidei sacro
　280
欲望 désir　57, 63-65, 236, 239, 245
欲求 désir　57, 215, 236
予防 préservatif　193, 210
喜び joie　57, 63, 64, 169, 170, 172, 203,
　205, 210, 215, 236, 238, 239, 241, 249,
　336
四元素 quatre Éléments　200

　　　　　　ラ　行

ライオン lion　138
ラテン語 Latin, lingua latina　17, 270,
　309
力能 puissance　147, 180, 241
理性 ratio, raison　32, 38, 58, 66, 108,
　110, 140, 141, 148, 163, 169, 185, 186,
　190, 202, 203, 206, 207, 215, 314, 343
　──的 raisonnable　6, 58, 66, 141,
　164, 165, 235, 236, 239, 343
立体（図形）solide　27, 28, 40, 41, 69,
　186
硫酸塩 vitriol　153, 172
粒子 particula, partie　95-108, 116-
　119, 130-136, 190, 200, 201, 265, 270
流動的 fluidus, fluide　52, 53, 111, 114,
　116, 133, 151
量 quantité　41, 89-91
療法 remède　→治療（法）
隣人愛 charité　243
ルーレット Roulette, roulette　47, 49,
　186
ルター派 luthérien　206
隷属 dépendance　4
瀝青 bitume　153
煉瓦 brique　201
レンズ verre　82, 354

錬鉄（された）compactum　117, 135, 136
ローマ教会 Romaine　3

ワ　行

惑星 Planeta, planeta　52, 97, 104-08, 129, 132
割合 raison　27, 28
悪い霊 malignus genius, malus genius　277, 278

訳者紹介
(担当書簡・最終学歴・現職)

山田弘明（やまだ・ひろあき） 537, 554, 556,557, 565, 570, 571, 576, 578, 579, 588, 590, 591, 602, 603, 606, 610, 613, 624,625, 631-633, 636
1945生まれ　京都大学大学院文学研究科博士課程　名古屋大学名誉教授

岩佐宣明（いわさ・のぶあき） 538-553, 555, 558-564
1976生まれ　名古屋大学大学院文学研究科博士課程　愛知学院大学専任講師

野々村梓（ののむら・あずさ） 566-569, 572-575, 577
1981生まれ　大阪大学大学院文学研究科博士課程　大阪大学大学院助教

長谷川暁人（はせがわ・あきと） 580-587
1982生まれ　名古屋大学大学院文学研究科博士課程　名古屋大学博士研究員

武藤整司（むとう・せいじ） 589, 592-595
1954生まれ　京都大学大学院文学研究科博士課程　高知大学教育研究部教授

曽我千亜紀（そが・ちあき） 596-601, 604, 605, 607-609, 611, 612, 614
1973生まれ　名古屋大学大学院人間情報学研究科博士課程　大阪産業大学准教授

小沢明也（おざわ・としや） 615-623, 626-630, 634, 635, 637-640
1962生まれ　北海道大学大学院文学研究科博士課程　東洋大学非常勤講師

Claire Fauvergue（クレール・フォヴェルグ）　難箇所の解読，原文との対応検証
1964生まれ　トゥールーズ大学哲学研究科博士課程　モンペリエ大学研究員

(担当書簡順)

〔デカルト全書簡集　第七巻〕　　ISBN978-4-86285-203-8

2015年 1月25日　第1刷印刷
2015年 1月30日　第1刷発行

訳　者　岩佐　宣明／山田　弘明／小沢　明也
　　　　曽我千亜紀／野々村　梓／武藤　整司
　　　　長谷川暁人／Claire Fauvergue

発行者　小山光夫　　印刷者　藤原愛子

発行所　〒113-0033 東京都文京区本郷1-13-2
　　　　電話03(3814)6161 振替00120-6-117570
　　　　http://www.chisen.co.jp
　　　　株式会社 知泉書館

Printed in Japan　　　　印刷・製本／藤原印刷